# 作品登记证书

登 记 号：国作登字-2018-F-00588184

作品名称：档案学经典护封    作品类别：美术作品

作　　者：胡鸿杰    著作权人：胡鸿杰

创作完成时间：2013年05月10日    首次发表时间：2014年08月01日

以上事项，由胡鸿杰申请，经中国版权保护中心审核，根据《作品自愿登记试行办法》规定，予以登记。

登记日期：2018年08月01日    登记机构签章

中华人民共和国国家版权局统一监制

No. 00588185

# 结项证书

项目类别：国家社会科学基金重点项目（批准号：17ATQ011）

项目名称：档案学经典著作评价研究

负责人：胡鸿杰    主要参加人：孙大东　马伏秋　王向女　李丽环
　　　　　　　　　　　　　　　　杨　光　谢诗艺

证书号：20212325

鉴定等级：优秀

本项目经审核准予结项，特发此证。

全国哲学社会科学工作办公室

2021年07月31日

# 商 标 注 册 证

第 31494930 号

Chief - Edited By Hu Hongjie
胡鸿杰
档案学经典著作
Classic Works Of Archival Science

**核定使用商品/服务项目（国际分类：16）**

第 16 类：海报；书籍；印刷出版物；报纸；期刊；杂志（期刊）；新闻刊物；图画书；纸制海报；连环漫画书（截止）

注 册 人　胡鸿杰

注册人地址

注 册 日 期　2019年03月21日　有 效 期 至　2029年03月20日

局　长　　　　　　　　　　　　发证机关

本书是国家社会科学基金重点项目优秀结题成果

# 档案学

## 经典著作评价研究

胡鸿杰 等著

知识产权出版社
全国百佳图书出版单位
—北京—

## 图书在版编目（CIP）数据

档案学经典著作评价研究 / 胡鸿杰等著 . —北京：知识产权出版社，2023.9
ISBN 978-7-5130-8849-7

Ⅰ . ①档… Ⅱ . ①胡… Ⅲ . ①档案学—著作研究　Ⅳ . ① G270-81

中国国家版本馆 CIP 数据核字（2023）第 144431 号

### 内容提要

本书作为国家社会科学基金重点项目优秀结题成果，通过对档案学术评价的论述及过往学术评价中的问题分析，借鉴图书馆、出版界等领域的经验，首次从内容、形式和影响力三个方面提出了学术著作的评价标准，并以此评价标准为依据，对《档案学经典著作》进行了具体指标分析。全书分为上下两编和附录。上编为导论，包括档案学术评论概说、研究发凡和指标分析及评价模型设计；下编为通论，对《档案学经典著作》第一卷至第六卷的内容逐一研究评价；附录则包括了档案学经典著作评价研究的其他代表性文章。本书将理论模型与具体评价内容融会贯通，具有相当的理论价值和实践意义，适合档案学专业师生与相关研究者阅读使用，也可以为其他学科研究提供参考。

责任编辑：李海波　　　　　　　责任印制：孙婷婷

## 档案学经典著作评价研究
DANG'ANXUE JINGDIAN ZHUZUO PINGJIA YANJIU

胡鸿杰　等著

| | | | |
|---|---|---|---|
| 出版发行： | 知识产权出版社有限责任公司 | 网　　址： | http://www.ipph.cn |
| 电　　话： | 010-82004826 | | http://www.laichushu.com |
| 社　　址： | 北京市海淀区气象路 50 号院 | 邮　　编： | 100081 |
| 责编电话： | 010-82000860 转 8582 | 责编邮箱： | laichushu@cnipr.com |
| 发行电话： | 010-82000860 转 8101 | 发行传真： | 010-82000893 |
| 印　　刷： | 北京中献拓方科技发展有限公司 | 经　　销： | 新华书店、各大网上书店及相关专业书店 |
| 开　　本： | 720mm×1000mm　1/16 | 印　　张： | 24.5 |
| 版　　次： | 2023 年 9 月第 1 版 | 印　　次： | 2023 年 9 月第 1 次印刷 |
| 字　　数： | 415 千字 | 定　　价： | 108.00 元 |
| ISBN 978-7-5130-8849-7 | | | |

出版权专有　侵权必究

如有印装质量问题，本社负责调换。

# 回望经典(代序)

《档案学经典著作》第一卷、第二卷[1]终于要和大家见面了——她就像一位耄耋的老者向人们诉说着岁月的沧桑:八十年前在国民政府的一次提高行政效率的"运动"中,一些志士仁人对于档案学这个人们还稍显陌生的话题展开了讨论,为改进管理工作建言献策。于是,就有了《县政府档案管理法》等一些著述和《行政效率》杂志中有关档案学的一些文章。虽然这些著述和文章对那个处于动荡年代的中国来说,就像其他许多事物一样,平凡得无法引起人们的注意,然而对于今天的档案学科而言却是一件十分了不起的事件——因为这标志着一门学科——档案学在中国的诞生。

八十年来,与"这些著述和文章"一起走过的不但有国民政府的行政效率运动、武昌文华大学和崇实档案函授学校的档案教育课程,更有中华人民共和国为了社会发展和经济建设的需要,在自己创办的大学——中国人民大学里开设的档案学专业;不但有管理者对行政效率的祈盼,还有研究者对学术理论的贡献、对科学发展的孜孜以求……可以毫不夸张地说,"这些著述和文章"就像一只在亚马孙河流域热带雨林中偶尔扇动几下翅膀的蝴蝶,引发了得克萨斯州以及更远区域的一场场轩然大波。

据刘知几《史通·叙事》所言,"自圣贤述作,是曰经典"。那么问题来

---

[1] 截至2017年,《档案学经典著作》共出版六卷。

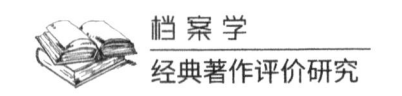

了，这些档案学早期的著述是否可以称为经典呢？

首先，从图书出版的角度看，经典就是经过历史选择出来的"最有价值的书"。从当年多数著述出版方的商务印书馆，到20世纪延续至今"十三经"的称谓，这些著述经历了八十余年的"历史选择"和时间的考验，具有特定历史时期鲜活的时代感以及当下学术趋势交融的特质，已经成为档案学重要的思想文化传统。其次，从作者角度看，经典就是"自圣贤述作"。在当年参与这些著述人员中多为行政界的知名人士，如甘乃光、滕固、何鲁成、周连宽、程长源、龙兆佛等。如果说这些档案学的"启蒙者"有什么共同点的话，那就是他们都在早年受过正规的高等教育，这对他们把握档案的功用和寻找档案学的切入点起着重要作用。上推八十年，在一个相对动荡的国度，具有高等教育经历和管理领域背景的研究者应该可以归入贤能的行列。即便在八十年后的今天，具备这种资质的档案学人也仍然是凤毛麟角。因此，《公牍通论》《县政府档案管理法》《档案管理与整理》、《档案管理法》（龙兆佛）、《县政府公文处理与档案管理》《文书之简化与管理》《公文档案管理法》《档案管理之理论与实际》《档案科学管理法》《公牍学史》《公文处理法》、《档案管理法》（周连宽）、《中国档案管理新论》归入《档案学经典著作》是实至名归。

也许对于许多生活在信息时代的档案学人来说，所谓经典可以概括为"只听说过而没有读过的东西"。也许在西学东渐的学术环境里，人们更多的关注点是那些"从西边那口井里传过来的蛙声"。然而，从价值定位看，必须是成为民族语言和思想象征的东西才能够成为经典。恰如《悲惨世界》之于法国、《红楼梦》之于中国一样，经典都是超越了狭隘地域范畴，以民族色彩成为全人类财富。《档案学经典著作》中这些具有民族学术血脉的著述，就是中国走向世界的起点。

八十年的光阴过去了，当我们面对这些身怀民国风骨、洞悉时代思潮学人的作品时，又将承担起什么样的历史责任呢？

（本文刊登在2013年第3期《档案学通讯》期刊上，
作者：胡鸿杰，题目为《回望经典》）

# 目录
CONTENTS

## 上 编

### 第一章 导 论 ···003

第一节 档案学术评论的状况及要素 ··· 004

第二节 档案学术评论的功能与价值 ··· 009

### 第二章 《档案学经典著作》研究发凡 ···014

第一节 "核心期刊"：影响因子的前世今生 ··· 015

第二节 学术著作：不该被忽视的评价因素 ··· 018

第三节 《档案学经典著作》评价研究 ··· 023

### 第三章 《档案学经典著作》指标分析 ···028

第一节 现有图书评价方法回顾 ··· 028

第二节 目前国内图书评价存在的问题 ··· 032

第三节 《档案学经典著作》评价的模型 ··· 033

## 下 编

### 第一章 《档案学经典著作》第一卷评价 ···043

第一节 《公牍通论》 ··· 043

第二节 《文书之简化与管理》······052
第三节 《公牍学史》······066
第四节 《公文处理法》······075

## 第二章 《档案学经典著作》第二卷评价······082

第一节 《县政府档案管理法》······082
第二节 《档案管理与整理》······088
第三节 《档案管理法》（龙兆佛）······095
第四节 《县政府公文处理与档案管理》······099
第五节 《公文档案管理法》······103
第六节 《档案管理之理论与实际》······110
第七节 《档案管理法》（周连宽）······114
第八节 《档案科学管理法》······120
第九节 《中国档案管理新论》······124

## 第三章 《档案学经典著作》第三卷评价······130

第一节 《现代档案管理学（上册）》······130
第二节 《档案管理学（七版）》······142
第三节 《建立档案管理统一制度之研究》······149
第四节 《现代实用档案管理学》······155
第五节 《档案学概要》······167

## 第四章 《档案学经典著作》第四卷评价······173

第一节 《档案学论衡》······173
第二节 《文件运动规律研究——从新角度审视档案学基础理论》
······183
第三节 《化腐朽为神奇——中国档案学评析》······195

## 第五章 《档案学经典著作》第五卷评价······209

第一节 《档案学理论与历史初探》······209

第二节 《中国档案学史论》 ………………………………… 222

第三节 《中国档案保护史论》 ……………………………… 234

第四节 《中国科技档案史》 ………………………………… 243

## 第六章 《档案学经典著作》第六卷评价 …………………… 255

第一节 《档案的整理与编目手册》 ………………………… 255

第二节 《档案管理手册》 …………………………………… 264

第三节 《现代档案——原则与技术》 ……………………… 271

第四节 《档案管理》 ………………………………………… 281

第五节 《档案材料的整理与编目》 ………………………… 288

# 附 录

## 附录一 部分阶段性成果 ……………………………………… 299

我国档案学基础理论研究的现状与发展（节选） ………… 299

新中国档案学研究七十年回顾与展望 ……………………… 305

一个想法与三条路径——论档案学术之源流 ……………… 311

解释与建构：十字街头的学科 ……………………………… 324

## 附录二 《档案学经典著作》第六卷漏排部分 ……………… 333

第六节 档案工作者的主要职责（下）：档案的伦理保护 …… 333

第七节 档案工作者，行政管理人员，历史学家 …………… 361

第八节 档案工作者的第二职责 ……………………………… 362

第九节 学者们使用过或出版过的档案参考工具 …………… 367

第十节 档案工作者自用的登记簿 …………………………… 368

## 参考文献 ………………………………………………………… 370

## 后 记 …………………………………………………………… 372

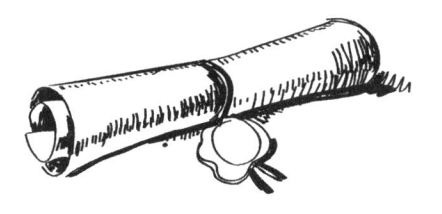

上编

# 第一章 导 论

人们认识世界，是从评价开始的。比如，当他（她）第一次睁开眼睛，感觉到光；遇到风，感觉到速度、温度以及其中的微尘。也许在那个时候，他们还没有清晰的指标，但他们的感觉一定是在某种指标作用下的评价结果。他们就是沿袭着这种感知世界的"评价"过程慢慢成长，而"感知世界的评价"也随着他们的成长日臻完善。

随着人类认识世界的不断深入，分化出许多认识世界的领域。其中，科学及其学科就是这些领域中最为繁杂和耀眼的部分。比如，牛顿是最有影响力的科学家，被誉为"物理学之父"，是经典力学基础牛顿运动定律的建立者。他发现的运动三定律和万有引力定律为近代物理学和力学奠定了基础，他的万有引力定律和哥白尼的日心说奠定了现代天文学的理论基础。而其后出现的混沌理论、相对论和量子力学理论，突破了牛顿经典力学理论的束缚，形成了新的理论体系。

那么问题来了，这些理论除了时间出现的前后之外，是根据什么指标来划分的？尤其是对于非专业人士而言，有没有更加通俗易懂的说法？于是，同样作为物理学家的托马斯·库恩提出的"范式理论"就成为一种对包括物理学在内科学的解读。根据这种核心概念，托马斯·库恩于1962年出版了一部在科学史上具有重要意义的著作——《科学革命的结构》[1]，按照范式的存在与否，将一种科学划分为前范式科学（经过竞争而建立起范式）、常规科学（反常与危机使既有的范式发生动摇）、科学革命（经过竞争与选择而建立起新范式）和新常规科学。

笔者认为，托马斯·库恩提出范式、论述范式并用其划分和认识科学的过程，就是一种基于方法论的对科学的评价，或者简称为学术评论。当然，

---

[1] 托马斯·库恩. 科学革命的结构 [M]. 北京：北京大学出版社，2012.

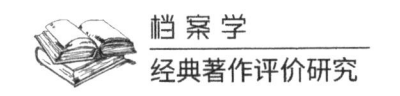

在学术发展的历史中，类似"范式理论"的学术评论还有很多。依据"工欲善其事，必先利其器"的道理，做好一门学科的研究，理解和掌握研究的方法和工具就显得十分重要。档案学的研究应该也是如此。

## 第一节　档案学术评论的状况及要素

### 一、档案学术评论的状况

自 20 世纪 80 年代开始，中国档案学的部分学者就开始关注和研究有关档案学术评论的问题。在中国知网中，采用跨库检索模式，选择中国期刊全文数据库、中国优秀硕士学位论文数据库和中国博士学位论文数据库，以"档案学术"及"评论"作为检索词进行精确检索，对输出结果进行相关性分析（具体检索条件为：①以"档案学术"和"评论"同时作为主题检索词进行精确检索；②以"档案学术"和"评论"同时作为篇名检索词进行精确检索。检索时间为 2020 年 7 月 20 日），经删选去重后获得有效文献 90 篇。其中有代表性的作者有严永官、马仁杰、罗力、陈永生、姜超、许振哲、王协舟等，如陈永生（1994）于《档案学论衡》中专辟一章讨论档案学术评论[1]；严永官（2004）于《浙江档案》发表了"档案学术评论的理论与实践研究"系列文章；王协舟（2007）的博士论文为《基于学术评价视阈的中国档案学阐释与批评》；苏州大学姜超（2012）硕士学位论文为《档案学术评论研究》；安徽大学许振哲（2016）硕士学位论文为《档案学术评论研究》，等等。

姜超在分析了一些作者的有关观点后认为，档案学术评论是档案学研究者根据一定的原则及标准，按照一定的方法与步骤，对档案学术研究领域中已经产生的档案学现象、档案学术研究成果、档案学术人物和思想以及档案法律法规等进行分析研究，发表客观评论，推荐或批评的学术研究活动。[2] 严永官除了关注档案学术评论的含义外，还对档案学术评论的性质、功能及其类型、标准与原则、现状与强化措施、主体、客体、媒体、实施等进行了阐述。[3]

---

[1] 陈永生. 档案学论衡[M]. 北京：中国档案出版社，1994.
[2] 姜超. 档案学术评论研究[D]. 苏州：苏州大学，2012.
[3] 严永官. 档案学术评论的理论研究亟待加强——档案学术评论的理论与实践研究之一[J]. 浙江档案，2004（5）：9-10.

王协舟则从原则标准、类型划分、基本功能、方法规范等方面初步建构了档案学术评价的理论范畴。❶ 许振哲在分析与档案学评论相关的概念之后认为，以档案学术评论为统领、以档案学术批评为切入，将档案学术评论纳入档案学术评价机制当中，才是未来一段时间内我国档案学术评论发展的必由之路。❷

从总体趋势分析（图 1）中可以发现，档案学界关注学术评论的时间相对于这个学科的发展而言起步应该不算太晚。他们对于学术评论中的一些基本问题，比如档案学术评论的概念、功能、标准、原则等也有过初步的认识。但是，档案学术评论的研究就像许多问题在档案学界的命运一样高开低走，没有深入的进展和认真的样本分析，以至于档案学术评论的研究文章 30 年后与 30 年前保持着高度的连续性。有些文章甚至还没有达到 30 年前的水平。究其原因无外乎以下两个方面。

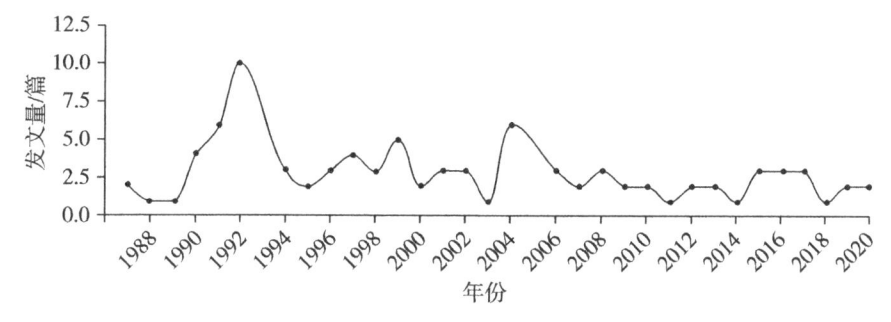

**图 1　总体趋势分析**

一是学科的发展状况。一门学科是否存在学术评论，不仅关乎学科的发展，还关乎学科的成熟程度。作为学术发展的衍生物，如果没有健康发育的学科本体，这些"衍生物"是不可能生存更不可能发展的。在教材或者教材型读物占据绝对优势地位的档案学界，其关注的重点只能是"普及"；普及读物的基本特点是通俗易懂，或者为了顾及读者的需求而"全面的肤浅"。在这种状态下，学术评论基本上没有生存的空间。这就是档案学界的"评论文章"以"表扬或者自我表扬为主"的根本原因。

二是学者的发育程度。与上一点密切相关，即没有成熟的学科便没有成

---

❶ 王协舟. 档案管理学发展的基本动因与趋势——中国档案学术评价系列之一 [J]. 档案学通讯，2007（2）：22-25.

❷ 许振哲. 档案学术评论研究 [D]. 合肥：安徽大学，2016.

熟的学者——皮之不存，毛将焉附？笔者在《化腐朽为神奇——中国档案学评析》一书中，曾经把档案学者作为档案学形成与发展的四个维度之一❶，并提出档案学的历史就是档案学者的生活史、发展史，就是希望阐明档案学者与学科之间的关系。一方面，学科的程度对学者的状况有着决定作用。就如坊间议论的一篇法国医学院文章《猫身上的跳蚤和狗身上的跳蚤谁跳得更远》所论及的问题❷，说到底是"寄主"与"宿主"之间的关系。虽然作为"动物世界的一朵奇葩跳蚤"弹跳距离超过体长的一百倍，但是由于"寄主"不同，作者最终证明了"狗身上的跳蚤跳得更远"。另一方面，"寄主"对"宿主"的影响也是显而易见的。不同学历、经历的学者，在他们笔下所呈现出的学科也存在很大不同。就学术评论而言，"每个人心中都有一个哈姆雷特"，都会对同一个事物进行不同的评说，而这些"评说"的总体状况就是档案学术评论的现状与水平。

作为一种客观存在，档案学术评论取决于上述因素的相生相克、相辅相成，也可以说是众多因素的作用结果。因此，简单地界定档案学术评论无异于画蛇添足、望梅止渴，并不能解决档案学术评论程度与发展。

## 二、档案学术评论的要素

如果将档案学术评论界定为在评价基础上的论述，那么这种行为势必关系到评论的主体、客体、中介、受众等诸多要素。在以往的文章中，有关这部分论述是研究者最为感兴趣的内容。择其要者，无非是说在档案学术评论中，其评论的主体是包括档案学者在内的人，评论的客体是整体或者部分的档案学术作品及其作者和观点，评论的中介包括学术期刊、图书、报纸甚至 App 等新老媒体，评论的受众当然是那些有意、无意读到这些学术评论的人。

在档案学术评论的启蒙阶段，那些为此贡献了聪明才智的档案学者，为从事档案学术评论的后来者们开辟了一条通向学术巅峰的道路，而完成"学术道路"的旅程还要靠后来者们自身的努力。

笔者认为，研究档案学术评论要素的关键，在于弄清楚这些要素之间

---

❶ 曲晶瑶. 全新视角下的档案学研究——评《化腐朽为神奇——中国档案学评析》[J]. 黑龙江档案，2011（5）：12-13.

❷ 环球网."奇葩论文"欢乐多 [EB/OL].（2018-12-07）[2020-07-22]. https://baijiahao.baidu.com/s?id=1619198696323533009.

的关系,即在这些基本要素当中哪些要素在档案学术评论中发挥着"主导作用",如果没有这个要素,档案学术评论就只能是永远停留在文章纸面上的一个概念。在档案学术评论主体、客体、中介和受众四要素中,主客体与中介的关系是一种"三元结构",正是"三元"之间的相互作用才使得档案学术评论具有了一定的功能,而其功能的效果必须以档案学术评论受众的接受程度为核心内容(图2)。

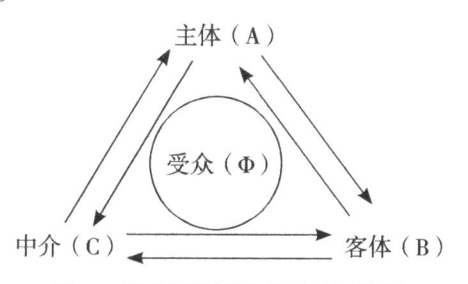

**图2 学术评论要素作用结构模型**

这种模型为档案学术评论主体、档案学术评论客体、档案学术评论中介和档案学术评论受众之间的关系提供了清晰的解读。其中,外箭头的循环说明是档案学术评论主体即档案学的研究者选择了处于不同领域、阶段和人物的档案学术理论作为评论客体,进而根据这些"处于不同领域、阶段和人物的档案学术理论"去选择适合其传播的档案学术评论中介,档案学术评论中介的状况又会在一定程度上影响档案学术评论主体的发挥。这种外循环的走向,基本上就是档案学术评论发挥作用、产生影响的方式。内箭头的循环说明是档案学术评论主体根据档案学术评论中介的状况量体裁衣去选择档案学术评论客体,实际上是档案学术评论客体对档案学术评论主体的一种限制和影响;在这种"限制和影响"下,档案学术评论中介的状况同样受到了档案学术评论客体水平的反制,即一定水平的理论需要相当的载体与其相适应,以此类推。这种内循环的走向,基本上说明了我国档案学术评论的现状。而无论是档案学术评论的外循环还是内循环,其最终的中心要素都是档案学术评论的受众,即档案学术评论作用的发挥和价值的体现必须以档案学术评论受众的理解和接受程度为标准。

上述模型除了说明档案学术评论各要素之间的关系之外,还表明了每对要素之间的"两两关系"。其中,最为重要的是档案学术评论主体与档案学术评论客体之间的关系。如前文所述,档案学术评论主体与档案学术评论客体之间的关系是档案学术评论的决定性因素，即档案学术评论主体就档案学术评论客体的状况产生的"评价和议论"，双方互为因果，没有了档案学术评论主体和档案学术评论客体，就不可能存在档案学术评论。因此，目前我国档案学术评论的基本状况从根本上讲就是档案学术评论主体和档案学术评论客体的状况。"狗身上的跳蚤"之所以比"猫身上的跳蚤"跳得更远，是因为"狗身上的跳蚤"大于"猫身上的跳蚤"且个体"跳蚤弹跳距离超过体长的一百倍"。由此可见，没有充分成熟的档案学理论作为客体，档案学者的评论主体地位就会岌岌可危、不断弱化。

再看档案学术评论主体与档案学术评论中介的关系。人们一般认为，在这对关系中是档案学术评论主体根据档案学术评论客体和档案学术评论受众的状况选择了档案学术评论中介。这在哲学（理论）层面可能是正确的，正如《浮士德》中那句著名的台词"我的朋友，理论是灰色的，而生活之树是常青的"❶。现实中以各种媒体为代表的档案学术评论中介对档案学术评论主体有着巨大的影响甚至决定性作用。档案学术评论主体大多是按照档案学术评论中介的"意图"去评论档案学术评论客体的。笔者在《档案学经典著作研究发凡》❷中阐明，已经或者将要涉及的档案学术专著、期刊等学术中介都在一定程度上"培育"或者"塑造"着档案学术评论主体，改变着档案学术评论主体的思维方式、行文格调和研究走势。特别是在现有的学术评估政策影响下，提及学术评论中介"绑架学术"的观点并非没有道理，而由此产生的恶劣后果世人都有目共睹。

在上述模型中，最为尴尬的是设定为档案学术评论中心要素的档案学术评论受众。从数学层面讲，这个位于三角形内部的圆与三角形的边可以存在三种关系，即相切、相交、相离。如果档案学术评论受众与档案学术评论主体和客体、档案学术评论中介和主体、档案学术评论客体和中介等关系中的任何一条边相切，则可以说明这一对关系基本契合了档案学术评论受众的需求。反之，无论是相交还是相离，都说明档案学术评论本身存在较大的问题。为了表述方便，我们姑且假定档案学术评论主体和客体（AB）、档案学术评论中介和主体（CA）、档案学术评论客体和中介（BC）的关系为一条直线，那么代表档案学术评论受众（Φ）的圆则与三条直线存在几种关系，即Φ与

---

❶ 歌德.浮士德[M].上海：上海译文出版社，2011：77.
❷ 胡鸿杰.档案学经典著作研究发凡[J].档案学通讯，2017（5）：14-19.

三条直线同时相切（或者相离、相交），与其中的一条相切而与另外两条相离（或者相交）。

如果档案学术评论受众 Φ 与 AB、BC、CA 同时相切，则说明档案学术评论受众在某种程度上认同目前存在的档案学术评论主体、客体和中介的状况；如果 Φ 与 AB、BC、CA 同时相离，说明目前的档案学术评论主体、客体和中介与档案学术评论受众之间存在一定距离，档案学术评论处于"自说自话、自娱自乐"的状态；如果 Φ 与 AB、BC、CA 同时相交，说明此时的档案学术评论主体、客体和中介的关系水平低于档案学术评论受众。此外，Φ 还可能存在与 AB、BC、CA 三条直线中的一条直线相交、与另外两条相离的状况，此时需要具体问题具体分析。

## 第二节　档案学术评论的功能与价值

任何一种社会行为都有着自身的基本诉求，并通过特定功能来实现自身的价值。档案学术评论当然不能置身事外。也可以说，档案学术评论的存在就是为了实现某种价值。

### 一、档案学术评论的功能

档案学术评论的功能是由档案学术评论的要素及其要素之间的关系决定的。也就是说，档案学术评论的结构决定了其功能。狭义的档案学术评论结构包括档案学术评论主体、客体、中介和受众，各要素之间的关系决定了档案学术评论的状况和走势，这种"状况和走势"对档案学术（理论）的影响就是档案学术评论的功能。广义的档案学术评论结构还应该包括档案学术评论的存在环境，即以档案学术评论为中心的条件和背景，也可以理解为社会需求对档案学术评论的作用形式。这种"作用形式"决定着档案学术（理论）及其衍生物的产生、发展和消亡。

在以往的文章中，一般将档案学术评论的功能描述为"宣传推广、分析勘正、沟通交流、引导提升"等方面，即宣传和推荐档案学术研究成果、评价档案学术成果的得失成败、促进读者对档案学术成果的了解、引导档案学

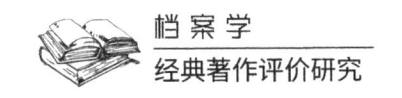

术理论的发展等方面，这些内容涵盖了档案学术评论的基本形式。而笔者以为，档案学术评论的"终极功能"在于对档案学术理论的阐释与重构。

首先，档案学术评论是对档案学术理论的阐释。作为一种理论形态，档案学术自产生之日起，就伴随着不同观点、不同人物、不同载体的传播。在这些传播过程中，不可避免地存在一些对档案学术理论的解读，使其中的一些观点、原则、术语逐渐清晰起来，档案学术理论也在这些"解读"中慢慢地被人们理解和接受。如果没有这些"解读"，包括档案学术理论在内的任何一种思想观念，都会由于缺失正常的生存环境而发育不良。之所以这样说，是因为思想观念形态的东西，往往带有其形成者的种种思维惯性，这种思维惯性是由这些观念形成者的生活经历和学习经历造成的，具体表现为观念形成者对一些问题、理论等的表达和叙述方式。在这些"表达和叙述方式"与读者的理解程度之间，不一定是天然契合的，这就需要一定的阐释和解读。

对学术理论的"阐释和解读"有两种方式。一是解释其未被理解之意，也就是把理论形态中的基本含义通过读者可以理解的方式告诉读者。比如，教师对教材的讲述方式通常就属于这种情况，即在学生读过教材的基础上，将其中的一些不易字面理解或者需要背景知识的内容通过自己的解读告诉学生，以加深学生对教材的理解。这应该是"阐释和解读"的初级形式。二是解释其未清楚表达之意，也就是把理论形态中没有说清楚或者不想说清楚的地方告诉读者。比如，王国维的《人间词话》中对作品"有我之境"和"无我之境"的"阐释和解读"，并非出现或者直接出现在作者的作品中。王国维实际上是让读者看到了作品之外，又不是没有联系的东西。这些解读是对作品的发展和演绎，以此构成了文学评论的基本态势，也是档案学术评论的基本追求。

其次，档案学术评论是对档案学术理论的重构。档案学术理论的存在形式包括图书、论文等，其中图书又可以分为专著、教材、工具书和其他普及型读物。档案学术理论的任何存在形式都有着自己的体系和内容结构。这种"体系和内容结构"一般是根据读者的需求和作者的思路形成的，在一定程度上反映着档案学术理论的水平。单就每一种档案学术理论的存在形式而言，它只能是档案学术理论的某个侧面，不能构成档案学术理论的全部。学术评论就是要在这些"侧面""非全部"的基础上重新建构学术理论体系。比如，李红岩在他的《中国史学四十年：样态、潜流、走向》的文章中，就根据中国史学研究40年来的各个学术侧面总结出中国史学的"所谓主流、骨骼、主干,就是历史的主脉与大势、本质与结构、规律与动力。所谓支流、血肉、枝叶,就是历史的要素与内容、形式与表现、机制与功能"并论及了"碎片化""公共阐释"等问题❶,其基本立意已经不是"阐释"而在于"重构"了。

所谓重构,就是在充分阐释的基础上按照学科的发展脉络重新组织学科体系的过程。因此,在包括档案学术理论在内的学科发展过程中,如果没有学术评论,该学科的发展只能处于相对不完备的阶段。如果用托马斯·库恩的话来说,就是处于"前科学"时期。笔者认为,文学、史学、政治学等学科走过的道路既符合科学发展的内在逻辑,又具有一定的统计规律性,档案学术理论如果希望发展也必须走上这条科学发展的必由之路。

## 二、档案学术评论的价值

档案学术评论作为一种客观存在,势必存在一定的价值。如上文所述,档案学术评论功能发挥作用的过程其实就是档案学术评论价值的体现,即档案学术评论对档案学术理论发展的促进作用。

如果将档案学术评论的价值界定为档案学术评论功能的实现过程,那么档案学术评论价值就完成了"从抽象到具体"的上升和飞跃。之所以如此表述,是因为自档案学术评论的概念被引入档案学界以来,大多数学者往往乐于将其作为一种哲学层面的问题加以推演却忽视了档案学术评论价值的"具体"实现过程,使档案学术评论成为一个形成文章的理由,而非应用于学术实践的工具。

按照马克思的表述,理论思维的行程要经过两条道路:在第一条道路上,完整的表象蒸发为抽象的规定;在第二条道路上,抽象的规定在思维行程中导致具体的再现。作为认识方法的抽象,是指在思维中把对象的某个属性抽取出来而舍弃其他属性的一种逻辑方法,而具体是指许多规定综合的统一体,从抽象上升到具体是一个完整的思维过程。作为从抽象上升到具体全过程出发点的概念、范畴和判断,就被称为这个思维过程的逻辑起点。

笔者在《化腐朽为神奇——中国档案学评析》一书中,将中国档案学界定为一门以管理的基本方式——文件为逻辑起点的学科。通过对档案学逻辑起点的选择和确立,完成"从抽象上升到具体"的过程,其目的在于建构学

---

❶ 李红岩. 中国史学四十年:样态、潜流、走向 [N]. 中华读书报,2018-12-05(5).

科的理论体系。当中国档案学的研究在确定了一种管理方式（文件）为其逻辑起点之后，"从抽象到具体"的行程大体经历了"阐述中国档案学形成、发展的基本因素—分析中国档案学的结构与功能—认识中国档案学的价值与尊严"三个阶段。正如笔者的导师王传宇教授指出的那样，"采用的从逻辑起点、形成因素、基本结构和学科价值等方面评价学科的理论模型，不仅对于系统认识中国档案学的基本状况具有经典意义，而且对于分析社会科学中的其他学科同样具有方法论意义"❶。也就是说，在确定了中国档案学逻辑起点之后，理论思维的任务就是从这个起点出发进行一系列的阐述，直接应用从抽象到具体的上升法，将对象的理论体系构筑起来。这就是一种通过档案学术评论的"阐释与重构"提升档案学术水平的过程。

如果说《化腐朽为神奇——中国档案学评析》只是一种探讨和尝试，是对"建设严格的学术规范"的一种畅想，那么叶继元教授及其团队则将学术评论指向了建立学术规范的目标。叶继元教授在完成了对学术、学者、学派、学术共同体、规范、规则、法、道德等问题的"评价"以及与其相关的基本规范、研究程序规范、研究方法规范、学术成果呈现规范、引文规范、署名及著作方式标注规范、学术评价和批评规范等规范体系的论述之后，作出了学术规范"是指学术共同体根据学术发展规律参与制定的有关各方共同遵守而有利于学术积累和创新的各种准则和要求，是整个学术共同体在长期学术活动中的经验总结和概括"❷的基本界定，并且断言只有遵守学术规范才是"好的学者"❸。与此密切相关的是，在叶继元教授及其团队2001年10月承接、2003年7月提交的教育部人文社科规划项目《高等学校哲学社会科学研究学术规范》初稿中包括了《高等学校哲学社会科学研究学术规范》和《高等学校哲学社会科学研究学术规范实施细则》两部文稿，并由2004年6月召开的首届社会科学委员会会议正式通过，2004年8月教育部社政司召开新闻发布会正式对外颁布《高等学校哲学社会科学研究学术规范（试行）》。其后，在叶继元教授主持下，先后出版了包括《图书馆学学术规范与方法论研究》

---

❶ 王传宇.中国档案学的理念与模式（序言）[M].北京：中国人民大学出版社，2005：3.

❷ 叶继元.学术规范通论[M].上海：华东师范大学出版社，2005：5.

❸ 叶继元.从学术规范的视角论"好的学者"与"好的研究"[EB/OL].（2018-01-02）[2020-07-22].http://news.nju.edu.cn/show_article_8_48278.

《法学学术规范与方法论研究》《哲学学术规范与方法论研究》等在内的"学术规范与学科方法论研究和教育丛书",进一步将学术著作的界定、学术著作质量评价与影响力分析和国内外相关学术著作评价研究联系在一起,提出了学术著作"全评价"分析框架。由此可见,"学术规范与学科方法论研究"与学术评论密切相关。

需要提及的是,学术规范的建立不仅关乎包括档案学术评价在内的学术评论价值的实现,而且关系到学术研究本身的尊严即学术尊严。在学术界,无论是捏造或者篡改数据还是剽窃他人成果,除了学术道德之外,更多的是学术规范问题。也可以说,在一定程度上学术道德是通过学术规范体现出来的。仅以论文署名为例:之所以许多没有参与写作的人堂而皇之地冠以头名,除了其自身的道德水准之外,就在于一些单位明文规定"(学生的文章)如果导师是第一作者,学生则可以视为第一作者"。也就是说,"规范"或者规则承认挂名作者和事实作者,这就使"剽窃他人成果""占有他人成果"成为可能。从客观结果上看,也可以使导师和自己的学生实现"双赢"。于是,出现了一些作者年产百余篇论文、出现问题后第一作者自称"不知晓"等奇葩现象,为学术不端行为提供了温床。如果将学术尊严界定为学者的一种心理状态和研究准则,那么前者是学术道德问题,后者是学术规范问题。而建构有尊严的学术体系则是学术评论的"终极价值"。正因为如此,有关档案学术评论的讨论就回到了这个问题的发端:为什么要打造、提升档案学术评论?答案是为了这门学科健康的发展和光明的未来。

综上所述,档案学术评论是根据一定的原则及标准,按照一定的方法与步骤,对档案学术研究领域中已经产生的档案学现象、档案学术研究成果、档案学术人物和思想以及档案法律法规等进行分析研究,发表客观评论,推荐或批评的学术研究活动。档案学术评论的"终极功能"在于对档案学研究成果的阐释与重构。所谓阐释,就是表达和叙述档案学研究成果中未被理解之意和未清楚表达之意,在档案学研究的主体与客体之间建立沟通的渠道,让广大受众接受档案学及其成果。所谓重构,就是在充分阐释的基础上按照学科的发展脉络重新组织学科体系的过程。如果没有学术评论,该学科的发展只能处于相对不完备的阶段。包括档案学在内的社会科学走过的这条道路既符合科学发展的内在逻辑,又具有一定的统计规律性,是科学发展的必由之路。

# 第二章 《档案学经典著作》研究发凡

由《档案学通讯》杂志社策划的《档案学经典著作》第一卷至第六卷已经出版。这部丛书收录了19世纪90年代至21世纪第二个十年31位作者的30部作品，内容涵盖民国时期的"十三本旧著"、中国台湾地区的代表作、中国大陆的"学史"和"学论"部分，以及欧美档案学的早期著作。丛书以"经典"的眼光审视档案学的发展历史，回顾档案学的学术成就，领略其中的学识智慧，为后世学术发展提供了启迪和示范。如果按照冯惠玲教授的说法，丛书就是在新的时代背景下，重温中外经典，需去除偏激与盲从，以温情与敬意，接过前贤留下的珍贵学术遗产，领略其中的学识智慧和创新精神，以解决时代发展面临的新的学术问题，建立新的学术典范。[1]

按照常识，在人们的记忆中，能够影响自己一生的文字作品，如《资本论》《人类简史》等，往往是一些好书或者可以称作经典著作。也就是说，这些"好书或者经典著作"在人类的发展和文明的历史中占有不可替代的重要地位。但是，学术界的一些现象正在颠覆着人们的常识。在这些现象中，"核心期刊"说、影响因子说都是很有代表性的案例。而不论哪种说法，都是建立在期刊以及登载的论文基础上的，甚至左右着学术的发展。有鉴于此，笔者认为应该以《档案学经典著作》为分析蓝本，不忘初心、正本清源，恢复"好书或者经典著作"在包括学术发展在内的人类文明史上的地位，纠正目前学术界存在的一些偏差，保证科学研究的健康发展。

---

[1] 《档案学通讯》杂志社. 档案学经典著作：第1卷[M]. 上海：世界图书出版公司，2013：1.

## 第一节 "核心期刊":影响因子的前世今生

据说核心期刊是期刊中学术水平较高的刊物,是进行刊物评价而非具体学术评价的工具。但实际上,这种源自文献计量统计方法的结果,已经成为国内外学术界评价与衡量学术水平的重要标准。

### 一、核心期刊的"诞生"

在笔者的印象中,核心期刊不过是一些图书馆为了节约资源所进行的采购行为,即用尽量少的钱买一些有代表性的少量专业期刊,其中的关键因素就是怎样认定有代表性。笔者认为,这实际上是个见仁见智的问题。比如,有人喜欢吃菜且资源有限,那么核心蔬菜也只能是某人喜欢吃的那几种。之所以是"某人喜欢",就是这些人既不能要求别人家也吃他们家的核心蔬菜,更不能让那些吃肉的人家从此不再吃肉。这事别说是平民百姓,就是各朝的帝王,如果非要推行核心蔬菜,恐怕都有相当的操作难度。而当下核心期刊的大行其道,不仅让各朝帝王望尘莫及,也让出版主管机关一头雾水。❶

而事实并非这样简单。

著名文献学家布拉德福(Bradford)于 20 世纪 30 年代率先提出了描述文献分散规律的经验定律。布拉德福定律的文字表述为:如果将科技期刊按其刊载某学科专业论文的数量多少,以递减顺序排列,那么可以把期刊分为对应这个学科的核心区、相关区和非相关区。各个区的文章数量相等,此时核心区、相关区、非相关区期刊数量成 $1:n:n^2$($n$ 的平方)的关系。依据布拉德福定律,某时期某学科 1/3 的论文刊登在 3.2% 的期刊上;1967 年,联合国教科文组织研究了二次文献在期刊上的分布,发现 75% 的文献出现在 10% 的期刊中;1971 年,SCI 的创始人加菲尔德统计了参考文献在期刊上的分布情况,发现 24% 的引文出现在 1.25% 的期刊上,等等。这些研究都表明期刊存在"核心效应",从而衍生了"核心期刊"的概念。

---

❶ 胡鸿杰. 胡言 [M]. 桂林:广西师范大学出版社,2010:186.

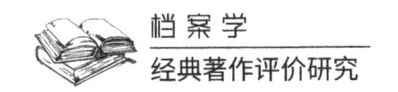

根据笔者30多年的编辑出版经历，杂志或者叫作期刊，应该属于一种同人出版物。也就是说，它是一些志趣相同的人发表观点、交流思想的园地。用更时尚的语言描述，其中的学术期刊，就应该是帮助学术共同体的学者之间进行学术交流、促进学术发展的杂志；推广与发行学术杂志的目的，是将学术界的新成果以利于传播的形式介绍给更多的读者。至于一本杂志的质量优劣，则取决于杂志上刊登的论文的水准高低、读者口碑好坏。这样的标准，应该是数十年来已经成为天经地义的常识。[1]

然而，核心期刊的出现正在颠覆或者部分颠覆"数十年来已经成为天经地义的常识"。在许多科研单位、高等院校甚至出版系统，核心期刊的发文数量几乎成为考核、评估的基本指标。在年度考评、晋升职称、评优获奖以及考研答辩、学位点申报、科研质量检测等方面，都以论文发表的刊物级别、数量排序评定，只有在被各自单位所认定的核心期刊上发表的论文才可以作为以上活动的依据。是否可以这样理解，这就意味着一些符合核心期刊遴选条件的期刊，即如落入布拉德福定律"核心区"的期刊就一定是该学术领域中的重要期刊，这些刊物上发表的文章则一定是该学术领域中的代表作？这种现象显然既不符合逻辑，也违反常识。因为简单的数理分析不能说明"核心区"内期刊的优劣，有关这个议题，我们将在下文中讨论。退一万步讲，即便是一本优质的期刊，也不能保证其中的每一篇文章都是优质的；同理，一本非优质的期刊（姑且暂时使用这个提法），其中也难免出现一些优质的文章。那么既然如此，核心期刊为什么可以大行其道呢？说到底，其实出现这种现象的原因也非常简单，就是管理者的懒政行为——反正就那么一些资源，又一时难以鉴别，既然布拉德福证明存在一个期刊的"核心区"，那就姑且听他的，于是落入布拉德福定律"核心区"的期刊就成为核心期刊。其他期刊因为没有话语权，如果还想进步，只能想方设法进入"核心区"。

## 二、影响因子的"游戏"

能够让核心期刊地位不断巩固的是另外一种"游戏"，即影响因子。被称为"影响因子之父"的加菲尔德（Garfield，1925—2017），其私人商业公

---

[1] 胡鸿杰.漫谈档案专业期刊的质量[J].陕西档案，1991（5）：24-25.

司"科学情报研究所"（Institute for Scientific Information，ISI）于 1964 年首次出版了 SCI 报告，并于 1973 年、1978 年相继推出完全套用了 SCI 的产品思路和模式的"社会科学引文索引"（SSCI）和"艺术与人文科学引文索引"（A&HCI），1975 年开始逐年出版 SCI 的衍生产品"期刊引证报告"（Journal Citation Report，即 JCR 报告）。JCR 报告是基于对 SCI（后来包括 SSCI、A&HCI）"引用索引"数据进行整合处理后得到的结果，被学术界认同的 SCI 期刊"影响因子"排名就在 JCR 报告中，这个排名逐渐成为国内外学术界评判期刊优劣的权威指标。

江晓原教授每谈及影响因子，必称为"游戏"，这不是故意要对它出语轻薄。要知道，发起任何"排名"游戏，都是极富江湖色彩的行为，而影响因子游戏，当时就是一个无名之辈发起的对全球科学期刊的排名游戏，这是何等的视野和气度？当真是"儿抚一世豪杰"！❶

像所有游戏一样，影响因子也有自己的"游戏规则"。简单地说，影响因子 IF = $A/B$，如果以 2015 年的某一期刊影响因子为例，其中，$A$ = 该期刊 2013—2014 年所有文章在 2015 年中被引用的次数；$B$ = 该期刊 2013—2014 年所有文章数。经过不断优化，影响因子公式可以表述为

$$\frac{该刊第（N-2）+第（N-1）年所有源刊文本在第 N 年度总被引用数}{该刊第（N-2）+第（N-1）年发表引用项总数}$$

只要具有小学算术知识，就可以明白这个"游戏规则"的玩法取决于公式分子和分母的变化。具体地说，分子中的"源刊文本"是指期刊上的所有文章，而分母中的"引用项"仅指学术论文。因此，利用影响因子计算公式中所暗藏的玄机，只要将期刊"两栖化"，即刊登大量大众文章吸引更多读者，同时大幅减少学术论文，这样影响因子计算公式中的分母就会很小，影响因子值就会很大。目前，《自然》《科学》《柳叶刀》等世界排名前 20 的著名期刊都是这种"玩法"。此外，据业内人士介绍，就是办综述（Review）性质的期刊，或在期刊上尽量多发表综述类的文章。因为人们不难发现，综述文章天然具有高引用优势。比如，在 2017 年 6 月最新一轮影响因子排名中，前 20 家期刊中就有 9 家是综述性质的期刊。

据说著名科学社会学家默顿在 1973 年出版的经典论著《科学社会学》

---

❶ 江晓原，穆蕴秋. 学术杂志的评价标准到底是什么？[EB/OL].（2017-06-22）[2017-07-26].http://www.infzm.com/content/125433.

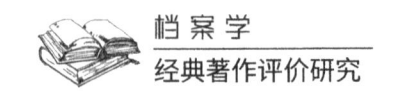

中，在其多年老友加菲尔德正式发起影响因子游戏的前夜，就曾经表达了对"游戏"的担忧："自从科学引证索引（SCI）发明以来，引证研究已获得了如此迅速的发展，以至于有失控的危险。在对其经常的无批判的应用中，人们忽视了许多方法论问题。此外，SCI的存在和日益增加的大量引证分析（甚至用于帮助决定科学家的任命和擢升这类事情），有可能导致……它们作为研究质量的衡量标准将受到损害或完全失去效力。"[1]

非常不幸的是，默顿担忧的情形如今已经全部变成现实，SCI和影响因子已经本末倒置，从辅助评判手段变成了学者极力追求的目标。

## 第二节 学术著作：不该被忽视的评价因素

学术著作是指作者根据在某一学科领域内科学研究的成果撰写成的理论作品，该著作应对学科的发展或建设有重大贡献和推动作用，并得到国内外公认。根据联合国教科文组织的有关规定，一般情况下，大多数图书的版面字数不应该少于8万字，即以32开标准本计算，大约3~4个印张、49页。也就是说，包括学术著作在内的图书应该基本符合这种规则。

### 一、学术著作的"指向"

顾名思义，学术著作是指为了积累和传播交流人类在科学实践中所获得的知识而创作的具有专门性、理论性和系统性的作品。属于学术著作的图书一般具有以下三个特征：一是学术著作记述有作者进行科研活动所获得的新知识，即科研成果；这种科研活动可以是理论探索、实验、实地和实物观测、社会调查、前人留下的资料分析整理等。二是学术著作的内容通常集中于某一专题，其表述有一定的深度和系统，因而具有专门性、理论性和系统性。三是学术著作记载的科研成果主要是供给同行专家和知识层次较高的对此有兴趣的人阅读，通过他们实现其社会效益。科学活动涉及的领域十分广泛，而从事科学研究的个人随着研究的深入所能进行探索的知识范围日益受到局

---

[1] 江晓原，穆蕴秋. 学术杂志的评价标准到底是什么？[EB/OL].（2017-06-22）[2017-07-26].http://www.infzm.com/content/125433.

限，因此学术著作类图书的读者十分分散，每一品种读者群相对一般图书要小。

在学术评价以及出版评价体系中，包括学术著作在内的图书应该占有不可或缺的地位。这种地位至少不能低于发表在所谓核心期刊上的文章。有人认为，采用以影响因子为依据的"核心期刊"评价体系是国际共识，我国引进或者借鉴这种评价方式是与国际接轨。实际情况真的如此吗？刘津瑜在《美国人文学科是怎样做学术评议的》一文中谈道，"我自己在哥伦比亚大学历史系读博士期间没有发表过任何文章，中文的或英文的都没有，能否毕业、获得博士资格和是否有文章发表没有关系。虽然博士毕业的要求因学校因专业而各有不同，但人文学科通常对博士生不做发表文章的硬性要求；导师是否鼓励学生发表文章也因人而异"❶。文章中还特别提到了，研究型大学中人文学科的教授、学者一般都要求有一部得到同行认可的专著，这部"得到同行认可的专著"随着大学对科学研究的重视程度不断提高水准，而学术专著"水准"的界定主要倚重同行评议，这种同行评议并不止于项目的成功申请或书籍的出版。一本学术专著出版的当年以及其后成为必读的著作，一般都会有不少书评。许多学术期刊都有"书评"栏目部分，其中包括书评是同行评议的内容。当然，这些书评也不一定都是正面的，不同的书评在侧重点、总体意见方面大相径庭的情况并不鲜见，曾遭受尖锐批评的著作也未必就注定日后会成为被淘汰的作品。

是否可以这样理解，就是在包括美国在内的那个"国际"上，期刊论文的评价并不是学术水平、学位资格的唯一标准。相反，学术著作的重要性却是比较突出的。这种对学术著作的认同程度，随着所属机构对"科学研究的重视程度"而不断提高。在对学术著作水平的确定方面，同行评议无疑是一项重要内容但又不是唯一的内容。对一部学术著作的意见相左，并不是学术著作优劣的唯一指标。这种探讨给予大家的启示在于两个方面：一是学术评价应当考虑"核心期刊"之外的许多因素，比如学术著作，而这些因素往往是更有科学含量的因素；二是学术著作的评价应该是一个多元的体系，不应该用单一的内容以偏概全。

---

❶ 刘津瑜. 美国人文学科是怎样做学术评议的 [EB/OL].（2017–03–23）[2017–07–27]. http://www.infzm.com/content/123668.

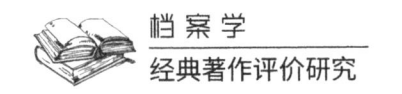

## 二、学术著作的"质量"

既然学术著作是成为学术评价的重要内容,那么就应该探求和建构学术著作的质量标准体系。

中国知网(CNKI)中国科学文献计量评价研究中心推出了一套《中国高被引图书年报》,该报告 2016 年版基于中华人民共和国成立以来出版的 422 万余本图书被近 3 年国内期刊、博士硕士学位论文、会议论文的引用频次,分学科、分时段遴选高被引优秀学术图书予以发布。据研制方介绍,他们统计并分析了 2013—2015 年中国学术期刊 813 万余篇、中国博士硕士学位论文 101 万余篇、中国重要会议论文 39 万余篇,累计引文达 1451 万条。根据统计数据,422 万本图书至少被引 1 次的图书达 72 万本。研制方根据中国图书馆分类法,将 72 万本图书划分为 105 个学科,分 1949—2009 年和 2010—2014 年两个时间段,分别遴选被引最高的 TOP10% 图书,共计选出 70 911 本优秀图书收入《中国高被引图书年报》。统计数据显示,这 70 911 本高被引优秀图书虽然只占全部图书的 1.68%,却获得 67.4% 的总被引频次,可见这些图书质量上乘,在同类图书中发挥了更加重要的作用。该报告还首次发布各学科"学科 H 指数"排名前 20 的出版单位的评价指标,对客观评价出版社的社会效益,特别是学术出版物的社会效益具有重要的参考价值。

实事求是地说,虽然该报告从图书被引用的角度出发评价图书的学术影响力,弥补了以销量和借阅等指标无法准确评价学术图书的缺憾,但是仅仅"从图书被引用的角度"评价学术著作,似乎在走核心期刊——影响因子的"老路"。因为"从图书被引用的角度"不过是包括学术著作在内的图书评价的一种指标,而学术著作的质量应该由其本身的各种因素构成。在以往新闻出版主管机关颁布的法规中,图书质量包括内容、编校、设计、印制 4 项,分为合格、不合格 2 个等级。❶ 除了在内容方面符合《出版管理条例》第二十六条、第二十七条的规定外,还规定了图书的差错率不超过 1/10000,图书的整体设计和封面(包括封一、封二、封三、封底、勒口、护封、封套、

---

❶《出版管理条例》由 2001 年 12 月 25 日中华人民共和国国务院令第 343 号公布,其后,2011 年 3 月 19 日、2013 年 7 月 18 日、2014 年 7 月 29 日、2016 年 2 月 6 日、2020 年 11 月 29 日五次修订。《图书质量管理规定》自 2005 年 3 月 1 日起施行。

书脊）、扉页、插图等设计均符合中华人民共和国出版行业标准《印刷产品质量评价和分等导则》（CY/T 2—1999）等国家有关技术标准和规定。笔者认为，作为图书出版中翘楚的学术著作，应该既达到图书质量的合格要求，也要有高于一般图书的质量追求。否则，学术著作就很难拥有"包括学术发展在内的人类文明史上的地位"。

从目前掌握的情况看，学术著作的质量评价方式包括基于图书或图书馆的价值评价、基于同行评议的内容评价、针对学术类图书的评论活动和对包含学术著作的图书统计行为。其中，"基于图书或图书馆的价值评价"是依据美国图书馆学之父杜威（Dewey）于1876年提出的"选书价值论"（Ualue Theory）注重图书本身的价值，以克特（Cutter）为代表的学者提出的"需求论"（Demand Theory）强调读者需要有各自的特点，以及英国麦考文（McColvin）于1925年在《公共图书馆选书理论》中提出的图书价值和社会需求相结合的理论。"基于同行评议的内容评价"作为一种学术评审程序，就是选择该领域的其他专家对学术著作进行评审的一系列做法。同行评议包括双盲评审（Double blind）、单盲评审（Single blind）、开放式评审（Open）、署名评审（Signed）等。如上文中刘津瑜所述，同行评议在出版界被认为是一种典型的学术著作质量保障机制，一般也广泛应用在图书选题、学术影响力评价和国内外的综合性评奖过程中。至于针对学术类图书的评论活动和对包含学术著作的图书统计行为，则多为第三方媒体或者发行公司根据自身的需要，对包括学术著作在内的图书进行的排名活动，不能排除其中的一些指标和因素与学术著作的质量存在相关性。

从介入学术著作评价的机构方面看，包括图书馆、出版社和科研单位三个主要来源。在这些学术著作评价的"来源"机构中，图书馆系统是基于资源采购和馆藏建设的需要对学术著作进行评价的。图3是一个商业性图书馆文献采购咨询机构的评价体系。❶ 此外，随着一些如Google Scholar这类数据来源广泛、图书信息较为丰富的引文数据库的建立，通过引文分析确定学术图书的"核心书目"或其他的"核心"指标成为可能，其原理与"核心期刊——影响因子"大体相同。

---

❶ 孙勇中. 外文核心学术图书模糊综合评价体系的建立 [J]. 图书情报工作，2007（6）：134–138.

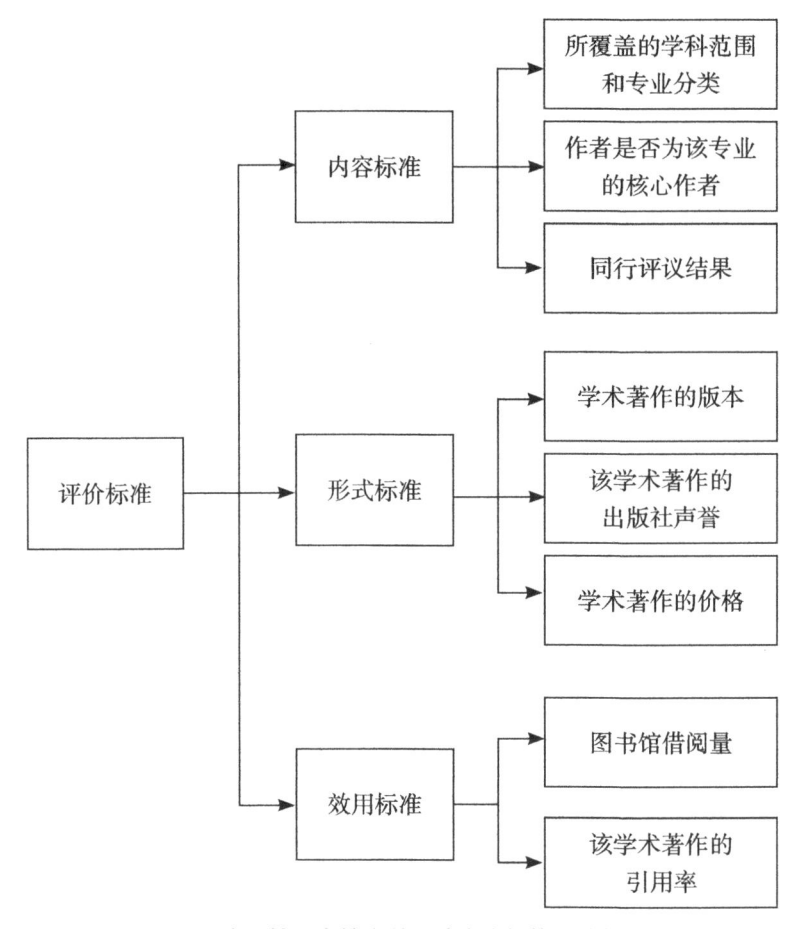

**图 3 商业性图书馆文献采购咨询机构评价体系**

  出版机构对学术著作的评价通常是围绕着学术著作的选题进行的，即出版社根据一定的目标（社会效益或经济效益）而选择一定类别的学术著作进行出版，这在客观上是一个对学术著作进行初步评价的过程。一般而言，出版社对学术著作的评价会关注其作者的权威性、内容的创新性、市场可行性和学术影响力等方面。胡红亮采用问卷调查的方式对国内 20 家学术出版机构的主编进行调查咨询，对其选题过程中重点考量的指标按百分制进行打分，得到如图 4 所示的统计信息。❶

  目前，科研单位基于科研评价的学术著作影响力分析，通常采用与学术论文一样的方法，即通过"参考文献"的方式来反映其所援引文献的著录事

---

❶ 胡红亮. 浅论学术著作的评价 [J]. 中国科技资源导刊，2013（3）：87-92, 96.

项，其中参考文献（或称为"被引用文献"）与正文（或称为"引用文献"）之间的逻辑关系便为通过科学计量学的引文分析方法提供了数据基础，这就是"核心期刊——影响因子"一种具体应用。

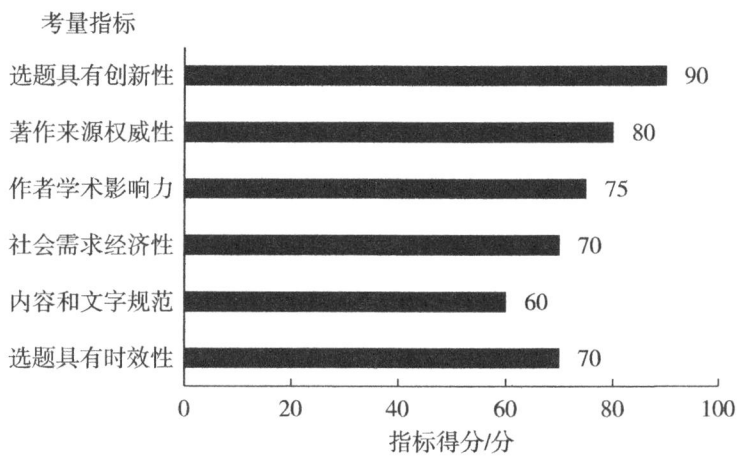

考量指标

| 指标 | 得分 |
|---|---|
| 选题具有创新性 | 90 |
| 著作来源权威性 | 80 |
| 作者学术影响力 | 75 |
| 社会需求经济性 | 70 |
| 内容和文字规范 | 60 |
| 选题具有时效性 | 70 |

指标得分/分

图 4  学术著作选题标准调查结果

由此可见，虽然人们已经认识到学术著作评价在"包括学术发展在内的人类文明史上的地位"，但如何避免重走"核心期刊——影响因子"的覆辙，还有很长的路要走。

## 第三节 《档案学经典著作》评价研究

### 一、经典评价的现状

学术著作评价主要以单本著作为评价对象，文献述评很难全面准确地获得与课题研究非常相关的学术文献。因此，经典评价课题组针对"中国期刊全文数据库""中国优秀博士、硕士论文全文数据库"，以关键词组"档案学+著作"的方式，以"篇名"作为检索项，进行精确检索（检索时间：2017 年 1 月 21 日），查检出相关学术文献 14 篇；学科类别设置为档案学与档案事业，关键词设置为"评""读"，以"篇名"作为检索项进行精确检索（检索时间：2017 年 1 月 21 日），分别查检出论文 165 篇、148 篇，经过去

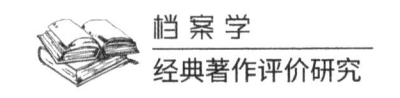

重、去无关文献之后，共124篇文献与本课题有关。根据检索结果来看，14篇关于档案学经典著作评价的文章主要集中在21世纪初及2012—2017年，而书评式文献则贯穿了整个学术研究周期。具体检索数据见表1。

表1 文献检索数据列表

| 关键词组 | 检索篇数/篇 |
| --- | --- |
| 档案学+著作 | 14 |
| 档案学科+评+国内外著作 | 66 |
| 档案学科+读+国内外著作 | 58 |

根据课题组对检出文献的分析，被国内学者评价最多的国内外著作见表2。

表2 国内学者评价最多的国内外经典著作

| 关键词组 | 作者 | 出版时间 | 检索篇数/篇 |
| --- | --- | --- | --- |
| 民国十三本旧著系列 | 民国学者 | 不详 | 23 |
| 现代档案——原则与技术 | 谢伦伯格 | 1983年 | 12 |
| 档案的整理与编目手册或荷兰手册 | 缪勒、斐斯、福罗英 | 内部资料 | 14 |
| 档案学理论与历史初探 | 吴宝康 | 1986年 | 9 |

国内评价民国时期"十三本旧著"的成果数量较多。从检索结果看，有2篇文献是关于"十三本旧著"的综合评价，其他则主要是对"十三本旧著"中的某一部进行评价；2013年，《档案学通讯》杂志社以《档案学经典著作》第一卷和第二卷的形式将"十三本旧著"以简体字形式重新出版，为学者再次回顾与分析民国时期的档案学术研究成果提供了重要素材，也为大家重新评价民国时期"十三本旧著"的当代学术价值提供了可能。那么问题来了，这些档案学早期的著述是否可以称为经典呢？

首先，从图书出版的角度看，经典就是经过历史选择出来的"最有价值的书"。从当年多数著述出版方的商务印书馆，到20世纪延续至今"十三经"的称谓，这些著述经历了八十余年的"历史选择"和时间考验，具有特定历史时期鲜活的时代感以及当下学术趋势交融的特质，已经成为档案学重要的思想文化传统。其次,从作者角度看,经典就是"自圣贤述作"。在当年参与这些著述的人员中多为行政界知名人士,如甘乃光、滕固、何鲁成、周连宽、程长源、龙兆佛等。如果说这些档案学的"启蒙者"有什么共同点的话,那就是他们都在早年受过正规的高等教育,这对他们把握档案的功用和寻找档案学的切入点起着重要作用。上推八十年,在一个相对动荡的国度,具有高等教育经历和管理领域背景的研究者应该可以归入贤能的行列。即便在八十年后的今天,具备这种资质的档案学人也仍然是凤毛麟角。因此,《公牍通论》《县政府档案管理法》《档案管理与整理》、《档案管理法》(龙兆佛)、《县政府公文处理与档案管理》《文书之简化与管理》《公文档案管理法》《档案管理之理论与实际》《档案科学管理法》《公牍学史》《公文处理法》、《档案管理法》(周连宽)、《中国档案管理新论》归入《档案学经典著作》是实至名归。[1]

此外,吴宝康的《档案学理论与历史初探》是20世纪80年代国内出版的第一本档案学术著作,也是学界广泛引用与评价的学术文献。自20世纪90年代以来,我国档案学著作有了突破性发展,出现了一批优秀的学术专著,如陈永生的《档案学论衡》、李财富的《中国档案学史论》、胡鸿杰的《中国档案学的理念与模式》以及何嘉荪与傅荣校的《文件运动规律研究——从新角度审视档案学基础理论》等都是被国内学者从不同角度以不同形式评价最多的著作,《档案学经典著作》也用适当的卷次收录了这些著作。

国外档案学界对档案学术著作的评价相对常态化。国际三大档案学科顶级期刊 *American Archivist*、*Archival Science*、*Archivaria* 均设有 *Book Reviews* 栏目,该栏目每期刊发 4~5 篇档案学术著作的评价性成果。以 1950 年为起始时间,截至 2016 年年底,三大档案学顶级期刊共发表 *Book Reviews* 栏目文章 800 余篇,大部分被评价的著作成为档案学界推崇与评价度较高的著作,而其中部分早期经典著作已被引入我国,如戴维·比尔曼、特里·库克、迈克尔·库克等学者的著作。引入我国的两本国外著作——美国档案学者谢伦伯格的《现代档案——原则与技术》与荷兰档案学者缪勒、斐斯、福罗英的《档案的整理与编目手册》——被国内档案学者评价最多,多数成果成文于 20 世纪 90 年代中期。《档案学经典著作》第六卷收录了缪勒的《档案的整理与编目手册》、谢伦伯格的《现代档案——原则与技术》、詹金逊的《档案管理

---

[1] 胡鸿杰.回望经典[J].档案学通讯,2013(3):1.

手册》、泰勒的《档案材料的整理与编目》和库克的《档案管理》。

可以毫不夸张地说,《档案学经典著作》的出版,为档案学术评价提供了先决条件,而经典评价则可能推出一种为后世遵循的档案学研究模式(理论形态)。

## 二、经典评价的指标

根据图书馆和出版界对学术著作的评价经验,经典评价应该兼顾内容、形态和效果三个方面。

在内容方面,经典评价需要涉及档案学术著作选题的创新程度、理论的价值、学科的地位、作者的影响力、同行评议的结果以及语言文字的规范程度等。其中,"选题的创新程度"主要体现在学术著作原创与"借鉴"的比例,即不能是在他人(国)成果基础上的解释性作品;"理论的价值、学科的地位"主要是指在"创新程度"的基础上该学术著作在档案学科中所处的领域和地位,即究竟是基础、根茎还是枝叶;"作者的影响力"既是指学术著作的作者在档案学科中的知名程度,也与其作品的"创新程度、理论的价值、学科的地位"密切相关,还必须对作品作者(合作者)的数量有比较严格的限制❶;"同行评议的结果"是经典评价的重要指标,其可靠程度取决于"同行"的地位、水平和认真程度,但不能顾及个别"同行"的一面之词;"语言文字的规范程度"包括作品的结构、语言、逻辑等一系列问题,是经典评价的重要因素。

在形态方面,经典评价需要涉及学术著作的版本、出版方的声誉、学术著作的价格,以及学术著作的装帧印刷水平。其中,"学术著作的版本"主要是指学术著作的出版时间,作为经典评价的指标,学术著作出版时间不宜少于 10 年;"出版方的声誉"既包括出版方在专业主管部门的认定中处于的层次,也包括出版方的社会影响与读者口碑;"学术著作的价格"应该在"保存学术著作的尊严"与"读者认同"之间取得平衡;"装帧印刷水平"则必须符合甚至高于《出版管理条例》和《图书质量管理规定》的有关规定。

在效果方面,经典评价需要涉及学术著作的发行数量、图书馆借阅量、

---

❶ 在我国"国家哲学社会科学成果文库"的评审工作中,要求入选文库成果作者不宜超过三人。

学术著作的引用率，以及其他经济、社会效益。其中，"发行数量"是指学术著作应该达到一定的传播规模，否则其影响力会大打折扣；"图书馆借阅量"则说明读者对学术著作的认同程度；"经济、社会效益"则可以通过如中国图书奖、国家图书奖、中国政府出版奖等综合性奖项评审和全国科技图书奖、国家辞书奖、全国古籍整理图书奖等专业性奖项评审活动，以及一些成果应用（转化）报告体现出来；"学术著作的引用率"可以借鉴中国知网（CNKI）中国科学文献计量评价研究中心的《中国高被引图书年报》以及学术期刊的影响因子，结合学术著作的具体情况，建构经典评价的应用方式。

由此可见，经典评价与"核心期刊——影响因子"的最大区别在于其综合性，即以一系列的主客观的指标全方位地体现学术著作的质量和水平。

《档案学经典著作》的出版，为包括经典评价的学术著作研究奠定了基础，而完整意义的档案学经典著作研究则必须建立在对以往"核心期刊——影响因子"的客观分析以及学术著作各种指标综合考量的前提之上。有鉴于此，经典评价不仅仅是一种基于档案学经典著作的学术研究，还对于建立学术规范、引导学术活动、促进学术发展有着不可替代的重要作用。当然，就像任何理想的规划都不等于理想的结果一样，经典评价成果的实现还必须仰仗学术界同人的共同努力和学术环境的改善。但不论结果如何，作为一名学界和出版界的从业人员，提出并说明自己的观点，是历史赋予的使命。

# 第三章 《档案学经典著作》指标分析

学界对学术文献的计量研究由来已久。其中，对学术期刊及其论文的分析和评价，已经成为众多学术评估标准的重要依据，不论是国内的中文核心期刊概览、CSSCI 来源期刊，还是国外的 SCI、EI 等都是学术文献计量的衍生成果。笔者始终认为，学术期刊及其论文是评价学科的重要依据，在学科的发展中有着举足轻重的地位。从信息（数据）获取的渠道来看，数以万计的学术网站也为学术期刊及其论文的计量提供了必要条件。

然而，学术文献不仅仅是学术期刊及其论文，至少还应当包括学术专著在内的图书。而学术图书的系统性和理论深度都是学术论文无法比拟的。依据常识，对人一生产生重要影响的往往是一些图书，科学发展更应该遵循基本规律。因此，研究并尝试对包括学术专著在内的学术图书进行评价和计量分析，才是全面评价学术成果、记录学术发展的必由之路。

## 第一节 现有图书评价方法回顾

人们认识世界有一个渐进过程，学界对学术文献的评价亦当如此。在一波接一波的期刊论文评价"大潮"中，也有仁人志士对学术图书评价的"浪花"。目前国内有关图书影响力评价的研究，主要包括图书评价方法的应用研究和图书评价工具、数据库研究。前者采用可行的评价方法对某一机构、出版社及学科的图书影响力进行评价；后者还处于初期探索阶段，尚未广泛应用。这些研究力图通过改进和构建图书学术影响力的评价方法，完善图书影响力评价体系，但相对于"影响力"或者引用率而言，专注于图书质量的研究比较匮乏。具体应用如 BKCI、Scopus Article Metrics、Bookmetrix、《中国高被引图书年报》、中文学术图书引文索引等，基本上是采用的同行评价、书评、获奖情况、引文分析法、馆藏量、Altmetrics、综合性方法等。其中，有代表性的包括中国知网的《中国高被引图书年报》、叶继元教授的《基于质量与创新测度的人文社会科学"全评价"体系及其应用》、周春雷博士的图书Z指数及其初步应用研究等研究成果。

## 一、中国知网的《中国高被引图书年报》

中国知网在 CNKI 的学术大数据基础上，通过分析中国 1949 年以来出版的并在中国版本图书馆登记的图书被中国知网收录的期刊、博士硕士学位论文、会议论文引用频次，利用引文分析法开展大规模学术图书评价，在一定程度上揭示了我国图书在学术研究领域的使用情况，其中包括学术图书被我国活跃的学术研究者在科研创新工作中使用的情况。

中国知网的评价对象为中国版本图书馆在版编目的所有图书，是我国目前书目数据准确度最高的权威书目库。对图书进行评价之前，评价方对图书的书名、作者、出版社、出版年等书目数据进行规范，以确保评价结果的准确性。此外，中国知网图书评价有一定的时效性，这将有助于遴选对当前的教育和研究仍具有重要作用的图书。例如，从 2017 年版《中国高被引图书年报》的研制结果分析可以看到，高被引图书占全部图书的比例为 1.61%，其被引频次却占到了全部图书被引频次的 55.55%，可见这批图书在学术研究、高等教育、科技创新中经常使用，具有重要的地位。《中国高被引图书年报》根据近年的被引频次，分学科和出版时间段遴选高被引图书，推荐给图书馆和读者。这些图书可视作对最近的学术活动仍发挥积极作用的优质学术资源。

笔者认为，中国知网以图书被引频次为基础，可以按学科、出版时间段、出版社进行深入分析，实现对图书、作者、出版社专业出版绩效和品牌评价，是学术文献评价的一大进步。但仅仅"从图书被引用的角度"评价学术著作，似乎在走"核心期刊——影响因子"的"老路"，"从图书被引用的角度"不过是包括学术著作在内的图书评价的一种指标，而学术著作的质量应该由其本身的各种因素构成。

## 二、叶继元教授的学术著作质量评价与"全评价分析框架"

叶继元教授在《基于质量与创新测度的人文社会科学"全评价"体系及

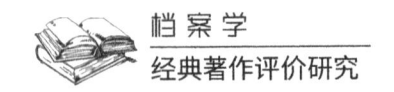

其应用》一文中谈到，任何学术评价，至少涉及六个方面，即评价主体、评价客体、评价目的、评价标准及指标、评价方法和评价制度，以及形式评价、内容评价和效用评价三个维度。其中，评价主体即被称为"同行专家评价"的学术共同体；评价客体即按照不同层次、不同类型划分的评价对象，如研究型教材、工具书式的著作、综述性论文等；评价目的即分类评价的动因；评价方法包括同行评议法、引文评价法、文摘评价法等计量方法及其各种方法有机结合；评价标准及指标可以从形式、内容和效用三个方面具体设置；评价制度即根据"评价目的"而设计的各种规则。"全评价"至少弥补了只评期刊论文和只计算"影响因子"的缺陷。❶

笔者认为，"全评价"体系中的形式、内容和效用评价，不仅是"从低到高，从相对简单到相对复杂，可以根据不同的评价目的，评价的难易程度，加以选择、组合和应用"的评价指标，更是一种相互关联的维度关系，如图5所示。

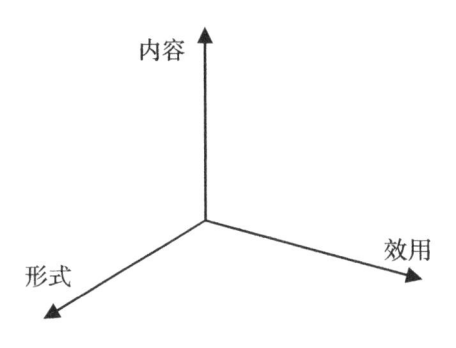

图5 "形式、内容和效用"的三维关系

任何评价客体，都是"形式、内容和效用"三维空间的一个点，用坐标 $(x, y, z)$ 来表示。因此，每一组"形式、内容和效用"指标都是关联的。例如，任何一部高被引的学术著作不仅是单纯的"效用"问题，同时与图书的内容及其装帧出版质量密切相关。即便在数字阅读的环境中，一部内容写作与编辑水平低劣的出版物也不可能长时间获得高点击和引用率。

---

❶ 叶继元. 图书馆学期刊质量"全评价"探讨及启示 [J]. 中国图书馆学报，2013，39（4）；叶继元. 基于质量与创新测度的人文社会科学"全评价"体系及其应用 [EB/OL]. （2011-11-25）[2017-07-28]. http://news.ifeng.com/gundong/detail_2011_11/25/10889698_0.shtml.

### 三、周春雷博士的图书 Z 指数

周春雷博士认为，学术授信评价是一种开放环境下相互监督的、以学术声誉为导向的学术评价理念。它强调评价者的资质和可信度，尝试从学术社区角度整理评价对象的相互授信情况，用评价对象在高影响力群体中的影响力模拟其社区声誉，以期借助内行的学术鉴赏力及引用、推荐、评论等信息标记行为发现有价值信息并引导评价对象追求卓越。学术授信评价的原理是根据评价对象在同类对象构成的关系网络中所处的相对地位，即同行、学术成果发表载体对其授信情况，来推测其对学术社区作出的贡献，即根据评价视域内他人授信情况测度评价对象的学术声誉。学术授信评价模型的原理如图 6 所示。

**图 6 学术授信评价模型**

依据学术授信评价理论，构建图书 Z 指数，对图书的被引次数、被引年数、活跃年数进行统计，以便衡量图书的学术声誉和影响力，筛选出高影响力图书（Z 指数 ≥ 6）。其从作者、出版社、机构等视角探究图书 Z 指数在影响力评价研究中的应用，进而揭示图书 Z 指数的应用价值。图书 Z 指数的计算过程为：先收集某图书的被引信息，然后根据施引者的学术地位对每条被引信息进行标记，按学术地位值大小降序排列后可得到一个序列集合，接着根据 H 指数算法提取该序列的 H 指数，所得值即该图书的 Z 指数。分析某图书在一定时段内获得的学者引用情况可评价其在不同地位专业群体中的学术声誉，即根据图书获得的专家学术授信情况可评估图书的学术地位。[1]

---

[1] 周春雷，陈艳云，蔡程瑞．图书 Z 指数及其在影响力评价研究中的应用 [J]．图书情报工作，2018，62（14）；张容，李勇文．利用类 H 指数进行图书学术影响力评价的探讨 [J]．四川图书馆学报，2016（3）．

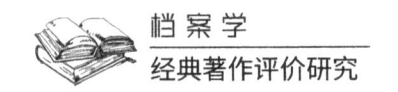

笔者认为，图书Z指数从专家学者视角出发衡量不同图书的学术影响力，反映的是在高端学术群体中的影响力，具有识别经典高价值图书的能力，所得高影响力图书具备专业代表性和权威性。但是，由于H指数及修正后的Z指数，实际上是"多次限定"（假设）后的结果，依然无法根本缓解权重系数划分随意、评价主体模糊等因素对图书评价效果的影响。

## 第二节　目前国内图书评价存在的问题

相较于学术论文评价，学术图书评价起步比较晚。由于种种条件的限制，目前学界和业界还没有取得一定的共识。择其要者，应该包括以下几个方面。

首先，数据统计平台（数据库）的差异。从国内的情况看，无论是国家版本图书馆，还是中国知网、超星数字图书馆，其数据的容量、类型等可供分析研究的内容都与学术论文（期刊）的评价平台无法相比。当人们还在纠结学术图书、学术专著的界定以及与其他图书的区别时，学术论文（期刊）的评价已经进入榜单发布、Altmetrics、各种数学工具的采用的阶段，并且产生了极大的社会影响。

其次，各级管理层的介入。若干年前有一句流行的广告词，叫作"牡丹虽好，还要爱人喜欢"——学术论文（期刊）的评价结果正是被各级管理层"喜欢"后才得以传播的。在各级各类人员特别是高校和科研人员的考核中，论文数量是一个必选的项目。如此庞大的社会需求，一定会催生和促进各种"核心期刊"或学术论文评价榜单的盛行。其中，一些被专业主管机关或明或暗推荐的榜单自然就会成为大家追捧的对象。当代表作制还没有被大多数人认同和"方便使用"时，学术论文评价及其榜单必定是各级管理层的首选。

再次，学术图书评价的"欠缺"。如果仔细分析几种"学术图书评价的理论"，便可以发现这些理论基本上谈的是学术论文"评价"或者从中引申的方法，未见对学术著作（图书）的大样本应用。其中，基本评价（包括"全评价"）均源于"影响力"（被引率的衍生物），单纯量化的指标（如被引频次、馆藏数量）可能无法兼顾图书质量等诸多因素，仅可能突出显示了图书的流行程度。一些评价方法（H 指数及修正后的 Z 指数等）实际上是"多次限定"（假设）后的结果，其应用前景需要经过实践和时间的检验。

最后，同行评议的"不确定性"。在学术图书评价的各种方法中，"同行评议"是一个核心要素——许多所谓的客观指标都是"同行评议"的结果。这就使得评价结论指标会因为"同行"的背景、工作态度等产生不确定性。学界对"同行评议"存在一些争议，比如专家遴选机制欠缺、人员专业素质参差、"马太效应"影响等，都在不同程度上降低了"同行评议"的可信度。笔者从事 30 多年的编辑工作经验也可以证明上述问题。但是，有一点必须承认，那就是学术图书评价只能在完善"同行评议"的基础上进行，相信"办法总比问题多"。

## 第三节 《档案学经典著作》评价的模型

如果将叶继元教授的"全评价"理论作为《档案学经典著作》评价（以下简称《经典评价》）的一种思路，那么包括《经典评价》在内的学术图书、专著可能很难获得像学术论文那样相对完备的数据，只能通过"同行评议"获得"小数据"。这种基于同行评议的"小数据"，必须依赖《经典评价》研究团队和每卷负责人对各位专家的意见、所设评价指标的修正。这种"修正"工作的前提，是每卷负责人对该卷内容的理解，其中也需要其他成员对"内容、形式、效果"指标的分析；此外，还应当考虑档案学本身的一些"行政学"和图书价值的理论等。有鉴于此，《经典评价》拟采用行列结合的"评价矩阵"，见表 3。

在"评价矩阵"中，行是目前《档案学经典著作》的六个卷次，也可以视为《经典评价》的样本。在六个样本中，除了"本卷内容介绍""作者状况"之外的指标（13 个）分属内容、形式和效果三个方面。这就是"评价矩阵"中的列。于是，研究者和读者可以通过纵横的数据比较，更加深入、全面地解读《档案学经典著作》样本，从中发现自己需要的内容。

如前所述，目前为《经典评价》样本设计的指标有三个方面、13 个子项。

表3 《经典评价》"评价矩阵"

| 卷次 | 本卷内容介绍 | 作者状况 | 1 | 2 | 3 | 4 | ... | $N$ ($N$=13) |
|---|---|---|---|---|---|---|---|---|
| 第1卷 | | | | | | | | |
| 第2卷 | | | | | | | | |
| 第3卷 | | | | | | | | |
| 第4卷 | | | | | | | | |
| 第5卷 | | | | | | | | |
| 第6卷 | | | | | | | | |

## 一、内容评价指标

在内容方面,《经典评价》需要涉及档案学术著作的选题的创新程度、理论的价值、学科的地位、作者的影响力、同行评议的结果以及语言文字的规范程度等。

### (一)选题的创新程度

主要体现在学术著作原创与"借鉴"的比例,即不能完全是在他人(国)成果基础上的解释性作品。有调查资料表明,我国近年在科研整体实力上有了明显提升,主要原因是,在目前国内的学术评价体系的作用下,科研人员发表论文的数量已经占到全球科研论文发表数量的第一位(图7)。

与此同时,这些"学术成果"中出现的诸如剽窃、过度引用、内容虚假等问题的数量也急剧增加。其中,除了一些社会(学界)不良因素之外,选题缺乏创新性是一个重要的原因。具体到学术图书,之所以其全面性和系统性要优于一般学术论文,就是因为对学术图书的原创水平和质量有更高的要求。因此,评估《档案学经典著作》在内容上的原创性就成为《经典评价》的首要指标。至于在具体测评和操作中对档案学术图书"原创性"比例的掌握,是占一部学术图书的30%还是70%,要视具体图书内容而定。但不论怎样,一个标准本图书的"30%或70%"都是一个相当大的体量。

图 7　全球科研形势变化

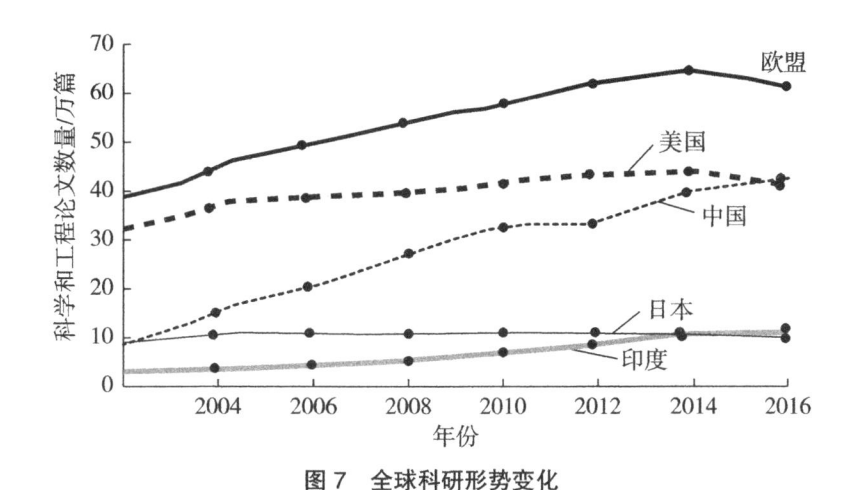

[美国国家科学基金会（NSF）的统计数据显示，中国已成为全球科研论文发表数量最多的国家。但是在被引最高的 1% 的论文中，美国仍领先于中国。]

**（二）理论的价值、学科的地位**

主要是指在"创新程度"的基础上该学术著作在档案学科中所处的领域和地位，即究竟是基础、根茎还是枝叶。与其他学科一样，档案学也有自身的学科体系。在这个学科体系中，不同的理论处于不同的位置，发挥着不同的作用，体现着不同的价值。其中，处于基础理论部分的学术著作代表着档案学的基本状况和档案学的发展趋势，是其他处于"枝杈""枝叶"部分的理论源泉。因此，评估《档案学经典著作》在档案学中的"理论的价值、学科的地位"就成为《经典评价》的重要指标。笔者曾经在一篇文章中将档案学的理论划分为"基干""衍生"等部分，就是希望分出学科的层次，借以体现不同部分的价值取向。这也是在《档案学经典著作》中专门编辑了"学史""学论"等卷次的初衷。只有重视档案学的基础理论，把档案学的基础理论放在一个重要的位置，档案学才有可能健康发展。

**（三）作者的影响力**

这个指标是指学术著作的作者在档案学科中的知名程度，也与其作品的"创新程度、理论的价值、学科的地位"密切相关，还必须对作品作者（合作者）的数量有比较严格的限制。在周春雷博士的研究中，图书 Z 指数是从专家学者视角出发衡量不同图书的学术影响力，即高端学术群体中的影响力，

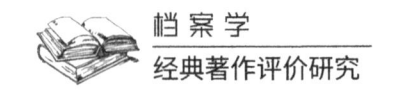

具有识别经典高价值图书的能力,所得高影响力图书具备专业代表性和权威性。这从一个方面说明了在一个学科中不同作(学)者的影响力是存在很大差别的。换句话说,在一个学科中"有影响力的作者"一般代表着这个学科的影响力。因此,评估《档案学经典著作》的"作者影响力"就成为《经典评价》的重要内容。当然,在具体测评和操作中要对"作者影响力"的来源和构成"具体问题具体分析"。例如,有些所谓的"作者影响力"是一些行政权力的"叠加"或者"衍生物",其拥有者的关注取向并不在于学术研究而是"帽子""地位"等,对于这些情况应当予以减持。

### (四)同行评议的结果

该指标是经典评价的重要指标,其可靠程度取决于"同行"的地位、水平和认真程度,但不能顾及个别"同行"的一面之词。如前所述,类似《经典评价》这样的"小数据"分析,其最终的渠道只能是通过"同行评议"产生的结果。因此,"同行评议"就成为评估《档案学经典著作》的必要手段。根据目前档案学界的具体情况,"同行评议"能否设置合理的运作机制、建立优质的专家库、提供科学的评价指标,势必成为《经典评价》的关键。在2018年5月至6月,课题(项目)组先后到南京大学、武汉大学、中国知网和超星数字图书馆进行了调研和学习,在这些单位专家、学者的帮助下,取得了相关的经验、初步具备了组织"同行评议"的相关知识。这些"经验"和"知识"只能在《经典评价》的工作实践中检验、巩固和优化。

### (五)语言文字的规范程度

该指标包括作品的结构、语言、逻辑等一系列问题,是经典评价的重要因素。一部优秀的学术作品,除了给予读者理论方面的提升之外,还应当提供语言文字的享受。包括《档案学经典著作》在内的学术作品,应该成为这个学科在语言文字等表达方面的典范。根据笔者30多年从事编辑工作的经验,一部作品的专业水平一般是由外审(类似"同行评议")人员解决,而其观点的提出、结构的设计、语言的表达、逻辑的演进等则是编辑人员考量作品的着力点。许多作者可能是这个学科的"领军人物",但由于其成长经历等多方面的原因,母语水平较低,文字的表达往往如同翻译软件的"成果",这就会使其观点传播出现一定的障碍。根据《出版管理条例》第二十六条、

第二十七条的规定,差错率超过 1/10000 的图书,其编校质量属不合格。因此,《经典评价》将"语言文字的规范程度"设置为重要指标,就是从出版物的角度测评作者和编者(出版方)的水平。

## 二、形态评价指标

在形态方面,《经典评价》需要涉及学术著作的版本、出版方的声誉、学术著作的价格以及学术著作的装帧印刷水平。

### (一)学术著作的版本

该指标是指学术著作的出版的时间,作为经典评价的指标,学术著作出版时间不宜少于 10 年。一部学术著作是否属于"经典",需要读者通过一定的时间进行检验。版本的最初含义就是指一种书籍经过多次传抄、刻印或以其他方式而形成的各种不同本子。一部学术著作被"传抄、刻印或以其他方式"传播的频次越多、持续时间越长,在一定程度上说明这部图书具有理论价值。鉴于档案学术著作属于"小众读物",初步将其是否被读者接纳的时间划定为 10 年。一方面是希望表明一部档案学术著作不能在"一出生"时就成为经典,需要经过时间检验;另一方面是将这种"时间检验"延续一个相当长的区间,给读者一些耐心。简言之,测评《档案学经典著作》的"存在感"就是《经典评价》的首要"形态"指标。

### (二)出版方的声誉

该指标既包括出版方在专业主管部门的认定中处于的层次,也包括出版方的社会影响与读者口碑。"出版方的声誉"就是一家出版单位被社会和公众认识与接纳的水平,是出版单位的信誉程度。虽然我国新闻出版主管机关多次申明从未对出版社进行过这样的分级,但是公众一般认为人民出版社、人民文学出版社、三联书店、商务印书馆、中华书局、科学出版社以及一些大学出版社为信誉程度较高的出版单位。之所以认为这些出版单位信誉程度较高,除了其出版物的内容之外,这些出版单位的出版物"形态"也属于上乘。在新媒体大行其道的今天,纸质出版物越来越成为一种艺术形态的作品,而"出版方的声誉"就是这种"艺术形态"的重要保证。笔者注意到,在《2018年中国出版十件大事》中,将"加大书号调控力度"作为"引导出版企业实

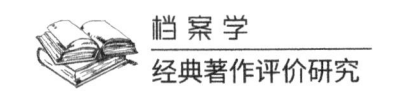

现高质量发展"的重要途径，主要是通过提高自费出书的成本杜绝平庸出版物，实施精品战略，提升"出版方的声誉"水平。《档案学经典著作》应该成为这些"精品战略"的结果。

### （三）学术著作的价格

出版物的价格应该在"保存学术著作的尊严"与"读者认同"之间取得平衡。档案学术著作的出版主要是为了传播，而传播就势必与出版物的定价等相关因素密不可分。如果将档案学术著作视为一种商品，其价格的构成包括稿费、排版费、印刷费、装订费、纸张费、材料费、出版损失费等直接成本和编辑费、管理费等间接成本。其中，包括排版出片费、制版费、打样费、印刷费、装订费等约占出版物全部成本的 80% 以上，稿酬通常占到码洋的 6%~10%。图书的销售收入 = 定价 × 销售量 × 发行折扣。图书销售渠道，在销售过程中要获得利润，也能对图书价格产生影响。图书的定价和发行折扣，直接影响着成本决策，在一定程度上代表着"读者认同"。此外，作为一种理论（精神）产品，包括《档案学经典著作》在内的学术图书不应当"低价倾销"（白菜价），价格也关乎"学术著作的尊严"。因此，《经典评价》需要将这种学术著作的"性价比"确定为测评指标。

### （四）装帧印刷水平

著作的装帧印刷必须符合甚至高于《出版管理条例》和《图书质量管理规定》的有关规定。根据《图书质量管理规定》，包括档案学术著作在内的出版物整体设计和封面（包括封一、封二、封三、封底、勒口、护封、封套、书脊）、扉页、插图等设计均应符合中华人民共和国出版行业标准《印刷产品质量评价和分等导则》（CY/T 2—1999）。具体到一部档案学术著作的出版质量，应当由设计、印刷、装订等方面构成。例如，在出版物的印刷方面，必须版面干净、无明显的脏迹，色调基本一致，文字完整、清楚、位置准确，颜色真实、自然、丰富多彩，精细产品的尺寸允许误差小于 0.5 毫米等；在设计方面，应当符合档案学术著作的基本内容，庄重、大方，易于被读者接受等。笔者一直主张，优秀的出版物应该成为一件艺术品，外观丑陋的图书不应该成为档案学术经典。

## 三、学术效果评价指标

在效果方面,《经典评价》需要涉及学术著作的发行数量、图书馆的借阅量、学术著作的引用率以及其他经济、社会效益。

### (一)发行量与借阅量

"图书发行数量"与"图书馆的借阅量"是指学术著作应该达到一定的传播规模,否则其影响力会大打折扣。出版包括档案学术著作在内的学术图书的目的是传播,如果不能达到一定的传播规模则对传播效果有很大影响。同时,"图书发行数量"多、"图书馆的借阅量"高,则说明读者对学术著作的认同程度高。以往的出版物都会在版权页中标明本次印刷的数量,以此作为测评的依据,但这些数据在近几年的出版物中已经很难找到了。究其原因,无外乎刻意掩盖和忽视规范等方面。比如,学术著作的印数较少、发行不规范等。这些都为《经典评价》带来了困难。此外,数字出版物的迅速发展也为学术图书的发行和借阅等传播方式提供了新的渠道。通过一些数字出版物的平台获取数据,将成为测评《档案学经典著作》传播效果的重要内容。

### (二)经济与社会效益

该指标是评价学术著作效果的重要内容。学术著作的"双效益"一般通过如中国图书奖、国家图书奖、中国政府出版奖等综合性奖项评审和全国科技图书奖、国家辞书奖、全国古籍整理图书奖等专业性奖项评审活动,以及一些成果应用(转化)报告体现出来。《档案学经典著作》作为一种学术理论成果和"小众读物"能否有很强的社会参与度目前不得而知,但是通过学术理论影响档案工作,使其产生可持续发展的动力应该不言自明。与此同时,档案学理论也需要通过对自身学术价值和"经济、社会效益"的评价,从自在走向自觉,重塑学科的尊严。

### (三)引用率

学术著作的引用率是学术著作效果的重要体现。笔者在《档案学经典著作研究发凡》中对"影响因子的前世今生"做了详细的评价,并且指出了片面使用这种评价方式的"反常"和危害。而作为《经典评价》研究模型中的

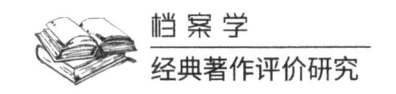

"学术著作的引用率"则是学术著作内容、形式、效果三要素的综合体现,并非"唯论文数量、论文期刊影响因子和论文被引用次数"的翻版。在具体操作层面,《经典评价》可以借鉴中国知网(CNKI)中国科学文献计量评价研究中心的《中国高被引图书年报》等评价成果,结合档案学术著作的具体情况,建构经典评价的应用方式。

综上所述,《经典评价》试图通过一种学术实践,真正实现以档案学为内容、以图书(馆)学为框架、以文献计量为手段,谋求"图书情报与档案管理"一级学科真正意义的融合。虽然各项评价指标还在初步尝试和探索阶段,但将学术图书评价提升到了可以操作的空间,也是试图回答《档案学经典著作》何以命名的理由。笔者有理由相信,在档案学同人的不断努力下,基于档案学经典著作评价的学术研究,还将对于建立学术规范、引导学术活动、促进学术发展起到不可替代的重要作用。

下编

# 第一章 《档案学经典著作》第一卷评价

## 第一节 《公牍通论》

### 一、本书概况

#### （一）作者简介

徐望之，浙江湖州吴兴人，毕业于北京大学哲学系，生卒年不详。其父徐赓陛，字次舟，无论是政治方面还是文学方面，徐赓陛都颇有成就。在政治方面，徐赓陛是清朝官员，任南海县、陆丰县等地知县，曾官至江苏道员，具有"虎吏"之称；在文学方面，徐赓陛著有文集《不自慊斋漫存》、陆丰史料67篇等，文学素养颇高。徐望之继承了家学渊源的传统，本科就读于北京大学。北京大学哲学系毕业之后，徐望之的工作经验堪称传奇，既有大量的政府部门，如国民党中央财政部、盐税局的工作经验，又具有学术研究经验，以及长达7年的金融管理经验。

1928年，徐望之参与河北省政府组织工作，1929年在河北省训政学院任公牍教席，后在山东济南盐务管理部门工作。徐望之办事公平、不图钱财的为人和威信，通过盐商传到了时任中国银行青岛分行经理王仰先的耳中。正逢王仰先要派可靠得力之人到烟台中国银行整顿赖账，机缘巧合之下，徐望之从一名盐务工作者变成了银行家。1934年，徐望之出任中国银行烟台支行经理兼任张裕公司总经理。1941年，日军"接管"张裕公司，徐望之南下。此后关于徐望之的去向及记载成谜。

徐望之不仅在档案学、文书学等领域作出了贡献，也对酿造行业产生了巨大的影响。具体表现在：1939年1月1日，徐望之与朱宝镛共同发起并创办了中国酿造行业最早的研究机构和专业刊物——酿造学社和《酿造杂志》。

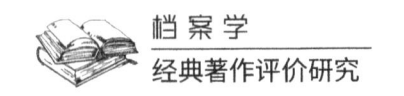

其代表著作有《公牍通论》《人事问题》，翻译作品《在国际贸易中使用同一分析酒方法契约》《国际酒法》等。

**（二）内容概要**

《公牍通论》全文共九章，共计 10 余万字。该书详细考察了公文的源流，提出了经典的公文"三段式"结构，着重强调了撰文者的修养，以及办理公文的程式等内容。

第一章释义，对公文定义进行阐释。徐望之指出："公文者，国家或地方机关相互间及与人民或团体相互间，为意思表示于一定程式之文书也。"

第二章类别。徐望之以等级、政治、名称等为标准对公文进行了分类，并考察了秦、汉至民国各个时期公文名称的源流。

第三章体例。徐望之根据国民政府内政部发行的《暂行公文革新办法》提出：公文不应盲目追求词句清丽、对仗，而应做到文字准确、平实、易于理解。在此背景下，徐望之提出公文以散文为好。不管是上行文、平行文还是下行文都要合乎身份。尤其是面向民众颁发的公文，要注意使用白话，采用新式标点，以促进民众的理解，提高公文的实施效果。

第四章储养。在本章中，徐望之指明了档案学研究中不可忽视的一个因素，即对撰文者的素养研究。具体体现在徐望之对治牍者的素养期望上，即"有品、有学、有识、有文""尚实事、忌贪私、忌苟安"[1]。通读全文可以发现，徐望之将撰文者的素养分为三个方面：一是学识修养。徐望之认为，治牍者若没有深厚的学识修养，就无法掌握公文政令之源流，从而在撰写公文的过程中难以切中要害，难以使公文既符合时机又便于民众接受，因而治牍者必须"有学""有识""有文"。二是思想修养。徐望之非常重视治牍者的思想修养，他认为"故公牍本质之可贵，贵在一字一句皆从民生国计上着想，计久远不计目前，尚实事不尚虚文"[2]，即撰写公文的人要具有为国为民的责任意识、长远意识及脚踏实地做实事的精神。三是品格修养。徐望之崇尚"事必躬治，牍必亲裁"，他认为"才之长，当以谨慎拓之"，也就是说，治牍

---

[1] 杨霞. 徐望之《公牍通论》的主要内容及其当代价值[J]. 档案学通讯，2015（2）：67-70.

[2] 孙大东，张丽华. 徐望之治牍理念探析——以《公牍通论》为分析对象[J]. 档案管理，2019（4）：18-21.

者的才能应该通过勤勉学习、谨慎行文提高，这是治牍者"有品"的体现之一。此外，徐望之还强调，为切实发挥公文的效用，治牍者须具有崇尚实事、言行如一、公正廉明、不贪财、不徇私的品格，须摒除"苟安"的思想，即不是满足于当前，而是看到长远；不是满足于自己的方寸之地，而是顾全大局；不是只做些花样文章，而是做实事。

第五章撰拟。在本章中徐望之不仅提出了公文撰写的具体原则，还提出了公文的行文原则。其中，公文撰写的具体原则可以概括为"八法"。一是一文一案原则，即一个公文里只阐述一个事件，这个原则对于规范公文撰写、提高公文处理效率具有重要意义。二是互助原则，即在公文办理过程中，各机关要坚持互助原则，互相协助提高公文处理效率。三是主附原则，即公文撰写不能随心所欲，而应辨明主次，突出重点。四是理法原则，即不同性质的事件，理法的先后顺序不同。例如，司法事件应先陈列法例，然后说明条理，行政事件则应先理后法。五是先后原则，即公文撰拟和公文办理都要分清顺序，撰拟时要先列依据再就事论事，公文办理时则要先核查无误，得到准许再行办理。六是经纬原则，即按照公文所论述案件的异同点有条理地组织公文结构。七是地步原则，即行文须有根据，言之确实。八是态度原则，即公文处理中要坚持和平中正的态度，过于严厉、过于宽松、过于高傲、过于卑下都不利于切实发挥公文的实施效果。为保证公文的实施效果，徐望之强调公文的实行要具体问题具体分析，一切从实际出发。具体来说，他将公文的行文原则概括为四点，即法、人、时、地。公文的实行须符合当下的法律，法是国之根本，违反法律的公文不但不能解决问题，还会损害政府的权威；公文的实行还须考虑人的因素，选择才德配位的人，才有利于公文的顺利实施；公文的实行要符合时代的要求；每个地区的情况有所不同，在实施公文的过程中要考虑当地的实际情况。

第六章结构。徐望之认为公文的实质结构有三段，即依据、引申和归结。其中，依据最为重要，只有依据正确，引申和归结才能找到立足之处，若是依据错误，则引申和归结就失去了意义；引申是在依据的基础上，作出严谨的论断；归结即提出解决问题的办法。除上述三段结构外，公文还有前后及附言。前后即公文事件的前后缘由；附言包括公文事件附带的声明，与公文事件相关联的、可以为公文事件处理提供帮助的文件、法规、章程、印信等。随后，徐望之又从呈文、令文、批文、咨文、电文五种不同类型的公文出发，

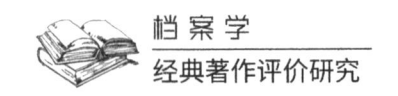

解析不同种类的公文结构。

第七章公文之叙法。徐望之认为根据公文涉及机关的多少,公文的叙法也变化万千。徐望之将公文的叙法大体分为引叙和自叙两种,引叙和自叙之下再分其他。引叙是指在阐明依据、事件过程中不掺杂个人意见;自叙则是指在阐述过程中加入个人看法。徐望之强调不管是采用引叙还是自叙,公文都要详略得当、说明原委。

第八章用语。相较于其他文种语言,徐望之认为公文用语独树一帜,须根据用语的不同性质分公文术语、公文成语、公文简略语进行采用。例如,用于开头的公文术语为"为……事""仰祈钧鉴"等;用于请示的公文成语为"是否可行""是否有当"等;公文中的"据情"一词是"据呈前情"的缩略表达,"查核办理"一词是"查明审核情形,再行办理"的缩略表达。徐望之对各种类型公文的用语考察和梳理为基层文书档案工作者提供了现实参考,对于规范文书档案工作具有重要作用。

第九章程式。徐望之认为公文是由用语、用纸、编号等种种规定的程式组成的,如果公文程式出错,很有可能因伪造之嫌导致公文被拒收,因而公文的形式非常重要。徐望之从公文用纸、署名、用印、编号、记时五个方面对公文程式进行一一规定,对于提高文书档案工作效率、防止文书档案造假具有重要意义。

**(三)版本源流**

《公牍通论》自1931年面世开始,中外出版社几度出版,至今已经出版了13次。

1929年,徐望之在河北省训政学院任公牍教席一职时,根据公文程式编写了《公牍讲义》,1931年商务印书馆在出版时将书名改为《公牍通论》。"该书一上市就受到了好评,热销异常,同年12月再版,以后又陆续再版,到1947年已出版了8次。"[1]

1958年,出于教学和科学研究的需要,《公牍通论》由中国人民大学历史档案系按照原著进行翻印,并在校内传阅。后因中共中央办公厅秘书局、国家档案局和一些机关在研究工作中的需要,中国人民大学又加印了一定数量

---

[1] 《档案学通讯》杂志社.档案学经典著作:第1卷[M].上海:世界图书出版公司,2013:1-4,175.

的《公牍通论》。总的来说，这两次的翻印本仅限于内部传阅，并非公开出版发行。

1979年，东京中文出版社出版了《公牍通论》。

1988年，中国档案出版社出版了《公牍通论》，将《公牍通论》《公牍学史》《公文处理法与档案管理法》《档案管理与整理》《文书之简化与管理》《公文档案管理法》六本著作汇集起来，收录到"档案学研究资料丛书"中。

1990年，上海书店出版社据商务印书馆1931年出版的《公牍通论》影印后，将《公牍通论》《公牍学史》收录到《民国丛书》第三编中进行出版。

2013年，为"检视档案学著作发展历史"[1]，重温档案学经典著作，经《档案学通讯》杂志社的策划和编辑，世界图书出版公司将《公牍通论》与陈国琛的《文书之简化与管理》、许同莘的《公牍学史》等著作收录到《档案学经典著作》第一卷中出版。

## 二、形式评价

1931年，商务印书馆第一次出版了《公牍通论》。作为中国出版业中历史最悠久的出版机构，商务印书馆于1897年创办于上海，1954年迁至北京，与北京大学同时被誉为"中国近代文化的双子星"。该版本装帧为平装，排版方式为竖排，繁体字字体，现售价500元。

1938年，商务印书馆再版，该版本装帧为平装，排版方式为竖排，繁体字字体，32开，售价200元。

1958年，中国人民大学翻印了1931年12月商务印书馆再版的《公牍通论》，并在内部传阅。此版本是对原著的直接翻印，因而其装帧方式依然是平装、竖排、繁体字、32开，现售价300元。

1979年，东京中文出版社出版了《公牍通论》，此版本相关内容缺失，价格、装帧印刷水平及出版方声誉不详。

1988年，中国档案出版社出版了《公牍通论》，汇集《公牍通论》《公牍学史》《公文处理法与档案管理法》《档案管理与整理》《文书之简化与管理》《公文档案管理法》六本著作，出版了"档案学研究资料丛书"。此版本采用平装、横排，大32开本，定价2元，现售价200~400元。中国档案出版社于

---

[1] 《档案学通讯》杂志社.档案学经典著作：第1卷[M].上海：世界图书出版公司，2013：1-4，175.

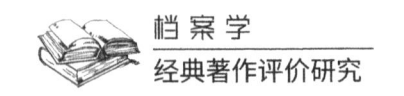

1982年1月成立，是中华人民共和国国家档案局所属档案专业的出版社，主要任务是组织档案、史学、文秘等方面的学者、专家、教师和从业人员，编、著、译、出版档案学与档案工作、史学、秘书学与秘书工作、方志学与方志工作等方面的学术专著、教材、科普读物和档案文献史料汇编、选编等，传播和积累科学、文化知识，为档案事业发展服务。遗憾的是，该出版社于2010年停办。中国档案出版社出版了《秘书工作》和《办公室业务》两种杂志，1500余种图书。

1990年，《公牍通论》被收录在《民国丛书》第三编中，由上海书店出版社影印出版。因为是影印版，所以该版本采用竖排，繁体字，32开。不过这时候的装帧水平已有明显的提高，该版本采用精装的装帧方式，售价115元。上海书店出版社成立于1988年6月，是以编辑出版传统文化、文史资料和艺术类图书为主的专业出版社。该出版社曾影印出版了《申报》《四部丛刊》《天一阁藏明代方志选刊》《中国现代文学史参考资料》《民国丛书》《中国历代法书墨迹大观》等一系列在国内外有一定影响的出版物。

2013年，世界图书出版公司将《公牍通论》收录到《档案学经典著作》第一卷中出版，该版本采用横排，简体字，胶版纸，软精装，装帧印刷水平较高，定价120元。世界图书出版公司是一家主要从事版权贸易的出版集团公司，成立于1986年。公司拥有一批知识水平高、业务能力强的高级和中级编辑人员及一支工作经验丰富的出版与发行队伍，在图书市场上形成了一定的规模和影响。

## 三、内容评价

### （一）选题的创新程度

《公牍通论》的创新之处在于：一是梳理、考察历代公文的种类和源流，对于文书学的发展具有重要意义；二是详细阐释了公文用语、公文结构、公文处理办法、公文归档程序等方面的内容，对规范机关文书档案工作具有非常重要的指导意义；三是《公牍通论》强调的治牍主体素养对后世开展文书档案工作具有极大的启示；四是《公牍通论》既蕴含文书档案理论，又涵盖了文书档案工作实践，无论是对档案学理论的发展还是对档案学实践的研究均具有重要作用。

## （二）学科的地位

民国时期对档案学问题的研究以行政效率运动为分界点可以分为两部分：一部分是行政效率运动之前的档案学人及学术研究；另一部分是行政效率运动之后的档案学人及学术研究。早期研究档案学问题的学人有何鲁成、毛坤、朱希祖、徐望之等。1924年，以何鲁成的《改革档案管理刍议》出版为代表，民国时期对档案学的研究正式揭开序幕。次年，毛坤出版了《档案序说》；直到1931年，徐望之的《公牍通论》和朱希祖的《整理升平署档案记》的出版标志着民国档案学人研究档案学问题的热潮开始。

《公牍通论》理论与实践并重，既强调"四有""三须""四要""八法"等理论，还在文中穿插事例及图表，以指导当时的机关文书档案工作。《公牍通论》不仅是一部系统考察机关文书档案源流及体例格式的著作，其对机关文书档案撰写者的素养要求还蕴含了现代档案工作者的道德要求。同时，《公牍通论》不仅对民国机关文书档案工作产生了巨大影响，其蕴含的思想也不断地为现代档案工作提供启迪。《公牍通论》面世以来，13次的出版直接反映了其价值所在。

《公牍通论》是民国档案学研究的一个缩影，反映了民国档案学的初期研究状况，对了解和掌握初期档案学研究者的学术风格，认识民国时期档案学研究发展状况，把握民国档案学术史具有重要意义。可以说，《公牍通论》是当之无愧的民国档案学经典著作之一。

## （三）同行评议的结果

《公牍通论》成书时间久远，其间社会环境发生了极大的变化，因此《公牍通论》不可避免地带有时代局限性，各位同人在阅读过程中须有所取舍。其局限性具体表现在，《公牍通论》局限于对机关文书工作的研究，没有深入到档案工作的层次，研究领域较为狭窄。而且由于徐望之辞去河北省训政学院公牍教席一职后，开始了中国银行的职业生涯，没有针对机关文书工作进行连续研究，在一些论点的论证上不够深入，颇为可惜。瑕不掩瑜，《公牍通论》中仍有许多值得学习的地方。《公牍通论》既注重理论论述，又强调实践应用。徐望之提出的"四有""三须""四要""八法"等理论历久弥新，不仅指导了当时的文书档案工作，对当今的档案工作仍有启迪意义。《公牍通论》

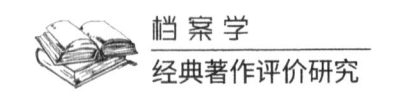

从公文用语、公文结构、写作技法等方面出发，详细论述了撰写公文的技巧，并在书中附录了大量的事例及民国政府关于公文的规定，对于指导当时的机关文书档案工作具有现实意义，被誉为"我国近代有重要价值的文书学著作"和"第一部文书学方面的高等学校教科书"。

### （四）理论的价值

徐望之的《公牍通论》既包含极高的学术理论价值，又含有应用理论价值。从学术理论上来讲，徐望之梳理了公文名称演变、公文撰写方法、公文归档程序等内容，为深入研究机关文书档案提供了参考和借鉴；徐望之提出的"四有""三须""四要"等思想深入论证了治牍主体的素养论，为后来的文书学、档案学的研究者提供了启迪。

同时，《公牍通论》也具有极大的应用理论价值。徐望之的治牍应用理论可以分为治牍方法论和治牍程式论。治牍方法论包括公牍的用语、体例和叙述三个方面，治牍程式论则从公文形成程式和归档程式两个方面进行论证。徐望之的治牍应用理论为民国时期基层文书档案工作的开展提供了指导，也对现代文书管理工作具有一定的启示作用。

### （五）语言文字的规范程度

徐望之在撰文过程中表述科学、严谨，张俊称赞他"探索源流，斟酌今古。网罗详备，条目井然。举凡立一定义，增一解释，皆以理则为准"[1]。

徐望之语言文字的规范具有一定的学历及实践背景。从学历背景来说，徐望之是北京大学哲学系出身，文字造诣较高；从实践背景来说，徐望之先是任职于商务印书馆，后在河北省训政学院任公牍教席一职，文字处理经验丰富，语言文字较为规范。

### （六）作者的影响力

《公牍通论》开创了文书学著作的先河，反映了民国时期文书档案的研究状况，对于把握民国档案学史和文书学史具有重要意义，因其历久弥新的理论价值，徐望之成为研究民国档案学史、档案学人、文书学不可或缺的部分。

---

[1] 《档案学通讯》杂志社.档案学经典著作：第1卷[M].上海：世界图书出版公司，2013：1-4，175.

另外，徐望之在《公牍通论》中表现出来的科学严谨的学术研究态度，也对档案学人具有思想上的鞭策，鼓励着一代又一代档案学人在档案领域不懈探索。

相较于同时期行政学派的档案学者❶，徐望之的文书档案工作经验较短，辞去河北省训政学院公牍教席一职后，没有继续档案学的研究，留存下来的相关成果仅有《公牍通论》一书。再加上深入研究徐望之及其治牍理论的成果较少，相较于甘乃光、何鲁成等学者，徐望之在档案学界的学术影响力相对有限。

### 四、效用评价

Z 指数分析法是周春雷在 2015 年提出的一种学术授信评价方法，"是利用 Z 指数指标衡量评价对象在同类高影响力群体中的影响力，进而推断其学术判断信息的可信度和价值的一种信息"❷。Z 指数是"基于学术授信思想提出的一种能够衡量图书学术影响力的指标"❸。它能够帮助我们快速衡量档案学术著作的学术价值或影响力。"图书 Z 指数的计算过程为：首先收集某图书的被引信息，然后根据施引者的学术地位对每条被引信息进行标记，按学术地位值大小降序排列后可得到一个序列集合，接着根据 H 指数算法提取该序列的 H 指数，所得值即为该图书的 Z 指数。"❹其中，施引者的学术地位可以用其 H 指数进行标记。

2020 年 5 月 10 日，在中国知网引文数据库，获取该著作的施引人数及施引次数。在中国知网文献总库中获取每位施引者的发文数量及被引次数，通过 H 变换计算出每位施引者的 H 指数。通过对施引者的 H 指数序列集合再次进行 H 变换，得到图书 Z 指数。徐望之的《公牍通论》的施引人数为 133 人，总施引次数为 170 次。被引情况见表 4，通过计算得出其图书 Z 指数为 7。

---

❶ 李永丹. 民国时期档案学者群体研究 [D]. 沈阳：辽宁大学，2014：14.

❷ 周春雷. 学术授信评价及其应用 [M]. 北京：科学出版社，2016：124.

❸ 周春雷，陈艳云，蔡程瑞. 图书 Z 指数及其在影响力评价研究中的应用 [J]. 图书情报工作，2018，62（14）：106-115.

❹ 周春雷，陈艳云，蔡程瑞. 图书 Z 指数及其在影响力评价研究中的应用 [J]. 图书情报工作，2018，62（14）：106-115.

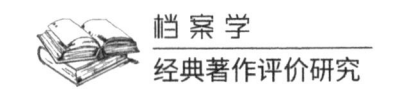

《公牍通论》的被引次数较多,图书 Z 指数相对较高。施引者学术地位较高,多为高影响力作者。这表明《公牍通论》的影响力较广,学术价值较高。

表4 《公牍通论》被引用情况

| 施引者 | 施引次数/次 | 施引者 H 指数 |
| --- | --- | --- |
| 张荟丽 | 1 | 16 |
| 邹振环 | 2 | 16 |
| 王云庆 | 1 | 14 |
| 赵云泽 | 1 | 12 |
| 王芹 | 2 | 9 |
| 陈寒非 | 1 | 8 |
| 沈蕾 | 3 | 7 |
| 杨军 | 1 | 7 |
| 孙大东 | 1 | 7 |
| 莫恒全 | 2 | 6 |
| 赵彦龙 | 2 | 6 |
| 李均明 | 1 | 6 |
| ⋮ | ⋮ | ⋮ |

# 第二节 《文书之简化与管理》

## 一、本书概况

### (一)作者简介

陈国琛,别号寄安,安徽宿松人,1894年生于皖江河畔,故自称皖江寄安陈国琛。陈国琛曾就读于北京法政专门学校,毕业后考入北京法政大学。1927年,陈国琛投笔从戎,在冯玉祥麾下任秘书、参议等职。1935—1949年,他先后在福建、台湾、浙江等地政府文书档案部门任职,并指导当地文书档案工作改革，成为民国时期著名的文书档案改革家。

1935年，陈国琛任福建省连城县县长。1936年，他又任福建省政府秘书处第一科科长，开始在福建省试行文书档案改革工作。抗战爆发后，1938年10月至1939年1月，陈国琛被疏散到福建永安，在此期间开始着手撰写《文书之简化与管理》。在书中，他第一次较为系统地介绍了自己的文书档案管理理念和改革主张。该书于1939年1月完成，但是由于时逢抗战期间，未能及时出版，直到1946年才在台湾出版。陈国琛在书中对改革前文书分散管理的弊害进行了批判；介绍了文书集中管理的现实状况，主张文书行文与收发制度及档案管理制度改革，并主张改良政府公报；在文书管理方面，制定了详细的行文及收发技术标准，建议革新理稿办法，统一公文用纸格式等，并制作了详细的文卷归档表，提出了战时文书集散管理的建议。

1946—1948年，陈国琛随其行政长官陈仪赴台湾省任职，任台湾长官公署公报室主任兼秘书科科长。他根据以往在福建省的改革经验，主持了台湾省的文书档案改革工作。随后，其根据改革的经验著成《文书改革在台湾》一书，于1947年在台湾出版。在书中他介绍了文书档案分层负责、集中统一管理的办法，并主张推行文书档案连锁法。该书融合了他在福建省进行改革的经验，论述了文书档案管理人才选拔、工作简化、规范化及提高服务效率等理念。虽然这部著作中陈国琛的文书档案改革理念已经比较成熟，但未在大陆出版，受到的关注较少。

1948年6月，陈国琛又随行政长官陈仪到浙江任职，担任浙江省秘书处第一科科长。为推动政治革新，提高行政效率，他在浙江开展了文书档案改革运动。改革的主要内容涉及文书档案分层负责和公文程式等方面。虽然他紧锣密鼓，在上任第一天就发布了《关于简化收办文件手续的通知》，随后又发布《浙江省各级机关公务公文分层负责处理办法》《浙江省政府暨所属各机关处理文稿规则》等改革文件，但天不假时，1949年2月，随着其行政长官陈仪被蒋介石逮捕，陈国琛的文书档案改革工作也随之中断。虽然陈国琛在浙江的文书档案改革意外中断，没能在全省推广，但是经过福建与台湾两省的实践检验，其文书档案管理理念已经较为成熟。

陈国琛的实践经验和理论成果主要凝结在他的《文书之简化与管理》《文书改革在台湾》两部著作之中，《文书之简化与管理》对我国档案学发展和文书档案管理实践影响深远，《文书改革在台湾》奠定了台湾省光复后数十年的

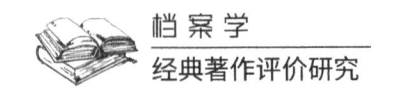

文书档案管理基础，但可惜没能在大陆出版，极少引人关注，相对于《文书之简化与管理》来说在大陆影响力有限。

### （二）内容概要

《文书之简化与管理》全文共十章，共计约 30 万字。全书可以分为三个部分。第一部分为文书行政总论，主要研讨文书档案改革管理的原则，包括文书概论、改革行文制度问题、改革收发及档案制度问题、彻底改良政府公报四章内容，属于文书行政问题。第二部分为文书技术各论，主要研讨统一管理的办法，包括行文技术的运用、收发技术的运用、档案技术的应用、有关文卷分类归档表的解答、战时文书管理、统一文书管理办法草案六章内容，属于文书档案技术问题，但与普通公文程式写作完全不同，主要作用是便于文书管理。第三部分是附录，编附中央改革文书法令 10 则。具体如下。

第一章为文书概论。主要讲陈国琛对文书档案管理的基本认识，他认为应区别文书档案管理与其他相近事务管理的关系，包括文书与文史、文献的关系，文书、档案和卷宗的关系，区别档案管理与图书管理的不同等；认为文书有表意、执行、宣传等效能；描述了当时文书档案"管理步骤不一致""处理方法不一致""调理办法不一致"的现实概况，对文书档案分散管理的弊端进行了批判。

第二章为改革行文制度问题。陈国琛主张通过实行"三级直接行文"，减少公文层级递转手续；认为应通过集权管理和分权管理使文书档案管理机构更加灵活高效。

第三章为改革收发及档案制度问题。在公文收发改革方面，陈国琛认为应实行分工管理与统一管理相结合的办法；在档案改革方面，认为应制定档案分类标准、档案分工标准与新旧档案过渡整理标准。

第四章为彻底改良政府公报。陈国琛认为应提高公报的作用、制定公报编制标准、振奋公报权威。

第五章为行文技术的运用。陈国琛认为应通过改善行文程式、要案始末登记、调整缮校监印工作等方法来革新理稿办法；通过稿面稿心用纸统一、签呈报告用纸统一、公文封套用纸统一、公文用纸专卖等方法来统一公文用纸格式。

第六章为公文收发技术的运用。主要介绍了内外收发文的处理手续和注意事项。

第七章为档案技术的运用。陈国琛认为档案分类应重视分类接收工作，注重分类人选、分类工作程序、分类入卷标准、分类卷目编制、分类附件保管等事项。该章对档案登记和档案出纳工作也有详细介绍。

第八章为文卷分类归档表。列出了《全国省、区、县、市政府通用档案分类表》，将档案分为总务类、民政类、财政类、教育类、经建类五个大类，另有400多项小类，并以问答的形式对文卷分类归档的普遍性问题、疑难问题进行了解答。

第九章为战时文书管理。该章阐述了战时前后方文书集散管理的具体办法。

第十章为统一文书管理办法草案。该章提出了一般文书处理的通则、统一收发文处理程序、统一文稿处理程序、统一档案处理程序、统一文卷归档分类表、统一政府公报改良准则、统一替代文书用具及文书用纸管理、统一文书检查办法、统一区乡镇文书处理办法等。

陈国琛的《文书之简化与管理》一书是我国早期档案学术著作，对我国档案学发展影响深远。陈国琛在《文书之简化与管理》一书中，对旧的文书档案管理方式进行了批判，并力图寻找一种更加科学和高效率的文书档案管理方式。

### （三）版本源流

《文书之简化与管理》是陈国琛在文书档案学研究方面的代表作。该书于1946年由台湾新生报社出版，1958年由中国人民大学翻印，并于1990年由中国档案出版社重新出版。吴永林认为，陈国琛的《文书之简化与管理》一书"与行政管理学紧密结合，讲求文书和档案管理的行政效率，是不可多得的文书学、档案学要典"❶。

## 二、形式评价

《文书之简化与管理》共存世三个版本，分别为台湾新生报社版、中国人民大学翻印版、中国档案出版社版。其中，前两版由于印刻时间较早、发行量不多、流动范围与推广程度不够广等原因流通不多，目前国内各个旧书网

---

❶ 吴永林.陈国琛与《文书之简化与管理》[J].档案管理，2006（6）：11.

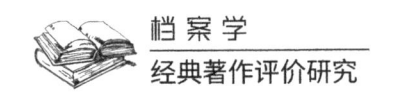

上主要流通的版本为1990年中国档案出版社版。笔者拟通过对以上三个版本出版方的声誉、装帧印刷水平及市场流通状况等各个方面进行分析，为该书作出一定的形式评价。

### （一）出版方的声誉

#### 1. 台湾新生报社

《新生报》是国民党政府在台湾创办的第一家中文报纸，是光复之初接管台湾文宣事业的产物。"在初创时期，《新生报》主动树立国家意识，宣传开明思想，在新政府和台湾民众之间担任沟通角色，带有进步性和理想主义的色彩。《新生报》与接收政权的主事者有一定的关系，与当政的国民党在政治抱负和思想观念上又有一定的距离，通过报纸有限地表达了一些进步观念，影响了光复初期台湾的舆论生态。"❶

作为连接政府与人民的重要中介，台湾光复初期，台湾新生报社所创办的《新生报》及出版的各种书籍刊物都起到了树立民族意识、弘扬民族文化的积极作用，对台湾人民摆脱日本侵略势力的文化侵略、树立自由自觉的文化意识产生了深远的影响。其中，陈国琛的《文书之简化与管理》更为台湾民众廓清奴化思想、为新政府有效管理并重建光复后台湾文书制度起到了积极的推动与奠基作用。

#### 2. 中国人民大学出版社

中国人民大学出版社是中华人民共和国成立后的第一家大学出版社，也是中国最重要的高校教材和学术著作出版基地之一。该出版社成立于1955年，1982年被教育部确定为全国高等学校文科教材出版中心，2007年获首届中国出版政府奖先进出版单位奖，2009年获首届全国百佳图书出版单位荣誉称号。

1958年2月，中国人民大学历史档案系先后翻印了1949年之前出版的《文书之简化与管理》等十三本档案学著作，即"档案十三经"。❷这批教材作为历史档案系师生的补充材料，为中国人民大学档案学师生的知识学习与实践起到了重要的指导作用，也为我国档案学界的发展起到了重要的推动作用。

---

❶ 赵立彬.台湾光复与《新生报》[J].中山大学学报（社会科学版），2016，56（3）：90–98.

❷ 薛理桂.学科经典是学科的基石[J].图书馆论坛，2017（9）：16.

## 3. 中国档案出版社

中国档案出版社是中华人民共和国国家档案局所属档案专业的出版社，成立于1982年1月（2010年停办），主要任务是组织档案、史学、文秘等方面的学者、专家、教师和从业人员，编、著、译、出版档案学与档案工作、史学、秘书学与秘书工作、方志学与方志工作等方面的学术专著、教材、科普读物和档案文献史料汇编、选编等，传播和积累科学、文化知识，为档案事业发展服务。中国档案出版社出版了《秘书工作》和《办公室业务》两种杂志，1500余种图书。

1990年，中国档案出版社出版了《文书之简化与管理》，将包括《文书之简化与管理》在内的多部档案学经典著作集合为"档案学研究资料丛书"公开出版，为我国档案事业的蓬勃发展创造了良好的学术环境，有利于我国档案人才与事业的培育与提升。

### （二）装帧印刷水平

#### 1. 1946年台湾新生报社版

（1）印刷水平。

由于此版本出版较早，受当时生产力水平限制，其清晰度与当代图书无法比拟，书籍内部也难免存在墨迹污染与漫漶不清的情况。此外，该书籍出版于台湾光复初期，其间历经兵燹战火、自然和人为破坏，能够流传至今者十不存一，存世者也有虫蠹水印甚至缺页坏损等情况。目前在市面上流通的多为影印本。

（2）装帧水平。

装帧方式为平装，书皮为蓝色，书名为毛笔写就的正楷，外表精美，古色古香。由于历史及地理原因，书籍内部文字为繁体，采取从右向左、竖排印刷的排列形式。

#### 2. 1958年中国人民大学翻印版

（1）印刷水平。

由于此版本出版较早，受当时印刷水平限制，字体存在一些模糊不清的情况，但相较于第一版著作，墨迹不清、错字别字的情况较少，保存也较为完整。

（2）装帧水平。

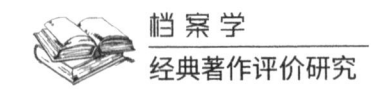

书籍为 850 毫米 ×1168 毫米的开本尺寸，装帧方式为平装。由于该书此次作为辅助教材出版，重实用而轻审美，因而外形简单，除文字信息外无其他装饰图案。书皮为白色，封面文字为印刷体，但受生产力水平限制，存在墨迹污染的情况。书籍内部文字仍为繁体，采取从左向右、横排印刷的排列形式。

3. 1990 年中国档案出版社版

（1）印刷水平。

由于该版本印刷时间较晚，且印刷时我国正处于改革开放时期，生产力水平有极大的提升，因此，书籍内部文字清晰、用墨均匀、保存良好。

（2）装帧水平。

书籍为 850 毫米 ×1168 毫米的开本尺寸，装帧方式为平装。封面有专门的封面设计人员，设计精美，素雅大方。书皮为淡青色，封面左侧分布有一排繁复精美的花纹，右侧则以行体、楷体交错罗列书籍主要信息。书籍内部文字采取从左向右、横排印刷的排列形式。

**（三）市场流通状况**

2020 年 5 月 21 日，笔者以"《文书之简化与管理》"为检索词，分别在亚马逊网、京东网、淘宝网、当当网、孔夫子旧书网五个国内规模较大、受众较广的图书专营网站和包含图书销售业务的综合性门户网站中进行检索，排除无效结果及干扰项，共检索到 31 个结果。其中，亚马逊书城和淘宝网检索结果为 0。京东图书共检索到 11 个结果，该 11 个商家所售《文书之简化与管理》均为二手书籍，其中 7 家存货为 1990 年版、4 家为 1958 年版，1946 年版书籍暂无商家售卖。当当网共检索到 2 个有效结果，且所售均为 1990 年版《文书之简化与管理》的二手书。孔夫子旧书网共检索到 18 个结果，其中 4 个商家所售为 1990 年版二手书籍，9 个商家所售为 1958 年版二手书籍，5 个商家所售为 1946 年版书籍复印本。

综合来看，目前《文书之简化与管理》一书在市场上流通不多，其中又以 1958 年中国人民大学翻印版流通最多，1990 年中国档案出版社版次之，1946 年台湾新生报社版最少且最为珍稀，现存多为复印本。

同时，计算各个版本书籍单价的算术平均数可得，1990年中国档案出版社版平均单价为30.27元，1958年中国人民大学翻印版平均单价为30.67元，1946年台湾新生报社版平均单价为63.2元。统计与分析上述结果，笔者发现，目前市面上流通的《文书之简化与管理》书籍，不同版本之间的价格具有一定的差距，其中年限越早的版本收藏价值越高、价格越高，年限越晚的书籍收藏价值越低、价格越低。这与商品市场的价值规律是相符合的。

## 三、内容评价

### （一）选题的创新程度

1. 理论创新

作为档案学成熟之前的重要经典著作，《文书之简化与管理》已经开始思考档案的起源、内涵及概念，整合了档案及档案管理的历史渊源，同时将档案与文书相联系进行定义，显示出朴素的来源原则思想。这些思想的出现为来源原则成为档案学科的核心理论，并为档案学共同体所接纳产生了不可小觑的作用。

2. 实践创新

作为台湾光复后出版的第一本文件管理书籍，《文书之简化与管理》为有效管理并重建光复后台湾文书制度奠定了坚实的基础，对培养台湾公文管理人员的文件管理意识起到了举足轻重的作用。台湾光复之后，当地民众在很长一段时间内仍然处于日本侵略者压迫的阴影之下，难以适应我国政权的管理体制。这本书为台湾省政府推进政体改革、有效管理文书、宣扬政治理念、巩固自身统治提供了理论指导，有助于台湾民众摆脱日本政权留下的政治、文化和社会侵略，维护我国的团结统一。

### （二）理论的价值、学科的地位

1. 对民国时期档案学萌芽阶段的意义

（1）作为一本经验总结而成的书籍，该书论及了民国时期公文管理程序烦琐、人员冗杂、专业水平与素养有所欠缺等问题，并系统地阐明了文件表

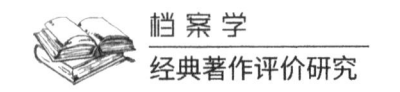

格化等解决办法,为我国档案管理学的萌芽起到了推动作用。

(2)该书思考了档案的定义以及档案与文件之间的关系,论及了"档案是……文件"的档案界经典命题,一定程度上把握了文档之间的关系,并初步具备了来源原则的思想,对于我国档案学理论的起步起到了奠基作用。

2. 对中国档案学稳步发展的意义

(1)台湾光复初期。

其一,该书总结了陈国琛在福建省主持政府文书改革的经验,并将这些经验用于后期台湾省文书制度深化与改革的过程中,为台湾新政府公文管理、政策宣导起到了重要的指导作用。同时,该书有效指导了台湾地区档案机关的机构、资本、人员、技术等要素的管理,对台湾地区的档案管理学的萌芽与发展起到了重要的作用。

其二,该书作为重要的辅助教材,一经出版便解决了其时台湾文书管理系统破坏与重建时相关工作人员训练不足的问题,成为台湾各地方政府争相采用的公职人员参考书,对于日后档案管理人员作业思维更是影响深远。

(2)中国人民大学。

其一,该书作为"档案十三经"之一,为中国人民大学历史档案系师生汲取档案实践管理经验、夯实档案学理论基础及初步树立档案史观都起到了很好的指导作用,堪称一本优秀的辅助性教材。其翻印为中国档案人才的培训与教育产生了深远的影响。

其二,20世纪50年代,苏联档案工作的理论与实践对我国的档案事业产生了深刻的影响。而以该书为代表的一系列档案学经典著作的翻印,有利于我国学者着眼于国内档案学的研究与批判性吸收,将我国民国以来优秀的档案学与国外先进的档案学理论相结合,真正产生符合我国国情的优秀先进的档案学。

3. 对21世纪档案学蓬勃发展的意义

(1)凭证与参考作用。

通过对《文书之简化与管理》等中国档案学著作的关注与研究,档案学者们能够逐步建立起系统的档案史观,同时通过对过去著作的批判性继承,取长补短、兼收并蓄,在认识到过去档案学理论性不够强、业务水平不够高等固有不足的基础上,结合新时代的档案学理论与工作实践加以改进与完善,推动我国档案学事业的繁荣发展。

（2）教育与科普作用。

进入 21 世纪，档案学的重要意义逐渐显露出来，得到了国家、社会的关注与支持。作为一本业务指导书籍，《文书之简化与管理》中包含了众多民国时期的文书与档案管理工作实践，理论性不强，更能够适应基层文书工作人员的管理需求。而且其讲述了一些民国时期福建等地的秩序风俗，对于意图了解民国历史风情的读者来说也不失为好的选择，能够更好地构建档案历史文化体系、推动社会大众对档案学的认知与了解。

### （三）作者的影响力

陈国琛（1894—不详），安徽宿松人，青年时代就读于北京法政专门学校，1921 年考入北京法政大学经济系研究科，毕业后在多处军队担任秘书工作。1934 年 10 月，陈国琛经冯玉祥介绍至察哈尔省政府任参议，至此开始由部队秘书工作转向从事地方机关的文书档案工作。1935 年，陈国琛先在福建省政府任参议，次年 8 月，福建省政府任命其为秘书处第一科科长，主管文书档案工作。1936—1938 年，他主持福建省文书改革，涉及文书收发、文书处理和档案管理三个方面。1938 年 10 月至 1939 年 1 月，恰逢福建省政府内迁三明永安，他在此期间写出了《文书之简化与管理》。1943 年 8 月 29 日至 10 月 24 日，陈国琛前往江西省训练团档案管理人员训练班讲授档案分类等课程，而后在江西省推广《全国县市政府档案分类法》。赴台前，1945 年，陈国琛曾在江苏省立江苏学院行政管理系任教，教授文书管理课程。赴台后，陈国琛任台湾行政长官公署秘书处公报室主任并兼任秘书处文书科科长，主持战后台湾省文书改革事宜。主持台湾省文书改革期间，陈国琛一方面推广其在福建文书改革中的成果与经验；另一方面改良了政府公报，扩大了文书改革的范围和影响。1948 年，陈仪被委任浙江省主席，陈国琛随之前往浙江，被任命为浙江省政府参议兼秘书处第一科（文书科）科长，要求其主持浙江省文书改革。[1]

### （四）同行评议的结果

《文书之简化与管理》自问世以来就受到学界的一致好评。其于 1946 年

---

[1] 张衍. 江苏学院档案学教育溯源 [J]. 档案学研究，2016（1）：51-56.

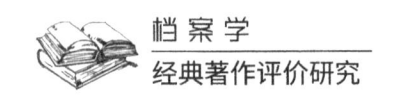

在台湾付梓之后便成为台湾各地方政府管卷人员业务参考的必备书籍，并在当时教育部学术审议委员会审查之后颁给奖金，1958年被中国人民大学历史档案系选为档案学"十三本旧著"经典之一重新翻印。改革开放后，随着档案学的繁荣发展，中国档案出版社又将其作为"档案学研究资料丛书"之一再次出版。其内容品质之优劣，可见一斑。

吴宇凡指出："事实上，《文书之简化与管理》一书的出版与台湾文书系统建立关系密切，该书出版后解决了时下台湾文书管理系统破坏与重建时专业人员训练的问题，成为台湾各地方政府争相采用之参考书，对于日后档案管理人员作业思维之影响，更是影响深远。"❶

正如吴宇凡所言，《文书之简化与管理》对于档案界的理论指导与实践管理都有着举足轻重的作用，它是当之无愧的档案学经典著作。

### （五）语言文字的规范程度

由于该书出版较早，档案学还未出现系统完整的理论体系，更缺乏广泛普遍的社会共识，在历史条件与学术环境的限制下，该书的部分内容存在专业术语不够严谨、概念界定不够明确等问题。但作为一本经典著作，书中论及了许多值得深思的档案问题与经验，也提出了相关的解决办法，一定程度上把握到了档案学的核心问题与价值，其中许多内容的论述对于今天的档案工作者仍然能够起到振聋发聩、发人深省的作用，意义重大、影响深远。

此外，陈国琛常年担任文书管理人员，有着沉稳老练的写作能力。作为一部档案学经典著作，《文书之简化与管理》也同样具有丰富的可读性。全书以文言写就，引经据典十分考究，抨击当时社会存在的一些文书问题时也并不刻板无趣，许多精妙的语言至今都被各位档案学者直接引用以论证观点，其深入浅出、张扬有致的语言风格值得档案人学习与借鉴。

## 四、效用评价

### （一）发行数量

《文书之简化与管理》于1946年由台湾新生报社首次出版，由于受到生

---

❶ 吴宇凡.陈国琛与战后初期台湾文书改革[J].档案学通讯，2015（3）：99-104.

产力与印刷技术水平的限制，发行数量并不多。1958年2月，中国人民大学历史档案系将其翻印，共印1665（1653+12）册。1990年，中国档案出版社将其作为"档案学研究资料丛书"之一重新出版，仅印2500册。

作为档案学经典著作之一，《文书之简化与管理》一书本就弥足珍贵，加之其发行数量不多，更具有了超出书籍内容本身的丰富收藏价值。因此，档案学界更应充分重视对其的保护与挖掘，以期更好地利用其丰富的内涵为档案学界创造更多的价值。

**（二）社会效益**

1. 对台湾光复初期辖内人民的影响

台湾光复之初，面临着政治、经济、社会、文化等各方面的深刻变化，《文书之简化与管理》的出版推动了台湾文书制度的重建与有效管理，为光复初期台湾人民重拾民族文化、接受新生政权起到了推动作用。同时，该书为厘清台湾原本繁杂错综的文书管理制度的局面产生了重要的推动作用，有利于台湾省政府教化民众、宣扬政令，有利于台湾人民重拾制度自信、民族自信。

2. 推动社会对档案学的认知普及

作为档案学经典著作之一，《文书之简化与管理》的出版向社会宣扬和科普了档案学的历史与实践，能够引发社会大众对档案、档案工作、档案工作人员及档案事业的关注与了解，增强了档案学的影响力，扩大了档案学的认知群体。

**（三）学术著作的引用率**

2020年5月21日，笔者以"文书之简化与管理"为检索词，以"被引主题"为检索项，在中国知网文献数据库中进行引文检索，排除错误项与干扰项，最终检索得到6篇被引文献，主要为该部学术著作1946年台湾新生报社版、1958年中国人民大学翻印版、1990年中国档案出版社版的三个不同版本，总被引数为12次，总他引数为12次，篇均被引数为2.00次，篇他引数为2.00次。

其中，吴宇凡的《陈国琛与战后初期台湾文书改革》分别引用了该书的

1946年版与1958年版，用以论证陈国琛对战后台湾的文书处理制度作出的巨大贡献；❶张衍在《江苏学院档案学教育溯源》中引用了该著作的1946年台湾新生报社版，用以阐述陈国琛对于福建省文书改革的重要作用；❷薛理桂在《学科经典是学科的基石》中引用该著作并阐述了包含该著作在内的"档案十三经"对于中国人民大学历史档案系师生的重要作用；❸陈祖芬的《档案学研究成果的范式论评析——基于综合调查的研究》引用了1946年台湾新生报社版，用以介绍20世纪30年代国内档案界朴素的来源原则思想；❹丁华东的《范式转型与社会变迁》引用了1958年中国人民大学翻印版，用以例证我国近代自机关文书改革以来就已存在从文件的角度定义档案的传统；❺王芹的《民国时期档案法规研究》引用了该书的1990年中国档案出版社版，用以凸显民国时期文书收发环节的烦琐性；❻杨戎在《论组合化文件的两种组合方式》中引用了该著作的1990年中国档案出版社版，以说明20世纪三四十年代就已提出"文件表格化"方法；❼袁晓川的《政治秩序与行政效能：南京国民政府时期公文制度研究》引用了1946年台湾新生报社版与1990年中国档案出版社版，阐述了民国时期推行"公文表格化"的理由；❽张宇慧在《行文制度新探》中引用了1958年中国人民大学翻印版，证明民国政府公报权威性欠缺的问题；❾王昭勇在《南京国民政府时期省政府公报初探》中引用了该著作的1990年中国档案出版社版，用以例证政府公报应当随政治环境和时势境况的变化而变化；❿梁仙保在《明代法律文书研究》中引用了该著作的1990年

---

❶ 吴宇凡. 陈国琛与战后初期台湾文书改革 [J]. 档案学通讯，2015（3）：99-104.

❷ 张衍. 江苏学院档案学教育溯源 [J]. 档案学研究，2016（1）：51-56.

❸ 薛理桂. 学科经典是学科的基石 [J]. 图书馆论坛，2017（9）：16.

❹ 陈祖芬. 档案学研究成果的范式论评析——基于综合调查的研究 [J]. 档案学通讯，2010（1）：23-26.

❺ 丁华东. 范式转型与社会变迁 [D]. 上海：上海大学，2008.

❻ 王芹. 民国时期档案法规研究 [D]. 苏州：苏州大学，2009.

❼ 杨戎. 论组合化文件的两种组合方式 [C] // 中国当代秘书群星文选，1999：612-616.

❽ 袁晓川. 政治秩序与行政效能：南京国民政府时期公文制度研究 [D]. 济南：山东大学，2016.

❾ 张宇慧. 行文制度新探 [D]. 成都：四川大学，2007.

❿ 王昭勇. 南京国民政府时期省政府公报初探 [J]. 图书馆研究，2019（2）：124-128.

中国档案出版社版，以近代文书处理办法来思考明代法律文书制度；❶宋少云在《中国古代多音节文档名词研究》中引用了该著作的1990年中国档案出版社版，用以介绍中国文档名词的状况。❷

综合来看，我们可以将引用该著作的文献分为三种类型：其一，通过介绍该著作来证明其作者及著作自身的重要性；其二，通过引用该著作来探讨民国时期文书制度的表现与变革；其三，借助该著作中所记录的文书方法来思考其他历史时期的文书制度与思想。总体而言，通过引用《文书之简化与管理》一书来介绍和探讨民国文书制度与思想的文献数量最多，这也体现了该著作在了解民国文书制度、探讨民国文书思想等方面发挥着无可替代的重要作用，时至今日，仍然能够引起我们的深刻思考，带给我们广泛的启迪。

**（四）图书Z指数**

2020年5月10日，在中国知网引文数据库，获取该著作的施引人数及施引次数。在中国知网文献总库中获取每位施引者的发文数量及被引次数，通过H变换计算出每位施引者的H指数。通过对施引者的H指数序列集合再次进行H变换，得到图书Z指数。陈国琛的《文书之简化与管理》的施引人数为19人，总施引次数为20次。其被引情况见表5，通过计算得出《文书之简化与管理》的图书Z指数为5。《文书之简化与管理》的被引次数相对较少，图书Z指数偏向中等。施引者平均学术地位不高，高影响力作者较少。这表明《文书之简化与管理》的影响力相对有限，学术价值较高。

表5 《文书之简化与管理》被引用情况

| 施引者 | 施引次数/次 | 施引者H指数 |
| --- | --- | --- |
| 丁华东 | 1 | 16 |
| 王芹 | 1 | 9 |
| 陈祖芬 | 2 | 7 |
| 李章程 | 1 | 6 |
| 杨述 | 1 | 5 |

---

❶ 梁仙保．明代法律文书研究[D]．沈阳：辽宁大学，2017．
❷ 宋少云．中国古代多音节文档名词研究[D]．沈阳：辽宁大学，2016．

续表

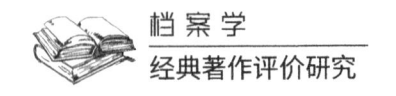

| 施引者 | 施引次数/次 | 施引者H指数 |
| --- | --- | --- |
| 侯吉永 | 1 | 5 |
| 袁晓川 | 1 | 4 |
| 宋少云 | 1 | 4 |
| 薛理桂 | 1 | 2 |
| 王昭勇 | 1 | 2 |
| 孟晓姣 | 1 | 2 |
| 吴永林 | 1 | 2 |
| 张衍 | 1 | 2 |
| ⋮ | ⋮ | ⋮ |

## 第三节 《公牍学史》

### 一、本书概况

#### （一）作者简介

许同莘（1879—1951），字溯伊，号石步山人，今江苏无锡人，生于光绪五年己卯年（1879年）十一月二十三日酉时，附生、光绪壬寅补行庚子辛丑恩正并科举人。❶ 1899年，许同莘跟随擅长公牍的舅父张曾畴在湖广总督幕府中学习办事，即在幕中学习撰写治事之文的方法，参阅之前公文，以及拟拟一些文稿等，直到1902年因要参加科举才离开，并在同年高中举人。1905年，许同莘到日本留学，在日本法政大学速成科就读，于1906年毕业。1906年归国后，许同莘在张之洞幕任文案委员，直到张之洞去世。其间由于张之洞对僚属起草文书要求特别严格，其办理文案能力越来越强，《复庵先生集·谕从子同莘》中写道："接来书知荷南皮宫保委办文案，从此阅历渐

---

❶ 钱志伟.许同莘先生事略补证[J].秘书，2018（4）：18-27.

深，蔚成大器，将来从政临民自有把握，欣慰之至。"入职初期，许同莘经常向有名的绍兴师爷施理卿请教学习外交文书方面的知识，《公牍学史》一书中的《辞命》一章就借助了施氏之论，专门论述外交文书。1909年11月张之洞去世，许同莘离幕，但因受张之洞之子的委托，开始编写《张文襄公全书》。许同莘在《编辑〈张文襄公全书〉叙例》中说："于是十年有七月矣。以类厘次，为奏议五十卷、公牍二十八卷、电牍六十六卷、书札六卷、骈体文二卷、散体文二卷、杂著四卷、金石文四卷。虑世变之未已，而人事之不可测也，归全稿于京卿，并质之贤人长德，非敢谓定本也。"可见其为《张文襄公全书》付出了大量的时间和精力。之后几年，许同莘接连担任北洋政府外交部总务厅文书科佥事、外交部总务厅文书科长等职务。1928年北洋政府垮台，外交部解散，许同莘离职，开始担任河北省政府主任秘书。他1933年写成《治牍须知》，1934年完成《公牍铨义》。抗日战争期间，许同莘曾担任河南省政府主任秘书。1947年6月，许同莘写成《公牍学史》，并由商务印书馆印刷出版。1951年，许同莘居住在无锡老宅中，因夜起时不慎滑倒而逝世。《公牍学史》这一耗费十余载的著作最终成为其传世之作。

**（二）内容概要**

《公牍学史》是我国第一部研究文书产生、发展与演变历史的专著。该书共十二卷分为两编，前十卷论述公牍的源流，称作《牍史》，后两卷论述公牍要旨，称作《牍髓》，最后在附注《治牍须知》部分讲述了公文治理的一些注意事项。全书系统论述了牍史、牍髓，是文书学的代表著作之一。

《牍史》共十卷，卷一到卷八分别论述了上古三代、春秋战国、秦、汉、魏晋六朝、南北朝、隋、唐、五代、宋（金附）、元、明、清等各个朝代文书档案的发展及演化脉络，包括各代文书类型、文书制度、文书风格特点及文书处理官员等；卷九《辞命上》和卷十《辞命下》则参照施氏之论，专门论述了历代的外交文书及其撰写的要求和范例。

《牍髓》有两卷，分为内编和外编，系统讲解了文书工作者应有的道德修养和撰写公牍的基本要求，体现出作者处理公牍的思想和理论。卷一即内编共分六节，分别为积学第一、晓事第二、立诚第三、得中第四、养耻第五、去忍第六，讲述文书工作者的道德修养。"积学"是指作为官吏需要读书积累才学，不能忽视学识的积累；"晓事"是指公牍处理者通晓事理；"立诚"即要保持诚信，不能有私心；"得中"即要能分辨轻重缓急；"养耻"即要注重文章的言辞，不能有叫嚣之词；"去忍"即要有仁心，去掉残忍。卷二即外编则分为述指第一、法后第二、通俗第三、酌雅第四、甄微第五、虑远第六六节，讲述公文撰写中要遵守的基本要求。"述指"即要说明要旨；"法后"即要学习后世的方法，不能因循守旧；"通俗"即要求公牍通俗易懂；"酌雅"即要求公牍行文用字典雅细致，有文采；"甄微"即要注意微小的细节；"虑远"即要考虑公牍之后的影响，有深远周密的思路。

最后作者以附注形式讲述了一些拟写公文的注意事项、基本技巧及作者长期从事文书实践工作的经验总结。

### （三）版本源流

《公牍学史》最早于1947年由商务印书馆整理印刷出版，1958年由于教学和科研的需要由中国人民大学出版社进行了翻印，1989年中国档案出版社将其纳入"档案学研究资料丛书"，经过王毓、孔德兴校点后再次印刷。2013年，《档案学通讯》杂志社为传承前人学者的研究成果和智慧，策划和编辑《档案学经典著作》，《公牍学史》也被收入其中，由世界图书出版公司出版。

## 二、形式评价

### （一）著作的版本

《公牍学史》先后出版、翻印、再版了四次，分别为1947年商务印书馆的版本、1958年中国人民大学翻印版本、1989年中国档案出版社的再版版本及《档案学通讯》杂志社的整合版本。

四个版本首先是在排版和结构上有所不同，其次是在文字和标点上有所差异。[1]首先，在排版结构方面，其差别较小，主要是增加出版说明，文字排版由前两版的竖排印刷变为横排印刷，突出的一点在于2013年的版本中去掉了附注《治牍须知》部分。其次，在文字、标点符号方面，1947年的初版没有加标点符号；1958年中国人民大学翻印版在初版的基础上增加了翻印说明，删除了总目部分，除此之外与初版基本一致；1989年王毓、孔德兴为了方便

---

[1] 马立伟.《公牍学史》研究[D].昆明：云南大学，2016.

读者阅读，对《公牍学史》进行了校点，为全书增加了标点，更正了细节上的讹误之处，较之前两个版本完善了很多；2013年《档案学通讯》杂志社在1989年校点版的基础上对全书的文字细节做了进一步完善，去掉了校点版中的校勘标记，将标点符号和文字采用新的标准进行了统一，为读者的阅读进一步扫清了障碍，此外2013年版不再采用之前版本作者引证公牍作注解的形式，直接展示作者引证公牍的原文。

### （二）出版方的声誉

1. 商务印书馆

商务印书馆作为中国第一家现代出版机构，是中国出版业历史最悠久的出版机构，与北京大学同时被誉为"中国近代文化的双子星"。商务印书馆第一个使用纸型印书，在中国出版界首次使用著作权印花，第一个采用珂罗版印刷，第一个采用电镀铜版印刷，第一个使用自动铸字机，第一个采用胶版彩色印刷，生产制造中国第一部汉字打字机，改进铜锌版和试制三色铜版；编印世界上发行量最大的工具书《新华字典》；培养了大批出版、印刷的专业人才。商务印书馆作为近代中国主要的出版文化机构，为开明民智、普及知识、传播文化等作出了重要贡献。

2. 中国人民大学

中国人民大学是由教育部和北京市共同创办的人文社科综合性研究型大学，直属于教育部，也是新中国成立后的第一所新的正规大学，位居全国前列，目前是"双一流"高校之一。

3. 中国档案出版社

中国档案出版社是中华人民共和国国家档案局所属档案专业的出版社，成立于1982年1月（2010年停办），主要任务是组织档案、史学、文秘等方面的学者、专家、教师和从业人员，编、著、译、出版档案学与档案工作、史学、秘书学与秘书工作、方志学与方志工作等方面的学术专著、教材、科普读物和档案文献史料汇编、选编等。它为普及积累科学文化知识及促进档案事业发展服务，出版的部分图书被评为国家优秀教材、国家优秀畅销书和国家优秀图书。中国档案出版社出版了《秘书工作》和《办公室业务》两种

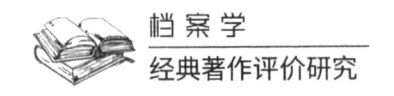

杂志，1500余种图书。

#### 4.世界图书出版公司

世界图书出版公司是中国出版集团成员单位中唯一的科技出版社，自1986年成立以来，出版了大量科技学术、语言、工具类图书，引进了大量国外科技学术专著、科技期刊和高等教育教材，为我国科技教育的发展作出了重要贡献。

### （三）学术著作的价格

中国人民大学翻印版本定价为1.5元；中国档案出版社版本的价格为5.5元；《档案学通讯》杂志社编辑的版本，由于是经典著作的集合，《公牍学史》位于第一卷第三部，所以价格按《档案学经典著作》第一卷的定价计算，为120元。

### （四）装帧印刷水平

目前出版的版本中前三版为平装版本，《档案学通讯》杂志社编辑、世界图书出版公司的版本为软精装版，前三个版本均为32开本，2013年版本为16开本，四个版本印刷字迹清晰，选用纸张质地良好，具有不错的品质，读者阅读起来也较为舒适。

## 三、内容评价

### （一）选题的创新程度

《公牍学史》的创新之处在于，第一次提出了"公牍学"的名称，也是第一个系统研究我国几千年公牍发展及演变历史的专门著作，促进了文书、档案史的研究和发展，为后世研究文书学、档案学提供了宝贵的经验，发挥着积极的影响，具有开创之功。

### （二）理论的价值

一方面，许同莘在《公牍学史》一书中首次提出"公牍学"这一概念，为公牍学的产生与发展奠定了基础。《公牍学史》一书中大量篇幅在探讨不同时代背景下文书档案的演变，包括文书的内容、风格、文风、程式及文书的处理与保管。❶作为第一部系统研究公牍演变历程及演变规律的专著,《公牍学史》具有开创性意义。另一方面,《公牍学史》一书致力于研究各朝各代的名家名篇,系统探究了公文撰写的规律。该书通过对李斯、陆贽、韩愈、王安石、欧阳修、朱熹、王守仁、曾国藩、张之洞等名人的文章进行考察,全面分析其文章的优劣得失,以探究公文撰写的规律。《公牍学史》所体现的治牍思想"公牍乃临民治事之具""政事与学术、公牍与文章为一贯""治牍如治史",以及《牍髓》中提到的"养耻""去忍"的牍德等对后世有很高的教育意义,具有警醒和借鉴价值。

### (三)学科的地位

《公牍学史》第一次明确提出"公牍学",是我国第一部公文发展史专著,是民国时期档案学十三本经典著作之一。"该书以历史为纵坐标,以公文文风、公文批评、公文理论、公文制度、公文种类为横坐标,详细考察了中国古代的文书发展源流,开启了公文发展史的创作先河。"❷同时,该书还系统研究了公牍演变历程及演变规律,在文书学和档案学中占据着重要地位,对我国文书学和档案学的研究具有重要参考价值。其研究方法和内容安排可以作为典范,为文书学、档案学的研究提供一个研究范本,拓宽文书学、档案学的研究视野,更好地推动文书学、档案学的研究。

### (四)作者的影响力

许同莘对我国公牍学研究作出了突出贡献,他第一次提出"公牍学",第一个系统论述我国公牍发展历史及演化规律,经数十年的笔耕之功,终成《公牍学史》这一公牍学大作,极大地促进了文书学、档案学的发展,在文书档案界有着重大的影响力。

纵观许同莘的一生,虽不显赫闻达,但其所师承之人,皆为当时的显宦,如张文襄、陈文忠等人;其所交往之人,皆为当时才智出众之人,如樊樊山、俞廋轩等人。许同莘所结交之人,皆为清白正直之人,从而许同莘的为人处世有口皆碑,他的同事马少云称赞他爱国正直。他治理文书的实践经验、严

---

❶ 史玉峤.论《公牍学史》的价值[J].档案学通讯,2002(2):64-65.

❷ 侯迎华.公文发展史的开山之作——论许同莘《公牍学史》[J].郑州大学学报(哲学社会科学版),2008(5):113-116.

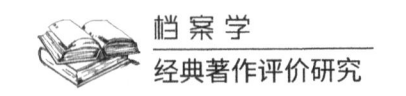

谨务实的工作态度及善于总结的个人素质，都是值得后世继承和学习的。

### （五）语言文字的规范程度

《公牍学史》一书引证了大量的史籍，内容丰富，但就语言文字的规范程度来说，该书存在一些不足之处。第一，书中一些地方对引用的文献没有加以详细考订，导致很多史料的出处难以考证。第二，征引史料时多采用间接引用的方法，有时引用其中一部分，有时中间跳跃引用，致使很多地方艰涩难懂。第三，由于排版印刷中不可避免的错误，一些史料存在语病问题。第四，全书皆为文言文，晦涩难懂，使人阅读起来感到不便。

### （六）同行评议的结果

《公牍学史》一经问世就深受文书与档案界的欢迎。1958年，中国人民大学历史档案系进行了翻印。1989年，中国档案出版社将其纳入"档案学研究资料丛书"，经过校点后再次印刷。其传至今日，仍具有很高的理论价值与学术地位。

杨寿楠在评价该书时说，"至其刺取前人之说，与今世风尚或有异同，要不歧于所向，君子立言，非为一时而已"[1]，体现出许同莘写作讲求经世致用，以治事为目的。

河南师范大学文学院的侯迎华称其为公文发展史的开山之作，并指出《公牍学史》是民国时期一部很有价值的文书学论著。

马立伟：《公牍学史》的研究方法，内容安排等更是成为文书学、档案学研究的典范。当代文书学、档案学的研究可以之为范本，转换以往的研究范式，拓展研究的视野，进行创新性研究，以此提高公文研巧的水平。"[2]

钱志伟："许同莘的公牍思想中包含着公牍创作观，深入阐述了治牍者在公文写作中必须掌握的一些方法诀窍和需要注意的一些重点难点，对于现代公文写作具有很强的借鉴性和启发性。我们要批判地继承和发扬其中的精华，使之为提高当前文书工作者的公文写作能力服务。"[3]

---

[1] 许同莘.公牍学史[M].北京：中国档案出版社，1989：2.
[2] 马立伟.《公牍学史》研究[D].昆明：云南大学，2016.
[3] 钱志伟.许同莘及其公牍思想研究[D].芜湖：安徽师范大学，2018.

总的来说，《公牍学史》虽有一些不足与缺憾，但其在文书学、档案学中的地位举足轻重，着实称得上档案学经典著作。

## 四、效用评价

### （一）发行数量

中国人民大学根据商务印书馆 1947 年初版翻印的版本，于 1958 年 4 月印刷发行 1662 册；中国档案出版社校点版于 1989 年 4 月第一版第一次印刷发行 10 000 册。

### （二）社会效益

（1）《公牍学史》一书中所体现的公文价值观对后世具有借鉴意义。

许同莘在《公牍学史》中提出：公文写作应当把准确表达主题作为首要准则，语言应简明扼要，文字应典雅大方、清新自然，从事公文写作的工作者应目光长远、思虑周全、通达事理、实事求是。这些公文写作价值观直到现在仍然具有参考借鉴的价值。

（2）《公牍学史》一书中所提出的治牍方法仍然是当今文字工作者应该学习的。

许同莘在《公牍学史》一书中讲述了公文写作的八条基本方法与技巧：撰写前要认真仔细查看相关材料；办理公文应考虑全面、目光长远；公文行文要留有伸缩余地；公文办理完毕要随时检查，以确保公文的效用；公文写作要讲求用笔之法；初写公文，可参照前人所写的公文；文字工作者应善谋篇布局，讲求段落文字；公文撰写应根据行文关系的不同，恰当用词用语。

### （三）学术著作的引用率

2020 年 5 月 26 日，笔者以"公牍学史"为检索词，以"被引主题"为检索项，在中国知网文献数据库中进行引文检索，检索结果为 256 篇，其中，中国档案出版社的 1989 年版引用率最高。

王金玉在《许同莘与公牍学》一文中引用了该书的 1989 年版，用以论证许同莘从事幕职是深受其伯父和舅父的影响❶，以及其对待文书工作的认真和严谨。侯迎华在《公文发展史的开山之作——论许同莘〈公牍学史〉》一文中引用了该著作的中国档案出版社1989年版，用以阐述《公牍学史》的源流。梁淑辉在《许同莘治牍理论及价值》一文中引用了该书的中国档案出版社1989年版，用以说明许同莘的生平。何庄、孙敏在《许同莘〈公牍学史〉对传统学术思想的继承和创新》中引用了该著作的中国档案出版社1989年版，用以说明许同莘的《公牍学史》秉承了儒家传统思想观念，对《文心雕龙》内容和结构有所借鉴，对唐宋八大家的古文理论有所继承，同时对晚清中兴名臣的"经世致用"与"学兼汉宋"等观念也多有吸纳。❷钱志伟在《许同莘及其公牍思想研究》中分别引用了该著作商务印书馆1947年版、中国人民大学1958年版和中国档案出版社1989年版来论述许同莘《公牍学史》的写作体例、史料选材、征引、文风特点、公牍思想的创新与启示等。

总之，引用该著作的文献可以分为四种类型：第一，通过引用该著作内容来说明作者生平及地位。第二，通过引用该著作内容来说明该著作的重要性及影响力。第三，通过引用该著作内容来详细介绍该书的体例、选材、文风特点等。第四，通过引用该著作内容来说明许同莘的治牍思想与方法。

### （四）图书Z指数

2020年5月10日，在中国知网引文数据库，获取该著作的施引人数及施引次数。在中国知网文献总库中获取每位施引者的发文数量及被引次数，通过H变换计算出每位施引者的H指数。通过对施引者的H指数序列集合再次进行H变换，得到图书Z指数。许同莘的《公牍学史》的施引人数为162人，总施引次数为202次。被引情况见表6，通过计算得出《公牍学史》的图书Z指数为8。《公牍学史》的被引次数极多，图书Z指数高。施引者学术地位高，施引者中高影响力作者多。这表明《公牍学史》的影响力十分广泛，学术价值高。

---

❶ 王金玉.许同莘与公牍学[J].郑州大学学报（哲学社会科学版），1995（1）：20-23.

❷ 何庄，孙敏.许同莘《公牍学史》对传统学术思想的继承和创新[J].山西档案，2017（6）：157-161.

表6 《公牍学史》被引用情况

| 施引者 | 施引次数/次 | 施引者H指数 |
| --- | --- | --- |
| 王学辉 | 1 | 18 |
| 张兵 | 1 | 14 |
| 刘湘兰 | 1 | 13 |
| 尚小明 | 1 | 12 |
| 夏晓虹 | 2 | 10 |
| 赵彦昌 | 1 | 10 |
| 王芹 | 1 | 9 |
| 王岚 | 1 | 8 |
| 何庄 | 1 | 8 |
| 任汉中 | 1 | 8 |
| 李福君 | 1 | 7 |
| 张恒 | 1 | 7 |
| 沈蕾 | 1 | 7 |
| 安忠义 | 1 | 7 |
| ⋮ | ⋮ | ⋮ |

## 第四节 《公文处理法》

### 一、本书概况

#### （一）作者简介

周连宽，原名周梓贤，曾用名周钊，笔名苦竹斋主、蠹公、宽予，广东开平人，1905年2月10日生于广东省潮州市大新乡。1924年9月，周连宽升入国立广东大学工科，1928年6月国立中山大学毕业。1928年9月，他考

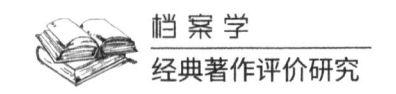

入文华大学图书科，就读于沈祖荣先生门下，接受当时最先进的图书馆学教育；1930年6月学成毕业，进入岭南大学图书馆工作。1931年9月，他考入华中大学社会学系，1932年6月毕业，8月赴南京任国民政府内政部图书馆主任。其间，他在《行政效率》上陆续发表了《官厅图书馆之研究》《对邱祖铭先生补充办法之意见》《对吴子坚先生意见之解释》《对龙兆佛先生讨论文书档案连锁办法的意见之解释》等文章。

1935年2月至9月，周连宽被调往国民党军事委员会武昌行营第五处，负责文书档案整理工作。其间，他整理了当时武昌县的全部文书和档案，并在总结其工作经验的基础上撰写了《县政府档案处理法》和《县政府文书处理法》。1938年5月至1945年8月，周连宽辗转数地，其司职大多为文书档案之类。为应各地文书档案工作之需，他于1945年在改编《县政府文书处理法》和《县政府档案处理法》的基础上又出版了《公文处理法》和《档案管理法》两部著作。

抗战胜利以后，周连宽以专员身份出任上海市立图书馆馆长，并于1947年创办了《上海市立图书馆馆刊》。自1949年7月到岭南大学图书馆工作起直到1978年11月不再担任中山大学历史系资料室主任为止，周连宽任劳任怨地从事了近30年的普通图书馆工作。

1978年8月21日，中山大学正式聘请周连宽为中山大学图书馆顾问。1980年，连珍创办中山大学图书馆学专修科（中山大学资讯管理系的前身），周连宽以饱满的热情投入图书馆学教育事业中。1984年周连宽退休，其后继续接受返聘，一直任教到1989年10月才完全退休。自1992年10月，周连宽开始享受国务院政府特殊津贴。1998年12月17日，周连宽仙逝，享年94岁。

周连宽是我国著名的图书馆学家、档案学家、历史地理学家，他的《档案管理法》《公文处理法》《大唐西域记史地研究丛稿》等著作享誉海内外。

**（二）内容概要**

《公文处理法》共九章，分为三大部分。"第一部分即第一章绪论，是全书的总论；第二部分是第二章至第六章，著者将文书运行程序各阶段合并再分为收文、拟办及办稿、会办、缮校印、发文五个阶段，各为一章；第三部

分是第七章至第九章，讲述了电报处理和其他文书的处理等。"❶

第一章是绪论。周连宽阐述了文书处理的意义，他认为：故文书处理所应研究之问题，为如何方能于迅速、简单、便捷之中，兼收严密及易于稽核之效。然后，周连宽论述了与文书处理相关的需要遵守的原则：文书处理过程中，要有严密的手续，权责要明晰；公文要尽量循直线运行；文书资料要便于稽考；簿册最好归并起来，或者尽可能地减少。随后，周连宽表述了他对新生事物的观点，他认为在文书处理中应当运用新工具，使行政工作"机械化"。

第二章是收文。这一章包含三个部分：第一部分是总收文程序，周连宽逐一论述了总收文程序中 11 个步骤的解释和注意事项，第二部分和第三部分是两级单位的收文程序，它们各自包括四个步骤。

第三章和第四章是拟办、办稿和会办。其中，会办分为会签和会稿两部分。

第五章是缮校印。这一章分成缮写、校对和用印三部分，阐述了处理程序和注意事项。

第六章是发文。周连宽依据总发文的程序分 15 个步骤进行论述，而且还展示出其发文所用的公文表格进行具体阐释。

第七章是公文检查。周连宽认为，公文检查制度可以随时对整个公文处理进行考核，从而控制公文运行的全程。然后，周连宽论述了现行公文的检查办法和改良销号单办法，其中改良销号单办法中有很多是周连宽本人的发明。接下来是"文书档案连锁检查办法"，最后是本章结论。

第八章是电报处理。周连宽在《公文处理法》中将电报这种新型公文的处理办法专门作为一章去论述，可见其与时俱进的可贵品质。

第九章是其他文书处理问题。该章论述了文书的传送、对外行文分层负责等相关问题。

（三）版本源流

周连宽的档案实践经历始于"文书档案改革运动"中"文书档案连锁法"的设计和施行。由于周连宽的图书馆学背景，周连宽被甘乃光认为是整理文书档案的人才，所以在"文书档案改革运动"中被重用，周连宽先是在中央

---

❶ 马伏秋.周连宽档案学思想研究[D].济南：山东大学，2016.

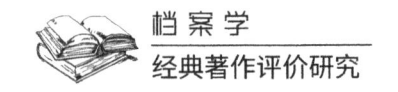

内政部"实施文书档案整理工作，经过只有半年，成绩已很可观"。1935年，他随甘乃光转职武昌行营第五处，"仍继续试验文书档案连锁办法"。除了在武昌行营第五处施行文书档案连锁法，周连宽还在武昌县政府试验"文书档案连锁法"，根据统一原则，参照县政府的特殊情形和需要，来改革该县府的文书档案制度。

1935年9月，《县政府档案处理法》和《县政府文书处理法》由国民党军事委员会武昌行营第五处印行。1945年，《公文处理法》和《档案管理法》由正中书局出版发行。这两部书是周连宽档案学思想的集大成之作，是周连宽档案学思想的集中体现。1947年，正中书局一度重印这两部著作，并在迁往台湾后至20世纪80年代期间也曾多次重印。1958年，《公文处理法》和《档案管理法》被中国人民大学历史档案系翻印。1987年，中国档案出版社将两本书合编成《公文处理法与档案管理法》重新出版。1988年，中国档案出版社也重印出版。

## 二、形式评价

《公文处理法》共有两个版本，分别是正中书局1945年第一次出版，中国档案出版社1987年将《公文处理法》和《档案管理法》两本书合编成《公文处理法与档案管理法》的版本。中国人民大学历史档案系由于教学与科学研究的迫切需要，多次翻印正中书局1947年7月的版本，1958年5月是中国人民大学历史档案系第一次翻印。

正中书局1945年第一次出版的《公文处理法》定价是每本0.32元，开本尺寸是850毫米×1168毫米，字数为66 000字，排版为繁体竖排。正中书局由陈立夫于1931年创立于南京，1933年被其捐献给国民党，成为隶属于国民党中央的党营出版机构；其后跟随国民党中央政府多次搬迁，抗日战争时期迁往重庆，抗战胜利后迁回南京，1949年迁往台湾并持续至今。建立初期，正中书局以编辑中学教科书和课外读物为主，后来逐渐扩大到学术专著、民众读物、儿童读物、字典等。抗战初期，应形势需要，正中书局编印了大量战时读物，后仍以教科书、自然科学、三民主义及国民党党政要人的著作为主。

中国档案出版社1987年出版的《公文处理法与档案管理法》定价为1.05元，开本尺寸是850毫米×1168毫米，44 375页，字数为109 000字。版本为简体横排本,印刷精美,排版美观易懂,图表精良。中国档案出版社是中华人民共和国国家档案局所属档案专业的出版社,1982年1月成立(2010年停办),主要任务是组织档案、史学、文秘等方面的学者、专家、教师和从业人员,编、著、译、出版档案学与档案工作、史学、秘书学与秘书工作、方志学与方志工作等方面的学术专著、教材、科普读物和档案文献史料汇编、选编等,传播和积累科学、文化知识,为档案事业发展服务。中国档案出版社出版了《秘书工作》和《办公室业务》两种杂志,1500余种图书,多次获全国优秀图书奖、档案学著作优秀成果奖、文秘学著作优秀成果奖及有关省市社会科学优秀成果奖等,在史学界、档案界、秘书学界及出版界享有较高的声誉。

### 三、内容评价

《公文处理法》的创新之处主要体现在以下几个方面。

一是体现了周连宽档案学思想中求真务实的特点,强调为实际工作服务,不盲目追求理论上的既定目标这一可贵品质。它强调档案学思想起源于中央国家机关档案工作实践,发展于地方档案工作实践。周连宽先是在中央国家机关内政部开展文书档案改革工作,然后又把经验做法带到地方(武昌),结合地方特色,进行地方文书档案工作的改革。

二是注重研究新生事物,倡导运用新技术、新工具处理文书档案工作。周连宽在《公文处理法》中用整一章的篇幅论述了"电报处理"。在民国档案学"十三本旧著"中,唯有周连宽对这种新型公文进行了系统研究。

三是改善了文书档案管理状况。《公文处理法》的理论价值在于明确了"四个原则""三个目标"和"一个方法"。

周连宽提出文书处理须遵循的四大原则:①公文要尽量循直线运行;②手续要严密,责任分明;③簿册要尽量归并或减少至最低限度;④便于稽考。这与他提出的文书处理的"三个目标"——"迅速""严密"和"便于稽考"存在密切的内在联系。

"一个方法"是指公文检查方法。周连宽对当时施行的几种公文检查办法,如稿面检查法、收发文登记簿检查法、已办未办文件报告检查法、销号单检查法仔细进行了对比分析,总结其优劣,后来提出了"改良销号单办法"和"文书档案连锁检查法"。

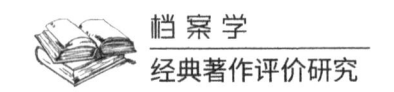

此外，《公文处理法》对我国档案学思想也产生了深刻的影响。主要表现为：一是由分散管理走向集中统一管理；二是规范了档案分类制度；三是蕴含了文件生命周期思想。

它使中国档案学从诞生之时就具有浓厚的行政色彩。周连宽档案学思想萌芽来源于当时国民政府发起的行政效率运动，其档案学思想带有浓厚的行政色彩，而《县政府档案处理法》又是中国档案学萌芽的标志，这不可避免地使中国档案学在形成之时就具有浓厚的行政色彩。

注重研究新事物，倡导运用新技术、新工具处理文书档案工作，这一与时俱进的思想和品质一直影响着我国档案学界在面对新事物、新问题时的态度。

吴梦认为："作为我国文书档案领域的先驱研究者，周连宽的《公文处理法》中的很多思想和工作方法在当时具有破旧立新的划时代意义，在一定程度上有利于行政效率的提高和政令的推行……周连宽为了追求档案的科学管理，对档案管理各环节的方法悉心研究，不断琢磨，孜孜以求。其对于档案管理的经验总结和理论探讨留给后人一笔宝贵的历史和文化财富。"[1]

## 四、效用评价

正中书局 1945 年第一次出版的《公文处理法》由于时代久远，出版数量无法查考。中国档案出版社 1987 年出版的《公文处理法与档案管理法》自出版以来共发行 11 000 册，该版本共被 25 本图书、13 篇期刊论文引证。例如，河南人民出版社出版的刘永主编的《档案学概论》、北京大学出版社出版的王秀琳主编的《中英文文书实务》、中国档案出版社出版的刘国能主编的《中国档案事业体系》等图书均引证过周连宽的《公文处理法与档案管理法》；吴梦的《周连宽〈公文处理法〉和〈档案管理法〉研究》、马伏秋和刘旭光的《论周连宽档案学思想的特色及影响》、柳凤敏和李新利的《周连宽与其档案学著作》等学术论文也均引证过《公文处理法与档案管理法》。

图书 Z 指数：2020 年 5 月 10 日，在中国知网引文数据库，获取该著作的施引人数及施引次数。在中国知网文献总库中获取每位施引者的发文数量

---

[1] 吴梦．周连宽《公文处理法》和《档案管理法》研究［J］．中山大学研究生学刊（人文社会科学版），2016，37（1）：99-107．

及被引次数,通过 H 变换计算出每位施引者的 H 指数。通过对施引者的 H 指数序列集合再次进行 H 变换,得到图书 Z 指数。周连宽的《公文处理法》的施引人数为 24 人,总施引次数为 30 次。被引情况见表 7,通过计算得出《公文处理法》的图书 Z 指数为 5。《公文处理法》的被引次数相对较少,图书 Z 指数不高。施引者平均学术地位不高,高影响力作者较少。这表明《公文处理法》的学术影响力相对有限。

表7 《公文处理法》被引用情况

| 施引者 | 施引次数/次 | 施引者 H 指数 |
| --- | --- | --- |
| 覃兆刿 | 1 | 13 |
| 王芹 | 1 | 9 |
| 沈蕾 | 1 | 7 |
| 陈祖芬 | 1 | 7 |
| 胡明波 | 1 | 5 |
| 吴雁平 | 3 | 5 |
| 袁晓川 | 2 | 4 |
| 魏会玲 | 1 | 4 |
| 黄雪垠 | 1 | 3 |
| 薛理桂 | 1 | 2 |
| 孟晓姣 | 1 | 2 |
| 侯桂红 | 1 | 2 |
| 施懿超 | 1 | 2 |
| ⋮ | ⋮ | ⋮ |

# 第二章 《档案学经典著作》第二卷评价

## 第一节 《县政府档案管理法》

### 一、本书概况

**（一）作者简介**

程长源，又名程页真，1908年生于浙江永康，1929年在浙江湘湖师范学校学习，1933—1934年于私立武昌文华图书馆学专科学校进修，并负责武昌文华图书馆学专科学校的档案管理工作，同时，他还善于研究剪报的方法。1934年，程长源从武昌文华图书馆学专科学校毕业，正逢南京国民政府大力推行"文书档案改革"运动，他被派往浙江省兰溪县政府从事档案管理与改革工作，担任国民党兰溪县政府档案室主任、湖北省政府图书馆代主任。1938年9月至1949年5月，程长源历任江西豫章图书馆、天翼图书馆、九江图书馆馆长。1936年，程长源根据自己在兰溪实验县政府管理档案所得的经验，出版了《县政府档案管理法》这本我国档案学形成时期的重要著作，影响深远。中华人民共和国成立后，程长源定居上海，历任解放日报社资料组副组长、上海市中学教师进修学院图书馆主任、中国图书馆学会学术委员、上海图书馆学会理事、中国民主同盟盟员。另外，程长源还著有《中文图书标题法》《机关图书馆工作》《图书馆工作基础知识》《主题目录及标题方法》等图书馆学专业书籍。

**（二）内容概要**

《县政府档案管理法》全书共二十章。第一章是"档案室的组织与行政"。

程长源认为档案需要被集中保管，用统一的方法，使各个管卷员都能相互明了，在一切事物上以共同合作的精神、以分工合作为原则，与各科室都直接发生关系。第二章是"收发与登记"。程长源认为要把原在各县政府收文时应用的摘由单改为收文单，稿式也按事实的需要和方便有所更改。他还主张登记绝对规定一件一号，各不相同，且要永远连续，以查考准快为原则。第三章阐述"文件之点收与黏贴"。第四章是"分类"。程长源把县政府的档案分成民政、财政、公安、建设、教育等六类，用十进法编订。第五章是"编目"。程长源认为编目的好坏，关系卷宗的检查，至为重大，不可主观。第六章是"立卷和排架"。第七章是阐述"检字法"。用检字法的理想结果是要快要准。第八章是"目录的标牌"。程长源叙述了分类目录的排列和字典式目录的排列。第九章是"调卷"。程长源认为调卷有两方面的意义，一是责任，二是方法。第十章是"装订及修补"。第十一章是"曝晒及消毒"。第十二章是"档案室与卷架"。第十三章是"用具与用品"。第十四章是"重要卷与取销卷"。这个问题在当代档案学中讨论尤多，程长源认为一份档案，到底重要与否，有主观的因素，认为很难具体说明，但是"办稿的人或者管卷员都可在事态上看出，总以涉及经费司法数方面的为重要"[1]。第十五章是"附件的处理"。程长源认为附件的保存是在档案管理上极重要极需注意的一个问题。第十六章是"公报的管理"。第十七章是"参考书的置备"。这一章的设定在民国档案学的著作中，显得很有特色。第十八章是"档案室的整洁"。第十九章是"管理员的责任及修养"。程长源认为档案管理员要有学科知识的修养、要有研究的兴味和要有改进的精神。第二十章是"整理的方法及步骤"。程长源从拟具计划、集中旧档案、新法未成留用旧法、观察旧法、估计经费、工作支配、整理方法、不做死工作、讨论改进方法、参观及阅文十个方面进行了阐述。

### （三）版本源流

程长源的《县政府档案管理法》由商务印书馆于1936年4月首次出版，当时的民国期刊《图书展望》还对此书进行了新书介绍。

1958年，中国人民大学历史档案系出于教学和科学研究的需要对此书进

---

[1] 《档案学通讯》杂志社.档案学经典著作：第2卷[M].上海：世界图书出版公司，2013：67.

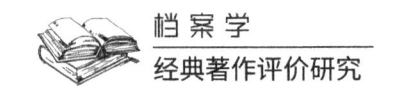

行了内部翻印，供师生和研究者翻阅、学习。

2013年，《档案学通讯》杂志社"为传承前人学者的研究成果和智慧火花"❶集结了十三本民国文书档案学专著进行出版，此书被收录到丛书第二卷中。

## 二、形式评价

已知的《县政府档案管理法》存世三个版本，分别为1936年商务印书馆版、1958年中国人民大学内部翻印版和2013年世界图书出版公司版本。

### （一）出版方的声誉

1. 商务印书馆

商务印书馆第一个使用纸型印书，在中国出版界首次使用著作权印花，第一个采用珂罗版印刷，第一个采用电镀铜版印刷，第一个使用自动铸字机等，是我国现当代首屈一指的出版和文化机构。

2. 中国人民大学出版社

中国人民大学出版社依托中国人民大学的综合优势，秉承"出教材学术精品，育人文社科英才"的出版理念，实施精品战略，出版了一大批具有文化传播、文化累积价值的优秀教材和学术著作。

3. 世界图书出版公司

世界图书出版公司隶属于中国出版集团公司，是从事版权引进（出版）国外科技、医学期刊、图书和数据库的专业出版公司。目前已经出版了国家"十一五"重点规划出版项目、国家"十二五"重点规划出版项目、中国出版集团公司"十一五"重点规划出版项目在内的多部图书，服务宗旨是"把世界介绍给中国，把中国介绍给世界"。

### （二）装帧印刷水平

1936年4月，商务印书馆首次出版《县政府档案管理法》。该版本全书页

---

❶ 《档案学通讯》杂志社.档案学经典著作：第2卷[M].上海：世界图书出版公司，2013：1.

数 211 页，装帧为平装，横排印刷，繁体字字体，16 开。

1958 年中国人民大学内部翻印版本，全书 161 页，装帧依旧是平装，横排印刷，繁体字字体，32 开，定价 0.6 元。

2013 年《档案学经典著作》第二卷采用横排，简体字印刷。该丛书采用胶版纸，软精装，第二卷单卷售价 120 元，由世界图书出版公司出版发行。

### （三）市场流通状况

2020 年 12 月 8 日，笔者以"《县政府档案管理法》"为检索词，分别在亚马逊网、京东网、淘宝网、当当网、孔夫子旧书网五个国内规模较大、受众较广的图书专营网站进行检索，共检索到 17 条有效结果。京东网上售卖的是二手《县政府档案管理法》，是 1958 年版本；淘宝网是 3 条结果，均为二手 1958 年版本；孔夫子旧书网有 13 条结果，有 3 条是二手 1958 年版本书，其他 10 条均是 1936 年影印本。

该书最高售价为 260 元，是 1936 年的影印本，最低售价为 30 元，是 1958 年的二手版本。总体来说，该书目前在市场上流通不广，主要是 1958 年版本，1936 年已经未见原本的售卖，该书有一定的收藏价值，现在市场上售卖价格均高于原价。

## 三、内容评价

### （一）选题的创新程度

程长源根据在兰溪县政府从事档案改革工作的具体实践，从实际的档案管理工作入手，结合他在文华图书馆学专科学校学到的理论知识，创新了一系列的档案管理方法，并且在书中提出了一些对档案业务人员的要求。

### （二）学科的地位

《县政府档案管理法》诚如作者所述，是以县政府为范围，以实际应用为准则。该书"不尚理论"，程长源尽可能把自己在实际的档案管理工作中遇到的问题和总结的经验不嫌烦琐地介绍、阐释清楚，希望可以举一反三，给当时的档案管理工作提供借鉴和指引。所以，该书实用性很强。这也体现了民

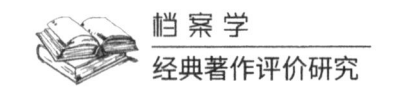

国档案学注重实用的特点，当然，这也与民国档案学是中国现代档案学的开端时期很有关系，当时的中国档案学著作普遍理论性不强，更多的是管理指南和细则规范。

程长源由于是图书馆学出身，所以运用图书管理的方法来创新档案的管理，这对当时档案管理全凭主观、杂乱无序的状况起到了很好的改善作用；程长源认为档案是为行政服务的，对行政有用则留，对行政无用则销，并且很重视档案管理的成本。

《县政府档案管理法》是现代中国档案学诞生时期的标志性著作之一，程长源也是我国最早引进国外标题法的学者之一，他积极介绍编制主题目录的方法，在主题分类和标题法的运用上起到了很大的影响作用。此外，他在档案室"参考书的置备"方面，提出了自己独到的见解，认为应该在档案室置备材料书和提升管理员本身技术的书籍。这个建议拓宽了当时档案室的功能，并且在民国档案学著作中独树一帜。

### （三）同行评议的结果

《县政府档案管理法》强调便于利用的原则，而且能够重视档案工作者的素能和责任，注重研究特殊类型的档案和工具，并且改革了当时主观分类档案的弊端，重视编目的作用。它虽然在档案的历史价值的认识和档案的分类管理上存在较明显的局限，但是在当时的档案管理工作中，是一次非常有意义的探索。程长源兼容并蓄，吸收了行政学、图书馆学的理论管理档案，并且在具体的档案管理中，吸纳了杜威、王云五的思想精华，大胆创新档案管理，心怀赤诚，积极地贡献自己的档案管理经验。

《县政府档案管理法》是中国近代档案学形成的标志性著作之一，程长源无疑是中国档案学家，是中国近代档案学的奠基者之一。

### （四）理论的价值

《县政府档案管理法》具有重要的应用理论价值。程长源提出了拟制案卷标题的四项原则，总结了六类汉字检字法，提出了档案管理人员的三项要求和档案室功能扩展的有益建议等。在学术理论方面，该书对中国档案学作为一门独立学科的创建起到了极大的推动作用。

## （五）语言文字的规范程度

《县政府档案管理法》语言风格通俗易懂，讲求实际，体系完整、规范。通读全书，文字流畅，简明扼要，在阐述较为繁杂的分类方法、编目方法时，极其详细、清楚明白。

## （六）作者的影响力

程长源在进行档案管理工作时，是一位行政人员。他在进行档案管理工作时，也是从行政需要的目的出发来改革档案。由于程长源是图书馆学的学科背景，他个人主要的学术贡献多集中在图书馆学方面。但是他的档案学著作对当时中国档案学的独立起到了很重要的积极影响，他的档案管理经验也为当时的档案管理工作提供了切实可行的实际应用效果。

## 四、效用评价

笔者通过检索中国知网引文数据库、万方数据库，结合谷歌检索等多种途径，未见国外学者对《县政府档案管理法》的研究，中国学者多将此书与另外的民国档案学著作一起提及，进行一些比较。截至2020年6月，有5篇期刊论文和1篇硕士论文将研究重心聚焦在《县政府档案管理法》上。这5篇期刊论文和1篇硕士论文在中国知网总被引22次，署名作者9人。

周春雷提出，基于学术授信思想，可以形成一种能够衡量图书学术影响力的指标——图书Z指数。他认为根据图情领域高影响力（H指数大于或者等于5）学者名单，从CSSCI采集这些学者的图书被引信息，利用批量统计法计算全部相关图书的Z指数，将Z指数应用于图书评价，可以评估图书的学术影响力。[1]

根据"中国知网引文数据库"的数据，《县政府档案管理法》的引用作者H指数大于5的分别是肖秋会（11）、刘旭光（5），两位作者均引用1次，可见，《县政府档案管理法》由于年代久远，现代学术研究者们对该书引用率低，学术影响力有限。

---

[1] 周春雷，陈艳云，蔡程瑞. 图书Z指数及其在影响力评价研究中的应用[J]. 图书情报工作，2018，62（14）：106–115.

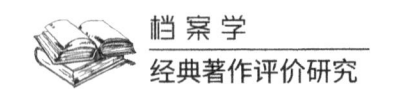

《县政府档案管理法》作为民国档案学著作之一，从 1936 年出版，流传至今。2013 年，《档案学通讯》杂志社将它再版，扩大了它的传播范围，不局限于中国人民大学档案专业所在的院系资料室，这方便了对之感兴趣的人士进行学习和研究。

## 第二节 《档案管理与整理》

### 一、本书概况

#### （一）作者简介

何鲁成，1912 年出生于江苏省苏州市，1981 年逝于中国台北，享年 69 岁。1923 年，何鲁成赴天津读书，随后毕业于天津南开中学。之后，何鲁成就读于上海光华高中。何鲁成大学毕业于上海光华大学经济系，获得光华大学经济学学士学位。另外，何鲁成还在上海公学进修法律，获得上海公学法律学学士学位。1934 年，何鲁成进入南京国民政府时期的行政院档案整理处，在甘乃光的主持下从事档案管理与改革工作。1935 年 3 月至 6 月，何鲁成在档案整理处工作。之后，档案整理处被裁撤，何鲁成在行政效率研究会继续档案管理与研究工作。

1935 年 10 月至 1936 年 4 月，何鲁成在行政院整理北洋政府时期的旧卷和新卷。1936 年 6 月，何鲁成在禁烟总会从事档案管理工作，并且开始写作《档案管理与整理》，该书于 1938 年首次出版。抗日战争时期，何鲁成历任温州县主任秘书和平阳县书记、成都航空委员会人事考核总干事，并且编写了《人事考核与管理》。❶ 1950 年，何鲁成前往香港，其间撰写《中共财政解剖》。1960 年，何鲁成举家迁往台北，并最终于 1981 年逝于台北。

#### （二）内容概要

《档案管理与整理》全书共十章。第一章是"概论"。何鲁成在概论中阐

---

❶ 贾飞.何鲁成档案学思想研究［D］.合肥：安徽大学，2019.

述了何谓档案、档案之功用、中国档案管理之一般缺点、英美两国管理档案之情形、档案管理之研究方法五个方面的问题。对于档案的功用，何鲁成表示：档案之功用可分为两方面，一为供办理文书之参考，二为备修史之用。❶第二章是"行政"。何鲁成从管理方式、职掌、组织、人员、工作分配、经费和顾问与合作者七个方面进行阐述。何鲁成认为，当时民国的档案管理工作的相关讨论和研究较多的在技术讨论方面，不重视行政的问题。这是不好的，他认为当时许多档案管理改革工作的失败，很大程度上是因为"行政不良"。何鲁成明确指出，如果想彻底地改革档案管理的弊端，必须改革行政，"舍行政而言技术，无异于缘木求鱼"❷。第三章是"文书档案连锁法之理论与实施"。何鲁成从五个方面详尽介绍了文书档案连锁法的理论由来和实施情况，即文书收发与档案管理之关系、各机关文书处理之一般状况、文书档案连锁法之理论根据、内政部教育部文书档案连锁办法实施之经过和实行文书档案连锁法之困难与改进方法。何鲁成是这样阐述文书与档案的关系的：档案系指归档之公文书……故文书在归档之前，不得称为档案。实则文书与档案原属一物，所谓文书，所谓档案，仅以表示同一物之不同过程。❸在此章中，何鲁成分别介绍了龙兆佛和周连宽在关于文书档案连锁法问题上的理论与实际探讨，并且详细叙述了内政部等实行文书档案连锁法的实际情况。第四章是"点收与登记"。何鲁成论述了点收的意义、各机关点收之一般情形、点收之各项问题、登记之功用、各机关登记之一般情形和登记之各项问题。第五章是"分类"。何鲁成阐述了分类在档案管理中之地位、各机关档案分类之实际情形、档案分类表应具之理想条件和理想之分类表。何鲁成认为分类在档案管理中是最重要、最困难的一项。这里面，何鲁成明确说明，档案分类与图书分类，"绝不相同"❹。第六章是"编目"。何鲁成阐述了编目的必要性、各机关档案编目之实施情形、书本目录与卡片目录和分类目录与标题目录。第

---

❶《档案学通讯》杂志社.档案学经典著作：第2卷[M].上海：世界图书出版公司，2013：124.

❷《档案学通讯》杂志社.档案学经典著作：第2卷[M].上海：世界图书出版公司，2013：139.

❸《档案学通讯》杂志社.档案学经典著作：第2卷[M].上海：世界图书出版公司，2013：158.

❹《档案学通讯》杂志社.档案学经典著作：第2卷[M].上海：世界图书出版公司，2013：233.

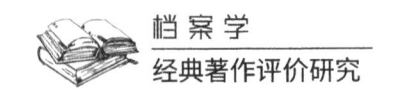

七章是"归卷与调卷"。何鲁成从归卷与调卷之重要性、归卷之方法、一件复文涉及两案以上之归卷办法、调卷责任和调卷方法五个方面进行分别论述。第八章是"庋藏"。何鲁成论述了关于庋藏的九个方面：档案庋藏在档案管理中之地位、各机关档案庋藏之实际情形、卷夹、卷橱、附件与案件、档案之保存年限及销毁方法、档案装订问题、档案之防护和公文数量减少问题。第九章是"旧卷之整理"。这一章共有五节：整理旧卷之必要与利益、禁烟总会整理旧卷之经过、行政院整理旧卷之经过、兰溪县政府整理旧卷之经过和旧卷整理之困难与改革方法。第十章是"行政参考资料"。何鲁成论述了行政参考资料之功用、行政参考资料之种类、行政机关之图书馆和行政参考资料之搜集与保管。

### （三）版本源流

1938 年，《档案管理与整理》首次出版；1958 年，中国人民大学翻印《档案管理与整理》；1987 年，《档案管理与整理》作为"档案学研究资料丛书"之一由中国档案出版社再次出版；2013 年，《档案学通讯》杂志社策划和编辑《档案学经典著作》第二卷，其中包括《档案管理与整理》，由世界图书出版公司出版。

## 二、形式评价

已知的《档案管理与整理》存世四个版本，分别是 1938 年商务印书馆版本、1958 年中国人民大学档案系翻印版本、1987 年中国档案出版社版本和 2013 年世界图书出版公司版本。

### （一）出版方的声誉

#### 1. 商务印书馆

商务印书馆是中国出版业中历史最悠久的出版机构，是我国现当代首屈一指的出版和文化机构，也是一个很重要的文化教育事业单位。

#### 2. 中国人民大学出版社

中国人民大学出版社被教育部确定为全国高等学校文科教材出版中心，获首届中国出版政府奖先进出版单位奖和首届全国百佳图书出版单位荣誉称号，是中国最重要的高校教材和学术著作出版基地之一。

3. 中国档案出版社

中国档案出版社是中华人民共和国国家档案局所属档案专业的出版社，1982年1月成立（2010年停办），主要任务是组织档案、史学、文秘等方面的学者、专家、教师和从业人员，编、著、译、出版档案学和档案工作、史学、秘书学与秘书工作、方志学与方志工作等方面的学术专著、教材、科普读物和档案史料汇编、选编等，传播和积累科学、文化知识，为档案事业发展服务。中国档案出版社出版了《秘书工作》和《办公室业务》两种杂志，1500余种图书。

4. 世界图书出版公司

世界图书出版公司隶属于中国出版集团公司，是从事版权引进（出版）国外科技、医学期刊、图书和数据库的专业出版公司。目前已经出版了国家"十一五"重点规划出版项目、国家"十二五"重点规划出版项目、中国出版集团公司"十一五"重点规划出版项目在内的多部图书，服务宗旨是"把世界介绍给中国，把中国介绍给世界"。

**（二）装帧印刷水平**

1938年2月，商务印书馆首次出版《档案管理与整理》。该版本采用旧平装，16开，423页，竖排繁体字。

1958年，中国人民大学内部翻印《档案管理与整理》，32开，294页，依旧采用竖排繁体字。

1987年，中国档案出版社出版《档案管理与整理》，32开，268页，采用横排简体字印刷，定价2.35元。

2013年，《档案学通讯》杂志社编辑的《档案学经典著作》第二卷中包含《档案管理与整理》，第二卷总定价120元，采用胶版纸，软精装，由世界图书出版公司出版发行，采用的1987年版本。

**（三）市场流通状况**

2020年12月8日，笔者以"《档案管理与整理》"为检索词，分别在亚马逊网、京东网、淘宝网、当当网、孔夫子旧书网五个国内规模较大、受众

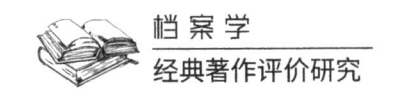

较广的图书专营网站进行检索，共检索到47条有效结果。京东网上售卖的是二手《档案管理与整理》，共10条结果，1958年影印版本7条，1987年版本3条；淘宝网是13条结果，其中7条是售卖1987年旧书，其余6条是售卖1958年影印书；孔夫子旧书网有24条结果，有11条是二手1938年版本复印书，7条是1987年旧书，6条是1958年影印本。

该书最高售价为96元，是1938年的复印书，最低售价为5元，是1987年的旧书。总体来说，该书目前在市场上流通不算广，1938年版本未见原本的售卖，1987年和1958年版本尚有一些原版的二手书在售，该书有一定的收藏价值，现在市场上售卖价格大都高于原价。

## 三、内容评价

### （一）选题的创新程度

#### 1. 理论创新

《档案管理与整理》全书有非常多的理论创新，何鲁成对档案管理的各个环节介绍之前必阐明意义，尤其注重档案的分类与编目；他论述了文书与档案之间紧密联系的关系；指明了行政在档案管理中的重要作用；明确表明档案在行政参考价值之外，还具有史学研究的价值；充分扩展机关档案室的职能；提出档案管理人才的考试制度等。

#### 2. 实践创新

《档案管理与整理》在档案点收与登记、分类、编目、归卷和调卷等具体的工作环节均有巨大的创新，刘国能认为此书在"点收"和"职掌"方面的现实意义重大，并且它指明了档案真实性的客观性，全书突出"用"的思想。❶

### （二）理论的价值、学科的地位

《档案管理与整理》是民国档案学经典著作之一，它对于促成近代中国档案学的形成起到巨大的推动作用。《档案管理与整理》并不仅仅是一本档案管

---

❶ 刘国能.忘不了啊！何鲁成的一本书——纪念《档案管理与整理》出版70周年[J].中国档案，2008（3）.

理工作的指导手册，它在当时具有非常大的理论意义。《档案管理与整理》吸取了当时英美档案管理的经验。尤其在"文书档案连锁法"的介绍上，它荟萃了当时档案学家对文书档案连锁法的前沿研究和实际分享。这本书在阐述理论的同时，详述了当时行政各部门的档案管理实际，本身也具有极大的史学研究价值。

与他同时代的另一位档案学家殷钟麒坦言，他早年读《档案管理与整理》，对自己影响颇深。吴宝康在《档案学理论与历史初探》中从八个方面评述了这本书。刘国能更是称《档案管理与整理》是"一部不能忘却具有历史意义和现实意义的好书"。在此书出版70周年之际，中国档案学界还举办了《档案管理与整理》的纪念活动。

### （三）作者的影响力

何鲁成无疑是中国近代的档案学家。刘国能在纪念何鲁成《档案管理与整理》出版70周年学术座谈会上，充分肯定了何鲁成对建立我国档案学作出的开创性贡献。何鲁成不仅对与他同时代的档案学家产生了极大的影响，时至今日，何鲁成的档案学思想仍然是民国档案学思想研究中的热点。

### （四）同行评议的结果

甘乃光：何君在行政效率研究会研究档案管理多年，曾任行政院及禁烟总会档案的管理人，对于此问题，学理与经验，均有相当的成就，故乐为介绍其新著，以供研究此道者的参考，由此而更迸发扬光大。[1]

张锐：何先生是过来人，书里的话不是向壁虚造的，我希望从事于改善档案制度的读者能够三复其言，也许在工作的过程中可以减少许多不必要的麻烦。[2]

吴宝康：特别是1938年何鲁成编著的《档案管理与整理》一书，则在旧档案学的形成和发展史上更占有重要地位。[3]

---

[1] 《档案学通讯》杂志社. 档案学经典著作：第2卷 [M]. 上海：世界图书出版公司，2013：110.

[2] 《档案学通讯》杂志社. 档案学经典著作：第2卷 [M]. 上海：世界图书出版公司，2013：113.

[3] 吴宝康. 档案学理论与历史初探 [M]. 成都：四川科学技术出版社，1986：70.

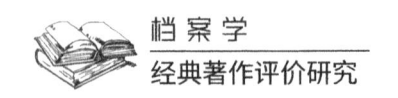

王德俊：何鲁成《近代档案管理与整理》的出版是我国近代档案学形成的标志之一。❶

### （五）语言文字的规范程度

何鲁成的《档案管理与整理》语言功底深厚，阐述观点清晰明白，翔实丰富，语言风格带有中国语言文字的韵味之美，深入浅出。

## 四、效用评价

笔者通过检索中国知网引文数据库、万方数据库，结合谷歌检索等多种途径，未见国外学者对《档案管理与整理》的研究。截至 2020 年 6 月，有 5 篇期刊论文和 1 篇硕士论文将研究重心聚焦在《档案管理与整理》上。这 5 篇期刊论文和 1 篇硕士论文在中国知网总被引 25 次，署名作者 9 人。

周春雷提出，基于学术授信思想，可以形成一种能够衡量图书学术影响力的指标——图书 Z 指数。他认为根据图情领域高影响力（H 指数大于或者等于 5）学者名单，从 CSSCI 采集这些学者的图书被引信息，利用批量统计法计算全部相关图书的 Z 指数，将 Z 指数应用于图书评价，可以评估图书的学术影响力。❷

根据"中国知网引文数据库"的数据，《档案管理与整理》的引用作者 H 指数大于 5 的仅有一位作者，即山东大学教授刘旭光（5）引用 1 次，可见，《档案管理与整理》由于年代久远，现代学术研究者们对该书引用率低，学术影响力有限。

《档案管理与整理》作为民国档案学著作之一，从 1938 年出版，流传至今。2013 年，《档案学通讯》杂志社将它再版，扩大了它的传播范围，不局限于中国人民大学档案专业所在的院系资料室，这方便了对之感兴趣的人士进行学习和研究。

---

❶ 王德俊. 何鲁成《近代档案管理与整理》的出版是我国近代档案学形成的标志之一 [J]. 北京档案，2001（1）：20.

❷ 周春雷，陈艳云，蔡程瑞. 图书 Z 指数及其在影响力评价研究中的应用 [J]. 图书情报工作，2018，62（14）：106-115.

## 第三节 《档案管理法》(龙兆佛)

### 一、本书概况

#### (一)作者简介

龙兆佛(1902—1975),又名承之,湖南常德人,1927年毕业于大夏大学教育学院。他曾长期从事教育工作,1935年任广西省政府咨询,1937—1944年任广西省政府图书馆馆长和广西省立图书馆馆长。1949年中华人民共和国成立后,龙兆佛主持南宁图书馆的重建工作,并且成为广西壮族自治区图书馆的首任馆长。

龙兆佛在1934年春至1936年秋从事广西省政府档案的管理工作,在档案工作的实际中,他总结整理出了一套档案管理方法。龙兆佛用两年的时间,在1939年写成《档案管理法》,并于1940年由广西省政府编译委员会出版。

#### (二)内容概要

《档案管理法》全书共六章。第一章是"文书问题概论"。龙兆佛阐述了文书问题与行政效率、文书程式改革问题、文书内容改革问题、文书处理程序问题和档案管理问题。龙兆佛在这一章里认为:文书和档案只是表示一样东西的两个过程。而且他认为:单一的文件叫作文书,汇集同案的文件叫作档案,文书是组成档案的因子,档案是文书的集合体,所以文书和档案又是表示一样东西的不同的数量。第二章是"档案之登记"。龙兆佛叙述了两个方面的内容:现行文书档案登记法之检讨和文书档案连锁登记法。第三章是"档案之分类"。龙兆佛阐述了档案分类的意义、档案分类的标准、档案分类的符号、档案分类法和怎样编制档案分类表。第三章是《档案管理法》最重要的章节,龙兆佛主张档案分类依据本机关职掌分为类项目三级,并且采用十进位分类号,以百位数为类号,十位数为项号,单位数为目号。第四章是"档案之编目"。龙兆佛叙述了目录之意义及种类和档案编目法。第五章是

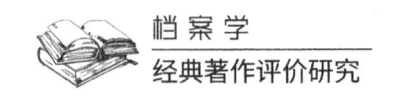

"档案之保管"。龙兆佛阐述了四个方面，即装订、庋藏、出纳和清理。第六章是"档案室之组织及管理"。龙兆佛论述了组织、人员训练和工作考核。龙兆佛认为档案室的组织应当以集中管理和纵的分工为原则。纵的分工是依照档案的类别分配工作，某人管理某一类档案，这一类档案的各项事务都由这同一个人管理。

### （三）版本源流

《档案管理法》的最早一版是1940年由广西省政府编译委员会出版的。1958年，中国人民大学历史档案系出于教学和研究的需要，内部翻印此书。2013年，《档案学通讯》杂志社编辑的《档案学经典著作》第二卷中包含《档案管理法》。

## 二、形式评价

《档案管理法》的首次出版是由广西省政府编译委员会出版的，这个版本笔者在写作之时未见原本，中国人民大学资料室和CADAL、读秀、孔夫子旧书网均未见收录。1958年中国人民大学为内部翻印版本，89页。2013年，《档案学通讯》杂志社编辑的《档案学经典著作》第二卷中包含《档案管理法》，第二卷总定价120元，采用胶版纸，软精装，由世界图书出版公司出版发行。

### （一）出版方的声誉

#### 1. 广西省政府编译委员会

广西省政府编译委员会不是一个专业的出版机构，龙兆佛的《档案管理法》1940年版本由于年代久远，现在未见当年版本传世。这个编译委员会现在也没有了，笔者推测是当时政府的一个临时的委员会。

#### 2. 中国人民大学出版社

中国人民大学出版社是中华人民共和国成立后的第一家大学出版社，也是中国最重要的高校教材和学术著作出版基地之一，业已出版了一大批具有文化传播、文化累积价值的优秀教材和学术著作。

### 3. 世界图书出版公司

世界图书出版公司隶属于中国出版集团公司，是从事版权引进（出版）国外科技、医学期刊、图书和数据库的专业出版公司。目前已经出版了国家"十一五"重点规划出版项目、国家"十二五"重点规划出版项目、中国出版集团公司"十一五"重点规划出版项目在内的多部图书，服务宗旨是"把世界介绍给中国，把中国介绍给世界"。

### （二）装帧印刷水平

1940年，《档案管理法》由广西省政府编译委员会出版，状况不详。

1958年中国人民大学为内部翻印版本，89页，平装，32开，采用横排简体字印刷。

2013年，《档案学通讯》杂志社编辑的《档案学经典著作》第二卷中包含《档案管理法》，第二卷总定价120元，采用胶版纸，软精装，由世界图书出版公司出版发行。

### （三）市场流通状况

2020年12月8日，笔者以"《档案管理法》龙兆佛"为检索词，分别在亚马逊网、京东网、淘宝网、当当网、孔夫子旧书网五个国内规模较大、受众较广的图书专营网站进行检索，共检索到0条有效结果。

该书在各大网站都未见售卖，中国人民大学图书馆有两本1958年影印版，本校师生可以借阅。

## 三、内容评价

### （一）理论的价值、学科的地位

《档案管理法》的理论性不强，它是一部分享具体档案管理经验的著作，龙兆佛是教育学背景出身，长期担任图书馆馆长，他从事的档案管理的工作经历比较局限在一个具体的机关档案室，因此，《档案管理法》只针对机关档案室的具体管理工作，几乎未作与档案学相关的理论阐述。但是，《档案管理法》受"文书档案连锁法"的有益影响，成书于"行政效率运动"这样的历

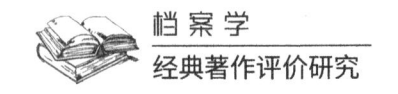

史背景下，具有明显的时代烙印。该书对档案的定义做了有益的思考，注重档案管理实际，辨析文书与档案的思想轨迹，试图更好地做档案分类与编目的工作，并且对档案业务人员的配备和考核等方面提出了自己的建议，这些都对中国近代档案学的形成具有重大的积极意义。

### （二）作者的影响力

龙兆佛是流传下来的民国档案学十三本著作的著者之一，他长期担任图书馆馆长，有实际的档案管理经验，在行政效率运动中，与周连宽共同探讨关于文书档案连锁法的问题。他历时两年，易稿十余次写成《档案管理法》，在当时产生了一定的学术影响，对促进现代中国档案学的形成起到了推动作用。

### （三）同行评议的结果

《档案管理法》是民国档案学经典著作之一，它的出版对中国现代档案学的形成起到了促进作用，并且对中华人民共和国成立之后，中国档案学作为一门独立学科的创建研究起到了积极的作用。

### （四）语言文字的规范程度

《档案管理法》语言风格通俗易懂，讲求实际。通读全书，文字流畅，简明扼要。在阐述的过程中，作者用了许多图片进行说明，清楚明白。

## 四、效用评价

笔者通过检索中国知网引文数据库、万方数据库，结合谷歌检索等多种途径，未见国外学者对《档案管理法》的研究。截至 2020 年 6 月，有 7 篇期刊论文将研究重心聚焦在《档案管理法》上。这 7 篇期刊论文在中国知网总被引 18 次，署名作者 8 人。

周春雷提出，基于学术授信思想，可以形成一种能够衡量图书学术影响力的指标——图书 Z 指数。他认为根据图情领域高影响力（H 指数大于或者等于 5）学者名单，从 CSSCI 采集这些学者的图书被引信息，利用批量统计法计算全部相关图书的 Z 指数，将 Z 指数应用于图书评价，可以评估图书的

学术影响力。❶

但是，引用龙兆佛《档案管理法》的作者H指数均低于5，无法进行有效的计算，对于当代的档案学研究来说，《档案管理法》的学术影响力很有限。

《档案管理法》作为民国档案学著作之一，从1940年出版，流传至今。2013年，《档案学通讯》杂志社将它再版，扩大了它的传播范围，不局限于中国人民大学档案专业所在的院系资料室，这方便了对之感兴趣的人士进行学习和研究。

## 第四节 《县政府公文处理与档案管理》

### 一、本书概况

#### （一）作者简介

梁上燕，不详。

#### （二）内容概要

《县政府公文处理与档案管理》分为甲、乙两个部分。甲部分是"公文处理"，有六个方面的内容：公文处理的重要性、公文处理的主要原则、公文处理的方法举要、公文书牍作法举要、公文用语的改革与运用和公文处理程序的订定。乙部分是"档案管理"，有三个方面的内容：档案与行政机关、怎样去清理档案和怎样去管理档案。全书约21 000字。

#### （三）版本源流

《县政府公文处理与档案管理》首次出版于1942年，由中国行政研究社出版发行；1958年，中国人民大学历史档案系翻印此书，供内部交流、学

---

❶ 周春雷，陈艳云，蔡程瑞.图书Z指数及其在影响力评价研究中的应用[J].图书情报工作，2018，62（14）：106–115.

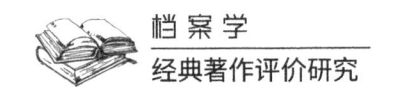

习之用；1988年，中国档案出版社出版此书；2013年，《档案学通讯》杂志社编辑的《档案学经典著作》第二卷中包含《县政府公文处理与档案管理》。

## 二、形式评价

1942年2月，《县政府公文处理与档案管理》由中国行政研究社首次出版，平装，16开，36页，竖排繁体字。1958年7月，中国人民大学内部翻印《县政府公文处理与档案管理》，32开，25页，依旧采用竖排繁体字，定价0.14元。1988年9月，中国档案出版社出版《县政府公文处理与档案管理》，32开，采用横排简体字印刷，定价1.50元。2013年，《档案学通讯》杂志社编辑的《档案学经典著作》第二卷中包含《县政府公文处理与档案管理》，第二卷总定价120元，采用胶版纸，软精装，由世界图书出版公司出版发行，采用1988年版本。

（一）出版方的声誉

1. 中国人民大学出版社

中国人民大学出版社是中国最重要的高校教材和学术著作出版基地之一，实施精品战略，以优秀的出版物传播先进文化。

2. 中国档案出版社

中国档案出版社是中华人民共和国国家档案局所属档案专业的出版社，1982年1月成立（2010年停办），主要任务是组织档案、史学、文秘等方面的学者、专家、教师和从业人员，编、著、译、出版档案学和档案工作、史学、秘书学与秘书工作、方志学与方志工作等方面的学术专著、教材、科普读物和档案史料汇编、选编等，传播和积累科学、文化知识，为档案事业发展服务。中国档案出版社出版了《秘书工作》和《办公室业务》两种杂志，1500余种图书。

3. 世界图书出版公司

世界图书出版公司隶属于中国出版集团公司，是从事版权引进（出版）

国外科技、医学期刊、图书和数据库的专业出版公司。目前已经出版了国家"十一五"重点规划出版项目、国家"十二五"重点规划出版项目、中国出版集团公司"十一五"重点规划出版项目在内的多部图书，服务宗旨是"把世界介绍给中国，把中国介绍给世界"。

（二）装帧印刷水平

1942年2月，《县政府公文处理与档案管理》由中国行政研究社首次出版，平装，16开，36页，竖排繁体字。

1958年7月，中国人民大学内部翻印《县政府公文处理与档案管理》，32开，25页，依旧采用竖排繁体字，定价0.14元。

1988年9月，中国档案出版社出版《县政府公文处理与档案管理》，32开，采用横排简体字印刷，定价1.50元。

2013年，《档案学通讯》杂志社编辑的《档案学经典著作》第二卷中包含《县政府公文处理与档案管理》，第二卷总定价120元，采用胶版纸，软精装，由世界图书出版公司出版发行，采用1988年版本。

（三）市场流通状况

2020年12月8日，笔者以"《县政府公文处理与档案管理》"为检索词，分别在亚马逊网、京东网、淘宝网、当当网、孔夫子旧书网五个国内规模较大、受众较广的图书专营网站进行检索，共检索到32条有效结果。京东网上售卖的是二手《县政府公文处理与档案管理》，共12条结果，1958年影印版本10条，1988年版本2条；淘宝网是3条结果，其中1条是售卖1988年旧书，1条是售卖1958年影印书，还有1条是1942年版本的复印本；孔夫子旧书网有17条结果，有9条是二手1942年版本复印书，1条是1988年旧书，7条是1958年影印本。

该书最高售价为260元，是1942年的复印书，最低售价为9.7元，也是1942年的复印书。总体来说，该书目前在市场上流通不广，1942年版本未见原本的售卖，1958年和1988年版本尚有一些原版的二手书在售，该书有一定的收藏价值，现在市场上售卖价格均高于原价。

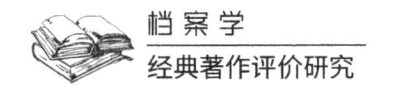

## 三、内容评价

### （一）理论的价值、学科的地位

《县政府公文处理与档案管理》论述了公文处理和档案管理，在公文处理上，梁上燕认为公文处理关系行政工作的成败，极其重要，需要遵循分级负责、打破积习、适应需要三项原则。在档案管理上，《县政府公文处理与档案管理》的特色之处在于专门论述关于"怎样去清理档案"的问题。书中认为有文献价值者、法令规定者、悬案未决者、效用未失者和其他应存案卷五类档案需要保存。可以看出，梁上燕看到了档案具有的历史价值，虽然他仍然认为档案的主要作用是为行政效率服务的，但是，他也强调失却时效的地方文献或者有重大历史价值的，应当保存。同时，梁上燕认为，有三类档案需要清理：平凡久远者、失却时效者和虫蚀破烂者。从这里可以看出，梁上燕的思想也是有非常大的历史局限性的。

《县政府公文处理与档案管理》虽然篇幅不长，但是是民国档案学经典著作之一，值得研究和学习。

### （二）同行评议的结果

《县政府公文处理与档案管理》是民国档案学经典著作之一，它的出版对中国现代档案学的形成起到了促进作用。

### （三）语言文字的规范程度

《县政府公文处理与档案管理》语言风格简明扼要，讲求实际。通读全书，文字流畅，通俗易懂。在阐述的过程中，作者善用图表，清晰明白。

## 四、效用评价

笔者通过检索中国知网引文数据库、万方数据库，结合谷歌检索等多种途径，未见国外学者对《县政府公文处理与档案管理》的研究。截至2020年6月，有1篇期刊论文将研究重心聚焦在《县政府公文处理与档案管理》上。这篇期刊论文在中国知网被引用4次，署名作者1人。

周春雷提出，基于学术授信思想，可以形成一种能够衡量图书学术影响力的指标——图书Z指数。他认为根据图情领域高影响力（H指数大于或者等于5）学者名单，从CSSCI采集这些学者的图书被引信息，利用批量统计法计算全部相关图书的Z指数，将Z指数应用于图书评价，可以评估图书的学术影响力。❶

但是，引用梁上燕《县政府公文处理与档案管理》的作者H指数远低于5，无法进行有效的计算，对于当代的档案学研究来说，《县政府公文处理与档案管理》的学术影响力非常有限。

《县政府公文处理与档案管理》作为民国档案学著作之一，从1942年出版，流传至今。2013年，《档案学通讯》杂志社将它再版，扩大了它的传播范围，不局限于中国人民大学档案专业所在的院系资料室，这方便了对之感兴趣的人士进行学习和研究。

## 第五节 《公文档案管理法》

### 一、本书概况

#### （一）作者简介

傅振伦（1906—1999），字维本，1906年9月出生于直隶省（今河北省）新河县东城召村，1929年毕业于国立北京大学史学系。在北京大学期间，傅振伦在朱希祖的指导下，深入研习刘知几、章学诚的史学思想，深受他们编史修志思想的影响，进行了许多有益的思考，形成了自己对编史修志的理论体系。

1929年，傅振伦接触历史档案的整理工作；1931年，傅振伦参与了我国西北考察团从甘肃收集首批居延汉简的整理工作。另外，傅振伦游历参观了英国、法国档案馆，1939年，傅振伦去苏联学习了一些苏联档案馆的档案工

---

❶ 周春雷，陈艳云，蔡程瑞.图书Z指数及其在影响力评价研究中的应用[J].图书情报工作，2018，62（14）：106–115.

作管理的经验。1940年2月，国史馆筹备委员会正式成立，傅振伦任干事。1940—1942年，傅振伦翻译了多篇关于档案管理工作的文章，并且在1941年拟定《全国档案馆组织条例》。1946年，傅振伦担任私立崇实档案函授学校的校董。1948年，傅振伦负责北京大学"档案与资料"这一课程的教学和编制教学课件的工作。❶

中华人民共和国成立之前，傅振伦曾执教于北京大学、北平大学女子文理学院、白沙女子师范学院等，并且在故宫博物院、国民政府国史馆筹备委员会、北碚修志馆、编译馆等处任职。抗日战争胜利以后，傅振伦历任中国历史博物馆研究员、保管处主任，中华书局编辑，南开大学历史系教授，中国考古学会、中国地方志协会、中国博物馆学会、敦煌吐鲁番学会名誉理事等。

1952年开始，傅振伦与吴宝康、程桂芬一起工作，构建高校现代档案学专业教育体系。他参与课程教学，为档案系的学生讲述《中国档案史》和《苏联档案史》，他还参与《历史档案参考资料》《档案馆学概论》的编写工作，并且把自己的档案学藏书捐赠给了中国人民大学历史档案系。1957年，傅振伦离开中国人民大学历史档案系。❷

傅振伦是中国近现代知名学者，他致力于中国历史、文物考古、地方志、古代科技史、中国陶瓷史以及档案学、博物馆学、文献学、目录学等学科的研究和教学。傅振伦出版专著24种，未出版的约有30部，发表论文500余篇。❸

### （二）内容概要

《公文档案管理法》全书共六章。第一章是"绪论"。傅振伦阐述了公文档案之定义、公文档案之种类、公文程序之沿革和公文档案处理之必要四个方面的问题。在这一章中，傅振伦认为：档案有原稿，有原件，有附件，有副本，又有复制品；更有抄本，打字本，有照相及有声记录，又若普通函电、登记簿、契券、证书、信札、便笺、日记、手册、普通记事、会议记录、计

---

❶ 田雨灵.傅振伦档案学思想研究[D].济南：山东大学，2020.

❷ 覃兆刿.傅振伦的档案观[J].档案天地，2001（5）.

❸ 田玉奉，刘旭光.重温经典，洞鉴古今——读傅振伦《公文档案管理法》[J].档案学通讯，2015（3）.

划、法规、地图、标样、调查报告、统计、图表、公报、日报、期刊、宣传品、讲演录，凡收入官府者，亦皆档案也。❶他还认为，处理公文、管理档案必须详加研求，一是"文籍足供行政之参考也"，二是"文书又为国史之所取资也"。第二章是"公文处理（上）"。这一章共分为九节：公文处理概述、收文、送阅、交办、核判、缮校、用印、封发和归档。第三章是"公文处理（下）"。这一章论述了紧要公文之处理、机密公文之处理和公文处理之改革。傅振伦认为，公文处理改革应当从八个方面进行，即文字之改进、废词套词之删除、文词之简化、内容之明确、形式之整齐、数量之减少、程序之简易和管理之改革。第四章是"档案管理（上）"。傅振伦先介绍了中国档案管理之今昔观和档案馆之组织，然后他一一论述了点收、分类、编号、立卷、归附、装订、参见、典藏、销毁、调卷、阅览和打扫晾晒以及检查与编辑。在销毁方面，傅振伦认为：档案为公务活动之凭据，具有行政价值。其重要者，又可供国史之参考，理应慎重保存。然则时效消失，或无历史意义，则可及时销毁之。❷他主张文卷保存年限应分为永久保存、二十年保存、十年保存、五年保存、一年保存五种。第五章是"档案管理（下）"。傅振伦论述了档案馆之建置和档案之整修保藏两大问题，其中档案之整修保藏分两节论述。第六章是"旧档整理"。傅振伦论述了殷朝、汉晋、唐宋、明清档案之整理和民国旧档之整理。

### （三）版本源流

傅振伦的《公文档案管理法》由文通书局于1946年首次出版；1958年，中国人民大学历史档案系出于教学和科学研究的需要对此书进行了内部翻印，供师生和研究者翻阅、学习；1988年，中国档案出版社再次出版傅振伦《公文档案管理法》，作为"档案学研究资料丛书"之一；2013年，《档案学通讯》杂志社"为传承前人学者的研究成果和智慧火花"集结了十三本民国文书档案学专著进行出版，此书被收录到丛书第二卷中。

---

❶《档案学通讯》杂志社.档案学经典著作：第2卷[M].上海：世界图书出版公司，2013：466.

❷《档案学通讯》杂志社.档案学经典著作：第2卷[M].上海：世界图书出版公司，2013：498.

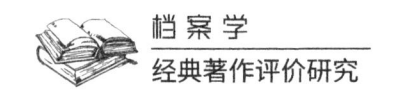

## 二、形式评价

1946年,《公文档案管理法》由文通书局首次出版,平装,32开,71页,竖排繁体字。1958年,中国人民大学内部翻印《公文档案管理法》,32开,70页,采用横排简体字,定价0.3元。1988年,中国档案出版社出版《公文档案管理法》,32开,70页,采用横排简体字印刷。2013年,《档案学通讯》杂志社编辑的《档案学经典著作》第二卷中包含《公文档案管理法》,第二卷总定价120元,采用胶版纸,软精装,由世界图书出版公司出版发行,采用1988年版本。

### (一)出版方的声誉

#### 1. 文通书局

贵阳文通书局,成立于1909年。它集编辑、出版、印刷为一体,是民国一家民营出版机构。它由贵州省实业家华之鸿创办,取"文以载道,通达心灵"之意。文通与商务、中华、世界、开明、大东、正中齐名,是当时七大书局之一。文通书局是中华人民共和国成立前贵州省最大的编辑、印刷、发行机构,同时也是贵州最早引进和使用机器生产的工厂。

据不完全统计,文通书局共出版书刊480多种。其中系统地出版了《新闻学丛书》《国际时事丛刊》《教育丛书》《语文学丛书》等以及世界名著、地方文献、中小学教科书、各种工具书和通俗读物等,同时还编辑出版月刊《文讯》。

#### 2. 中国人民大学出版社

中国人民大学出版社实施精品战略,以优秀的出版物传播先进文化,出版了一大批具有文化传播、文化累积价值的优秀教材和学术著作。

#### 3. 中国档案出版社

中国档案出版社是中华人民共和国国家档案局所属档案专业的出版社,1982年1月成立(2010年停办),主要任务是组织档案、史学、文秘等方面的学者、专家、教师和从业人员,编、著、译、出版档案学和档案工作、史学、秘书学与秘书工作、方志学与方志工作等方面的学术专著、教材、科普读物和档案史料汇编、选编等，传播和积累科学、文化知识，为档案事业发展服务。中国档案出版社出版了《秘书工作》和《办公室业务》两种杂志，1500余种图书。

4.世界图书出版公司

世界图书出版公司隶属于中国出版集团公司，是从事版权引进（出版）国外科技、医学期刊、图书和数据库的专业出版公司。目前已经出版了国家"十一五"重点规划出版项目、国家"十二五"重点规划出版项目、中国出版集团公司"十一五"重点规划出版项目在内的多部图书，服务宗旨是"把世界介绍给中国，把中国介绍给世界"。

（二）装帧印刷水平

1946年，文通书局出版《公文档案管理法》，平装，32开，71页，竖排繁体字。

1958年，中国人民大学内部翻印《公文档案管理法》，32开，70页，采用横排简体字，定价0.3元。

1988年，中国档案出版社出版《公文档案管理法》，32开，70页，采用横排简体字印刷。

2013年，《档案学通讯》杂志社编辑的《档案学经典著作》第二卷中包含《公文档案管理法》，第二卷总定价120元，采用胶版纸，软精装，由世界图书出版公司出版发行，采用1988年版本。

（三）市场流通状况

2020年12月8日，笔者以"《公文档案管理法》"为检索词，分别在亚马逊网、京东网、淘宝网、当当网、孔夫子旧书网五个国内规模较大、受众较广的图书专营网站进行检索，共检索到44条有效结果。京东网上售卖的是二手《公文档案管理法》，共10条结果，1958年影印版本4条，1946年原版二手书6条；淘宝网是17条结果，其中1条是售卖1946年版本的复印书，16条是售卖1958年影印书；孔夫子旧书网有17条结果，有10条是1946年版本复印书，1条是1946年原版旧书，4条是1958年影印本，2条是1988年原版书。

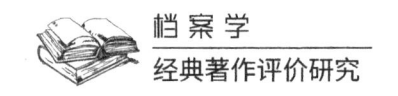

该书最高售价为 515 元,是 1946 年的原版书,最低售价为 10 元,是 1988 年的原版旧书。总体来说,该书相较前几部著作,市场上流通较好,而且有 1946 年原版图书留存下来,这是十分难得的,该书具备较大的收藏价值,现在市场上售卖价格均高于原价,尤其是 1946 年的原版书,数倍于原价。

### 三、内容评价

#### (一)理论的价值、学科的地位

傅振伦的《公文档案管理法》是民国档案学经典著作之一,被数次重印,供档案界、行政界、史学界等有兴趣的研究者们学习。《公文档案管理法》重视档案的史学价值,并且傅振伦对档案销毁的步骤表述了自己的看法,认为销毁档案应当慎重;在档案管理的问题上,傅振伦论述了关于档案馆的问题,在档案馆建筑和档案保护技术方面论述比较系统;傅振伦对中国古代各个朝代档案的整理见解全面、独到;傅振伦还将"编辑"作为档案管理的程序之一。

傅振伦的史学功底和档案管理经历,尤其是整理研究历史档案的经历,是《公文档案管理法》写作的实际背景,在民国档案学著作中见解独到,并且时至今日,该书仍是档案学研究的必读经典之一。

#### (二)作者的影响力

傅振伦是中国近现代知名学者、史学家、档案学家。他的史学功底非常深厚,通晓英文,并且长期从事档案文献编纂和教育的工作,档案整理实践经验丰富。而且傅振伦与周连宽、龙兆佛等档案学家不同,他主要在国史馆等处工作,属于"史学界"人士,所以,他对档案管理的理论与实际和直接从事行政职位的档案学家不同。他的著述颇丰,在关于档案管理的专题研究上,除了《公文档案管理法》这本书,还有许多其他的著述,并且他是崇实档案专修学校的校董,又是中国人民大学历史档案系的教师,他编写了档案教育的教材,并且亲自讲授。

傅振伦无疑是中国档案学家,他不仅促进了中国现代档案学在民国时期的形成,并且在中华人民共和国成立以后,实际参与到中国人民大学历史档案系主持的创建档案学科的建设中去，发挥了实际的作用。

### （三）同行评议的结果

傅振伦的《公文档案管理法》是民国档案学经典著作之一，其中的某些观点虽然有历史局限性，如对档案的定义、档案的分类等主张不甚明确，或者已经不被当代档案学所认同，但是《公文档案管理法》对当时的档案管理工作指导意义甚大，并且对中国档案学的形成和发展功不可没，书中的论述，尤其是对历史档案整理的论述对历史研究也极有价值。

### （四）语言文字的规范程度

傅振伦的《公文档案管理法》语言具有中国文字的韵味之美，虽总体是白话文，但时有文言句型出现。而且有的专有名词，傅振伦会在括号中标注这个名词对应的英文词汇，这和他长期从事国外档案著作的翻译经历有关。全文条理清楚、叙述明白，语言功底深厚。

## 四、效用评价

笔者通过检索中国知网引文数据库、万方数据库，结合谷歌检索等多种途径，未见国外学者对《公文档案管理法》的研究。截至 2020 年 6 月，有 7 篇期刊论文和 1 篇硕士论文将研究重心聚焦在《公文档案管理法》上。这 8 篇文章在中国知网总被引 33 次，署名作者 10 人。

周春雷提出，基于学术授信思想，可以形成一种能够衡量图书学术影响力的指标——图书 Z 指数。他认为根据图情领域高影响力（H 指数大于或者等于 5）学者名单，从 CSSCI 采集这些学者的图书被引信息，利用批量统计法计算全部相关图书的 Z 指数，将 Z 指数应用于图书评价，可以评估图书的学术影响力。[1]

引用傅振伦《公文档案管理法》的作者 H 指数超过 5 的作者有三人：覃兆刿（13）、赵彦昌（11）、刘旭光（5），三人均引用 1 次。从数据上来看，傅振伦的《公文档案管理法》相较前几部著作来说，受到的关注比较多，有学术界的高影响力作者对之进行有针对性的研究和引用，有一定的影响力。

---

[1] 周春雷，陈艳云，蔡程瑞. 图书 Z 指数及其在影响力评价研究中的应用［J］. 图书情报工作，2018，62（14）：106–115.

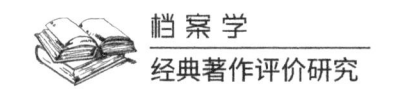

《公文档案管理法》作为民国档案学著作之一，从1946年出版，流传至今。2013年，《档案学通讯》杂志社将它再版，扩大了它的传播范围，这大大方便了对之感兴趣的人士进行学习和研究。

## 第六节 《档案管理之理论与实际》

### 一、本书概况

#### （一）作者简介

黄彝仲（1917—2005），1917年12月生于四川省江津县（现重庆市江津县）。1932年至1935年6月，黄彝仲在重庆市青年会图书馆任馆员，1935年8月至1939年8月在重庆南开中学图书馆任馆员。1939年9月，黄彝仲入武昌文华图书馆学专科学校第一期档案管理培训班学习，1942年毕业。1942—1943年，黄彝仲在武昌文华图书馆学专科学校担任教员。1943—1949年，黄彝仲在重庆火柴专卖公司、重庆国民党政府等处进行档案和图书馆管理相关工作。中华人民共和国成立以后，黄彝仲在西南师范学院（现西南大学）担任图书馆学的教学工作。[1]

黄彝仲一生致力于图书馆学、档案学的研究、教学工作，是近现代图书馆学和档案学的知名学者，为中国的图书馆学和档案学作出了重要的贡献。

#### （二）内容概要

黄彝仲的《档案管理之理论与实际》全书共五章。第一章是"概论"。在这一章中，黄彝仲认为档案的功用是有主次之分的。档案的首要功用是"为供办理各种公务之根据与参考"[2]。黄彝仲认为，档案的史料用途只是档案的用途之一，既不是主要用途，也不是现阶段的主要用途。黄彝仲还认为，档

---

[1] 延黎.黄彝仲档案学思想研究[D].重庆：西南大学，2013.
[2] 《档案学通讯》杂志社.档案学经典著作：第2卷[M].上海：世界图书出版公司，2013：527.

案管理人员责任重大，需要经过专业训练。第二章是"档案之点收整理与登记"。第三章是"档案之分类"。这一章是全书的重点章节。黄彝仲认为档案应当按机关组织作为主要的分类类别，并且他在研究分类的问题上，开始有编案立卷的思想了，同时也有把分类与归类以至编案加以划分的思想倾向。第四章是"档案之编目"。黄彝仲认为档案的编目有五个意义：便于寻求文件之案由，便于寻求某机关、某人、某地所发或有关之文件，便于寻求某种类或某项问题之文件，便于寻求某项文件所在之处所，便于寻求某种文件之外，更求足资参考、相互启发或有关系之文件。第五章是"档案之保藏与应用"。黄彝仲具体阐述了用品及设备、装订、排列、查卷调卷还卷、清点、防护、销毁七个方面的问题。在这里值得一提的是，黄彝仲明确地说，档案机关认为无用的案卷，如果史料编纂机关以及历史学家认为有"无上之参考价值"，应当编造成册，送请史料编纂机关以备查考，不能焚毁。

（三）版本源流

黄彝仲的《档案管理之理论与实际》由南京德新印书局于1947年首次出版；1958年，中国人民大学历史档案系出于教学和科学研究的需要对此书进行了内部翻印，供师生和研究者翻阅、学习；2013年，《档案学通讯》杂志社"为传承前人学者的研究成果和智慧火花"[1]集结了十三本民国文书档案学专著进行出版，此书被收录到丛书第二卷中。

## 二、形式评价

1947年，黄彝仲的《档案管理之理论与实际》由南京德新印书局出版部首次出版，平装。1958年，中国人民大学内部翻印《档案管理之理论与实际》，32开，74页，竖排简体字印刷，定价0.3元。2013年，《档案学通讯》杂志社编辑的《档案学经典著作》第二卷中包含《档案管理之理论与实际》，第二卷总定价120元，采用胶版纸，软精装，由世界图书出版公司出版发行。

---

[1]《档案学通讯》杂志社.档案学经典著作：第2卷[M].上海：世界图书出版公司，2013：1.

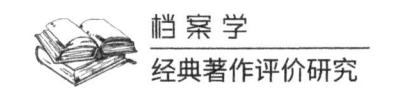

## （一）出版方的声誉

1. 中国人民大学出版社

中国人民大学出版社是中华人民共和国成立后的第一家大学出版社，实施精品战略，出版了一大批具有文化传播、文化累积价值的优秀教材和学术著作。

2. 世界图书出版公司

世界图书出版公司隶属于中国出版集团公司，是从事版权引进（出版）国外科技、医学期刊、图书和数据库的专业出版公司。目前已经出版了国家"十一五"重点规划出版项目、国家"十二五"重点规划出版项目、中国出版集团公司"十一五"重点规划出版项目在内的多部图书，服务宗旨是"把世界介绍给中国，把中国介绍给世界"。

## （二）装帧印刷水平

1947年，南京德新印书局出版部首次出版黄彝仲《档案管理之理论与实际》，平装。

1958年，中国人民大学内部翻印《档案管理之理论与实际》，32开，74页，竖排简体字印刷，定价0.3元。

2013年，《档案学通讯》杂志社编辑的《档案学经典著作》第二卷中包含《档案管理之理论与实际》，第二卷总定价120元，采用胶版纸，软精装，由世界图书出版公司出版发行。

## （三）市场流通状况

2020年12月8日，笔者以"《档案管理之理论与实际》"为检索词，分别在亚马逊网、京东网、淘宝网、当当网、孔夫子旧书网五个国内规模较大、受众较广的图书专营网站进行检索，共检索到20条有效结果。京东网上售卖的是二手《档案管理之理论与实际》，共8条结果，8条均是1958年中国人民大学影印版本；淘宝网是3条结果，3条均是1958年中国人民大学影印书；孔夫子旧书网有9条结果，9条均是1958年中国人民大学影印本。

该书最高售价为236元，最低售价为9元，均是1958年的中国人民大学影印本。总体来说，该书市场流通不广，只见1958年中国人民大学影印本，未见其他版本。该书具备一定的收藏价值，现在市场上售卖价格均高于原价。

## 三、内容评价

### （一）理论的价值、学科的地位

《档案管理之理论与实际》是民国档案学经典著作之一，它对于促成近代中国档案学的形成起到重要的推动作用。

《档案管理之理论与实际》对档案分类的方法独具创新性，体现了民国档案学家善于创新、讲求实际的风格。书中对档案的功用和销毁见解独到。

《档案管理之理论与实际》对档案管理人员的资格条件提出了有益的想法，认为应该专门培养，具有档案管理的专业知识才能胜任。

### （二）作者的影响力

黄彝仲是流传下来的民国档案学十三本著作的著者之一，他毕业于武昌文华图书馆学专科学校，并且有实际的档案管理经验。他长期担任图书馆学、档案管理学的教学工作，在当时产生了一定的学术影响，并且对促进现代中国档案学的形成起到了推动作用。

### （三）同行评议的结果

《档案管理之理论与实际》是民国档案学经典著作之一，它的出版对中国现代档案学的形成起到了促进作用，并且对中华人民共和国成立之后，中国档案学作为一门独立学科的创建研究起到了积极的作用。

毛坤：黄君彝仲有见于此，出其所学，参以经验。撰成《档案管理之理论与实际》一书。深入浅出，切实可行。[1]

吴宝康：……已经在研究分类问题中开始有编案立卷的思想，并已有把分类与归类以至编案加以划分开来的思想倾向。这显然也是实际的档案工作的总结和提高。[2]

---

[1] 《档案学通讯》杂志社.档案学经典著作：第2卷[M].上海：世界图书出版公司，2013：521.

[2] 吴宝康.档案学历史与理论初探[M].成都：四川科学技术出版社，1986：182.

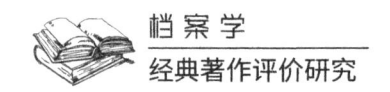

### (四)语言文字的规范程度

《档案管理之理论与实际》语言风格通俗易懂,讲求实际。通读全书,论述规范,文字流畅,简明扼要,显示了作者深厚的语言文字运用能力。

## 四、效用评价

笔者通过检索中国知网引文数据库、万方数据库,结合谷歌检索等多种途径,未见国外学者对《档案管理之理论与实际》的研究。截至2020年6月,有2篇期刊论文将研究重心聚焦在《档案管理之理论与实际》上。这2篇文章在中国知网总被引8次,署名作者2人。

周春雷提出,基于学术授信思想,可以形成一种能够衡量图书学术影响力的指标——图书Z指数。他认为根据图情领域高影响力(H指数大于或者等于5)学者名单,从CSSCI采集这些学者的图书被引信息,利用批量统计法计算全部相关图书的Z指数,将Z指数应用于图书评价,可以评估图书的学术影响力。[1]

但是,引用黄彝仲《档案管理之理论与实际》的作者H指数均低于5,无法进行有效的计算,对于当代的档案学研究来说,《档案管理之理论与实际》的学术影响力非常有限。

《档案管理之理论与实际》作为民国档案学著作之一,从1947年出版,流传至今。2013年,《档案学通讯》杂志社将它再版,扩大了它的传播范围,这大大方便了对之感兴趣的人士进行学习和研究。

# 第七节 《档案管理法》(周连宽)

## 一、本书概况

### (一)作者简介

周连宽(1905—1998),原名周梓贤,出生于1905年2月10日,籍贯广

---

[1] 周春雷,陈艳云,蔡程瑞.图书Z指数及其在影响力评价研究中的应用[J].图书情报工作,2018,62(14):106-115.

东。周连宽 1915 年在广东读小学，1922 年在香港读中学。在香港读中学期间，周连宽不赞同祖母安排的包办婚姻，与家庭决裂，中学辍学。1924 年，周连宽进入国立广东大学攻读工科学士学位，1928 年毕业。其间，1928 年 1 月至 6 月，周连宽在广州培英中学兼职图书管理员。1928 年 9 月，周连宽进入私立武昌文华大学图书科学习图书馆学，1930 年 6 月毕业。1931 年，周连宽在华中大学社会学系读书，继续深造图书馆学。1932 年，周连宽从华中大学毕业，供职南京国民政府内政部，担任内政部图书馆主任。在甘乃光的主持下，周连宽实际从事"文书档案改革"工作，推行"文书档案连锁法"。在这期间，周连宽撰写了《县政府文书处理法》和《县政府档案处理法》。抗日战争时期，周连宽在航空委员会做过文书工作。周连宽在苏州国立社会教育学院和四川省第十一期档案培训中都担任过档案教学工作。中华人民共和国成立以后，周连宽主要从事图书馆学的研究和教学工作，著作颇丰。周连宽是中国近现代知名的图书馆学家、档案学家。

**（二）内容概要**

《档案管理法》全书共八章。第一章是"绪论"。绪论部分从档案的定义开始写起，认为：所谓档案，系指处理完毕而有贮备查之公文也。第二章是"组织与人员"。周连宽从三个方面分述组织：组织原则、人隶属系统和内部组织。周连宽认为，在小规模的机关内部可以施行集中制，在大规模的机关内部应采用"行政集中，档案分存"的办法。第三章至第七章依次是"登记""分类编号""编目""装订与排列""典藏"。其中，周连宽详述了"类纲目分类法"的施行细则，在"典藏"一章中，周连宽论述了档橱、出纳台、档案室建筑和布置、密件处理、调卷与查卷、保存期限、清查工作七个方面。在这一章中，周连宽论述了著名的档案鉴定分类思想，将档案分为"永久保存""长期保存""短期保存"三类。第八章是"结论"。周连宽提醒档案工作者，整理档案是繁重的工作，需"身到，心到，眼到，手到，口到"，脚踏实地，按部就班，并且对档案事业给予了深切的厚望。

**（三）版本源流**

周连宽的《档案管理法》初次出版时命名《县政府档案处理法》，与《县政府文书处理法》于 1935 年编写印刷，作为工作准则在武昌县政府推

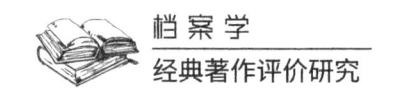

行。1945年，该书由正中书局正式出版发行（与《公文处理法》一起出版）；1958年，中国人民大学历史档案系出于教学和科学研究的需要对此书进行了内部翻印，供师生和研究者翻阅、学习；1987年，中国档案出版社出版《公文处理法与档案管理法》；2013年，《档案学通讯》杂志社"为传承前人学者的研究成果和智慧火花"集结了十三本民国文书档案学专著进行出版，此书被收录到丛书第二卷中。

## 二、形式评价

1935年，周连宽的《县政府档案处理法》在武昌县政府内部刊印。1945年，由正中书局正式出版发行《档案管理法》（与《公文处理法》一起出版），60页，平装。1958年，中国人民大学内部翻印《档案管理法》，32开，52页。1987年，中国档案出版社出版《公文处理法与档案管理法》；2013年，《档案学通讯》杂志社编辑的《档案学经典著作》第二卷中包含《档案管理法》，第二卷总定价120元，采用胶版纸，软精装，由世界图书出版公司出版发行，采用正中书局版本。

### （一）出版方的声誉

#### 1. 正中书局

正中书局由陈立夫于1931年创立于南京，1933年被其捐献给国民党，成为隶属于国民党中央的党营出版机构；其后跟随国民党中央政府多次搬迁，抗日战争时期迁往重庆，抗战胜利后迁回南京，1949年迁往台湾并持续至今。建立初期，正中书局以编辑中学教科书和课外读物为主，后来逐渐扩大到学术专著、民众读物、儿童读物、字典等。抗战初期，应形势需要，正中书局编印了大量战时读物，后仍以教科书、自然科学、三民主义及国民党党政要人的著作为主。

#### 2. 中国人民大学出版社

中国人民大学出版社是中国最重要的高校教材和学术著作出版基地之一，实施精品战略，以优秀的出版物传播先进文化，出版了一大批具有文化传播、文化累积价值的优秀教材和学术著作。

3. 中国档案出版社

中国档案出版社是中华人民共和国国家档案局所属档案专业的出版社，1982年1月成立（2010年停办），主要任务是组织档案、史学、文秘等方面的学者、专家、教师和从业人员，编、著、译、出版档案学和档案工作、史学、秘书学与秘书工作、方志学与方志工作等方面的学术专著、教材、科普读物和档案史料汇编、选编等，传播和积累科学、文化知识，为档案事业发展服务。中国档案出版社出版了《秘书工作》和《办公室业务》两种杂志，1500余种图书。

4. 世界图书出版公司

世界图书出版公司隶属于中国出版集团公司，是从事版权引进（出版）国外科技、医学期刊、图书和数据库的专业出版公司。目前已经出版了国家"十一五"重点规划出版项目、国家"十二五"重点规划出版项目、中国出版集团公司"十一五"重点规划出版项目在内的多部图书，服务宗旨是"把世界介绍给中国，把中国介绍给世界"。

（二）装帧印刷水平

1935年，武昌县政府内部刊印周连宽的《县政府档案处理法》，状况不详。

1945年，由正中书局正式出版发行《档案管理法》（与《公文处理法》一起出版），60页，平装。

1958年，中国人民大学内部翻印《档案管理法》，32开，52页，售价0.22元。

1987年，中国档案出版社出版《公文处理法与档案管理法》，32开，售价1.05元。

2013年，《档案学通讯》杂志社编辑的《档案学经典著作》第二卷中包含《档案管理法》，第二卷总定价120元，采用胶版纸，软精装，由世界图书出版公司出版发行，采用正中书局版本。

（三）市场流通状况

2020年12月8日，笔者以"《档案管理法》"为检索词，分别在亚马逊

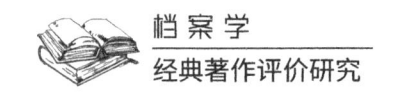

网、京东网、淘宝网、当当网、孔夫子旧书网五个国内规模较大、受众较广的图书专营网站进行检索，共检索到35条有效结果。京东网关于《档案管理法》共1条结果，售卖的是1987年中国档案出版社的原版旧书；淘宝网是15条结果，5条是1958年中国人民大学影印书，5条是1987年中国档案出版社的原版旧书，还有5条是1987年版本的复印书；孔夫子旧书网有19条结果，4条是1958年中国人民大学影印本，5条是1987年中国档案出版社原版旧书，10条是正中书局复印版本。

该书最高售价为260元，是正中书局版本的复印书，最低售价为2.8元，是1987年版本的旧书。总体来说，该书市场流通情况尚可，但不见正中书局的原版书籍流通。该书具备一定的收藏价值，现在市场上售卖价格均高于原价。

## 三、内容评价

### （一）理论的价值、学科的地位

周连宽的《档案管理法》行政色彩浓厚，明确了档案与文书的关系，紧密结合实际，受图书馆学思想和外来思想影响显著。时至今日，周连宽的档案学思想仍具有重要的价值：该书来源于实践并能够直接指导实践；该书可以推进档案利用客体问题的解决，综合了国内外多学科的精髓。

周连宽在《档案管理法》一书中阐述：改革档案管理工作是为了提高政府的行政效率，是为政府服务的。在当时，档案的利用者是行政官员，为了行政官员利用档案的方便、快捷，改革了档案的管理办法，提出了"文书档案连锁法"。例如，书中在论述档案编目的意义时说：调卷者亦可利用目录，查明关于某案内容之要点，通知档案室调取该案，至于利用目录之各种排列或索引办法，标出案件之主要题材，使检卷者及调卷者均能从各方面寻得其所欲调之案卷，更为目录之特别功能。由此可见，周连宽的《档案管理法》认为在管理档案的过程中，应当充分考虑到档案利用者的需求，为他们的档案利用服务。

如今，档案利用者的范围扩大了，在档案利用者中，不仅有行政人员，还有研究人员，甚至还有广大民众。档案利用工作应当随着利用群体的变化而相应变化。在我国目前的档案学研究中，已经有不少学者开始研究档案利用者，如对档案利用者的心理研究、需求研究和利用行为、利用方式的研究等。毫无疑问，周连宽的档案学思想中强调改革档案管理是为了方便档案利用的思想，可以为我们今天的档案利用研究提供理论支持，进而促进我国档案利用理论的发展。

周连宽的《档案管理法》注重研究新事物，倡导运用新技术、新工具处理文书档案工作这一与时俱进的可贵思想和品质，一直影响着我国档案学界在面对新事物、新问题时的态度。❶

### （二）作者的影响力

周连宽作为中国档案学的奠基人之一，在近代中国档案学诞生之初，"一面研究，一面试验，十年来笔录多得，不觉盈笈……每多一次之试验，即多一次之改良，随编随改，无法定稿。今以战时多所播迁，诚恐日久散失，及无裨于实学，爰尽一年之时，整理编次"，而成档案学著述。周连宽实际从事"文书档案连锁法"的工作，在当时文书档案改革的运动中影响颇大。他在《行政效率》杂志上直接回复邱祖铭、龙兆佛等人关于"文书档案连锁法"施行的困惑或者建议，受到甘乃光的直接领导和影响，自己也多有发明。周连宽1935年编印的两本书是中国现代档案学萌芽和形成的标志，他是中国近现代图书馆学家、档案学家。

### （三）同行评议的结果

吴宝康在《档案学理论与历史初探》中把周连宽与他同时期的程长源、何鲁成等放在一起，进行集体论述，吴宝康认为《档案管理法》对实际档案工作的经验总结，"因而还没有高度的概括"，"只是直接的具体经验的叙述"，周连宽明确了文书处理与档案管理两者之间的关系，其档案分类法明显受到图书馆学的影响，并明确提出了根据档案价值分期保管的鉴定思想。❷

### （四）语言文字的规范程度

《档案管理法》语言风格通俗易懂，讲求实际。通读全书，论述规范，文字流畅，简明扼要，显示了作者深厚的语言文字运用能力。

---

❶ 马伏秋.论周连宽档案学思想的特色和影响［J］.档案学通讯，2015（5）.

❷ 吴宝康.档案学历史与理论初探［M］.成都：四川科学技术出版社，1986：159.

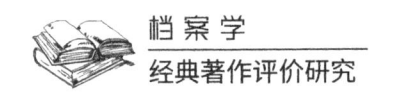

### 四、效用评价

笔者通过检索中国知网引文数据库、万方数据库，结合谷歌检索等多种途径，未见国外学者对《档案管理法》的研究。截至 2020 年 6 月，有 5 篇期刊论文和 1 篇硕士论文将研究重心聚焦在《档案管理法》上。这 6 篇文章在中国知网总被引 19 次，署名作者 7 人。

周春雷提出，基于学术授信思想，可以形成一种能够衡量图书学术影响力的指标——图书 Z 指数。他认为根据图情领域高影响力（H 指数大于或者等于 5）学者名单，从 CSSCI 采集这些学者的图书被引信息，利用批量统计法计算全部相关图书的 Z 指数，将 Z 指数应用于图书评价，可以评估图书的学术影响力。[1]

引用周连宽《档案管理法》的作者 H 指数超过 5 的作者有两位：张会超（8）、刘旭光（5），两人均引用 1 次。从数据上来看，周连宽的《档案管理法》有专门的硕士论文和期刊论文对其进行有针对性的研究，也受到少数学术影响力较大的学者关注，有一定的学术影响力。

《档案管理法》作为民国档案学著作之一，从 1945 年出版，流传至今。2013 年，《档案学通讯》杂志社将它再版，扩大了它的传播范围，这大大方便了对之感兴趣的人士进行学习和研究。

## 第八节 《档案科学管理法》

### 一、本书概况

#### （一）作者简介

秦翰才（1895—1968），江苏陈行乡人，曾任江苏教育会文书、上海中华职业教育社总务科秘书、通讯科主任。1927 年，秦翰才任上海市公用局秘书

---

[1] 周春雷，陈艳云，蔡程瑞．图书 Z 指数及其在影响力评价研究中的应用 [J]．图书情报工作，2018，62（14）：106–115.

科科长，之后在京沪、沪杭甬铁路管理局从事实际的文书档案工作。1942年，秦翰才任兰州甘肃水利林牧公司主任秘书，1956年担任上海文史馆馆员。

秦翰才同时还是一位严谨的历史学者。他撰写的《左文襄公在西北》一书影响较大，另著有《满宫残照记》，编辑《满洲伪国官印集》。

秦翰才所著《档案科学管理法》是民国档案学经典著作，流传至今。

（二）内容概要

秦翰才的《档案科学管理法》全书共五章。第一章是"档案性质之新认识"。秦翰才认为档案本身便是历史；编辑档案等于编纂史书；档案工作并非纯粹机械工作，仅是保管为机械工作。第二章是"档案工作之新组织"。秦翰才认为档案工作应该脱离一般文书的组织，自己有独立的新组织，这才能够提高档案工作人员的地位；并且秦翰才认为文书工作经过核办归档了之后，就与档案工作不再有联系了。除此之外，档案工作还应当扩大范围，制作各种报告，成立"资料室"。资料室编管档案，编辑记录，搜辑报志，搜辑法规，编管图书，编辑统计。第三章是"档案编管之方案"。秦翰才阐述档案工作在文书系统上的地位，确认两者间有联系，又强调关于秘密文书的保管，应当另设单位。第四章是"档案人才之新标准"。基于秦翰才主张档案即历史的观点，他认为编辑案卷人员应当对史学有相当的素养；对编辑有相当的经验；有条理；有见解。第五章是"档案用品之新设计"。秦翰才分别详细叙述了四个方面的新设计：用于登记的、用于装订的、用于庋藏的和用于调卷的。

（三）版本源流

秦翰才的《档案科学管理法》由中国科学图书仪器公司于1947年首次出版；1958年，中国人民大学历史档案系出于教学和科学研究的需要对此书进行了内部翻印，供师生和研究者翻阅、学习；2013年，《档案学通讯》杂志社"为传承前人学者的研究成果和智慧火花"集结了十三本民国文书档案学专著进行出版，此书被收录到丛书第二卷中。

## 二、形式评价

1947年，秦翰才的《档案科学管理法》由中国科学图书仪器公司首次出

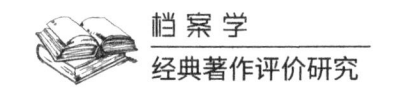

版，平装，竖版繁体字印刷，91页。1958年，中国人民大学内部翻印《档案科学管理法》，32开，96页，定价0.36元。2013年，《档案学通讯》杂志社编辑的《档案学经典著作》第二卷中包含《档案科学管理法》，第二卷总定价120元，采用胶版纸，软精装，由世界图书出版公司出版发行，采用1958年版本。

### （一）出版方的声誉

**1. 中国人民大学出版社**

中国人民大学出版社是中国最重要的高校教材和学术著作出版基地之一，实施精品战略，出版了一大批具有文化传播、文化累积价值的优秀教材和学术著作。

**2. 世界图书出版公司**

世界图书出版公司隶属于中国出版集团公司，是从事版权引进（出版）国外科技、医学期刊、图书和数据库的专业出版公司。目前已经出版了国家"十一五"重点规划出版项目、国家"十二五"重点规划出版项目、中国出版集团公司"十一五"重点规划出版项目在内的多部图书，服务宗旨是"把世界介绍给中国，把中国介绍给世界"。

### （二）市场流通状况

2020年12月8日，笔者以"《档案科学管理法》"为检索词，分别在亚马逊网、京东网、淘宝网、当当网、孔夫子旧书网五个国内规模较大、受众较广的图书专营网站进行检索，共检索到46条有效结果。京东网上售卖的是二手《档案科学管理法》，共8条结果，5条是1958年中国人民大学影印版本，3条是1947年的原版书；淘宝网是7条结果，4条是1958年中国人民大学影印书，2条是1947年版本的复印书，还有1条是1947年的原版书；孔夫子旧书网有31条结果，有10条是1958年中国人民大学影印本，19条是1947年版本的复印书，还有2条是1947年的原版书。

该书最高售价为589元，是1947年的原版旧书，最低售价为10元，是1958年的中国人民大学影印本。总体来说，该书市场流通情况很好，各个版本的原版书均见售卖，并且有数本1947年的原版书在市场上流通，这是非常可贵的，相较其他的民国著作来说，该书的市场流通情况十分可喜，该书具备很好的收藏价值，尤其1947年版本数倍于原价，其他版本在现在市场上售卖价格也均高于原价。

### 三、内容评价

#### （一）理论的价值、学科的地位

秦翰才的《档案科学管理法》中特别突出的是对立卷问题的研究。书中认为档案工作的第一步就是编辑案卷，编辑案卷有六个方面，即分类、立卷、标题、互见、编号、登记。吴宝康认为把分类和立卷划分清楚的思想是难能可贵的，然而可惜的是，这个思想在当时的档案工作实际中没有产生较大的影响。

秦翰才的《档案科学管理法》还有一个非常突出的特色是，他认为档案本身是历史，编辑档案等于编纂史书，除却档案保管的方面，其他的档案工作都需要很高的史学素养。

#### （二）作者的影响力

秦翰才的《档案科学管理法》中的思想和方法产生于上海市公用局，流传于京沪、沪杭甬铁路管理局等企业机关以及其他企业部门，对当时企业档案的管理产生了积极的影响。

#### （三）同行评议的结果

吴宝康认为，《档案科学管理法》突出的地方是对分类问题，特别是立卷问题的研究。

秦翰才的《档案科学管理法》善于运用典型生动的案例说明档案管理的办法，这一套方法在当时是具有改革和进步意义的，这本书也体现了创新精神和勇于探索的良好品质。

#### （四）语言文字的规范程度

秦翰才的《档案科学管理法》语言独具中国文字的韵味之美，叙述虽属白话文，但文言色彩浓厚。全文行文规范，条理清楚、叙述详尽，善用图表，语言功底深厚。

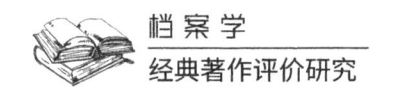

### 四、效用评价

笔者通过检索中国知网引文数据库、万方数据库，结合谷歌检索等多种途径，未见国外学者对《档案科学管理法》的研究。截至 2020 年 6 月，有 6 篇期刊论文将研究重心聚焦在《档案科学管理法》上。这 6 篇文章在中国知网总被引 12 次，署名作者 6 人。

周春雷提出，基于学术授信思想，可以形成一种能够衡量图书学术影响力的指标——图书 Z 指数。他认为根据图情领域高影响力（H 指数大于或者等于 5）学者名单，从 CSSCI 采集这些学者的图书被引信息，利用批量统计法计算全部相关图书的 Z 指数，将 Z 指数应用于图书评价，可以评估图书的学术影响力。[1]

引用秦翰才《档案科学管理法》的作者 H 指数超过 5 的作者有曲春梅（8），她引用 1 次。从数据上来看，秦翰才的《档案科学管理法》有一定的影响力，但影响力不大，范围不广。

《档案科学管理法》作为民国档案学著作之一，从 1947 年出版，流传至今，并且是中国近代第一所档案专修学校的教材。2013 年，《档案学通讯》杂志社将它再版，扩大了它的传播范围，这大大方便了对之感兴趣的人士进行学习和研究。

## 第九节 《中国档案管理新论》

### 一、本书概况

#### （一）作者简介

殷钟麒（1907—1970），原名世禄，别名寿田，四川长寿人。殷钟麒曾就读于长寿国学专修馆，重庆中山补习学校，致用补习学校。从 1935 年起，他

---

[1] 周春雷，陈艳云，蔡程瑞.图书 Z 指数及其在影响力评价研究中的应用[J].图书情报工作，2018，62（14）：106–115.

先后在四川省巫山地方税稽所、四川省地方税局、四川省禁烟总局、四川省财政厅、四川省粮食局、四川省田赋管理处等机关单位从事档案管理工作，并且兼任档案管理方面的指导员、讲师。1946 年，殷钟麒在重庆创办私立崇实档案函授学校，这是近代中国第一所档案专科学校。从 1956 年起，殷钟麒就职于国家档案局研究室（处），中国第一历史档案馆（明清档案馆），中央档案馆。殷钟麒曾在中国人民大学历史档案系授课。

### （二）内容概要

殷钟麒的《中国档案管理新论》全书共三大编。第一编是"绪论"。"绪论"分为五章，分别是档案管理之意义、档案之功用、档案之重要性、档案之简史和今后档案管理之展望。第二编是"行政"。"行政"分为五章，分别是组织、人事、经费之独立、工具之创造和研究及考察。第三编是"办法"。"办法"分为七章，分别是文书连锁办法之理论与实施、档案三联制、高级档案管理、检查、整理旧卷、中级档案管理和低级档案管理。

### （三）版本源流

殷钟麒的《中国档案管理新论》由重庆崇实档案学校出版部于 1949 年首次出版；1958 年，中国人民大学历史档案系出于教学和科学研究的需要对此书进行了内部翻印，供师生和研究者翻阅、学习；2013 年，《档案学通讯》杂志社"为传承前人学者的研究成果和智慧火花"❶集结了十三本民国文书档案学专著进行出版，此书被收录到丛书第二卷中。

## 二、形式评价

1949 年，殷钟麒的《中国档案管理新论》由重庆崇实档案学校出版部首次出版，平装，265 页。1958 年，中国人民大学内部翻印《中国档案管理新论》，32 开，247 页，定价 0.9 元。2013 年，《档案学通讯》杂志社编辑的《档案学经典著作》第二卷中包含《中国档案管理新论》，第二卷总定价 120 元，采用胶版纸，软精装，由世界图书出版公司出版发行，采用 1958 年版本。

---

❶ 《档案学通讯》杂志社. 档案学经典著作：第 2 卷 [M]. 上海：世界图书出版公司，2013：1.

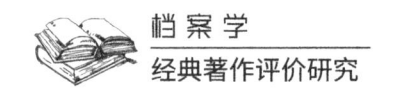

## （一）出版方的声誉

### 1. 崇实档案学校

崇实档案函授学校是殷钟麒在1946年3月创办的，办学地在重庆，它是一所私立的档案专科学校，设文书处理科和档案管理科，并且分高级和初级两个层次的班级，讲授的课程实用性很强，多是对实际档案工作的总结。

### 2. 中国人民大学出版社

中国人民大学出版社是中国最重要的高校教材和学术著作出版基地之一，实施精品战略，出版了一大批具有文化传播、文化累积价值的优秀教材和学术著作。

### 3. 世界图书出版公司

世界图书出版公司隶属于中国出版集团公司，是从事版权引进（出版）国外科技、医学期刊、图书和数据库的专业出版公司。目前已经出版了国家"十一五"重点规划出版项目、国家"十二五"重点规划出版项目、中国出版集团公司"十一五"重点规划出版项目在内的多部图书，服务宗旨是"把世界介绍给中国，把中国介绍给世界"。

## （二）装帧印刷水平

1949年，重庆崇实档案学校出版部首次出版殷钟麒的《中国档案管理新论》，平装，265页。

1958年，中国人民大学内部翻印《中国档案管理新论》，32开，247页，定价0.9元。

2013年，《档案学通讯》杂志社编辑的《档案学经典著作》第二卷中包含《中国档案管理新论》，第二卷总定价120元，采用胶版纸，软精装，由世界图书出版公司出版发行，采用1958年版本。

## （三）市场流通状况

2020年12月8日，笔者以"《中国档案管理新论》"为检索词，分别在亚马逊网、京东网、淘宝网、当当网、孔夫子旧书网五个国内规模较大、受众较广的图书专营网站进行检索，共检索到 6 条有效结果。京东网上售卖的仅有 1 本二手的 1958 年版本《中国档案管理新论》；淘宝网是 2 条结果，2 条均是 1958 年中国人民大学影印书；孔夫子旧书网有 3 条结果，3 条均是 1958 年中国人民大学影印本。

该书最高售价为 200 元，最低售价为 30 元，均是 1958 年的中国人民大学影印本。总体来说，该书市场流通不广，只见 1958 年中国人民大学影印本，未见其他版本。该书具备一定的收藏价值，现在市场上售卖价格均高于原价。

## 三、内容评价

### （一）理论的价值、学科的地位

殷钟麒的《中国档案管理新论》是民国档案学著作中理论性最强的著作之一。民国档案学著作多探讨具体的档案管理问题，分享档案管理的经验和方法，殷钟麒的《中国档案管理新论》在第一编"绪论"中，专门从理论上具体阐述了档案管理的意义、档案的功用、档案的重要性、档案的简史和今后档案管理的展望。这五个部分从历史的角度融合中外档案管理的前沿，系统地阐述了档案学基础理论和档案管理史方面的内容。这是民国档案学著作开始系统地阐述中国档案管理史的一次尝试，它是中国现代档案学史研究的发端。

殷钟麒的《中国档案管理新论》中对档案的定义、档案的价值等的阐述，代表民国档案学理论的最高水平。在"档案管理之意义"中，殷钟麒比较了档案与文书的区别，他认为：文书为收进时之公文，档案为归档后之公文，文书与档案原属一物，所谓文书，所谓档案，仅以表示同一物之不同过程，收发与管案亦不过为同一物各阶段之不同处理，要皆为文书也。关于档案管理的范围，殷钟麒认为档案管理不仅限于记录公务活动之文件，凡与业务有关参考之资料，均应搜集保管，以济档案之穷，而供需用之取材。殷钟麒对档案的种类进行了较科学的划分，吴宝康在《档案学概论》中对殷钟麒的划分给予了较高的评价。殷钟麒将档案的功用概括为三个：供行政之参考、修史乘之储备、作学术之研究。殷钟麒对档案功用的概括，被认为是民国档案学对档案功用认识的最高水平。

殷钟麒重视档案"行政"的改革，他在书中详尽叙述了档案"组织""人事""经费""工具"等应该如何做。尤其在人事方面，他提出应当建立人事考核，并且阐述了考核制度的具体实施办法，殷钟麒认为做档案员，需有"三种信念"和"五项道德"，还应当智勇兼备。殷钟麒还列出了档案管理领袖人才的选任标准，对青年人献身档案事业寄予厚望。殷钟麒的档案教育思想和实际的档案教育实践在民国档案学理论和实践上都独树一帜，是民国档案学教育理论的最高水平。

殷钟麒的《中国档案管理新论》非常注重因时制宜、因地制宜，他把档案管理分成高级、中级、低级档案管理三类，分开阐述，极为详尽。

### （二）作者的影响力

殷钟麒是民国档案学家，档案教育家。他的著作《中国档案管理新论》是中国近代第一所档案专修学校崇实档案学校的教材用书，他的这本书对民国档案学教育发挥着实际的教范作用。殷钟麒一生都致力于档案管理的研究和教育工作，对现代中国档案学科的创立起到了重要的作用。

### （三）同行评议的结果

殷钟麒的《中国档案管理新论》是民国档案学著作的"集大成之作"。

傅振伦为此书作序，称这本书"所涉范围甚广，集古今中外之说冶为一炉，推陈出新，多所发明"，并且还说，"凡所论列，多本历年学识及经验，专家之作，必能明通精到，又非徒重理论，不切实际者可比，信足以垂不朽矣"[1]。

吴宝康指出："《中国档案管理新论》的出版，不仅表明是作者在自编教材的基础上的发展，而且从一般内容来说，也是集我国当时的档案学之大成的著作。可以说，要研究我国建国前的档案学，就必须研究《中国档案管理新论》。"[2]

### （四）语言文字的规范程度

殷钟麒的《中国档案管理新论》语言独具中国文字的韵味之美，叙述虽

---

[1]《档案学通讯》杂志社.档案学经典著作：第2卷[M].上海：世界图书出版公司，2013：675.

[2] 吴宝康.档案学历史与理论初探[M].成都：四川科学技术出版社，1986：186.

属白话文，但具有明显的文言风格。全文行文规范，条理清楚、叙述详尽，语言功底深厚。

## 四、效用评价

笔者通过检索中国知网引文数据库、万方数据库，结合谷歌检索等多种途径，未见国外学者对《中国档案管理新论》的研究。截至 2020 年 6 月，有 8 篇期刊论文和 1 篇硕士论文将研究重心聚焦在《中国档案管理新论》上。这 9 篇文章在中国知网总被引 29 次，署名作者 12 人。

周春雷提出，基于学术授信思想，可以形成一种能够衡量图书学术影响力的指标——图书 Z 指数。他认为根据图情领域高影响力（H 指数大于或者等于 5）学者名单，从 CSSCI 采集这些学者的图书被引信息，利用批量统计法计算全部相关图书的 Z 指数，将 Z 指数应用于图书评价，可以评估图书的学术影响力。[1]

引用殷钟麒《中国档案管理新论》的作者 H 指数超过 5 的作者有 2 人：张美芳（13）、张会超（8），两人均引用 1 次。从数据上来看，殷钟麒的《中国档案管理新论》在民国档案学术著作中，受到的关注比较多，有学术界的高影响力作者对之进行有针对性的研究和引用，有一定的影响力。

《中国档案管理新论》作为民国档案学著作之一，从 1949 年出版，流传至今，并且是中国近代第一所档案专修学校的教材。2013 年，《档案学通讯》杂志社将它再版，扩大了它的传播范围，这大大方便了对之感兴趣的人士进行学习和研究。

---

[1] 周春雷，陈艳云，蔡程瑞. 图书 Z 指数及其在影响力评价研究中的应用 [J]. 图书情报工作，2018，62（14）：106–115.

# 第三章 《档案学经典著作》第三卷评价

## 第一节 《现代档案管理学（上册）》

### 一、本书概况

**（一）作者简介**

倪宝坤，1920 年出生于南京，1991 年逝于台湾，享年 72 岁。倪宝坤先后毕业于南京金陵大学图书馆学系及"中央政治学校"（今台湾政治大学），并任职于"中央政治学校"图书馆馆长、台湾地区内政主管部门调查局档案室主任、台湾地区历史研究部门档案史料处处长。于此期间，倪宝坤任教于台湾师范大学、台湾政治大学、私立铭传商专，担任军队主管部门人事室顾问。倪宝坤对于台湾地区文书档案管理制度的建立及人才培育影响甚巨，他一生著作丰富，跨及档案学及图书管理，包括《现代档案管理学》《现代档案鉴定标准》《档案管理方法》《图书编目学》《图书分类方法》等。倪宝坤是台湾地区第一位教授"档案管理学"的教师，被称为台湾档案学先驱。[1]

**（二）内容概要**

全书共 15 章，分上篇和中篇，上篇为概论，中篇为案卷管理。倪宝坤在上篇概论中对档案之起源与发展、档案之特性、公文书与档案史料之功用、图书馆事业与档案馆事业之区别、案卷管理与档案之关系进行了探讨。中篇案卷管理主要涵盖了案卷管理的要素、案卷生产控制、案卷登记制度、现代

---

[1] 薛理桂.倪宝坤之《现代档案管理学（上册）》[M]//《档案学通讯》杂志社.档案学经典著作：第 3 卷.上海：世界图书出版公司，2016：182.

美国案卷管理制度、中国台湾案卷管理制度、中国台湾案卷分类、立卷、标题案名、编目、装订、清点、出纳、处置方法等。下面将分章进行简要概述。

**上篇为概论**

第一章档案之起源与发展：主要讲述了档案产生的基本条件是文字，有了文字后才有档案存在。档案管理组织在欧洲约起源于古希腊文明时代，法国在1789年法国大革命时，因国会重视革命案卷，于1790年9月12日通过建立巴黎国家档案馆法案，是世界上最早建立国家档案馆的国家。英国由于国家档案保存状况复杂，是为了应用和文化，国会于1836年通过一项档案法案，建立国家档案局，其执掌是保管中央政府档案，而不保管地方与私人文件。美国历史协会于1884年成立，当即敦促政府建立国家档案馆，于1899年国会成立档案委员会，并出版联邦政府档案目录；历史协会于1908年商于总统和国会，强调研究美国历史，必须建立国家档案馆，后于1910年又向国会请愿，国会于1913年批准建筑计划，1933年美国国家档案馆开始动工兴建。中国自甲骨文出土以后，就保存有殷商时代的国家原始档案，中国古代的档案管理情形，虽难稽考，但设官收藏，历代不废。

第二章档案之特性：中国保存档案历史虽长，但是对"档案"一词没有明确的定义，倪宝坤参考了其他国家对档案的定义。如荷兰学者在《荷兰手册》中，将"档案"一词解释为："凡成文之公文书、图表与印刷品，经政府机关或机关官员签署与产生，而由该机关保管者，谓之档案。"英国詹金逊在其著作《档案管理手册》中将"档案"解释为："一个机关或个人于活动中所产生之公文书，该机构或个人为完成其政治、法律、文化之目的，依序累积保存者，谓之档案。"德国布伦内克在其著作《档案学》中将"档案"解释为："一个有形或合法之机构，由法定业务活动所产生之全部公文书，规定永久保存于特殊处所，以供历史研究参证者，谓之档案。"美国国家档案馆对"档案"的定义为："所有簿册、文件、地图、照片或其他公文资料，不问其外形或性质，由公私机构，依其合法职权或与正当业务有关之收发文，由该机构或合法继承者，作为职掌、政治、决策、程序、实施以及其他活动或国际资料等之证明，并予适当之保存者，谓之档案。"倪宝坤根据上述定义，结合自身工作经验和思考，区分档案与案卷。"凡机关、团体、企业以及个人活动中所产生之文件、图片、实物及一切文书资料等等，不问其外形与特性，经过行政处理手续与立卷程序，保存于机关案卷室，以供政务稽凭者，谓之案卷（records）。一俟其效用完毕，经鉴定有永久保存之价值，移转档案管理机构保管，备供国民研究参考者，谓之档案（archives）。""档案有两种价值：（1）对于原机关之价值；（2）对于非政府机关使用者之价值。"❶

第三章公文书与档案史料之功用：倪宝坤将现行文件、半现行文件、档案分别命名为公文书、案卷、档案，"公文书在文书部门处理时，是公文书而不是案卷。一经有关单位签注批准以后，原件送案卷立卷保存，以供行政业务稽凭者，即为'现时案卷'（current records）。一俟其效用完毕，由案卷室呈准移转档案管理机构保管，备供研究参考者，则为'档案'（archives）"❷。公文书既是政府机关推行政务的产物，也是政府机关执行政务的证据，因此公文书是机关行政的工具，政府依赖公文书完成政务。公文书的格式程序完善与否，对政府增进行政效率具有很大关系，所以倪宝坤提出台湾地区要提高行政效率，首先应当将公文书内容格式标准化与简明化。档案是一个国家行政的记录，可以反映该国政治、经济、军事、外交及一切现实生活之事实与现象，各国研究历史发展，均重视档案文献，倪宝坤列举了中国多部运用大量档案文献编纂而成的历史巨著来说明档案文献的重要性。档案是史料中的文字遗迹，并且是文字遗迹中的亲见亲撰之原始文件。

第四章图书馆事业与档案馆事业之区别：主要是通过研究区分二者在入藏资料与运用方法两方面的差异，档案的部分重要特性由档案资料的产生途径决定，档案必须由政府机关或其他团体职掌活动产生，重在机关与机关间的有机联系，文化价值是偶然之事；反之，图书资料是为文化之目的产生的；就入藏资料之途径而论，档案馆是接收机构，图书馆是征集机构。图书馆与档案馆的区别有三种：一是处理特种资料的技术不同；二是排列方法不同；三是编目方法不同。图书馆与档案馆的联系也有三种：一是共同目标就是如何使两者入藏资料达成经济有效之使用；二是管档人员与图书馆员在发展方法方面能相互协助；三是管档人员与图书馆员可以合并训练。

第五章案卷管理与档案之关系：案卷是档案的前身，为了解现时案卷的保管方法，管档人员必须和管理政府机关现时案卷的"案卷官"密切联系。

---

❶ 倪宝坤. 现代档案管理学（上册）[M]//《档案学通讯》杂志社. 档案学经典著作：第3卷. 上海：世界图书出版公司，2016：26.

❷ 倪宝坤. 现代档案管理学（上册）[M]//《档案学通讯》杂志社. 档案学经典著作：第3卷. 上海：世界图书出版公司，2016：26.

案卷官与机关官员应负初步判断案卷价值之责，案卷官判断次要案卷（即案卷的次要价值）时，应与管档人员合作，管档人员所管之案卷，不问其为机关组织或职掌，或为社会、经济以及其他资料，应负最后判断次要案卷价值之责。倪宝坤在论述档案存毁标准时，借鉴了英国、德国、美国的鉴定方法，英国国家档案局档案人员将案卷复查工作，交由登记室书记或承办官员办理；德国档案也是采用登记制度，其方法是将重要职掌案卷与内务行政案卷分别处理；美国国家档案馆管档人员系根据《案卷处置法案》（Record Disposal Act）处置案卷，即由管档人员进行鉴定。

**中篇为案卷管理**

第六章案卷管理之要素：倪宝坤将案卷管理的要素分为：①活动之性质——案卷管理的目的在于检调捷便而有效。②健全之制度——以科学方法建立管理制度，使其简单化、迅速化、标准化、系统化，借以提高行政效率，而宏政令之威信。③组织之性质——案卷所属组织的行政，倪宝坤参照了当时国外的一些组织隶属，如美国联邦政府国家档案与案卷局是行政管理总署的一部分，澳大利亚政府公共服务部是管理政府人事案卷，新西兰案卷管理制度与澳大利亚相似，认为中国台湾地区行政机关大都将案卷管理部门隶属于总务之下，大不适宜，根据倪宝坤的实际工作经验，案卷组织应隶属于秘书部门，并且建议中国台湾地区将来也应建立档案机构，集中管理各机关非现时案卷。④工作之方式——三种方式：分工制，统一制，单位制；倪宝坤认为台湾地区现时案卷管理工作可采用单位制，以机关单位为分配工作对象，每一单位的归卷案卷，配正副各一人管理。

第七章案卷生产控制：案卷生成控制可通过简化职掌、简化行政手续、简化案卷程序方法实现。

第八章案卷登记制度：倪宝坤在介绍了德国、英国、澳大利亚的案卷登记制度基础上，提出了案卷登记制度的特性，如"一卷一事"、案卷流通方法与图书相似、案卷单位排列依照号码或分类次序直排于卷架上、案卷单位可以分割、案卷管理需纳入一种分类表以内。中国台湾地区过去公文书，登记制度与欧洲各国所实施的登记制度相似，在20世纪50至60年代，中国台湾地区公文书登记制度与欧洲各国不同，不同之处是将登记编号与编管检调分开，登记编号是由文书部门办理，而编管检调则由案卷室办理。这种方法不但提高了行政效率，而且无散乱遗失之虞。

第九章现代美国案卷管理制度：美国早期殖民地政府仿效英国政府，采用登记制度进行案卷保管。现代以来，美国案卷管理制度发生巨大变化，产生以下几种不同的类型，包括数字制度（numerical system）、简单数字制度（simple numerical system）、字母制度（alphabetic system）、音调制度（soundex system）、分类制度（classified system）。总之，在选择制度时，必须牢记：第一，制度应简单；第二，制度应能伸缩；第三，制度应能扩展。

第十章中国台湾案卷管理制度：倪宝坤根据其整编台湾地区内政主管部门案卷的经验，讲述了现时案卷（current records）点收方法和案卷整理方法。案卷整理方法包括现时案卷整理方法和非现时案卷整理方法。

第十一章中国台湾案卷分类方法：案卷分类原理为，"案卷必须依行政机关组织与职掌分类……是以案卷可以广义案名反映职掌，而以狭义案名反映特别业务"[1]。进行案卷分类必须遵循三大要素：①案卷之有关运作；②案卷产生机关之组织；③案卷之主题。现代美国案卷分类方法为：职掌分类（functional classification）；组织分类（organization）；主题分类（classification by subject）。非现时案卷分类原则：①年代；②机构；③问题；④地区。这四种原则中，必须选择一种最能适合全案案情的方法进行分类，其中以"年代组织"或"组织年代"两种方案最为适用。编制案卷分类表类集应以机关的组织和职掌为基础。

第十二章中国台湾案卷立卷与标题案名方法：现时案卷立卷方法，立卷是将已分类的案卷，依照分类号查对案卷分类卷目总录簿，凡未有编立卷目的文件，依其内容性质编立新卷，并将案名与卷号著录于所属类目的卷目总录簿中，谓之立卷。立卷需注意一些事项，如编立案卷，必须精审其内容是否已立有前卷者，应依类号归附前卷，无须另立新卷；虽已立有前卷，但因性质不同，或仅有因果关系，则以另立新卷为原则等。非现时案卷立卷方法，必须利用旧卷本身的特征，作为建立文件联系的标准。文件之间的基本联系有两种：一为文件直接来往之联系；二为基于某种共同性之联系，由此文件共同产生四种特征，即案名、年代、作者和地区。编立案卷时，掌握文件联系，把握四大特征，才能正确编立旧卷。案卷题名由五部分内容组成：①文件名称；②文件作者；③文件内容；④文件产生机关与地址名称；⑤文件产

---

[1] 倪宝坤.现代档案管理学（上册）[M]//《档案学通讯》杂志社.档案学经典著作：第3卷.上海：世界图书出版公司，2016：99.

生日期。但并非每一案卷的题名必须包括全部要素，具体如何拟定由文件实际情况决定。

第十三章中国台湾案卷编目方法：现时案卷目录形式有书本式和卡片式两种目录，倪宝坤在受聘担任台湾地区内政主管部门案卷整编工作时，发明了对照目录。现时案卷次要目录有卷夹目录、附件目录、销毁目录、互见目录以及卷盒目录等。

第十四章中国台湾案卷装订、清点与出纳方法：倪宝坤介绍了他对台湾地区案卷装订、清点与出纳的经验方法，如装订方式应以活订为原则，以便后续归文件易于归附、抽拆与销废等工作；出纳应注意迅速、正确、简便等。

第十五章现代案卷处置方法：倪宝坤在书中用"处置（disposition）"一词的意义，是将逾时效案卷移转其他处所暂存；或移转档案机构摄制缩微片，永久保存；或立即焚毁。该章所讲包括：①案卷处置知识；②案卷处置著录；③案卷处置措施。案卷处置著录，应注意下列事项：一是案卷之内容；二是案卷之结构与特性。以案卷内容著录，可依：①产生案卷机关之组织；②产生案卷之职掌与活动；③案卷之主题。以案卷结构与特性著录，可依：①分类表类目系统；②案卷单位类别；③案卷类型。案卷处置措施：第一种是将案卷销毁（destruction）；第二种是将案卷摄制缩微片（microfilming）；第三种是将案卷移转案卷中心（Record Center）保存；第四种是将案卷移转档案机构，永久保存。

## 二、形式评价

### （一）学术著作的版本及价格

根据倪宝坤在书中自序中所述，他"于1950年冬奉内政主管部门负责人余井塘先生之命，整编由四部三局一署归并于内政主管部门的案卷，蒙余主管时加指示，全力支持，得能将四十余万宗新旧案卷，于最短时期，全部整编完竣。复将所获心得，写成'档案管理学'一书，于1952年6月出版。其后经不断之研究，并参考欧美各国制度……遂将《档案管理方法》一书重新改写，称为《现代档案管理学》（*The Administration of Modern Archives*）。全书共分三篇，上篇概论，中篇案卷管理，下篇档案管理。近以各方友人敦促将

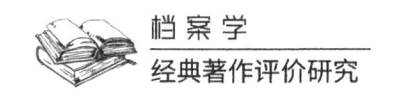

上中两篇以上册付梓，以应需要"❶。该书完成于1952年，于1952年出版《档案管理学》，之后经过修改于1961年出版《现代档案管理学（上册）》，并于1965年、1986年再版。根据薛理桂对其书的介绍："下册《档案管理》一篇至倪教授离世仍未付梓，虽闻台湾档案学界耆老曾见阅此篇章遗稿，然至今下落不明，故仅存上册，甚为遗憾！"❷

1986年出版的《现代档案管理学（上册）》具有一定的厚度，正文共282页，其中上篇概论为64页，中篇案卷管理为218页。❸笔者在台北图书馆网站搜索到馆藏《现代档案管理学（上册）》为1965年出版的第二版，台湾"中华书局"出版，平装，大小为21厘米，排版方式为竖排，繁体字字体，印刷清晰，价格为50台币。

### （二）出版方的声誉

《现代档案管理学（上册）》的出版方为台湾"中华书局"。

中华书局成立于1912年元旦，由陆费逵、陈寅、戴克敦、沈颐等集资创办于上海；在全国各大都市如南京、杭州、广州、太原、天津、北平、青岛、重庆、梧州等地设有分局40余处；更拥有大印刷厂三所，享誉海内外，在文化界有不可磨灭的贡献。

中华书局秉持"弘扬中华文化，普及民智教育"的创局宗旨，首先致力于出版小学、中学及师范教科书，后开始编纂字辞典等工具书，以为教学及学生修业之用。

## 三、内容评价

### （一）选题的创新程度

倪宝坤的《现代档案管理学（上册）》是中国台湾地区较早出版的有关档案学论述的专著，此书原创性高，全书中的大部分内容为倪宝坤在中国台湾

---

❶ 倪宝坤.现代档案管理学（上册）[M]//《档案学通讯》杂志社.档案学经典著作：第3卷.上海：世界图书出版公司，2016：3.

❷ 薛理桂.倪宝坤之《现代档案管理学（上册）》[M]//《档案学通讯》杂志社.档案学经典著作：第3卷.上海：世界图书出版公司，2016：182.

❸ 靳云峰.台湾地区档案学著作评介（上）[J].档案学通讯，2002（5）：19-23.

地区实际档案工作中的经验总结和思考，此外借鉴了澳大利亚、新西兰、加拿大、英国、美国、德国、意大利等国家的一些档案学理念，立足中国台湾地区实际，总结档案管理理论和实践。书中对档案管理的理论和案卷管理的论述深入系统，书中所使用的材料和数据非常翔实，"理论与实务兼具，先生不可不谓中国大陆和港澳台地区第一人"❶。

### （二）理论的价值

1.该书的思想是基于"公文书—案卷—档案"文件生命周期概念

倪宝坤在书中除了提出"一卷一事"、原始顺序等原则外，更是提出了西方文件生命周期思想概念。倪宝坤提出，文书部门处理的公文书，是公文书而不是案卷，将案卷与档案视为两种事物，所述之案卷，实为西方文件生命周期的半现行文件。这些公文书经过立卷归档整理手续，成为一个个案卷，倪宝坤将此时的公文书称为案卷，是通过其呈现的形式来命名，更形象，这与中国大陆将保存在机关档案室的文件称为档案不同，与国外都是用records来代表也不同。倪宝坤将不同阶段的文件用不同的称谓来表示，"公文书—案卷—档案"，对应的保管场所为"文书部门—机关案卷室—档案馆"，价值也有所不同，"机关行政的工具—供政务稽凭—对于原机关和非政府机关使用者之价值"。不同阶段的不同称谓便于新入职工作者理解档案工作。在第三章中，倪宝坤提出了"现时案卷"，与第二章提出的"案卷"概念相同，在后面的第十二章中又提出了"非现时案卷"的说法。但是，倪宝坤在书中对"现时案卷"和"案卷"、"非现时案卷"和"档案"的概念区别并没有很清楚地显示出来。

2.该书是将档案事业和图书事业的区别与联系概括得最全面的一本著作

倪宝坤出身于图书馆管理背景，又有档案整理工作的丰富经验和教学经验，对图书事业和档案事业的区别与联系概括得最为全面。例如，二者的入藏资料与运用方法不同，图书馆与档案馆的区别有三种：一是图书馆员与档案馆员处理特种资料的技术不同；二是排列方法不同，图书可按照预先编定的图书分类表系统排列，管档人员不能依照预先编定的主题分类表排列档案；

---

❶ 薛理桂.倪宝坤之《现代档案管理学（上册）》[M]//《档案学通讯》杂志社.档案学经典著作：第3卷.上海：世界图书出版公司，2016：183.

三是编目方法不同，二者对"编目"一词的含义理解也不同，图书馆编目一般是以著者与书名来确定图书，档案馆是将资料聚集成一个单位项目（与类集或系列一样），然后再行编目。图书馆与档案馆的联系也有三种：一是共同目标就是如何使二者入藏资料达成经济有效之使用；二是管档人员与图书馆员在发展方法方面能相互协助；三是管档人员与图书馆员可以合并训练。❶第八章中介绍了"依照'一卷一事'原则，案卷则具有图书之特性。……案卷流通方法与图书相似。卷夹内文件有如单独一本书。……登记机构中之案卷单位与图书排列相同，通常是依照号码或分类次序直排于卷架上。……案卷单位与图书相同，通常可以分割，案卷单位之重要性，是依其产生机关之创稿者重要性来判断，或依其活动所产生之结果与有关主题重要内容来判断，有时也可依其案由来判断，如同图书以书名判断一样"❷。许多著作中对档案事业与图书事业的关系着重在区别上，忽略了二者的相似性，实际二者有很大的关联性，这些关联性体现在许多环节上，二者可以互相借鉴，共同发展图书档案事业，这些都在《现代档案管理学（上册）》中体现出来了，对档案学专业和图书馆学专业理论和实践的发展有很大的启发。

3. 为台湾地区建立案卷中心或相关档案馆提供了理论基础

倪宝坤在台湾地区当时既无案卷中心，又无相关档案馆的情况下，提出了案卷处置的一些处置方式。如第三种处置措施为将案卷移转案卷中心（Record Center）保存，倪宝坤在书中所说的案卷中心，即我们常说的文件中心，倪宝坤又在书中介绍了美国文件中心的功能。"一个案卷中心应负有以下三种任务：（1）尽力收存政府机关所累积之案卷；（2）尽力收存撤销机关或活动终结所累积之案卷；（3）尽力安置过去所保存有价值与无价值之案卷，从而计划建立档案管理机构。"❸第四种处置措施为将案卷移转档案机构，永久保存。这两种处置措施为台湾地区当时建立案卷中心或相关档案馆提供了一定的理论基础。

---

❶ 倪宝坤. 现代档案管理学（上册）[M]//《档案学通讯》杂志社. 档案学经典著作：第3卷. 上海：世界图书出版公司，2016：41-46.

❷ 倪宝坤. 现代档案管理学（上册）[M]//《档案学通讯》杂志社. 档案学经典著作：第3卷. 上海：世界图书出版公司，2016：73-74.

❸ 倪宝坤. 现代档案管理学（上册）[M]//《档案学通讯》杂志社. 档案学经典著作：第3卷. 上海：世界图书出版公司，2016：168.

### 4. 该书对国外档案理论的导入概述详细

该书在理论和实践方面介绍了大量国外档案学的理论，如对档案的定义解释，倪宝坤先是介绍了荷兰学者在《荷兰手册》中对"档案"的解释、英国档案学者詹金逊在《档案管理手册》中阐述的"档案"概念、德国档案学家布伦内克在《档案学》中提出的"档案"内涵、美国国家档案馆对"档案"的定义，然后提出了自己对"档案"的理解。在介绍案卷登记制度时，详细介绍了登记制度在德国、英国、澳大利亚等国家的发展情况，对美国案卷的管理制度、文件中心功能也进行了非常详细的介绍。这些档案理论和实践的介绍，为中国台湾地区早期的档案工作提供了参考和借鉴。

### （三）同行评议的结果

笔者通过华艺——台湾学术文献数据库、台湾人文及社会科学引文索引资料库、中国知网、读秀数据库搜索与该书相关文献，以期了解台湾地区和大陆同行对该书的评价，相关评价内容如下。

#### 1. 台湾地区同行对《现代档案管理学（上册）》的评价

（1）张树三称其为"台湾早期档案人员必读的圣经"[1]。

（2）薛理桂评价："《现代档案管理学（上册）》有别于以往档案学论著之处，在于倪教授除考虑台湾传统档案管理做法外，是书更积极参阅欧美相关文献，将欧美档案及档案学之定义、观念、制度与方法导入，理论与实务兼具，先生不可不谓中国大陆和港澳台地区第一人。"

"先生虽出身图书馆管理，却跳脱传统图书馆管理窠臼，并以重新检视1930年来中国档案学术发展之盲点，这对于已沿袭多年的档案管理制度而言，提供改革之新契机。"

"倪教授著书严谨，考察国内外相关论述、制度，并期结合时事，以求书籍内容实用、悉合时宜，对于专业传承及书籍内容之用心，昭然若揭。然而是书大量引入欧美档案管理思维，虽有针对传统中国档案管理做法进行整理与说明，但对于1930年当时国民政府所推动行政效率运动之成果，及其后相关档案学术发展论述，未有深入涉猎，这是可惜之处。此外，是书纵然影

---

[1] 薛理桂. 倪宝坤之《现代档案管理学（上册）》[M]//《档案学通讯》杂志社. 档案学经典著作：第3卷. 上海：世界图书出版公司，2016：184.

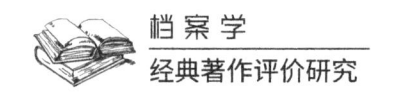

响了台湾许多档案管理人员,然书中提到的许多新观点、新思维却仍未为当时档案界所采用,致使此论著随时代湮没",直至台湾地区档案管理规定颁布后,相关做法方才被重视,"此亦为可惜之处!"❶

2.大陆同行对此书的评价

(1)翁勇青的评价:"……70年代以前,台湾地区研究出版档案管理与档案学的教材论著很少,其档案教育还处于萌芽阶段;70年代以后,台湾地区档案管理教材论著发表掀起一个小高潮……这些教材具有形式不一,内容不同,良莠共生,效果纷歧,自由发展的特点。从内容上看,倪宝坤的《现代档案管理学》……等论著质量较好。"❷

(2)靳云峰评价:"该书是台湾地区比较有名的一本档案学著作,其原因:一是初版成书较早,又连续再版,在档案界有影响;二是倪先生较早在大学任档案管理学教师,该书有学府档案管理学讲义之誉……改写后的《现代档案管理学》内容丰富,某些观点,常被台湾档案界引用。故可以说,该书是台湾档案学著述中一本比较有名的著作。"❸

## 四、效用评价

由于资料有限,笔者无法获得《现代档案管理学(上册)》的图书发行数量、图书馆的借阅量,拟通过产生的社会效益、引用率对其进行评价。

### (一)社会效益

倪宝坤所编写的《现代档案管理学(上册)》成为台湾地区档案学界必读的经典图书,他的学术成果思想影响了一批台湾地区档案学界的学者和档案工作者,如张泽民、张树三、靳元龙,这三位学者在他们的著作中多次引用倪宝坤《现代档案管理学(上册)》一书中的观点。《现代档案管理学(上册)》是倪宝坤根据其档案工作实务经验和参阅欧美各国论述、制度撰述而成的一本经典学术著作,其有关"公文书、案卷、档案的定义""图书馆事业与

---

❶ 薛理桂.倪宝坤之《现代档案管理学(上册)》[M]//《档案学通讯》杂志社.档案学经典著作:第3卷.上海:世界图书出版公司,2016:183-184.

❷ 连念,翁勇青.台湾地区档案教育述评[J].台湾研究集刊,2007(3):99-104.

❸ 靳云峰.台湾地区档案学著作评介(上)[J].档案学通讯,2002(5):19-23.

档案馆事业的区别""案卷分类方法"等思想，有利于台湾地区档案工作的开展，为台湾地区培养了有用、急需的档案高素质人才。

然而书中提到的许多新观点、新思维却仍未为当时档案学界所用，如后来20世纪80年代出版的《建立档案管理统一制度之研究》中所调研的部分问题，以及当时盛行的运用图书馆学理论管理档案工作，都显示出倪宝坤所编写的《现代档案管理学（上册）》中的许多有益的观点被时代湮没。

全书有一个最重要的遗憾即缺少"档案管理"部分，书名为《现代档案管理学（上册）》，但是在书中主要介绍了"公文书管理"和"案卷管理"的内容，如果下篇"档案管理"部分能够面世出版，笔者相信《现代档案管理学》的创新程度、理论价值定能更上一层楼。

### （二）学术著作的引用率

由于倪宝坤所编写的《现代档案管理学（上册）》没有被收录进台湾地区和大陆的引文数据库，笔者通过中国知网和读秀数据库上搜到的文章、图书中对《现代档案管理学（上册）》的引用分析来进行说明。许多著作中引用了倪宝坤的《现代档案管理学（上册）》，但是并没有按照引文规范进行标引，所以只能依靠笔者对相关的文章著作逐篇阅读，由此可能会造成实际引用与本书统计的数据不符，在此进行说明。此章中后续的《档案管理学（七版）》《建立档案管理统一制度之研究》《现代实用档案管理学》《档案学概要》在统计引文数据时都遇到了同样问题，在此一并说明。

2020年1月20日，笔者以"倪宝坤《现代档案管理学》"为检索词，除去重复项，共搜索到18条引用数据。

引用该著作的文献可分为三种类型：其一，对《现代档案管理学（上册）》著作的评价，如连念、翁勇青在其《台湾地区档案教育述评》[1]中评价倪宝坤的著作质量较好；靳云峰在其《台湾地区档案学著作评介（上）》中评价"该书是台湾档案学著述中一本比较有名的著作"[2]。其二，对书中某些观点的引用，如邓绍兴、邹步英、王光越的《中国档案分类的演变与发展》[3]中对档

---

[1] 连念，翁勇青.台湾地区档案教育述评[J].台湾研究集刊，2007（3）：99-104.

[2] 靳云峰.台湾地区档案学著作评介（上）[J].档案学通讯，2002（5）：19-23.

[3] 邓绍兴，邹步英，王光越.中国档案分类的演变与发展[M].北京：档案出版社，1992：256.

案分类思想的引用；张泽民在《档案管理学（第六版）》中引用了该书对"档案""案卷"的定义，四种案名目录排列方法的观点❶；靳元龙在《档案学》中称倪宝坤为"档案学界耆宿"，引用该书中案卷应隶属于文书部门的观点❷；张树三的《中文档案管理概要》❸、朱玉媛的《档案学基础》❹、赵越的《档案学概论》❺、任遵圣的《档案学基础》❻等引用了该书中对"档案"的定义，"凡机关、团体、企业以及个人活动中所产生之文件、图片、实物及一切文书资料等等，不问其外形与特性，经过行政处理手续与立卷程序，保存于机关案卷室，以供政务稽凭者，谓之案卷（records）。一俟其效用完毕，经鉴定有永久保存之价值，移转档案管理机构保管，备供国民研究参考者，谓之档案（archives）"。其三，对《现代档案管理学（上册）》内容的介绍，如陈静雯的硕士论文《1949 年以来台湾地区档案学术研究述评》❼。

总的来说，引用倪宝坤的《现代档案管理学（上册）》中观点的数据最多，这也体现了该著作对台湾地区档案学理论与实践界的影响巨大，不愧为档案学经典著作之一。

## 第二节 《档案管理学（七版）》

### 一、本书概况

**（一）作者简介**

张泽民，曾受台湾地区档案学者倪宝坤推荐，兼任私立世界新闻专科学校图书数据科讲师，其间完成诸多著述，包括《中国政府档案分类法》

---

❶ 张泽民.档案管理学（第六版）[M].台北：三民书局出版社，1984：5，84-85.
❷ 靳元龙.档案学[M].作者自办发行，1986：26.
❸ 张树三.中文档案管理概要[M].台北：晓园出版社，1987：128.
❹ 朱玉媛.档案学基础[M].武汉：武汉大学出版社，2008：8.
❺ 赵越.档案学概论[M].沈阳：辽宁大学出版社，1987：46.
❻ 任遵圣.档案学基础[M].南京：河海大学出版社，1992：114.
❼ 陈静雯.1949 年以来台湾地区档案学术研究述评[D].昆明：云南大学，2015.

《技术档案管理学》《数据管理的理论与实务》《图书数据分类法》《档案管理学》等。[1]

**（二）内容概要**

全书共四编八章，四编分别为"档案管理概述""档案管理制度的探讨""档案管理方法综述"和"档案分类法编制研究"。每章内容将在下文中进行简要概述。

**第一编　档案管理概述**

第一章绪论：主要讲述了公文书与档案的关系：公文书是档案的前身，档案则是公文书必要参考的资料。

第二章档案管理的意义与沿革：档案，乃行政机关（含公司、行号、厂矿、企业）处理公务而产生的公文书，其功效为办理各种公务的根据与参考。档案管理的缘由为档案管理之良否，影响行政效率及历史文化，1933年6月，国民党行政院召集改革公文档案会议，此时档案管理问题获各方注意，1934年7月，国民党行政院下设立"行政效率委员会"，分设文书档案组，并聘请专家筹划研究，以推行档案科学管理方法。1955年，台湾地区行政主管部门成立"事务人员训练班"，开始训练各机关有关档案管理人员，一些大学开始开设图书资料、档案管理学科，开启档案学术研究之门。

**第二编　档案管理制度的探讨**

第三章档案管理人员选训：档案工作者的基本要求：三化、四好、五快、六不错；档案工作者的态度：一省、二好、三多、四快；档案工作的原则：档案文件系统化、档案工作制度化、档案管理科学化。档案管理员应具备资格、品德和工作方面的资格。该章总结当时台湾地区机关档案管理普遍存在的不足，并从组织体系、课程体系等角度提出了具体的改进措施。

第四章档案管理的组织与制度：张泽民根据台湾地区颁布的《事务管理规则》拟定了省级机关（厅处）和县市行政组织等，将档案室直属于总务科。他参考国外档案管理制度，介绍了三种不同的制度：集中制——英美国家；分散制——法国；混合制，以及各自的优缺点。

---

[1] 薛理桂.张泽民与《档案管理学》[M]//《档案学通讯》杂志社.档案学经典著作：第3卷.上海：世界图书出版公司，2016：306.

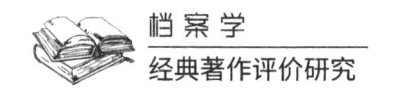

**第三编　档案管理方法综述**

第五章档案管理程序：张泽民针对档案管理的程序——点收、登记、整理、分类、立案、编目与装订进行了详细的介绍。

第六章档案目录的编制与清单：主要讲述了档案目录的编制、排列，档案的典藏与运用及档案保存期限；介绍了西文档案序列索引规则。

**第四编　档案分类法编制研究**

第七章档案分类法的编制实务：讲述了档案分类法编制原则及编制实例。

第八章档案分类法的编订：档案分类体系依照相关主管部门三十八类一级机构的顺序编订。档案分类法索引编制采用陈氏（陈立夫）五笔检字法排列。

## 二、形式评价

### （一）学术著作的版本及价格

张泽民的《档案管理学》是奉私立世新大学成舍我校长之命，将在世界新闻专科学校教授"档案管理"一课的讲义整理而成的，全书完成于1975年，其后于1976年、1978年、1981年、1984年、1988年、1997年依序再版。[1]1975年出版的《档案管理学》，全书330页，30多万字，共四篇八章24节，《档案学经典著作》收入的为第七版，也为四篇八章24节，部分内容在第六版和第七版中进行了调整。张泽民在改订六版、七版赘言中写道："另有所言者，本书附录重要参考之'政府档案分类法'系笔者1971年，参照'杜威十进法'所拟，当时大类虽已突破'杜威十进法'限制，但在'纲''目'之下，仍为'十进'，致在教学实验中，产生窒碍难行之处。尤当机关组织扩大，业务增添时，必将'削足适履'，遑论'办公自动化'之推行。为突破'杜威十进法'分类之瓶颈，故在本版付梓时，再将本书附录之'政府档案分类法'及'分类法索引'两者类码，均依'00-99'开展方式改列，使档案分类不但能适合实际业务之需，且对单位之增设或扩充，均可适时排入新增类

---

[1] 薛理桂．张泽民与《档案管理学》[M]//《档案学通讯》杂志社．档案学经典著作：第3卷．上海：世界图书出版公司，2016：306.

目，而不影响分类体系之完整和运行。似此每一类、纲、节和目，均有百个同位类可列的新分类体系之倡行。另原附录，'中华征信所档案分类简表'因使用电子计算和管制，该因分类号有所改变，故本版予以删除。"❶

《档案管理学》1975 年出版的第一版的出版商为台北市学海出版社❷，此版本相关价格、装帧印刷水平及出版方声誉不详。

《档案管理学》第六版的出版方为三民书局出版社，由鲁风印书公司印刷，出版时间为 1984 年，价格为 200 新台币，装帧为平装，排版方式为竖排，繁体字。

### （二）出版方的声誉

三民书局是台湾地区出版社与书店，创立于 1953 年，公司宗旨为"传播学术思想，延续文化发展"，是由刘振强、柯君钦、范守仁三人集资创立的，故名"三民"。它早期出版法政大学用书、三民文库、古籍今注新译丛书，后也出版字典及儿童、青少年读物，转型成为综合的出版机构。三民书局是一家民营图书馆式的大书店，董事长刘振强是台湾地区出版界的领袖。❸

## 三、内容评价

### （一）选题的创新程度

《档案管理学》的创新之处在于：一是明确将档案管理与公文书管理区分开来，将档案管理的沿革述及 1934 年的行政效率运动；二是论及台湾地区的档案教育与图书馆教育的关系，如 1955 年台湾地区行政主管部门成立"事务人员训练班"，开始训练各机关有关档案管理人员，随后台湾大学、辅仁大学等成立图书馆系，设有"档案管理"学科；三是涵盖了档案管理制度和管理方法，从学员角度撰写，方便学员记忆和操作。

---

❶ 张泽民. 档案管理学（七版）[M]//《档案学通讯》杂志社. 档案学经典著作：第 3 卷. 上海：世界图书出版公司，2016：189.

❷ 王云庆. 台湾档案学论著一览[J]. 辽宁档案，1990（5）：45-46.

❸ 胡世庆. 我与台湾三民书局[EB/OL].（2013-09-10）[2020-09-05]. http://www.fjsyhzh.com/zh/hxqy/1649.html.

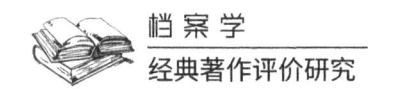

## （二）理论的价值

### 1. 全书可操作性强，理论方法重实际应用

由于这本书的书稿是张泽民的讲义，因此，书中语言简单易懂，便于学员理解，如将档案工作者的基本要求概括为：三化、四好、五快、六不错；将档案工作者的态度概括为：一省、二好、三多、四快。全书内容具有很好的实操性，对具体操作有详细的讲解，如将档案管理的范围从时间、空间、文件体裁、归档文件范围方面进行了详细说明，学生或者新入职档案工作者可以对照说明来确认哪些是档案。在修订档案分类表方面，要求对新增类目著明理由，"分条述明于分类法（表）之后页，备供以后分类人员之参考，而便于分类人员一贯的遵守，免导致分类之紊乱"❶。在档案管理组织和制度中，根据档案管理工作的内容，将职务进行了细致分配，并且表明了每个职务的责任。❷

### 2. 重视档案分类

张泽民对档案分类尤其重视，认为"档案分类，乃档案管理科学化重要之一环，档案管理是否得法，能否做到支援业务、提高行政效率，端视档案分类是否适当以为断，而档案分类则又视档案分类表编制是否得当！因为档案分类表的编制乃档案分类的基础，基础固则档案管理的功效自可发挥，不但行政效率可以提高，更为维护国家珍贵史料，立下永垂不朽之功绩，档案分类表编制的重要由此可见"❸。除在第三编档案管理方法综述中对档案分类进行了介绍外，又单独将档案分类法编制研究作为一编两节来叙述如何编制档案分类法。

张泽民在很大程度上认为档案工作应学习图书馆工作，借鉴该学科的原理原则，如"档案工作，是运用图书馆学的原理原则，依照一定的计划和步

---

❶ 张泽民.档案管理学（七版）[M]//《档案学通讯》杂志社.档案学经典著作：第3卷.上海：世界图书出版公司，2016：236.

❷ 张泽民.档案管理学（七版）[M]//《档案学通讯》杂志社.档案学经典著作：第3卷.上海：世界图书出版公司，2016：217-219.

❸ 张泽民.档案管理学（七版）[M]//《档案学通讯》杂志社.档案学经典著作：第3卷.上海：世界图书出版公司，2016：290.

骤，达成档案科学管理的境地"❶。但是张泽民意识到了档案分类与图书分类的不同，"档案与图书不同，坊间任何书店，任何人所著的图书分类法，除少数性质特殊的专业图书馆外，一般的图书馆皆可应用，但档案则不同，除省、县属单位大致可采同一分类法外，似'中央'所属单位，均因其组织、性质以及任务之不同，不能订定一个标准分类法令其实施。因此，制定档案分类法，成为各机关档案室，从事档案管理不可或缺的重要工作之一，作为档案分类的依据"❷。"档案分类之所以与图书分类，最大不同之特色即在此。因档案分类必须随时间的转移以及行政事务及业务之开展而有新的事件发生故耳。"❸此外，张泽民还要求档案分类法要每隔一年或两年，根据新的分类需要，重新编印，并且注意在修改处添加备注，"凡修改或增添之档案分类类目时，必先详加研究并多方考虑，切忌任意修改或增添以致举棋不定。同时并将新增类目及其理由，分条述明于分类法（表）之后页，备供以后分类人员之参考，而便于分类人员一贯的遵守，免导致分类之紊乱"❹。

3. 强调档案具有提高行政效率功用和历史文化价值

张泽民认为档案管理的缘由即1934年开始的"行政效率运动"，因此在书中自序中认为，"改善档案管理，不仅为加强行政管理之主要环节，更为提高行政效率，推进业务之必要措施"❺。但是张泽民没有局限于档案只具有提高行政效率的功用，而是将眼界放得更远，认为档案还具有历史文化价值，如在健全档案管理工作组织体系中认为，台湾地区应颁布档案管理规定，确认档案为重要文化资产，备供永久保存及供应一般民众阅览研究。❻

---

❶ 张泽民.档案管理学（七版）[M]//《档案学通讯》杂志社.档案学经典著作：第3卷.上海：世界图书出版公司，2016：204.

❷ 张泽民.档案管理学（七版）[M]//《档案学通讯》杂志社.档案学经典著作：第3卷.上海：世界图书出版公司，2016：208.

❸ 张泽民.档案管理学（七版）[M]//《档案学通讯》杂志社.档案学经典著作：第3卷.上海：世界图书出版公司，2016：268.

❹ 张泽民.档案管理学（七版）[M]//《档案学通讯》杂志社.档案学经典著作：第3卷.上海：世界图书出版公司，2016：268.

❺ 张泽民.档案管理学（七版）[M]//《档案学通讯》杂志社.档案学经典著作：第3卷.上海：世界图书出版公司，2016：187.

❻ 张泽民.档案管理学（七版）[M]//《档案学通讯》杂志社.档案学经典著作：第3卷.上海：世界图书出版公司，2016：211-212.

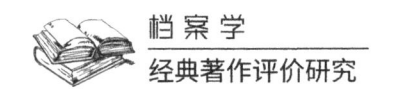

### (三)同行评议的结果

**1. 台湾地区同行的评价**

薛理桂:"张泽民先生在因缘际会之下……转任私立世新大学讲师,教授'档案管理'一科,并奉成舍我校长之命,将该课讲义汇集出版,以利后进。是书之出版虽未若倪宝坤教授所书《现代档案管理学(上册)》影响台湾档案学界至巨,然因其内容及文字简单明确,为当下各校相关课程参考之采用,对于台湾档案学术发展仍有其卓著贡献。"

**2. 大陆同行的评价**

连念、翁勇青的评价:"从内容上看,倪宝坤的《现代档案管理学》、张泽民的《档案管理学》、张树三的《中文档案管理概要》、路守常的《现代实用档案管理学》、靳元龙的《档案学》等论著质量较好。"❶

## 四、效用评价

笔者于 2020 年 2 月 1 日以 "张泽民《档案管理学》" 为检索词在读秀数据库中共检索到 15 条图书引用数据,在中文社会科学引文索引数据库中检索到 1 条引用信息,中国知网数据库中有 1 条数据,将这些引用数据汇总剔除重复项后,共 12 条引用数据。

引用该著作的文献可分为三种类型:其一,对《档案管理学》著作的评价,如连念、翁勇青在其《台湾地区档案教育述评》❷中评价张泽民的著作质量较好。其二,对台湾地区档案学著作的介绍,其中包括张泽民的《档案管理学》,这类引用文章占据大多数。如陈静雯的硕士论文《1949 年以来台湾地区档案学术研究述评》❸,靳云峰的《港台琼影——台湾地区档案学书刊一览》❹,中国大百科全书总编辑委员会编的《中国大百科全书——图书馆学·情报学·档案学》❺,李德竹编著的《图书馆学暨资讯科学常用字

---

❶ 连念,翁勇青.台湾地区档案教育述评[J].台湾研究集刊,2007(3):99-104.

❷ 连念,翁勇青.台湾地区档案教育述评[J].台湾研究集刊,2007(3):99-104.

❸ 陈静雯.1949 年以来台湾地区档案学术研究述评[D].昆明:云南大学,2015.

❹ 靳云峰.港台琼影——台湾地区档案学书刊一览[J].北京档案,2002(8):47.

❺ 中国大百科全书总编辑委员会.中国大百科全书——图书馆学·情报学·档案学[M].北京:中国大百科全书出版社,2002:56.

汇》❶，主要是将张泽民的这本书作为台湾地区档案学发展过程中的一部代表性著作来介绍。其三，对书中某些观点的引用，如邓绍兴、邹步英、王光越的《中国档案分类的演变与发展》❷中对档案管理应先编制合适的分类表，作为档案分类的依据思想的引用；朱玉媛编著的《档案学基础》❸、赵越主编的《档案学概论》❹、任遵圣主编的《档案学基础》❺、张树三著的《中文档案管理概要》❻、叶民松编著的《电子计算机概论》❼等著作中对档案定义的引用。

总体而言，台湾地区和大陆的学者对张泽民的著作《档案管理学》评价颇高，该书对台湾地区档案学界影响颇深，被后来的诸多档案著作引用，成为各高校相关课程的参考书目，对于台湾地区档案学术发展有卓著贡献。

## 第三节 《建立档案管理统一制度之研究》

### 一、本书概况

#### （一）作者简介

王征，毕业于文华图书馆学专科学校，师承毛坤，主修图书馆学，副修档案管理课程，入社会后，担任档案管理主管多年，并于1967年于私立东海大学图书馆任职之际，翻译《西文档案管理法》一书，后更针对台湾地区档案现况，撰述《中文档案管理学》，其对档案知识之造诣与内涵，可见一斑。王征著述丰富，除上述二书外，尚有《图书馆表格家俱图说》《图书馆学论著

---

❶ 李德竹.图书馆学暨资讯科学常用字汇［M］.新竹：枫城出版社，1981：288.

❷ 邓绍兴，邹步英，王光越.中国档案分类的演变与发展［M］.北京：档案出版社，1992：260.

❸ 朱玉媛.档案学基础［M］.武汉：武汉大学出版社，2008：9.

❹ 赵越.档案学概论［M］.沈阳：辽宁大学出版社，1987：46.

❺ 任遵圣.档案学基础［M］.南京：河海大学出版社，1992：115.

❻ 张树三.中文档案管理概要［M］.台北：晓园出版社，1987：128.

❼ 叶民松.电子计算机概论［M］.台北：松岗电脑图书资料股份有限公司，1978：291.

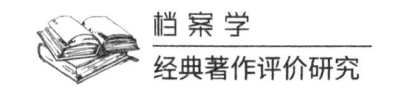

数据总目》《图书馆学语简释》等著作。

### （二）内容概要

《建立档案管理统一制度之研究》全文除提要（摘要）外共有五部分，为"建立档案管理统一制度之研究"研究专题报告。

第一部分序论：介绍了研究背景和研究问题。

第二部分当前档案管理工作概况：（1）制度方面包括：①档案业务隶属分歧；②档案单位称谓不一；③档案人员名额无定；④档案经费缺乏常规；⑤档案典藏短缺空间；⑥淘汰措施有待加强。（2）技术方面：①从1931年到1980年调查为止的台湾地区档案管理沿革变迁；②各机关档案庋藏数量、每日收发文件数、每日调阅档案卷（件）数、各机关现有档案目录统计、档案移毁情形、档案典护情形、档案缩微情形、档案人员心声等当前情况介绍。

第三部分建立档案管理统一制度之努力方向：在前言中，讲了建立档案管理统一制度的迫切性和意义，后面五节讲述了努力方向：（1）上下一致重视档案。（2）统一档管行政体系，包括：①颁布台湾地区档案资料法；②确立档案人事制度；③确立档案单位编制；④施行独立预算制度。（3）统一档案技术作业准则，包括：①颁定台湾地区档案统一管理规则；②颁定台湾地区档案统一分类表；③颁定台湾地区档案统一标题总录。（4）技术作业实施要点，包括：①档案常用术语诠释；②点收工作实施要点；③整理工作实施要点；④分类工作实施要点；⑤立案工作实施要点；⑥标写目次实施要点；⑦编目工作实施要点。（5）典藏流通实施要点，包括：①档案之装订；②档案之流通；③档案之清点；④档案之防护。（6）转移销毁实施要点，包括转移和销毁。

第四部分以第三部分提出的五方面努力方向为基础，从行政隶属关系、部门管理范围、绩效考核等角度总结了十四项建议事项。

第五部分进行总结，提出尽早见证统一制度建立成效的美好期望。

## 二、形式评价

《建立档案管理统一制度之研究》一书由率真印制厂印刷，台湾地区研究发展考核委员会编印，1981年4月出版，繁体竖排。由于是研究报告，因此该书没有设定价格。主持研究人为王征，参与研究人有李文灿、杜瑞青、张樨阳。此书为台湾地区研究发展考核委员会立项进行的档案管理专题研究的报告书，全书150页，共分"序论""当前档案管理工作概况""建立档案管理统一制度之努力方向""建议事项""结论"五部分，还有附录：档案管理办法文件及调研报告书座谈会的记录。❶

## 三、内容评价

### （一）选题的创新程度

《建立档案管理统一制度之研究》采用的实证研究方法具有创新性，报告在搜集当时台湾地区管档办法资料的基础上，采用实地访问及问卷调查两种方法搜集从业单位的执行业务数据，是台湾地区少见的大规模、系统性地对档案管理的实证研究。一是调查范围广，调查了100家单位，调查的单位"如……省政府、地方政府及其所属单位、军事单位、公营企业等"❷；二是调查的问题细，在第二部分中对档案业务隶属分歧、档案单位称谓不一、档案人员名额无定、档案经费缺乏常规、档案典藏短缺空间、档案典藏情形、档案生产情形、档案使用情形、档案目录情形、档案移毁情形、档案典护情形、档案缩微情形、档案人员心声等情况都进行了调查，这些问题涉及档案管理制度、档案管理实践环节等方面，可见调查之细致。

### （二）理论的价值

《建立档案管理统一制度之研究》调研了台湾地区20世纪70年代档案管理的现状，提出了存在的问题，并提出了台湾地区建立档案管理统一制度的努力方向和十四条建议，对台湾地区档案管理有一定的理论意义和实用价值。

1. 直面当时台湾地区档案管理问题，作为日后改革的依据

《建立档案管理统一制度之研究》通过调研提出了20世纪70年代台湾地区档案管理的问题，如管理部门对档案管理不重视；台湾地区档案改革偏重管理作业方面，对于档案管理体制方面无暇顾及；档案机构无编制，档案工

---

❶ 靳云峰.台湾地区档案学著作评介（上）[J].档案学通讯，2002（5）：19-23.

❷ 薛理桂.研究发展考核委员会之《建立档案管理统一制度之研究》[M]//《档案学通讯》杂志社.档案学经典著作：第3卷.上海：世界图书出版公司，2016：403.

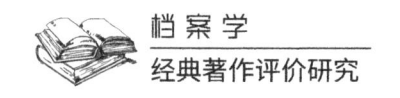

作人员文化、业务素质低；档案经费缺乏常规；档案库房狭小，不具备安全防护条件等。这些分析观点后来常被台湾地区档案界引用，因此具有非常强的可信度和代表性，也可为后续档案改革提供依据。

2. 为评价机关档案工作优劣提供方法

《建立档案管理统一制度之研究》提到，要考核一个机关档案工作是否得法，不是要考察机关的设备是否豪华、财力是否充沛，而是要看档案目录是否完备、检查是否便利迅速、有无完备便利的检索工具、是否可充分显示档案的内容等。❶

3. 为制定档案统一技术标准提供思路

《建立档案管理统一制度之研究》中的"统一档案技术作业准则"包括：①颁定台湾地区档案统一管理规则；②颁定台湾地区档案统一分类表；③颁定台湾地区档案统一标题总录。统一管理规则和统一分类表为台湾地区档案管理标准化提供了理论基础，颁定台湾地区档案统一标题总录有利于为档案资源整合，打破档案信息孤岛。

书中还希望通过制定统一技术标准来提升台湾地区档案学在世界上的地位，"按台湾档案统一管理规则，台湾档案统一分类表，及台湾档案统一标题总录，为统一掌管全岛档案之重要技术性文献，编制此类文献为百年大计，不能马虎从事，同时要理论与事实兼顾编拟之。……倘能尽速完成，不仅对统一管档工作有莫大帮助，且系台湾继十大经济建设之外的三大有形文化建设，在国际间亦可一新耳目"❷。

4. 为台湾地区档案缩影技术的应用提供了切实可行的建议

书中在"提要"部分主要讲了该研究的主旨。政府机构采用缩影系统管理档案资料逐渐普遍，但是政府没有统一规划和指导措施，导致各自为政，品质不齐，效果不著，相互利用采证尤其不易，人力、财力均有浪费。台湾地区各单位已进行缩影作业者大多均保存原始文件，形成双轨作业，未能发

---

❶ 王征，等.建立档案管理统一制度之研究 [M]//《档案学通讯》杂志社.档案学经典著作：第3卷.上海：世界图书出版公司，2016：331.

❷ 王征，等.建立档案管理统一制度之研究 [M]//《档案学通讯》杂志社.档案学经典著作：第3卷.上海：世界图书出版公司，2016：347.

挥缩影作业节省存储空间及管理人力的效益，主要症结在于未能获知缩影片有无法律地位，能否替代原始文件。项目组调研了世界上29个国家对缩影片采用的态度，有17个国家有相关缩影片法律地位的明确条款，接受缩影片并已使用缩影片，另有5个国家正检讨立法中，6个国家无相关的法令，且尚未检讨立法，但已在使用缩影片中，仅有印度一国为不接受缩影片的国家。总计接受及使用缩影片的国家有28国之多，占已调查国家的96.5%。项目组基于世界上资料处理的自然趋向，以及台湾地区在缩影作业上已投入的人力时间和经费，为管理部门解决台湾地区缩影片目前无法得到法律认可的问题提供了两点逐渐推进的建议：第一点是立即采取可行的措施，如由行政主管部门宣布，各机关档案资料可以允许以适合缩影片制作条件的缩影片取代原始文件，并将已缩影之原始文件妥慎封存，以备查证；研订台湾地区缩影片标准，使作业单位有所遵循；鼓励学术团体出版缩影书刊，以及办理缩影专业讲习，培养缩影技术人才，提高缩影片制作水准。第二点是后续需要推动的措施，如制定"档案资料缩影管理法"；研究"如何建立缩影片鉴定，公证制度"问题；简化档案销毁程序等。

（三）同行评议的结果

1. 台湾地区同行的评价

薛理桂评价："是书总共150页，是台湾少见地具体大规模、系统性地搜集档案从业单位执行业务数据。……本书与其他论著不同之处，在于是书系一实证研究（empirical research）之研究论文，具体针对台湾100个业务机关档案部门进行调查，诸如……省政府、地方政府及其所属单位，如台湾省政府秘书处、台北市建设局、宜兰县政府、台南县政府、彰化县政府等；军事单位……公营企业，如台湾糖业公司等，其调查范围之广，可谓巨细靡遗。"

"此外，本研究另一特点也非常明显，在信息科技尚未普及的时代，该项调查反映部分机关以缩微影片作为档案保存与备份应用之方法，并说明许多机关对此仍持犹豫态度，主要原因在于缩微影片法律地位不明"，之后通过了有关规定，"以提高微缩影片之公信力，本报告之影响可见一斑"。❶

---

❶ 薛理桂.研究发展考核委员会之《建立档案管理统一制度之研究》[M]//《档案学通讯》杂志社.档案学经典著作：第3卷.上海：世界图书出版公司，2016：403-404.

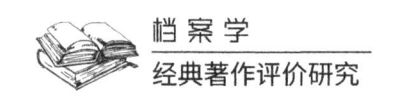

吴宇凡评价："是项研究为台湾档案管理制度与现况留下记录，其后附录并详尽刊列《档案管理办法》《一级单位临时档案管理作业要点》《中心档案管理现行作业程序》……《台湾省政府档案缩影作业手册》等相关作业办法，俾利相关作业参考，此外，关于此次专案报告座谈会记录，书后并有详细记录整体研究座谈历程，对于日后查考及相关研究参考，助益甚深。"[1]

### 2. 大陆同行的评价

靳云峰评价："研究报告书中关于台湾地区七十年代档案管理状况的概括分析，常被后来档案界引用；关于加强实施档案管理的种种建议，为以后的档案法规建设起了参考作用，关于档案管理作出全盘图书管理化的设想，起了负面影响，束缚了档案学研究的独立发展。"[2]靳云峰在另一篇论文中对该书评价："该调研报告书的内容涉及面较广。不乏促进当时档案管理工作改进的积极建议。但本书评介不能面面俱到。只选择两点具有典型代表性的观点评介于后：1）该篇调研报告概述了台湾地区档案管理状况，指出了当时存在一些弊端，但没有提出根本解决的办法……2）主持研究者把档案管理全盘图书馆化，用图书馆学理论与方法硬套到档案管理作业，并设想把其作为档案作业统一的标准……造成了用图书馆学理论与方法套索档案学研究与应用的负面影响。"[3]

## 四、效用评价

笔者拟通过华艺——台湾学术文献数据库、台湾人文及社会科学引文索引资料库、中国知网、读秀数据库上搜索的文章、图书中对《建立档案管理统一制度之研究》的引用进行分析，然而由于没有被收录、标引不规范等，在这些数据库中均没有搜到对这本书的引用情况，故不对其引用率及引用情况进行评价，拟通过产生的社会效益对其进行评价。

《建立档案管理统一制度之研究》通过对台湾地区100家档案从业单位的

---

[1] 吴宇凡.台湾档案管理出版与研究回顾[M]//薛理桂，王丽蕉.台湾档案学研究回顾暨书目汇编（1946—2016）.台北：台湾史研究所，台湾政治大学图书资讯与档案学研究所，2017：35-36.

[2] 靳云峰.台湾地区档案学研究特点及其发展阶段[J].档案学通讯，2002（3）：4-7.

[3] 靳云峰.台湾地区档案学著作评介（上）[J].档案学通讯，2002（5）：19-23.

调研，积累了众多第一手资料，发现了台湾地区档案管理的诸多问题，这些问题既具有深度，又具有现实针对性，为日后档案改革提供了依据。在书中的第三、第四部分，作者又根据多年工作经验、其他国家地区的先进理论和技术为台湾地区档案管理改革提供了许多富有建设性的意见。

该书出版后二十年间，台湾地区档案界和社会界经常引用调研报告中的分析描述台湾地区档案管理实践，可以说这部著作是反映当时台湾地区档案管理现状的经典代表作。

该书出版后，台湾地区档案管理的一些问题也得到了管理部门的重视，如报告中提出的"具体建议台湾缩影文件可具备法律地位，且原始文件在缩影片制成后，可鉴定销毁或永久保存"提议，在报告出版三年后，台湾地区有关部门发布相关规定提高微缩影片的公信力，为台湾地区推行档案缩微技术，加强档案安全、节约典藏空间、提高办公效率发挥了重要作用。可见其报告对台湾地区档案工作的影响之大。

但是《建立档案管理统一制度之研究》没有认识到档案管理与图书管理的不同，强调运用图书学理论与方法管理档案，"至于谈到档案人事情况，更难令人首肯满意，盖档案管理为资料管理之一，与图书管理性质相近，档案工作人员要具备文书业务之知识，同时亦须具备图书资料分类理论与技能以及目录索引编制知识及资料流通运用知识，尤不可或缺。换言之一个称职之档案工作人员，要有图书资料管理之专业经验与专业训练，方可事半而功倍"[1]。此种方法为台湾地区档案管理带来了一定的负面影响，束缚了档案学研究的独立发展。

## 第四节 《现代实用档案管理学》

### 一、本书概况

#### （一）作者简介

路守常，1922年生，原籍河南省汝南县东乡（现划为平舆县）；1938年

---

[1] 王征，等.建立档案管理统一制度之研究[M]//《档案学通讯》杂志社.档案学经典著作：第3卷.上海：世界图书出版公司，2016：326.

投笔从戎抗日，1949年随军迁台，1973年停役从政，军旅生涯达35载。从1956年起，路守常开始档案工作生涯，曾担任台湾地区历史研究部门档案科科长、史料处处长。1980年退休后，路守常担任台湾地区档案暨资讯微缩管理学会（兼任该会理事、档案事业策进委员会主任和档案管理委员会副主任）义工（即志愿工作者）11年，从事档案实务，研究档案学术。在此期间，路守常有两件事在台湾地区档案事业发展史上值得一书：一是奉命主笔起草台湾地区档案管理规定。研制台湾地区档案管理规定，始于1987年，由台湾地区历史研究部门奉命研办。路守常历时一年又七个月，调查研究，精心构思，巧作布局，汇总台湾地区"档案界人士之反映意见，综合汇报，反复讨论，审慎研究"，先后易十七稿，撰制完成档案管理规定草案，终于审议通过，1999年12月15日颁布、施行，为台湾地区档案事业发展提供了根本的保障。二是参与开创台湾地区档案暨资讯微缩管理学会档案专业训练。20世纪90年代，该学会先后举办"档案管理专业训练班"4期、"档案管理实务研习班"11期。路守常担任第1、第2期档案专业训练班班主任兼第1~4期讲座，以及第1~11期档案管理实务研习班班主任兼讲座。他既主持训练班、研习班日常教务，又编写讲义、授课，颇受学员们好评。

1992年4月，路守常随以梁许春菊女士为名誉团长、杜陵为团长的台湾地区资讯缩影暨档案管理界人士赴大陆参观旅游团，到北京考察访问，出席第一届海峡两岸缩影技术暨档案管理学术交流座谈会，做了题为《现代档案管理与档案管理现代化之研究》的学术发言。台湾地区档案界梁许春菊女士、杜陵、路守常等与大陆档案界王明哲（时任中央档案馆馆长、中国档案学会副理事长）、靳云峰（时任中国档案学会副理事长兼秘书长）等，共同开拓海峡两岸档案学术交流之先河。翌年5月，路守常随台湾地区资讯缩影暨档案管理界人士赴大陆参观旅游团，再赴北京出席第二届海峡两岸档案管理暨缩影技术交流会，并做了题为《档案管理统一分类论》的学术发言，受到与会者的好评。1994年、1996年、1998年、2000年，作为台湾地区档案暨资讯微缩管理学会重要成员之一，路守常随该会领导人杜陵、曹尔忠、潘维刚女士等在台北先后参与接待以王明哲、刘国能、沈正乐、王德俊为团长的中国档案学会代表团。他出席在台北举行的第三、第五、第七、第九届海峡两岸档案与缩微技术交流会，分别做了题为《归档论》《档案人员专业训练现况与发展》《现代档案管理功能论》《档案移交论》的学术发言。此外，1993年、

1998年，他参与接待应邀赴台考察和讲学的中国档案学会原副理事长、中国人民大学档案学院原副院长李鸿健、曹喜琛（已故）教授。通过上述一系列学术交流活动，路守常与大陆档案界建立了较为广泛、深厚的人脉关系。❶

**（二）内容概要**

全书共四编二十八章七十九节。第一编为概论，主要讲述档案管理的总则、基本原理、行政制度等；第二编为管理程序，具体包括归档点收程序、分类立案方法、编目价值与方法、典藏手续、档案保护保密措施、清理销毁要求、借调阅览工作等；第三编为档案缩影作业程序，介绍组织职掌、器材准备、工作程序、管理方法等；第四编为规格及范例，如表卡、设备等。具体如下。

第一编　概论

第一章总则，讲述了档案的意义、功用、区分、存毁原则、与资料的区别、档案管理与图书管理的区别、办公室自动化与档案管理的关系、革新档案管理应努力的方向以及重要术语释义。路守常将档案的功用概括为四点：一是办理公文的行政依据；二是作为一手参考资料以供学术研究；三是解决公务纠纷、捍卫国家主权的法律信证；四是文献编纂的史料供证。根据应用范围和管理权责，将档案分为"单位档案""机关档案"和"国家档案"。

"单位档案——也就是临时档案或文卷所包括者，即尚未结案，须待续办，或虽结案仍须随时借调应用者，由各单位档案管理机构管理应用。未结案者以活页装订为原则。

机关档案——也就是中心档案或中心案卷所包括之范围和应具备之性质，由各机关档案管理机构，统一管理，供本机关各单位共同应用。以平装成案卷管理为原则。

国家档案——机关档案中，确失行政时效，而具学术研究、法律信证、史料供证功用之档案，由国家专设机构统一接管，公开应用。亦以平装成卷管理为原则。但此项档案，不必全部永久保存，除史料供证必须保存历史真迹、法律信证保障国家及人民权益者外，其余经已史料简择编辑，或缩摄底

---

❶ 王德俊.路守常先生及其新著《档案文选》评介[J].机电兵船档案，2011（1）：57–61.

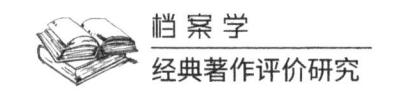

片后,即可予以销毁,以减轻保管负担。"❶

他认为档案管理革新的方法为,"一方面要建立制度,一方面革新实务,治标治本,同时进行:一是健全国家档案管理行政——设置国家档案馆或档案局;二是制定'国家档案管理法案';三是加强档案管理学术研究;四是建立档案管理正确观念;五是发展档案缩影"❷。

第二章档案管理之基本原理与作业纪律,详细论述了档案管理的基本原理:完整、安全、功能和稳定。

完整——行政体制与档案均须完整。档案行政体制完整的六要素为机构系统化、人员专业化、设备制式化、经费预算化、方法科学化和考核制度化。机构健全,人力充实,经费适需,设备完善,方法科学,考核有效,则档案完整。行政体制完整,为档案完整之先决条件,档案完整是档案管理的基本要求。

安全——保证档案内容不被泄露,档案自身完整不被破坏。

功能——便利调阅查看。档案管理的目的在发挥档案功能,而发挥档案功能的唯一要诀,即在查调应用便捷。

稳定——基本原则和标准不可常变。❸

第三章公文查询制度与档案管理之关系,路守常认为"档案管理为行政管理工作中之一环,与文书处理关系极为密切,公文查询制度则为文书处理与档案管理间之主要关键,各基层业务单位登记桌,固为实施公文查询制度而专设,但应纳入档案管理行政制度体系之中,构成完整体制,而为归档借档稽催归还以及清理销毁审核与机密登记调整注销等档案管理行政之枢纽,站在档案管理程序之最尖端"❹。

第四章责任与观念,这一章中,路守常将档案管理视为内部行政管理最重要的一环,档案管理业务应正式纳入单位组织职掌中,列入年度施政工作计划预算实施;并且要提高管档人员素质,不再以老弱残障、久病不愈、顽

---

❶ 路守常.《现代实用档案管理学》[M]//《档案学通讯》杂志社.档案学经典著作:第3卷.上海:世界图书出版公司,2016:424.

❷ 路守常.《现代实用档案管理学》[M]//《档案学通讯》杂志社.档案学经典著作:第3卷.上海:世界图书出版公司,2016:430–432.

❸ 路守常.《现代实用档案管理学》[M]//《档案学通讯》杂志社.档案学经典著作:第3卷.上海:世界图书出版公司,2016:436–438.

❹ 路守常.《现代实用档案管理学》[M]//《档案学通讯》杂志社.档案学经典著作:第3卷.上海:世界图书出版公司,2016:442.

劣不俊者充任管档工作；档案管理人员的待遇升迁、考核奖惩等，与其他所有业务人员一律平等。❶

第五章技勤人员员额标准工作量之测定，本章中路守常为测定标准工作量列出了实施方法，先求出全年实有工作天数，然后切实了解每件档案必需的作业手续，计算出"每人每天工作件数 = 全年实际工作成果件数 / 全年实有工作天数 × 参加作业人数"。路守常用此种方法计算出 1964 年台湾地区军队主管部门每人每天标准工作量为 30 件。❷

第六章行政制度，路守常将档案管理行政制度概括为"机构系统化""人员专业化""设备制式化""经费预算化""方法科学化"和"考核制度化"。❸

第七章王云五四角号码检字法，路守常在本章中介绍了王云五发明的四角号码检字法如何应用在档案管理工作中。

第八章结论，对第一编各章所述的总结，如路守常所述："本编所述，乃档案管理之实用知识，推进档案管理工作之动力；建立档案管理行政制度之蓝图也。"❹

**第二编　管理程序**

在本编中，路守常用七章内容按照先后发展顺序，分别详细叙述了档案管理程序中的"归档""立案""编目""典藏""保护""清理""应用"的目的、意义、方法、原则等。路守常将档案分类分为"事前分类制"和"事后分类制"。根据他的实际经验和研究心得，他认为以"事后分类为宜"。档案管理人员负责分类。❺

**第三编　档案缩影作业程序**

在本编中，路守常完整呈现了一套档案工作中缩影作业的具体框架，包

---

❶ 路守常.《现代实用档案管理学》[M]//《档案学通讯》杂志社.档案学经典著作：第 3 卷.上海：世界图书出版公司，2016：443.

❷ 路守常.《现代实用档案管理学》[M]//《档案学通讯》杂志社.档案学经典著作：第 3 卷.上海：世界图书出版公司，2016：449.

❸ 路守常.《现代实用档案管理学》[M]//《档案学通讯》杂志社.档案学经典著作：第 3 卷.上海：世界图书出版公司，2016：451–460.

❹ 路守常.《现代实用档案管理学》[M]//《档案学通讯》杂志社.档案学经典著作：第 3 卷.上海：世界图书出版公司，2016：451–461.

❺ 路守常.《现代实用档案管理学》[M]//《档案学通讯》杂志社.档案学经典著作：第 3 卷.上海：世界图书出版公司，2016：484.

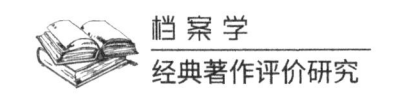

括程序总则、组织隶属关系、职掌业务、人员资格与工作分配、装备器材、具体工作程序、底片与器材的管理、借摄手续、委托缩摄要求。准备实施档案缩影的各单位，可以对照本编中档案缩影的步骤和手续，进行缩影作业。如路守常所述："有如一件成衣，领与袖，纽扣与口袋等一切配备齐全，仅各部尺寸不同而已，各单位可根据单位实际状况需要，量身裁剪耳。"❶

**第四编　规格及范例**

在本编中，路守常详细列出了在"管理程序""归档""立案""编目""典藏""清理""应用"中使用的表卡；作业章戳的尺寸样式、作业机具的型号和实物照片、各种典藏设备和管理设备的使用说明和实物照片。

附录一为每章的思考题，附录二为每章的复习题。

## 二、形式评价

### （一）学术著作的版本及价格

路守常的《现代实用档案管理学》一共有两个版本，分别为1983年初版和1990年增订再版版本，均为台湾三民书局出版经销，启明印刷有限公司承印。

1983年版本共365页，21厘米长，装帧分为精装和平装，精装价格为300新台币，平装价格为240新台币。

1990年增订再版版本共432页，22厘米长，部分彩图，装帧分为平装和精装，精装400新台币，平装360新台币。

《现代实用档案管理学》1983年和1990年版本的精装和平装，均装帧精美，封面素雅大方，书籍内部文字清晰、用墨均匀，采用竖排方式。

### （二）出版方的声誉

三民书局是台湾地区出版社与书店，创立于1953年，公司宗旨为"传播学术思想，延续文化发展"，是由刘振强、柯君钦、范守仁三人集资创立的，故名"三民"。它早期出版法政大学用书、三民文库、古籍今注新译丛书，后也出版字典及儿童、青少年读物，转型成为综合的出版机构。三民书局是一

---

❶ 路守常.《现代实用档案管理学》[M]//《档案学通讯》杂志社.档案学经典著作：第3卷.上海：世界图书出版公司，2016：571.

家民营图书馆式的大书店，董事长刘振强是台湾地区出版界的领袖。❶

## 三、内容评价

### （一）选题的创新程度

1. 理论的创新

第一，路守常是同时代台湾地区通过著作将图书与档案的区别分析得最为全面的一位学者，他将两者的区别概括为，"管理程序步骤不同、作业手续不同、作业工具不同、典藏设备不同、应用表卡不同、来源不同、外貌不同、功用不同、服务对象不同、借调方式不同、管理责任不同。总之，图书管理是为文化而服务，而档案管理则是为行政和文化而服务"❷。这与当时台湾地区多位作者撰书表达"档案学要以在图书馆学理论和指导下进行的观点"截然不同，路守常提出了档案学要有档案管理的研究方法和实践基础。

第二，路守常在认清当时台湾地区档案管理缺陷后，提出了革新档案管理的举措，如健全档案管理行政、制定档案管理规定、加强档案管理学术研究。

第三，路守常解释了将档案的"借出和归还"称为"出纳"的原因。"出纳"是引用金钱会计上的名词，将档案的借出和归还称为"出纳"，足见其何等之重要。❸

第四，将档案管理行政制度概括为"六化"❹。这些行政制度在当时乃至现在均具有创新性。

第五，对档案管理人员标准工作量的测定方法的创新。在第五章中，路守常为测定标准工作量列出了具体的可实施方法，先求出全年实有工作天数，

---

❶ 胡世庆. 我与台湾三民书局 [EB/OL]. (2013-09-10) [2020-09-05]. http://www.fjsyhzh.com/zh/hxqy/1649.html.

❷ 路守常.《现代实用档案管理学》[M]//《档案学通讯》杂志社. 档案学经典著作：第3卷. 上海：世界图书出版公司，2016：427-428.

❸ 路守常.《现代实用档案管理学》[M]//《档案学通讯》杂志社. 档案学经典著作：第3卷. 上海：世界图书出版公司，2016：440.

❹ 路守常.《现代实用档案管理学》[M]//《档案学通讯》杂志社. 档案学经典著作：第3卷. 上海：世界图书出版公司，2016：451-460.

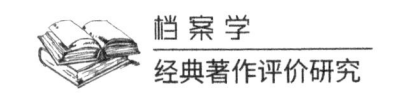

然后切实了解每件档案必需的作业手续，计算出"每人每天工作件数＝全年实际工作成果件数/全年实有工作天数×参加作业人数"，并以台湾地区军队主管部门每人每天标准工作量的计算方式作为案例施以说明。

2. 注重"实用"

路守常常年从事档案管理工作，其著作《现代实用档案管理学》"是师承军队档案管理制度之精华，融合个人对军政机关档案管理之研究心得，与实务体验之创获，参酌我当前档案管理之实况需要"，对于档案管理程序均有细致的介绍，对于图表及设备规格，均附图解并标注尺寸、功能和详细的案例辅以说明。书中第二编"管理程序"、第三编"档案缩影作业程序"和第四编档案工作中常用的"规格及范例"，对于当时台湾地区的档案从业人员来说，可以照书操作，可谓货真价实的"现代""实用"档案管理学。

3. 强调规章图表的重要性

路守常在书中单独使用一编来论述档案管理作业中所使用到的规章图表，可见其对规章图表的重视程度。路守常认为运用表格等形式，可提高档案管理效率，"运用表格，旨在简化文字，节省作业手续，避免遗漏项目。书中表格范例，在军队档案管理制度优良绩效中，功不可没，值得参考研究与应用"[1]。

4. 注重档案缩微技术

《现代实用档案管理学》中第三编专门讲述了档案缩影作业程序，可以看出缩影技术在档案管理中应用的重要程度，这也是区别其他档案管理书籍的部分。书中还特别强调了，如果要实施缩影，其缩影作业应在典藏步骤内整理完成之后尚未装订之前办理，避免拆卷重装手续。

（二）理论的价值

《现代实用档案管理学》既具有深厚的学术理论价值，又具有极高的应用理论价值。路守常在该书的《凡例》中开篇即提出，"本书之编著，以改进档

---

[1] 路守常.《现代实用档案管理学》再版语 [M]//《档案学通讯》杂志社.档案学经典著作：第3卷.上海：世界图书出版公司，2016：413.

案管理实务，研究档案管理学术为宗旨"❶。

从学术理论上来讲，该书为同业者做了一个很好的示范，研究档案管理学术，必须深刻了解档案管理的实践情形，脱离实务空谈学术则无法实现研究价值。因此，进行档案学术研究，必须首先研究管理实务，以此获得解决实际问题的经验，否则无异于纸上谈兵，甚至巧立名目，反而增加实践工作的负担。路守常在书中展示出了"一切理论与方法，均在能充分发挥现代档案管理功能"的理念。

同时，《现代实用档案管理学》是一本档案管理之实用知识书籍，具有极高的应用理论价值。这本书有利于推进档案管理工作，建立档案管理行政制度。书中的每一项作业，均有科学根据，路守常在书中对每个政策的制定和实行都进行了详细说明，如在档案管理人员配备上，按照每日收发文三十件以内者，配赋一个员额。在第五章中具体叙述了测量技勤人员员额标准工作量的方法。针对各项档案管理业务，路守常详细区分为归档、立案、编目、典藏、保护、清理、应用等环节，对于每项业务、表格及设备，均附详细图解并标注尺寸、功能，其他单位如想研制本单位的业务规章制度，可依《现代实用档案管理学》制定。这本书可称为档案从业人员实际业务操作指南。

### （三）作者的影响力

路守常，1958年在台湾地区军事部门参与军事档案管理，后任军事部门案卷管理总库主任，1973年调往历史研究部门任史料处处长，任内并参酌17国国家档案法内容，研拟中国台湾地区档案管理规定草案，对于台湾地区档案事业贡献甚巨。

路守常因其服务单位与背景，系台湾地区档案学界少见重新检视20世纪30年代国民政府行政效率改革运动成果的档案学者。

1980年路守常退休后，被台湾地区档案暨资讯微缩管理学会再次聘请担任档案事业策进委员会主任和档案管理委员会副主任，开设档案专业短期培训班。路守常从事档案专业工作四五十年，在工作中培养了丰富的实践经验。同时，他结合档案工作实际，撰写了多部档案管理业务文件、档案教学讲稿

---

❶ 路守常.《现代实用档案管理学》[M]//《档案学通讯》杂志社.档案学经典著作：第3卷.上海：世界图书出版公司，2016：413

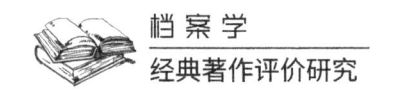

和档案学论作,是台湾地区一位著名的档案学家。❶

### (四)同行评议的结果

笔者通过华艺——台湾学术文献数据库、台湾人文及社会科学引文索引资料库、中国知网、读秀数据库搜索该书相关文献,以期了解台湾地区和大陆同行对该书的评价,相关评价内容如下。

1. 台湾地区同行对《现代实用档案管理学》的评价

薛理桂评价:"先生著书实事求是,针对档案管理各项业务,详细区分为归档、立案、编目、典藏、保护、清理、应用等项目,对于每项业务、表格及设备规格,详附图解并标注尺寸、功能,对于每项作业,详述步骤及注意事项,附录并设计每章节作业,使阅读者得以检视自身学习缺失,俨然系档案从业人员实际业务操作之指南。"

"再者,本身另一特点在于,显示对于档案管理作用所使用到的规章表格格外重视,先生希冀本书可做为从业人员实际操作之作用手册,故于第四编特辟'规格及范例',详列各项表格、图说及其范例。"

"本书系路守常先生长年工作心得与经验所成,对于档案从业人员实际作业参考而言,甚有帮助。其中,先生曾参与许多法规之制定与审查,因此从此书中,读者可探掘台湾档案管理相关法规发展之雏形及许多实际案例。然而,作者虽称每项作业程序皆有其科学根据,惟全书盖以经验与岛内现行作法为依据,且限缩于军队档案……之作法,对于岛外理论实务鲜少论及,全书整体读来似在阅读规章办法,较为生硬,此为其可惜之处。"❷

2. 大陆同行对《现代实用档案管理学》的评价

(1)陈兆祦、王德俊评价:"该书是一部研究行政机关档案管理的学术著作。该书主要特点有:第一,结构完整、内容丰富;第二,阐述的方法具体,可操作性强;第三,图文并茂,直观性强。总之,该书的研究领域、体系和方法,较台湾出版的其他档案学著作有新的发展,作为研究台湾行政管理机关档案工作的学术著作是有代表性的。但是该书仍然没有超出机关档案管理

---

❶ 靳云峰. 台湾地区档案学著作评介(上)[J]. 档案学通讯,2002(5):19-23.

❷ 薛理桂. 路守常与《现代实用档案管理学》[M]//《档案学通讯》杂志社. 档案学经典著作:第3卷. 上海:世界图书出版公司,2016:708-709.

的窠臼，这是本书的一个较大缺陷。"❶

（2）靳云峰评价："路先生的这本著作是台湾档案界中档案学要依档案管理实践为研究对象观点的代表作。"❷"该书较以前台湾出版的档案学著作，在研究体系、领域和观点上有一定进展。"❸

（3）景红以"贵在实用"为题，专门为《现代实用档案管理学》写了一篇书评，摘其要点为："作者路守常先生，早年就从事档案工作。该书是作者集30多年的档案管理实践经验和理论研究成果于一体而著成的一部力作，旨在提倡档案管理的科学方法，促进档案管理学术研究，最大限度地发挥现代档案的管理功能，具有一定的学术价值和实用价值。纵观全书，主要有以下特色：1）实用性强，应用范围广；2）图文并茂，直观生动；3）结构完整，治学严谨。"

"本书在取得科学成就的同时某些方面尚有可商酌之处。作者自始至终围绕文书档案、历史档案阐述其管理理论与方法，并未提及科学技术实践活动中所形成的档案和其他专门活动中形成的档案的管理。……显得有所欠缺。"❹

（4）曾永仁、刘新安评价："其著作显示了作者深厚的文化功底，又有显著的实用价值。"❺

（5）连念、翁勇青的评价："……70年代以后，台湾地区档案管理教材论著发表掀起一个小高潮……这些教材内容不同、良莠共生。从内容上看……路守常的《现代实用档案管理学》……等论著质量较好。"❻

## 四、效用评价

由于资料有限，笔者无法获得《现代实用档案管理学》的图书发行数量、图书馆的借阅量等，拟通过产生的社会效益、引用率对其进行评价。

---

❶ 陈兆祦，王德俊．档案学基础［M］．北京：档案出版社，1995：195-196．

❷ 靳云峰．台湾地区档案学著作评介（上）［J］．档案学通讯，2002（5）：19-23．

❸ 中国大百科全书总编辑委员会．中国大百科全书——图书馆学·情报学·档案学［M］．北京：中国大百科全书出版社，2002：512．

❹ 景红．贵在实用——读台湾路守常先生著《现代实用档案管理学》［J］．档案与建设，1992（4）：56-58．

❺ 曾永仁，刘新安．台湾档案学思想综述［J］．兰台世界，2000（5）：32-33．

❻ 连念，翁勇青．台湾地区档案教育述评［J］．台湾研究集刊，2007（3）：99-104．

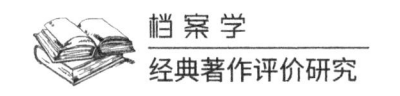

## （一）社会效益

路守常编写的《现代实用档案管理学》是一部台湾地区档案学界的经典图书，这本书是他常年档案工作的心得和经验所成。书中处处体现了充分发挥现代档案管理功能的举措和方法。《现代实用档案管理学》内容以实务为导向，对台湾地区提高行政效率、健全档案管理制度、增强档案学术研究起到了示例和示范作用。

## （二）学术著作的引用率

笔者通过华艺——台湾学术文献数据库、台湾人文及社会科学引文索引资料库、中国知网、读秀数据库上搜到的文章、图书中对《现代实用档案管理学》的引用分析来进行说明。

2020年9月6日，笔者以"现代实用档案管理学"和"路守常"为检索词，以"被引文献"为检索项，在华艺——台湾学术文献数据库和台湾人文及社会科学引文索引资料库检索到的数量为0，剔除干扰项后，在中国知网检索到的期刊文献为9篇，博士硕士学位论文2篇；在读秀数据库搜索到的引用图书为14篇。

引用该著作的文献可分为三种类型：其一，对《现代实用档案管理学》或者作者路守常的评价，如景红的《贵在实用——读台湾路守常先生著〈现代实用档案管理学〉》，王德俊的《路守常先生及其新著〈档案文选〉评介》。其二，对台湾地区档案学及其论著的评价，这类引用文章占据大多数。主要是将路守常的这本书作为台湾地区档案学发展过程中的一部代表性著作来介绍，如陈静雯的硕士论文《1949年以来台湾地区档案学术研究述评》，靳云峰在《中国大百科全书——图书馆学·情报学·档案学》中对《现代实用档案管理学》词条的介绍；也有学者既对书作介绍，又对书进行评价，如陈兆祦、王德俊主编的《档案学基础》，翁勇青的《南强兰台　春华秋实：档案与校史纵横论》，靳云峰的《台湾地区档案学著作评介（上）》，曾永仁、刘新安的《台湾档案学思想综述》等。其三，对书中某些观点的引用，如刘永在其主编的《档案学概论》中引用了《现代实用档案管理学》（1990年）一书"对档案之功用表述为：'行政稽凭''学术研究''法律信证''史料供证'"[1]的观点。

---

[1] 刘永.档案学概论[M].郑州：河南人民出版社，2006：27.

总体而言，引用者对路守常及其著作《现代实用档案管理学》的评价颇高，认为路守常是台湾地区一位著名的档案学家，对台湾地区档案事业贡献巨大；《现代实用档案管理学》论著质量较好，虽有瑕疵，但是研究内容具有非常高的学术价值和实用价值。

## 第五节 《档案学概要》

### 一、本书概况

#### （一）作者简介

张树三，1932年出生于山东省濮县顺城乡张水坑。自1971年8月至1991年6月，张树三先后（或同时）在私立致理商业专科学校、私立辅仁大学、台湾师范大学、新竹师院等校教授中文图书分类编目、中文档案管理、西文（英文）档案管理、专门图书馆管理、文书及档案管理、小学图书馆管理以及儿童图书馆管理等。

张树三将其教授档案管理的历程分为三个时期：第一个时期是1972—1982年的诚惶诚恐的时代，当时他刚从研究所毕业不久，初次教授档案管理课程；第二个时期是1982—1992年，此时他已自编教材，不但编印了《中文档案管理概要》，还翻译了《英文档案管理概要》，同时也亲身到美国参观访问国家档案馆以及州立档案馆等有关机构；第三个时期是1992—2002年的"一以贯之"的境界，直此十年之内，张树三不但发觉了"档案"的博大精深，同时也体会到它的平易通俗，它和每一个人是那么的相关不可分离，这就是张树三要把原来的《档案管理概要》改写为《档案学概要》的理由。张树三希望能由此来推广"档案学"的常识，使它和每一个人的生活结合在一起，相辅相成而达到圆满幸福的人生。

张树三的著作包括《中文图书分类之原理及实务》《图书目录概论》《书本目录与卡片目录之比较研究》《图书、档案、教育、文集》《专门图书馆管理》《中文档案管理概要》《文书档案管理通论》《总统图书文物管理法制作业之研究》。

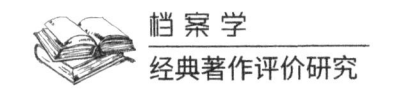

### (二)内容概要

全书共分八章三十一节。前两章属于档案学的基础知识;第三章和第四章讲文书处理及文书制作,是办理公务者的必备知识;第五章为传统的档案管理方法,最为重要;第六章介绍档案管理方法的求新求变;第七章和第八章则指出目前的各项问题及改进之道。具体如下。

第一章档案学简介。张树三在该章中介绍了档案学的体系结构,即档案学内容有两大部分:一是理论档案学,包含:①档案学哲学;②基本理论;③档案事业史。二是应用档案学,包含:①档案管理学;②档案专业管理学;③技术档案学;④电子档案管理技术学。在第二节中介绍了欧洲、美洲和中国三地区档案学的发展经过。

第二章档案的定义、属性、价值和作用。张树三认为档案是指依档案管理程序,加以整理收藏,可供借调查考的各种案件;档案管理系总括档案业务的规划和档案勤务的处理。档案功用分为施政参考、拣择史料、法律信证、学术研究、当作美术古董;档案管理的目标为提高工作效率和提升管理效能。

第三章文书处理、公文制作和档案管理之关系。张树三言简意赅指出:公文处理是档案管理的开始,档案管理是文书处理的完成;文书和档案是一体两面,二者相辅相成,不但有相互关系,同时更有循环关系。

第四章文书管理简介。该章中主要讲述了公文管理的有关规定、收文处理、发文处理、公文制作、公文稽审等的操作方法。

第五章档案管理简介。该章主要讲述了档案管理环节中的点收、整理、登记、分类、立卷、编目、装订、典藏、应用及维护的操作方法。

第六章档案管理和科技发展的关系。该章讲述了缩微和光碟管理档案的优点:节省空间、资料检索简捷而方便、安全、加强对有关人员服务、保障档案之连续性、节省人工成本、文件尺寸划一、传递资料成本极低、档案存储设备之投资极低、容易转换成纸质档案、可适应多目标的发展;电脑档案管理自动化可实施的内容。

第七章社会进步和档案事业的发展。该章讲述了机构档案组织、档案教育和档案工作者的社会责任及道德理论问题。

第八章档案管理机构之工作计划及未来发展。张树三提出了"科学的文书档案管理必须彻底实践行政三联制"：①计划、执行、考核；②执行、考核、计划；③考核、计划、执行。在该章中，张树三提出了世界档案管理事业的趋势：①记录的管理与撤销；②大规模的文书出版品；③档案管理的自动化。此外，张树三还提出了台湾地区档案管理事业问题：缺乏健全的制度、档案管理者素质低落、各机关做法分歧；今后努力的方向：成立台湾地区档案中心机构（或台湾地区档案馆）负责保管全台湾地区各公立、私立机关团体的永久档案资料、各机关档案管理单位应确定组织与编制、加强档案学会发展学术研究、编制全台湾地区档案管理工作统一办法、档案管理工作的自动化、加强大专院校档案管理课程的讲授、提高档管人员资质、考试增列档管行政、安定档管人员情绪。

## 二、形式评价

### （一）学术著作的版本及价格

张树三的《档案学概要》由台湾地区档案暨资讯缩微管理学会于2005年出版，127页。《档案学概要》是张树三由1987年出版的《中文档案管理概要》修改简化而来。《中文档案管理概要》自1977年出版以来，至1991年共出版九版，均由晓园出版社出版。《档案学概要》虽然是由《中文档案管理概要》改编而成，但是与后者的体系结构有较大区别。以1991年《中文档案管理概要》（第八版）为例，其书中章节结构为："第一章档案管理概论，介绍档案的意义、范围、功用、档案管理与图书管理的区别、有关名词解释等；第二章档案管理之组织及人员，介绍档案管理的组织、管理人员的资格与条件；第三章案卷之点收、整理与登记；第四章档案之分类；第五章档案分类表之编制；第六章档案之立卷、入卷与附件之处理；第七章档案目录之编制；第八章档案的装订、典藏、出纳及清理；第九章档案与缩影技术；第十章工作计划及工作检核；第十一章档案管理之未来。"[1]《档案学概要》体系结构更完善，更具有学理性。

目前在网络平台上搜索不到《档案学概要》的装帧和价格。

---

[1] 张树三.中文档案管理概要（第九版）[M].台北：晓园出版社，1991.

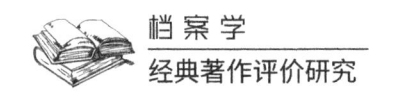

### （二）出版方的声誉

台湾地区档案暨资讯缩微管理学会成立于 1978 年 11 月 24 日，是台湾地区从事档案工作研究的人员和单位自愿结成的学术社团组织。学会的宗旨是，"以促进台湾档案法之有效实施，建立档案暨资讯缩微管理制度，俾达成维护历史传承文化使命以适应台湾社会之发展需要"。

《档案学概要》由台湾地区档案暨资讯缩微管理学会出版，体现了该书在档案学领域的社会影响力。

## 三、内容评价

### （一）选题的创新程度

1. 注重世界多地区档案学的发展研究

张树三在 1986 年赴美国参观学习，他在书中介绍欧洲、美洲等档案学发展的过程，并在论述档案工作者的社会责任、档案管理前景方面均借鉴了许多国际档案学的思维。

2. 将档案事业发展与社会联结在一起

张树三在自序中提到："将原来的《档案管理概要》改写为《档案学概要》的理由是，发觉了'档案'的博大精深，同时也体会到它的平易通俗，它和每一个人是那么的相关不可分离。希望能由此来推广'档案学'，使它和每一个人的生活结合在一起，相辅相成而达到圆满幸福的人生。"[1]张树三是为数不多的将档案与幸福人生联系在一起的学者，他强调社会进步有赖于档案的开放使用，社会越进步，档案使用的机会越公平，质量越提高，人类的受益也越深。

3. 将现代科技"缩微、光碟、计算机技术"融入档案管理中

由于张树三有建立图书管理自动化的经历，因此在档案管理上，他也强调运用现代缩微、光碟技术管理档案，并在书中论述了运用这些技术的十一

---

[1] 张树三.《档案学概要》自序 [M]//《档案学通讯》杂志社.档案学经典著作：第 3 卷.上海：世界图书出版公司，2016：713.

大好处；同时论述了档案管理自动化可实施的内容，如目录检索、全文扫描和智慧检索等。

### （二）理论的价值

《档案学概要》是张树三40年来图书、档案工作的收官之作，凝结了他对档案学发展的思考和期盼。不同于以往档案学著作，在"档案"言"档案"，《档案学概要》将档案学上升到了社会进步、美好生活的更高层面，因此《档案学概要》具有重要的学理价值、实践价值和美学价值。

1. 学理价值

《档案学概要》将档案学的体系结构清晰地划分为理论档案学和应用档案学两个部分，理论档案学的分支包括档案学哲学、基本理论、档案事业史，应用档案学的分支包含档案管理学、档案专业管理学、技术档案学和电子档案管理技术学，体现出完整、严谨的档案学内在框架结构和理论逻辑。

2. 实践价值

《档案学概要》将文书管理与档案管理分开叙述，介绍两者之间的关系，划清了文书管理和档案管理人员的职责界限。在文书和档案管理章节通过流程图、表格、案例等方式，详细讲解，机关文书、档案人员可照章操作。书中指出目前的各项问题及改进之道以及"行政三联制"为档案管理机构未来发展提供了努力之方向。

3. 美学价值

《档案学概要》一书希望通过推广档案学，使它和每一个人的生活结合在一起。例如，书中提到"档案是保存对人类文化之记忆"，"社会进步有赖于档案开放"，"档案馆建筑要注意六个原则，包括跨时空之建筑、以人为本位的建筑、是一个成长有机体、是一个有生态绿的建筑、智能型的建筑、永久经营"，"档案管理工作是一种至高无上的神圣工作"[1]，无不体现了张树三对档案学的美好愿景，通过档案学，让人们更好地认识世界，相辅相成而达到圆满幸福的人生。

---

[1] 张树三.档案学概要[M]//《档案学通讯》杂志社.档案学经典著作：第3卷.上海：世界图书出版公司，2016：830，832.

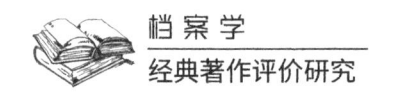

### （三）同行评议的结果

笔者通过华艺——台湾学术文献数据库、台湾人文及社会科学引文索引资料库、中国知网、读秀数据库搜索与该书相关文献，以期了解台湾地区和大陆同行对该书的评价，通过搜索并没有发现有关《档案学概要》的评价，只有同行对《中文档案管理概要》的评价，且评价颇高。由于《档案学概要》与《中文档案管理概要》在体例上有较大区别，因此笔者将《档案学经典著作》（第三卷）薛理桂对《档案学概要》的评价附后，以供参考。

薛理桂评价："是书系台湾档案学暨图书馆学专家张树三教授将其著作《中文档案管理概要》改写而成，期待让社会大众更能轻易接触档案管理之理论与实务，立意良善，然是书虽间接或直接导入西方档案管理思维，仍立基于法规及制度等实务面向，对于理论基础之论述不足，其形式较类似档案管理作业手册，虽精简化，内容仍嫌繁杂，此为其不足之处，然是书结构完整，对于许多昔日论著所未注意及论述之面向，多所照顾，此亦难能可贵，为档案学相关议题置下伏笔，以待日后相关学者深入探讨。"[1]

### 四、效用评价

由于在各数据库中搜索不到《档案学概要》的引用情况，因此仅就其产生的社会效益作评价。

张树三所著的《档案学概要》的出版，向台湾地区宣扬和科普了档案学的博大精深与每个人息息相关，推动了台湾地区档案学教育向纵深发展，将档案管理教育扩及个人，扩大了档案学的认知群体。

《档案学概要》将档案事业发展与社会进步联结在一起，能够引发社会大众对档案、档案工作、档案工作人员以及档案事业的关注与了解，增强档案学的社会影响力。

---

[1] 薛理桂.张树三与《档案学概要》[M]//《档案学通讯》杂志社.档案学经典著作：第3卷.上海：世界图书出版公司，2016：852-853.

# 第四章 《档案学经典著作》第四卷评价

## 第一节 《档案学论衡》

### 一、本书概况

（一）作者简介

陈永生，出生于粤西的一个小镇，1979—1983 年在中山大学历史系学习，获史学学士学位；2003—2006 年在中国人民大学信息资源管理学院档案学专业学习，获管理学博士学位。现任中山大学资讯管理学院教授、博士研究生导师，中山大学大数据研究院院长、中山大学信息安全与电子文件研究院执行院长，主要研究方向为档案学基础理论、档案现代化管理、电子政务与电子文件管理、信息资源整合与档案数字化、政府信息管理、信息安全与保密管理；兼任教育部档案学教学指导委员会委员、中国档案学会常务理事、广东省档案学会副理事长、广东省档案专家委员会主任、广东省党委系统信息化工作专家小组副组长、广东省实施大数据战略专家委员会委员、广东省保密科技专家委员会委员、广东省政府文史馆文史信息化研究院院长、广东省委办公厅档案信息化顾问、广东省政府办公厅政府信息化顾问、中山大学档案馆顾问；历任中山大学信息管理系教研室主任、副系主任、系主任。

作为半路出家从事档案学教学研究工作的教师，陈永生堪称业内"奇迹"，他 1983 年留校任教，1988 年任讲师，1992 年晋升为副教授，时隔两年晋升为教授，成为最年轻的副教授和教授；并且在短短几年时间里，先后出版了《档案学论衡》和《档案工作效益论》两本具有较高理论水平的专著，同时，在国家级和省级学术刊物上公开发表学术论文 160 多篇；获得中国档案学会青年档案学术奖、国家档案局优秀科技成果奖（政府奖）二等奖、中

173

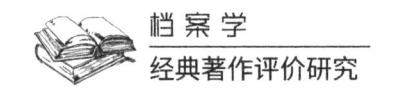

国档案学会优秀成果一等奖、中国档案学会档案学优秀成果二等奖、广东省哲学社会科学优秀成果奖（政府奖）一等奖、广东省档案学会优秀成果一等奖等20多项科研、教学奖励。

### （二）内容概要

《档案学论衡》全书共十二章，共计22万多字。该书以档案学自身问题为研究对象，对档案学学科属性、研究方法、学术性、科研管理、人才及发展等档案学自身问题的各个主要方面进行了论述，填补了在这一研究领域的许多空白。

第一章和第二章属于基础理论部分，通过比较档案学研究和研究档案学两个概念，分析档案学的学科属性和学科体系来论述档案学是什么的问题；第三章至第十二章属于应用理论技术，从档案学研究的科学精神、档案学的研究方法、学术性、学术评论、科研管理、档案学人才以及档案学的协调发展等角度论述如何开发档案学研究和发展档案学。

第一章从档案学研究到研究档案学，通过比较两个概念的不同，旗帜鲜明地为读者揭示了该书的主旨，即提出档案学科体系中的一门新学科，其任务就是专门研究"已有档案学的考证、分析、诊释、评价等一系列工作"。作者认为对档案学研究对象的表述，从一定程度上反映了档案学的发展状况及人们对它的整体把握情况。而至今为止，由于对档案学自身问题研究的欠缺，人们对档案学研究对象的表述存在缺陷，把档案学自身排除在了档案学研究对象范围之外。作者认为由档案这一终极现象引发和派生的档案工作、档案学、档案工作者、档案意识、档案教育等都可以概括为档案现象，因此，可以将档案学研究对象表述和概括为"档案现象及其本质规律"。在明确了档案学的研究对象之后，作者从档案学研究与研究档案学所涉及的范围和对象、研究方法、两者关系等方面深入比较两个概念的不同之处，进而引出元科学的概念，探讨元科学对档案学研究的启示，分析档案学在元科学层面研究的近况，"反思"档案学研究过程中的现象以及"反思"在档案学研究中的作用，理出思想路线：从档案学研究到研究档案学，这是档案学历史发展的一种必然现象。

第二章档案学的学科属性与学科体系，从对档案学学科属性问题的共识和分歧以及自然科学对档案学的影响入手，论证了档案学的独立性和社会科学性质是不会被改变的，并提倡遵循简单性、包容性和扩展性的原则设计档案学体系结构。作者从分析档案学学科独立性和学科属性的共识和分歧开始，探讨了自然科学的渗透会给档案学带来诸如新的研究课题、新的研究手段，提出新的要求等一系列影响，但是作者认为这些影响都不会改变档案学的社会科学属性。在对档案学体系结构设计模式的问题上，作者认为这是一个带有全局性、规划性的重大课题，因此，不宜弄得过于复杂和琐碎。本着简单性原则、包容性原则和扩展性原则，作者将档案学划分为基础档案学和应用档案学两大部类，每个部类下面又分为两个属类，由此构成两大部类、四个属类和十四个分支学科的档案学体系结构模式。

第三章档案学研究的科学精神，作者认为档案学研究的科学精神是档案学理论工作者在从事档案学研究活动中应当具有的意识和态度，主要包括批判继承精神、探索创新精神和学术自由精神。档案学理论工作者要构建和完善科学的档案学理论体系，在实践中充分发挥档案学功能，就一定要有批判继承的精神，作者在充分论述批判和继承概念及其两者关系的基础上指出进行档案学研究应该批判继承什么以及如何批判继承。关于探索创新精神的论述中，作者认为对待困难应该具有敢于正视与善于回避的辩证态度，对于已有学说要敢于怀疑。此外，作者还从学术自由的含义、怎样看待学术权威以及百家争鸣几个角度论述了学术自由精神，学术自由是科学繁荣的有力保证。

第四章档案学研究方法，作者认为档案学研究方法对档案学研究的成效和整个档案学的发展具有重要意义，它不是"档案学特有的专门研究方法"，此外，由于档案学研究对象的复杂性和研究主题的差异性具有多元性的特点，在对档案学研究方法的分类体系问题上，作者不主张"完全照套科学研究方法的分类体系模式"，而要"灵巧自如地运用有关方法"，并重点从经验认识方法与理论思维方法、定性分析方法与定量分析方法两个角度进行了详细论证。在该章最后，作者还提出在档案学研究过程中运用新方法时需要注意的几个问题，比如新方法的运用要以对档案学本体的认识为前提，以提高研究工作效率为目的，要既讲究方法又不迷信方法。

第五章档案学研究中的理论联系实际（一） 关于"理论"，作者认为理论联系实际首先必须明确什么是科学的档案学理论，学会应用衡量和判断档案学理论的尺度，这是理论联系实际的基本前提。而衡量和评判档案学的理论及其科学性的尺度由独创性、逻辑构造性和超前性构成，三个条件相辅相成。理论联系实际还要以保持理论的基本品格为前提，档案学理论的基本品

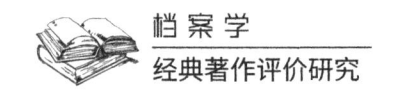

格主要包括独立性、完整性、彻底性三方面内容。此外，探索理论联系实际中的理论应用问题，需要了解档案学理论的功能。档案学理论具有解释功能、批判功能、探索功能、预测功能和指导功能，各项功能各司其职，在档案工作实践中都具有不可替代的作用。在关于档案学理论的主动性问题上，作者认为档案学理论在理论联系实际中占据着极其重要的主动地位，但是这不意味着实际对理论职能采取被动，实际部门和实际工作者对理论的应用也应该采取主动的态度，在实际工作中应努力全面系统地学习、理解、掌握和应用档案学理论。

第六章档案学研究中的理论联系实际（二） 关于"实际"，作者认为档案学理论联系实际的基础条件是了解和把握实际。但是，人们对于"实际"的理解存在误解，在作者看来，"实际"并不仅仅指档案工作实际，还应该包括档案学理论研究主体认识对象的认识客体。在正确理解"实际"的基础上，作者又进一步探讨了"实际"的特性，即客观性、整体性、层次性和变动性。正确认识"实际"的特性，才能真正把握"实际"，除此之外，还需要通过一定的方法和途径去把握"实际"。因为探讨把握"实际"的方法和途径问题，对于理论联系实际同样具有重要意义。档案学理论研究要真正做到联系实际，需要理论的指导，充分地占有材料，对材料进行分析与研究。

第七章档案学研究中的理论联系实际（三） 关于"联系"，作者认为"联系"是沟通理论和实际的中介，是真正做到理论联系实际的需要。做好"联系"环节，需要客观认识"联系"，理论和实际的联系不是纯主观的，而是客观存在的。"联系"的前提是理论与实际的间距，"联系"的基础是理论与实际的同一。我们要做的就是正确地认识它们之间的客观联系，根据其客观规律做好"联系"工作。对"联系"的操作要按照理论和实际固有的辩证关系进行，需要根据"联系"的双向性、中介性、层次性来正确地操作"联系"，避免脱离理论的经验主义实践、操作主义实践、实用功利主义实践等"非理论实践"。还要总结分析档案实践工作中的经验，加强档案学理论的转化工作，分清不同学科联系实际的不同范围和层次，最终实现理论工作者和实际工作者的理解和合作，通过两者的共同努力，更好地促进理论与实际相结合。

第八章档案学的学术性，作者认为应该从理论和实际两个方面同时着手去研究档案学的学术性问题，并在此基础上重新界定了档案学的学术性，认为档案学的学术性就是对档案学某一学科问题的研究有创造、有新见、有价值的特性。档案学学术性的基本要求主要有：所研究的问题必须进入档案学的学科范畴，必须对档案学的学科建设具有积极意义，论述的问题必须具有科学性、创新性、应用前景和应用价值。作者还从"学"与"术"的矛盾、统一角度详细论述了"学"与"术"的关系，指出两者既相互矛盾，在很多情况下不可兼得，引发基础研究和应用研究的相互诘难，但同时，"学"与"术"又存在"术"以"学"为基础，"学"假"术"以应用，"学""术"相互转化的统一关系。在此基础上获得对于档案学学术性评价问题的启示，就是在对档案学进行学术评价时应区分两种不同的价值系统，用历史和发展以及全面的观点对档案学的学术水平作总体上的考察和评价。最后，总结出提高档案学学术水平的主要途径：联系实际科学地提出问题；掌握学术发展动态，增强研究问题的深度；理论工作者和实际工作者联合攻关。

第九章档案学术评论，作者依次论述了档案学术评论的含义与功能、类型、评论的原则与方法以及对于繁荣档案学术评论，改变档案学术评论相对落后面貌的若干思考。作者认为学术评论不兴，好的东西得不到肯定，错误的、荒谬的东西得不到纠正就会影响学术的繁荣和理论的发展。档案学术评论的对象不应仅仅局限于档案学文献，还应涉及档案学的理论思潮、流派、运动等在内的一切档案学现象，是对上述档案现象的阐述、分析和评价，其中评价最为重要，应尽力做到实事求是。客观公正的学术评价能够起到情报交流、引导方向、扬真匡谬的作用，因此应该给予它应有的学术地位。根据档案学评论对象的范围和特点，可以将学术评论划分为综合性评论、专题性评论、专指性评论等类型，但是这种划分不是绝对的，可以根据不同需要用不同标准来划分。只有具有准确性和深刻性的学术评论才具有生命力，而做到这一点需要实事求是的原则和科学的评论方法做保证。对于档案学术评论相对落后的问题，作者认为应该从"加强引导，提供园地""群众性和专业性相结合""思想性与学术性相统一"几方面加以思考引导。

第十章档案学的科研管理，作者认为加强档案学的科研管理十分必要，这是档案学研究集体化发展的要求，也是避免档案学研究盲目重复的要求，更是改变档案学研究某种无序状态的要求。档案学科研管理是一个系统的过程，应从研究选题的准备阶段开始，直至科研成果的取得结束，加强对研究选题、研究过程和研究成果每一个环节的管理。对于档案学研究及其管理中存在的诸如研究力量泛化、科研管理制度不健全等问题，需要采取措施，创

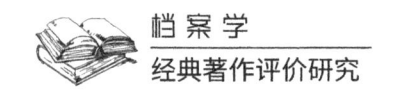

造必要的条件，解决一些基本问题，比如建立档案学的最佳科研及管理机构，制定档案学研究规划，加强对档案学研究成果的管理，改进档案学研究队伍的管理，等等。

第十一章档案学人才，作者认为档案人才不仅泛指从事档案学理论研究的人，而是包括在档案学研究的各个领域中有一定贡献，对档案学发展起到积极推动作用的人。档案学人才是档案学理论工作者的优秀代表，具备一些特征和条件。首先，在品德方面，他们具有高尚的品德，坚持正确的政治方向，具备追求真理不媚权贵、艰苦奋斗不图虚名以及坚定的信念等职业道德素质。其次，要有渊博的知识，不仅是掌握的知识量要多，还在于知识结构是否合理，最基本的有两方面，一是具备科学文化基础知识，二是具备一定的专业知识。其知识结构具有系统性、层次性和开放性的特征。最后，需要具有一定的创新创造能力，这种能力体现在研究选题、研究过程、研究成果等整个研究活动过程中是否具有预见能力、创造才华、成果表达能力等各个方面。

第十二章档案学的协调发展，作者主要论述如何促进档案学的繁荣和发展，作者认为影响档案学发展的因素来自档案学的内部和社会两大方面，内部来说，档案学理论和档案工作实践之间存在矛盾，档案学理论体系之间也存在矛盾，这些矛盾决定了档案学理论的发展程度。从外部来说，社会科学文化环境、社会政治环境和社会经济环境也都影响着档案学的发展。因此，要发展档案学就要走内部协调与外部协调相结合的道路。档案学发展的内部协调主要是档案学界内部的事情，即档案学科学共同体的问题。档案学科学共同体是一种组织上松散、学术上自由但有着共同目标的学术性群体，不能用组织措施和行政手段来调节理论发展的各种矛盾关系，只能通过学术的途径，依靠档案学研究者的自觉探索精神来调节。档案学发展的外部协调涉及档案学与其他学科以及社会科学文化、社会政治制度和社会经济状况的协调，协调档案学与其他学科之间的关系关键在摆正档案学在科学界的地位，同时，档案学的发展需要政府的政策支持和调节。该章最后，作者就联系两者的"档案学会"的作用进行了论述，认为档案学会是连接两种调节方式的中间状态，对内能够组织学术活动，对档案学科学共同体的规范产生影响；对外能够进行沟通联系，对国家档案政策产生影响，从而联系两者，共同协调档案学的发展。

## 二、形式评价

### （一）著作的版本

1994年，中国档案出版社第一次出版了《档案学论衡》，该版本装帧为平装，售价13元。现售价150~320元。

2016年，世界图书出版公司将《档案学论衡》收录到《档案学经典著作》第四卷中出版，该版本采用横排，简体字，胶版纸，软精装，装帧印刷水平较高，定价120元。世界图书出版公司是一家主要从事版权贸易的出版集团公司，成立于1986年。公司拥有一批知识水平高、业务能力强的高级和中级编辑人员及一支工作经验丰富的出版与发行队伍，在图书市场上形成了一定的规模和影响。

### （二）版本源流

《档案学论衡》1994年由中国档案出版社出版，该书一上市就受到了好评，并引发学界热议。陈智为在《档案学论衡》出版当年先后发表两篇文章评价其是"一部优秀的档案学理论专著"，是"档案学基础理论研究的上乘之作"。直到2015年，还有学者写文章评论《档案学论衡》。

2016年，为"检视档案学著作发展历史"[1]，重温档案学经典著作，经《档案学通讯》杂志社的策划和编辑，世界图书出版公司将《档案学论衡》与何嘉荪、傅荣校的《文件运动规律研究——从新角度审视档案学基础理论》和胡鸿杰的《化腐朽为神奇——中国档案学评析》收录到《档案学经典著作》第四卷中出版。

### （三）出版方的声誉

1. 中国档案出版社

中国档案出版社是中华人民共和国国家档案局所属档案专业的出版社，成立于1982年1月（2010年停办），主要任务是组织档案、史学、文秘等方

---

[1] 《档案学通讯》杂志社.档案学经典著作：第1卷[M].上海：世界图书出版公司，2013：1-4，175.

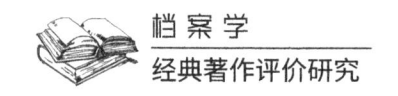

面的学者、专家、教师和从业人员，编、著、译、出版档案学与档案工作、史学、秘书学与秘书工作、方志学与方志工作等方面的学术专著、教材、科普读物和档案文献史料汇编、选编等。它为普及积累科学文化知识，以及促进档案事业发展服务，出版的部分图书被评为国家优秀教材、国家优秀畅销书和国家优秀图书。该出版社还多次获档案学著作优秀成果奖、秘书学著作优秀成果奖以及有关省市社会科学优秀成果奖等，在史学界、档案界、秘书学界及出版界享有较高的声誉。中国档案出版社出版了《秘书工作》和《办公室业务》两种杂志，1500余种图书。

2. 世界图书出版公司

世界图书出版公司是中国出版集团成员单位中唯一的一所科技出版社，在北京、广州、上海、西安、长春都设有分公司，是中国出版业唯一一所实行跨地区、一体化、集约化经营的大型出版公司。公司坚持"把世界介绍给中国，把中国介绍给世界"的宗旨，秉承"科教兴国、书兴科教、服务科研、服务高校"的经营理念，自1986年公司成立以来，出版了大量科技学术、语言、工具类图书，引进了大量国外科技学术专著、科技期刊和高等教育教材，为我国科技教育的发展作出了重要贡献。

### 三、内容评价

#### （一）选题的创新程度

《档案学论衡》一书的创新之处在于陈永生在这本著作中引出了"元科学"的概念，并且阐释了从档案学研究到研究档案学的变迁，启发了档案学研究的新思路。在这本著作中，陈永生不仅揭示了档案学的学科属性与学科体系，使读者对档案学基础理论有了一个大体的认识和了解，同时，他还重点分析了档案学的研究方法、档案学研究中的理论联系实际、档案学的学术性、档案学学术评论、档案学的科研管理、档案学人才及档案学的协调发展等档案学基础理论之外的一些问题。

#### （二）理论的价值、学科的地位

第一，《档案学论衡》不仅揭示了长期以来档案学研究存在的缺陷，并且在此基础上，概括出了档案学的研究对象是档案现象及其本质规律；第二，该著作不仅指明了档案学独立问题与学科属性问题之间共识与分歧的有趣关系，还运用丰富、有力的论据证明了档案学社会科学的学科属性；第三，该著作将档案学学科体系分为基础档案学与应用档案学，简单明了，具有较强的包容性与可扩展性；第四，陈永生在著作中所论述的档案学的学术性和档案学研究的科学精神与方法，为档案学及档案工作的协调发展提供了指导；第五，陈永生独到的见解、独特的思辨方式、精彩的论述不仅使枯燥的学术作品变得有趣，还启发了我们重新审视"档案是什么"的专业基础问题，以更加敏锐地应对档案职业的生态变化，及时抓住机遇，把握行业发展的新方向。

（三）同行评议的结果

作为陈永生专题研究阶段性成果的总结，《档案学论衡》一经中国档案出版社出版，就受到了档案学界的一致好评，甚至被誉为是继著名档案学家吴宝康的《档案学理论与历史初探》之后，我国档案学基础理论研究领域一部颇具特色的、高水平的学术专著，是一部档案学的"上乘之作"。徐诚在《〈档案学论衡〉述评》一文中评论，《档案学论衡》提出了"研究档案学"的概念，强调了档案学学科独立性，分析档案学理论与实际的关系，突出了"理论"的重要性。他呼吁档案学学者都来读一读这本经典之作，从而重新审视档案学作为一门独立学科的学科属性问题，以及档案学在自身研究过程中相关的其他问题。[1]苏焕宁在《从"理论联系实际"看电子档案管理前端控制理论》一文中这样评价该书："时隔多年，《档案学论衡》对档案学的理论研究及学术性发展仍有着很强的启示作用。其中，作者用三个章节所论述的'理论联系实际'的相关内容更为档案实践工作的开展提供了精神借鉴。"除此之外，书中"不乏能指导置身于信息环境下的档案管理工作的理论与思想"。[2]陶祎珺在《理论与实际的碰撞，感性与理性的交融》一文中评价该书对理论工作者和实践工作者都体现着人文关怀，特别是书中对"理论联系实际的"论述堪称精华所在，化解了理论工作者和实践工作者在认识理论联系实际上

---

[1] 徐诚.《档案学论衡》述评[J].云南档案，2012（10）：49-50.
[2] 苏焕宁.从"理论联系实际"看电子档案管理前端控制理论[J].中山大学研究生学刊（社会科学版），2015（4）：99-104.

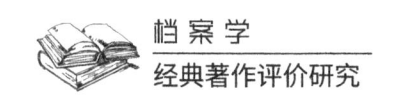

的矛盾。❶ 严永官在《一部孕育着新学科的专著》中更是不吝对该书的褒奖，认为该书提出了一个崭新的档案学科——研究档案学，构建了一个完整的框架——研究档案学体系，具有突出的理论意义，并且作者思维角度准，研究问题细，文字表述精，具有明显的科学特点。❷

### （四）作者的影响力

陈永生具有深厚的历史学和档案学知识基础以及丰富的实践经验，因此其著作《档案学论衡》文笔流畅，十二章内容联系紧密，逻辑清晰，以历史主义与逻辑主义相结合的研究方法系统分析了"档案是什么"的问题，并且从档案学本身出发，一气呵成，为读者详细阐述了档案学研究的内容与方法。陈永生也因此在档案学基础理论研究方面具有不可取代的作用。

## 四、效用评价

2020年12月6日，在中国知网引文数据库，获取该著作的施引人数及施引次数。在中国知网文献总库中获取每位施引者的发文数量及被引次数，通过 H 变换计算出每位施引者的 H 指数。通过对施引者的 H 指数序列集合再次进行 H 变换，得到图书 Z 指数。陈永生的《档案学论衡》的施引人数为 105人。被引情况见表 8，通过计算得出其图书 Z 指数为 11。《档案学论衡》的被引次数较多，图书 Z 指数相对较高。施引者学术地位较高，多为高影响力作者。这表明《档案学论衡》的影响力较广，学术价值较高。

**表 8 《档案学论衡》被引用情况**

| 施引者 | 施引次数 / 次 | 施引者 H 指数 |
| --- | --- | --- |
| 徐拥军 | 2 | 18 |
| 丁海斌 | 0 | 17 |
| 傅荣校 | 1 | 17 |
| 马仁杰 | 2 | 16 |
| 陈永生 | 1 | 14 |

---

❶ 陶祎珺.理论与实际的碰撞，感性与理性的交融[J].档案管理，2007（4）：66-67.
❷ 严永官.一部孕育着新学科的专著[J].上海档案，1997（1）：32-34.

续表

| 施引者 | 施引次数/次 | 施引者H指数 |
| --- | --- | --- |
| 金波 | 1 | 12 |
| 潘连根 | 6 | 12 |
| 王英玮 | 1 | 12 |
| 朱玉媛 | 3 | 12 |
| 王协舟 | 2 | 11 |
| 肖秋会 | 1 | 10 |
| 倪代川 | 3 | 10 |
| 傅荣贤 | 0 | 10 |
| ⋮ | ⋮ | ⋮ |

## 第二节 《文件运动规律研究——从新角度审视档案学基础理论》

### 一、本书概况

#### （一）作者简介

何嘉荪，男，江苏常州人，1942年11月生于重庆，在上海长大；浙江大学教授，档案学专业主任；中国档案学会理事兼基础理论学术委员会委员，浙江省档案学会常务理事兼学术部主任。他长期从事档案学基础理论研究与教学工作，主要著（译）作有《档案管理理论与实践》《文件运动规律研究——从新角度审视档案学基础理论》《档案管理技术实用手册》等；主要论文有《全宗理论新探》（系列论文4篇）、《档号与档案信息处理》《深化对文件运动规律的研究》《历史联系就是广义的来源联系》《论文件运动的动力源泉与文件价值》等。他曾多次获部、省级优秀成果奖；1994年曾获西班牙政府外交部文化与科学关系总署颁发的外国学者研究奖学金，并赴西班牙从事

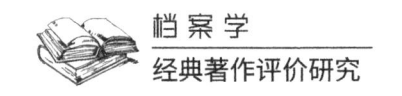

研究工作与讲学；1996年参加第13届国际档案大会，做了题为《中国和其他国家综合性档案教材之间的差异》的讲演，介绍中国档案学及其本人的学术成果，受到好评。

傅荣校，男，1988年7月毕业于杭州大学历史系档案学专业，获学士学位；1991年7月杭州大学、中国人民大学研究生毕业，获得中国人民大学硕士学位；2005年3月获浙江大学中国近现代史专业博士学位。他1991年留校任教，1994年升为讲师，1998年晋升副教授，2003年晋升为教授。现任浙江大学公共管理学院信息资源管理系主任；中国档案学会理事、中国档案学会基础理论委员会委员，教育部档案学学科教学指导委员会委员，浙江省档案学会副理事长、常务理事、学术部主任、基础理论委员会主任；浙江大学公共管理学院电子政务研究所所长、浙江省公共政府研究院和浙江大学公共政府研究院高级研究员、浙江大学非传统安全研究中心信息安全团队负责人、浙江大学政府绩效评价研究中心高级研究员；国家社科基金项目、教育部项目评审专家，浙江省社科规划课题评议组成员，国内多省、市社科规划课题评审专家。傅荣校先后主持过国家社科基金项目、教育部项目、国家电子文件管理部际联席会议项目、国家档案局研究项目、浙江省规划项目、省社联基金项目等；另主持政府部门、企事业单位委托项目近20项；作为主要成员，参与制定国家电子文件管理"十二五"规划，浙江省、杭州市等档案事业"十二五"规划。他出版学术专著4部，教材3本，发表学术论文160余篇；曾获教育部优秀成果二等奖、中国档案学会著作类优秀成果一等奖、国家档案局优秀科技成果三等奖、浙江省"十二五"规划优秀教材奖等；2005年入选浙江省"151人才工程"第三层次。

（二）内容概要

《文件运动规律研究——从新角度审视档案学基础理论》全书除绪论之外分为六章，共计25万多字。该书从对"文件和文件本质"的探讨入手，超越以往狭义的文件观念，通过分析文件运动历程、文件运动形态和文件运动动力，从广义文件运动的角度，对档案学的三大基础理论，即全宗理论、生命周期理论和价值理论进行了综合研究，指出全宗理论研究的是群体运动的文件所具有的特点，全宗是文件作群体运动的基本单位，会因为所处环境的不同而发生相应的变化；文件生命周期理论研究的是文件历程，阐述的是文件运动具有整体性与阶段性相结合的特点；文件价值理论研究的则是文件运动的内在动力，表明文件运动实际上就是孕育矛盾和解决矛盾的过程。人们的主体需要和文件的客体属性既同一又斗争的矛盾关系是推动文件不断向前运动，从一阶段向下一阶段过渡的动力源泉。此外，该书还对文件运动研究相关的更广泛的实践问题和档案学研究方法作出一些思考，推动档案学理论的研究进入新阶段。

绪论从文件和档案的关系入手，得出"现代档案学理论是在探索文件运动规律的基础上发展起来的"。在此基础上，重点介绍了文件运动规律的基本内容和研究文件运动规律的必要性。作者认为，文件运动首先具有整体性与阶段性相结合的特点。文件生命周期理论就是研究文件这一客体事物在其整体运动过程中的每一阶段里，其价值作用、与主体的管理行为、管理方法和保管场所之间的内在关系。其次，文件运动不是个体运动，而是群体运动。同一项社会活动内部的紧密联系，使得在该项活动中形成的文件，构成一种有机整体，也就是全宗理论研究，全宗理论的核心是来源原则。然而，无论是"机关来源"，还是谢伦伯格等学者提到的"职能来源"，实际上都是为了说明这么一个简单的事实：对文件或档案的管理，必须按有机整体的形式进行。而有机整体就是一种群体的观念。在综合档案馆里，一般以建立主体全宗为主；而在专业性档案馆里，一般以建立客体全宗为主。最后，文件运动是一种矛盾运动，矛盾的双方既同一又斗争的关系，是它运动的内在动力。研究文件运动内在动力的学说，实际上就是关于文件作用形式和保管期限等的文件价值理论。文件运动中的价值关系包括两方面：一是主体的需求；二是文件的自身属性。

研究文件运动规律的必要性方面，作者认为，第一，探索文件运动规律的研究是现代档案学和档案工作发展的必然，全宗理论、文件价值理论和文件生命周期理论在文件运动规律下的"会合"，不仅具有完善理论本身的意义，更具有理论与实践相结合的重要意义。第二，研究文件运动规律，有助于把现行文件与档案管理作为一项系统工程加以考察，文件运动规律的三大理论，是从不同侧面对文件运动过程加以研究，有助于从根本上解决问题。第三，研究文件运动规律，有助于档案学研究方法的变更，给档案学研究方法的选择和运用提供参考，而正确选择和运用研究方法，能够推动档案学理论本身的发展。第四，研究文件运动规律，能加强档案学纵向理论研究，完

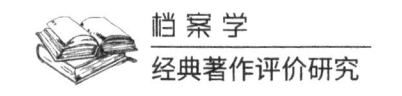

善学科建设。第五，研究文件运动规律，有助于开展中外档案学比较研究。

第一章文件及其本质，作者认为研究文件运动规律必须从研究文件开始，因此这一章首先从文件的起源和发展开始，讨论了文件的双重角色，认为文件既是文明的"催生婆"，也是历史的"见证人"。此外，由于人类信息交流和传递的需要及信息符号和载体材料的结合，文件具备了产生的社会条件和客观物质条件，阶级和国家的产生也使文件具备了发展的外在条件。所以说，文件的产生既有内在原因，又受客观条件的制约，但并不是各种原因、条件完全具备才开始的，而是经历了胚胎孕育阶段、正式定型阶段和完全成熟走向发展等阶段。作者指出，在不同的国家，学者对文件的定义表述存在一定差异，即使在同一国家，不同学者对于文件定义的表述也存在差异。目前，我国学者对于文件的定义也尚未统一。但是可以发现中外学者在关于文件定义的认识上，既有共性，又有差异。通过对中外文件定义概要介绍并作比较研究，作者引向对文件本质的论述。作者认为，为文件下定义必须以正确的思想为指导，遵循一定的逻辑规则，最后从文件定义的要素与文件的本质属性出发，阐述了对文件要素和本质的认识。

第二章文件生命的历程——文件生命周期理论，作者主要分析了文件生命周期理论的研究基础，认为研究文件从"生"至"死"的或臻于"永恒"的线性运动过程，可以了解文件的内在规律，这就是文件生命周期理论研究，而研究文件生命周期理论，必须具备共同的概念基础，尤其需要对"文件"和"文件生命周期"两个概念达成共识。要充分理解文件生命周期理论，必须站在广义文件的角度，将其理解为一种集合（或全称）概念。文件生命周期理论的产生具有坚实的实践基础，即"二战"以后文件管理的客观需要。在欧美，文件生命周期理论的研究，也经历了从最初的文件"三阶段论"，到巴斯克斯教授将文件生命周期理论定型相当长的过程。随后，作者介绍了美国、英国、法国、加拿大、意大利、西班牙、阿根廷等国外档案学者对文件生命周期阶段的划分，并在此基础上归纳出文件生命周期理论的基本内容：一是从现行文件到历史档案是一个完整的生命过程，即文件运动具有整体性的特点；二是文件在全部生命过程中先后表现出不同的作用和价值，使其整个生命周期可以区分为不同的运动阶段，即文件运动具有阶段性的特点；三是在不同的运动阶段中，应根据文件的不同特点采用适宜的存放和管理方法，即文件运动过程中各种因素有着内在联系的特点。最后，我国学者对文件运动的相关研究进行综述。我国学者在不同历史阶段对文件运动的研究侧重不同,20 世纪 30 至 40 年代是旧档案学对文件与档案管理的阐述,50 至 60 年代是对文件运动和档案形成规律的研究,80 年代中后期开始结合我国档案工作实践进行探讨和研究。通过综述,作者澄清了两个问题:一是文件生命周期理论研究在我国有其基础,有研究对象,也有指导意义。二是由于研究角度不同,文件生命周期理论与我国的档案形成与运动规律存在差异。

第三章组合成群体运动的文件(Ⅰ)——全宗理论基础,作者认为分散而连续不断地在人们的社会活动中形成的文件是相互联系,成群结队地组合在一起运动的,它们之间的联系有很多种。文件的有机关联性使文件在运动中依据不同的形成过程构成一个个有机整体,增加其对人类社会的意义。而正确认识作为文件运动基本单位的文件有机整体,了解其构成条件、类型、外延范围及性质特点,是进一步深入研究文件运动规律的关键。根据文件之间不同的联系,作者引出了不同的理论,如事由原则、来源原则等。事由原则在历史上有过不同的表现形式,实用归纳法、合理演绎法、分类原则以及十进分类法都曾在不同时期、不同范围内得到过应用。来源原则标志着人们已经认识到文件是按照来源组成的整体运动的,经各国接受、适应本国国情后衍生出法国的尊重全宗原则、德国的登记室原则、荷兰的来源原则、布伦内克的自由来源原则以及苏联前后有变化的全宗原则。在分析这些理论和我国现状的基础上,作者又分析了文件组合成群体运动的两种表现形态,即以主体或客体为核心形成并运动。在此基础上,作者进一步分析了全宗理论的实质,认为来源联系与事由联系的含义及其之间的内在关系是理解全宗理论实质的关键,应该讲广义的来源联系与历史联系是相辅相成的。最后,关于全宗概念的设想,作者把全宗定义为"是人们在同一项社会实践活动过程中形成的文件有机整体",并对文件有机整体、主体全宗与客体全宗、文件全宗与档案全宗、全宗总体概念与分支概念等概念逐一进行详细论述。

第四章组合成群体运动的文件(Ⅱ)——全宗理论应用研究,作者主要论述全宗理论在实践中的应用。作者认为全宗理论应该解决全宗的应用问题,提出划分全宗的基本方法,划分全宗的方法以档案分类整理的原则为指导,除了要保持档案文件间的历史联系,充分利用原基础,还要便于保管和利用。正确区分全宗,保持全宗中文件有机联系的前提是确定全宗构成方式,即全宗围绕何种核心形成。在此基础上，作者逐一介绍了现行机关（企业）、综合档案馆、专业性档案馆以及企业与事业单位档案馆内全宗的构成方式，得出了"相对独立性与保持有机联系是划分全宗的标准"这样的结论。随后，作者从主体全宗和客体全宗两个角度，分别论述分析了主客体全宗立档单位的构成条件，主体全宗立档单位发生变化时应遵循便于保管和利用的原则，客体全宗在划分时应该从实际出发。本章最后，作者还具有前瞻性地对电子时代的全宗问题进行了探讨，认为随着计算机技术、网络技术和光盘技术逐步在文件、档案领域的普遍应用，电子文件或者机读档案会逐渐在文件和档案领域占据主导地位，越来越多的全宗将主要处于智能控制状态之中，全宗形式出现了异化。但是，只要人们仍然有根据文件形成过程利用档案信息的需求，只要人们仍然需要档案信息作为凭证，那么，按照文件信息之间的历史有机联系或来源原则处理档案信息的方法就会存在，全宗也会存在。

第五章文件运动的动力理论——文件价值论，作者围绕推动文件运动的动因，重点就文件价值的问题展开了讨论，目的是从文件运动时价值关系的变化中寻求管理文件的依据、途径和手段。作者首先从分析文件内部基本矛盾入手，认为文件内部基本矛盾就是文件客体自身属性与社会人们对文件的主体需求之间的矛盾运动。这种矛盾运动没有止境，只不过在不同阶段，相对于某一种社会需求矛盾对立尖锐，而相对另一种趋于缓和。由于这种矛盾运动，文件纳入人和社会需求与利益的关系中，受到鉴定和衡量，进入价值化的过程，产生文件价值。文件价值是文件内部基本矛盾的产物，是观察文件运动状态，划分运动阶段的重要标准或标志，文件运动阶段就是依据文件价值的不同相区分的。为了更好地识别与掌握文件价值，作者又对文件价值的特性与类型、鉴定及发展进行了进一步的研究与探讨，认为文件具有客观性和主体性，由于文件不同的运动状态，文件价值可以从多种角度区分为第一价值和第二价值、现行价值和非现行价值、暂时性价值与永久价值以及潜在价值和直接价值。在对文件价值的鉴定与发展进行探讨的过程中，作者不仅介绍了文件价值鉴定的特点，世界文件价值鉴定的整体发展趋势，还对我国文件价值鉴定中的若干问题进行了思考，认为鉴定是对文件运动中价值关系的权衡和把握。从世界范围看，鉴定行为及其依托的鉴定理论都是发展变化的，因此，应该正确认识文件价值鉴定的意义和地位，建立文件价值的双重鉴定机制，制定系统化、程序化的文件价值鉴定标准，推动我国文件价值理论的研究和鉴定实践的进一步发展。

第六章研究文件运动规律引起的若干思考,作者在对文件生命周期理论、全宗理论和文件价值理论进行整体、系统化论述的基础上,提出了研究文件运动规律引发的一些思考,既包括档案管理体制改革方面的思考,也包括馆网建设和馆藏建设若干问题,以及档案学研究要重视研究方法的研究的思考。作者认为,对文件运动规律的研究不能停留在纯理性上,而应该应用到档案学、文书学的理论研究和文件管理、档案管理实践中。首先探讨的是档案概念与文件、档案管理体制改革的问题,谈到档案的概念问题,就不得不明确档案阶段从何时开始。通过分析当前世界上通行的四种档案概念,作者得出档案阶段的划分可以依据各国需求不同作出不同修改的结论,因此,研究的重点不必放在不依人的主体意志为转移的档案阶段开始于何时的最佳时限,而应该放在对我国的通行的划分档案阶段的标准或方法是否符合我国国情和文件运动规律上。根据这一观点,作者对我国现行的建立在我国(现行)文件与档案分开管理体制基础上的档案概念进行了反思,认为我国当前通行的以"文件非现行性"为基础的档案概念,导致档案阶段有两个起始点,这不仅不合理,在理论和实践上也都存在问题。正是在这样一种背景下,文件档案一体化的做法和理论观点迅速兴起,但是如何才算实现两者的一体化,档案界并没有明确的认识。作者认为要真正实现一体化,必须对传统管理体制和方法以及我国现有的档案概念进行改革,使文件(包括档案)管理工作更加科学,符合文件运动规律。但是要将文件归档关口提前至现行阶段刚开始之时,必须对我国现行的文件立卷方法和价值鉴定体制进行改革,要注意不能从一个极端走到另一个极端。作为文件运动的外在形式,馆网建设和馆藏建设密切相关,馆网建设涉及国家资源合理分配和保管的问题。在研究文件运动规律的基础上,探讨馆网建设问题需要注意以下问题:一是根据"就近保存"原则,加强对文件中间性保管机构的建设;二是组建专业性档案馆。馆藏建设是对文件加以选择,使之藏入档案馆(室)的行为和过程。搞好馆藏建设,要注意文件价值的研究,把握文件运动整体性和阶段性结合的特点。在档案学研究中要注重研究方法的研究,文件运动规律在重新评价以往档案学研究方法时,具有启示作用:体现出档案学理论研究的系统性原则,充分展示出档案学理论研究的发展原则。

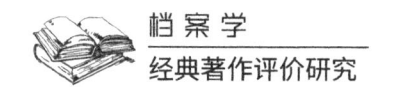

## 二、形式评价

### （一）著作的版本

《文件运动规律研究——从新角度审视档案学基础理论》1994年由中国档案出版社出版，该版本装帧为平装，售价22元。2016年，为"检视档案学著作发展历史"[1]，重温档案学经典著作，经《档案学通讯》杂志社的策划和编辑，世界图书出版公司将《文件运动规律研究——从新角度审视档案学基础理论》与陈永生的《档案学论衡》、胡鸿杰的《化腐朽为神奇——中国档案学评析》收录到《档案学经典著作》第四卷中出版。

### （二）出版方的声誉

1. 中国档案出版社

中国档案出版社是中华人民共和国国家档案局所属档案专业的出版社，成立于1982年1月（2010年停办），主要任务是组织档案、史学、文秘等方面的学者、专家、教师和从业人员，编、著、译、出版档案学与档案工作、史学、秘书学与秘书工作、方志学与方志工作等方面的学术专著、教材、科普读物和档案文献史料汇编、选编等。它为普及积累科学文化知识，以及促进档案事业发展服务，出版的部分图书被评为国家优秀教材、国家优秀畅销书和国家优秀图书。中国档案出版社出版了《秘书工作》和《办公室业务》两种杂志，1500余种图书。

2. 世界图书出版公司

世界图书出版公司是中国出版集团成员单位中唯一的一所科技出版社，在北京、广州、上海、西安、长春都设有分公司，是中国出版业唯一一所实行跨地区、一体化、集约化经营的大型出版公司。公司坚持"把世界介绍给中国，把中国介绍给世界"的宗旨，秉承"科教兴国、书兴科教、服务科研、服务高校"的经营理念，自1986年公司成立以来，出版了大量科技学术、语

---

[1] 《档案学通讯》杂志社.档案学经典著作：第1卷[M].上海：世界图书出版公司，2013：1-4，175.

言、工具类图书，引进了大量国外科技学术专著、科技期刊和高等教育教材，为我国科技教育的发展作出了重要贡献。

### （三）学术著作的价格

《文件运动规律研究——从新角度审视档案学基础理论》第一版装帧为平装，售价22元。《档案学通讯》杂志社编辑的版本，由于是经典著作的集合，《文件运动规律研究——从新角度审视档案学基础理论》位于第四卷第二部，所以价格按《档案学经典著作》第四卷的定价计算，为120元。

## 三、内容评价

### （一）学科的地位

《文件运动规律研究——从新角度审视档案学基础理论》对文件生命周期理论和文件运动规律进行了系统的理论梳理，该书从哲学视角出发，以文件运动规律基本内容为立论基础，以文件生命周期为主线，以档案学基础理论——来源原则、全宗理论为支撑，对文件运动的全过程加以揭示；汇集世界各国文件运动规律的研究观点，对我国文件与档案工作进行总结并提出建议。作者认为文件运动不是文件个体的运动，而是各种社会实践活动相互关联的有机整体，是一个系统。同时，作者强调文件运动的矛盾性，认为主客体之间的矛盾是推动文件运动的根本动力。此外，在论证自己的思想的过程中，作者注重结合实践，从而使自己的理论研究更具说服力。另外，由于作者具有较为深厚的哲学功底，书中对辩证唯物主义和历史唯物主义的哲学思想的运用十分熟练，无论是对广义文件的界定，还是对来源原则和事由原则的分析，作者都可以很自如地将其理论上升到哲学高度，增强了理论的深度和理论的普适度，能够较为容易地透过现象看到其背后的本质。因此，该书除了在学术观点方面带给我们思考，作者研究问题、分析问题的方法也使我们受益。该书启发了学界在开展档案学学术研究中，要学习掌握正确的学术研究方法，灵活运用不同的研究方法，还要在哲学素养提升方面多下功夫，注意增强哲学素养，提高认知高度和层次，"站在巨人的肩膀上"看问题、思考问题，跳出原来固有的圈子看问题、思考问题。该书文笔清新，捉丝理脉，刻画出文件运动的本质规律，以及文件"生""存"或"毁"的整个生命历

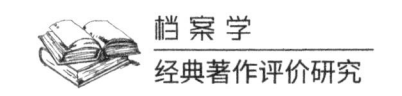

程，是档案学基础理论研究领域中不可多得的佳作。

著名档案学者吴宝康教授在此书序中写道："这是一部颇具新意的力作，是在充分调查和进行中外对比研究的基础上写成的，值得一读。"因此可以说，该书不仅是了解档案学基础理论和我国档案工作实际的重要论著，还给予了档案学界研究应当注重理论与实践相结合、掌握正确的研究方法与增强哲学素养以及提高档案学研究的认知高度和层次的启示，书中的相关理论与论述，即使在当今社会，依然具有强大的生命力。

### （二）同行评议的结果

《文件运动规律研究——从新角度审视档案学基础理论》一书自出版发行以来，引起了学界对于档案学基础理论的探讨和反思，虽然对于书中所论及的诸如文件生命周期理论也有人质疑是否适用我国，但更多的是启发了同行对于档案学基础理论的思考。比如吴琼就在其论文《〈文件运动规律研究〉述评》中这样评论该书：论著引发了对什么是档案学基础理论，舶来理论如何本土化，档案学研究是否需要定量分析方法等问题的思考，并启示我们要形成理论研究与实践工作有机结合的模式，要学习掌握正确的学术研究方法，增强哲学素养，提高认知高度和层次。吴琼认为，论著"以广义的文件运动观审视以往的档案学基础理论，构建了以文件运动理论为核心的知识体系内核，在文件运动规律中将全宗理论、文件生命周期理论和文件价值理论有机汇集在一起，有效地为我国现阶段文件管理和档案管理提供了理论依据。与此同时，该书从实践出发，提出了大量的档案管理（或更广泛的'大文件'管理）中的现实问题，并通过所构建的文件运动规律理论给予了新的阐释，具有直接的指导性效用"。这种将理论与实践相结合的研究方式，既使理论不空洞无力，也让实践工作有据可依。"实践—理论—实践"螺旋式上升的模式是我国档案学研究迫切需要的。❶潘连根在《新角度新研究——评〈文件运动规律研究〉》一文中这样评价："该书以辩证唯物主义和历史唯物主义观点，对文件运动的客观规律作了深入的探讨，既系统地论述了文件运动中的诸多现象、法则和规律，又从理论与实践高度结合的基础上，回答了档案学理论研究自身和档案工作实践向档案学提出的诸多问题，具有导向性和启示性。"❷

---

❶ 吴琼.《文件运动规律研究》述评[J].浙江档案，2015（3）：19-21.

❷ 潘连根.新角度新研究——评《文件运动规律研究》[J].档案与建设，2000（6）：13-14.

## （三）理论的价值

《文件运动规律研究——从新角度审视档案学基础理论》站在广义的角度上考察文件运动的全过程，对以往的档案学基础理论进行细致的梳理、比较和评析。全书从探讨"文件和文件本质"入手，通过从文件运动历程、文件运动形态和文件运动动力三个角度的论述，分析文件生命周期理论、全宗理论和文件价值论三大档案学基础理论，并对文件运动研究相关的更广泛的实践问题及档案学研究方法等问题作出思考。论著除最后一部分外，其余各部分都紧紧围绕"文件运动"展开论述，以历程—形态—动力划分，结构完整紧凑。特别是最后一章"研究文件运动规律引起的若干思考"，对于启迪读者开阔研究思路很有裨益。

作者不仅在对文件生命周期理论、全宗理论、文件价值理论的研究中提出了独特的观点和见解，而且更具有学术意义的是，其试图将这三个方面的理论在文件运动规律研究中"汇合"起来，从而构建文件运动规律理论的核心。此外，作者还向档案学者提出一系列现实问题，并运用文件运动规律理论给出自己的解决方案。例如，在现行机关企业内狭义文件与档案概念的一体化，传统的立卷方法将由"实体案卷"演变为尤其在电子文件条件下的"虚拟案卷""一事一卷"，鉴定体制应实行两步鉴定法，文件的第一价值和第二价值分别由档案室和档案馆进行鉴定，馆网建设中综合性档案馆和专业性档案馆的协调发展，以及根据文件运动整体性与阶段性相结合的特点搞好馆藏建设，等等。对于电子文件给档案学基础理论带来的冲击，作者也进行了深入的探讨。

总之，该书不仅有对文件运动的特点、规律和法则自身方面的理论阐述，也有对相关现实问题运用文件运动规律理论给予的理论解答。此外，书中一些理论，诸如电子文件时代的全宗形态及其异化的理论，对德国档案学家布伦内克提出的"档案体"中的"同一意志""同一精神"的理论阐释，文件价值理论实是文件运动的动力理论等，都是以往理论著作中少见的精彩之笔。

## （四）作者的影响力

何嘉荪、傅荣校两位学者长期从事档案学基础理论研究，特别是傅荣校，根据《档案学研究》《档案学通讯》2003—2012年数据统计，他与冯惠玲、

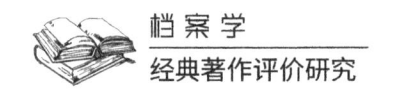

胡鸿杰、丁华东均确定为既高产又高被引的核心作者,在学界具有一定的影响力。

## 四、效用评价

2020年12月6日,在中国知网引文数据库,获取该著作的施引人数及施引次数。在中国知网文献总库中获取每位施引者的发文数量及被引次数,通过H变换计算出每位施引者的H指数。通过对施引者的H指数序列集合再次进行H变换,得到图书Z指数。何嘉荪、傅荣校的《文件运动规律研究——从新角度审视档案学基础理论》的施引人数为179人。被引情况见表9,通过计算得出其图书Z指数为11。《文件运动规律研究——从新角度审视档案学基础理论》的被引次数较多,图书Z指数相对较高。施引者学术地位较高,多为高影响力作者。这表明《文件运动规律研究——从新角度审视档案学基础理论》的影响力较广,学术价值较高。

表9 《文件运动规律研究——从新角度审视档案学基础理论》被引用情况

| 施引者 | 施引次数/次 | 施引者H指数 |
| --- | --- | --- |
| 黄霄羽 | 1 | 20 |
| 徐拥军 | 3 | 18 |
| 傅荣校 | 9 | 17 |
| 何嘉荪 | 15 | 16 |
| 陈忠海 | 2 | 15 |
| 谭必勇 | 1 | 12 |
| 潘连根 | 7 | 12 |
| 赵彦昌 | 1 | 11 |
| 章燕华 | 1 | 11 |
| 陈勇 | 1 | 11 |
| 王协舟 | 2 | 11 |

续表

| 施引者 | 施引次数/次 | 施引者H指数 |
| --- | --- | --- |
| 肖秋会 | 1 | 10 |
| 奉国和 | 1 | 10 |
| 于英香 | 2 | 10 |
| 黄新荣 | 1 | 9 |
| 王茂跃 | 10 | 9 |
| ⋮ | ⋮ | ⋮ |

## 第三节 《化腐朽为神奇——中国档案学评析》

### 一、本书概况

#### （一）作者简介

胡鸿杰，男，1958年生，河北顺平人，汉族，中共党员；国家二级运动员，管理学博士；1982年毕业于中国人民大学；1982—1986年供职于国家档案局教育处，1986—1996年在中国档案出版社先后担任总编室主任、综合编辑室主任和《办公室业务》杂志社主编；1996年调入中国人民大学，曾任中国人民大学《档案学通讯》杂志社总编辑，现任中国人民大学信息资源管理学院教授、博士生导师，中国高等教育学会理事、秘书学专业委员会理事长，档案职业与学术评价中心主任，中国档案学会编纂委员会委员，曾兼任上海大学"自强"教授，山东大学、安徽大学、黑龙江大学、湘潭大学和苏州大学的兼职教授。

其主要研究方向为档案学基础理论、机关与办公室管理、项目管理；主持国家社会科学基金重点项目"档案学经典著作评价研究"（获评2021年度优秀重点项目）、"档案职业状况与发展趋势研究"，主持《档案学经典著作》的编修，以及中国人民大学教学改革项目"办公室的管理与实践"、中国人民

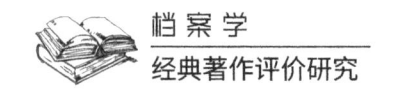

大学科研基金项目"中国档案职业状况分析"、《档案学通讯》质量提升计划和北京市精品教材立项项目"档案文献编纂学"等；出版《中国档案学的理念与模式》及《化腐朽为神奇——中国档案学评析》（收入《中国大百科全书（第三版）》）、《维度与境界：管理随想录》等专著6部，《办公室管理》等教材10余部，独立在《档案学通讯》《档案学研究》《档案管理》《档案与建设》《档案春秋》《黑龙江档案》《陕西档案》《图书情报知识》《四川档案》《浙江档案》等刊物上公开发表学术文章80余篇。

《档案职业状况与发展趋势研究》获国家档案局科技成果三等奖（2009），《中国档案学的理念与模式》获中国档案学会优秀成果一等奖（2006），2002年11月获中国人民大学、中国经营报报业管理奖教奖学基金优秀教师奖。

### （二）内容概要

《化腐朽为神奇——中国档案学评析》全书除导论外分为三编十二章，共计30万字。该书不同于以往对我国档案学学科领域某一专题的研究，它探讨的是我国档案学的根本问题，并对其进行了深刻剖析，从自身独特的视角道出了档案学的形成、发展和前景。

导论探寻中国档案学的逻辑起点，作者花大篇幅表述了"逻辑起点"这一概念，以求从根本上彻底理解中国档案学的理念与模式，为后文阐述做铺垫。作者从对档案学逻辑起点的传统表述入手，介绍了逻辑起点的基本含义，所谓逻辑起点是指人们在思维过程中，在从抽象上升到具体的逻辑行程中所经历的一个环节。我国学者对档案学逻辑起点的一般表述为档案，但是仅仅研究档案对于建构和发展一门学科来说是存在欠缺的。一门学科的理论以什么作为逻辑起点，取决于研究对象的历史线索和理论形态本身的特征。具体到中国档案学来说，其研究对象的历史线索可以反映它的基本理念的形成过程，其理论形态则可以再现它的形成模式。因此，作者接着着重从中国档案学研究对象的历史线索和中国档案学研究的理论特征两方面，探讨了中国档案学逻辑起点的界定与选择问题，得出中国档案学是一门以管理因素——文件为逻辑起点，研究管理方式、管理程序和管理资源的学科。档案学除了传统意义上的对信息资源的开发和利用之外，其更大的优势可能在于通过研究管理资源的组织与整合，从文件的运动规律中总结出管理活动的基本规律。

第一编中国档案学形成、发展的基本因素，包括四章，运用大量翔实的数据及史实资料对中国档案学的形成、发展进行阐述和分析,作者认为中国档案学生成的时代背景、理论条件、职业基础和学者成分都不同程度地制约着中国档案学的现状和水平,并且关系着档案学的未来。

第一章档案学的生成背景,作者从导致中国档案学产生的直接原因——"行政效率运动"开始,由于当时的国民政府面临着诸如机构问题、人员问题、财务问题等一系列内部管理问题,因此决定发动"行政效率运动",通过对诸如组织、人员、财务、施政程序等各项工作的改革,解决政府行政效率不高的问题,提高政府机关的行政效率。在"行政效率运动"的背景下,文书、档案工作也进行了相应的改革,围绕着提高行政效率这个主题,文书、档案工作采用了一些改进的方法(特别是"文书档案连锁办法"),出现了一些研究、总结这些方法的人员和著述,并在此基础上形成了我国早期的档案学。我国档案学的这种产生线索或者说模式,不仅对我国档案学的形成具有重要意义,而且在很大程度上影响着我国档案学的发端。首先,证明了中国档案学对"环境"的依赖性。档案及其管理理论的基本价值在于维系组织的生存与发展,而组织的发展则最终取决于自身的效率。其次,中国档案学作为一门在"行政效率运动"背景中形成的学科,其基本理论都是围绕管理效率产生的。再次,这种我国档案学的历史线索或者说模式对中国档案学的影响,不仅表现在我国档案学的功能上,还表现在我国档案学的结构上。最后,中国档案学的产生与西方档案学产生存在一些差异,表现在实践基础、理论研究和历史环境等诸多方面。中国档案学理论的基本理念就是提高管理效率,而档案在社会领域中的价值走向,并非档案学必须解决的首选问题。

第二章档案学的理论条件,在作者看来,影响档案学的学科状况的因素就是档案学形成、发展的理论条件,而影响档案学形成、发展的理论条件的学科主要包括为档案学提供一些关于学科建构的基本原理的基础学科和为档案学提供一些关于学科建构的基本模式的相近学科两种类型。首先,作者详细地叙述了为档案学提供一些关于学科建构基本原理的诸如管理学、行政学等基础学科的发展状况,为管理类学科勾勒出大体的理论框架。之后通过对中国档案学的发展和形成的分析,得出中国档案学也是应用了这种理论模式的基本原理来建构自己的学科体系的。其次,作者回顾了为档案学提供一些关于学科建构基本模式的诸如图书馆学、信息(情报)学等相近学科的发展过程,认为图书馆学、情报学、档案学在对文献实体管理研究内容上存在相

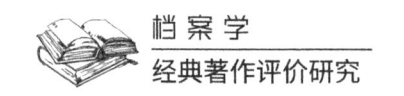

融性，因此档案学可以参照图书馆学、情报学的理论、方法来建构自己的学科。同时，作者指出在对档案学的研究过程中需要注意理论条件与理论本身的差异，提醒无论是探究学科建构的基本原理，还是寻找学科建构的基本方法，都不能背离强化中国档案学的理念、完善中国档案学模式的"主旋律"。

第三章档案学及职业基础，作者认为档案及其管理活动是一种比较典型的职业现象，档案职业现象是档案学理论发展必须依赖的实践领域，分析研究档案职业状况，可以认清档案职业存在的社会根据，理顺档案职业发展和社会发展的关系，还可以为档案学的健康发展提供科学依据。因此，作者利用详尽的数据对档案职业的主体——人，档案职业的客体——档案，职业资源、职业活动工具、职业活动空间、时间等职业条件，档案职业活动技能等基本形态和档案职业状况进行了深入分析，并在此基础上对档案职业走势进行研究，作出了档案职业技术化、女性化、边缘化等发展趋势的判断。作者认为随着信息技术的飞速发展和在社会生活中的广泛应用，档案职业在强调管理方式、方法、技术和过程的同时，为了提高管理技术水平，更加注重技术工具与技术手段的运用，出现明显的方法、技能和设备依赖倾向。但是，技术因素的存在是以职业主体、职业客体为前提条件的，不能成为突出于职业的其他要素而独自存在。过度追求档案管理的方式、方法，忽视对档案主体和客体以及社会功能的研究，档案职业也会失去一定的发展空间。此外，相关数据显示，从业女性占比高且还存在提高的倾向，作者认为这反映出女性的一般特征和择业观念与档案管理职业存在特有联系，女性的一般特征、从业特征比较适应档案管理的职业特征。最后，作者认为档案职业在社会职业体系中属于相对"弱势"的群体，档案职业人员在公共生活中处于边缘化的地位，档案管理的职业层次、稳定性及福利保障有下滑的趋势，使档案职业呈现出"边缘化"趋向。

第四章档案学的学者构成，作者认为档案学人的文化素质、知识结构、人生经历等主体特征，决定了中国档案学的基本理念和模式。档案学的历史，就是档案学人（者）的成长史和生活史，对档案学人的研究是档案学研究的重要内容，因此本章作者主要对影响档案学科状况的智力活动主体——学人进行深入分析研究，首先是中国档案学者的自然状况，从甘乃光、滕固、何鲁成、周连宽等中国档案学的"启蒙者"，到曾三、吴宝康等中国档案学的"开拓者"，再到中国档案学的"继承者"，作者依次分析其工作经历，寻找其共同点，总结出其具有的一些不同于其他活动群体的特质。在独立的人格和主体意识方面，由于历史和社会的原因，档案学理论主体独立性相对较差，主体意识薄弱；在知识结构方面，更多的是根据实践需要而设计的，导致缺乏合理的科学体系；作者认为档案学者应该对实践有充分的感悟，在对实践充分熟悉的基础上，发现基本问题和发展规律，从实践中超脱，实现理论升华。本章最后，作者论述了档案学者的心态和出路问题。在作者看来，当前我国档案学研究的突出问题是对学科本身的"犹豫"和对治学谋事的"彷徨"，也就是要不要继续研究档案学，以及用什么方式体现"研究成果"和"社会价值"的问题，这些都是因为"自我认识"出了问题。作者认为档案学者应该保持初心，维护基本的"学术尊严"，唯此，才能找到档案学术研究的出路。

第二编中国档案学的结构功能，包括五章，主要探讨决定中国档案学社会作用、发展前景、学术地位的我国档案学的主要功能和发展趋势。作者认为中国档案学学科结构演化过程大体分为三步：首先是以档案管理活动为直接对象的档案管理学；其次是在对"管理过程（程序）的系统分析"的基础学科结构上"衍生"出的其他学科；最后是学术群落充分发达时，基本学科结构中演化出的"揭示档案现象的本质与规律"的档案学概论。

第五章中国档案学的"基干体"——档案管理学，作者认为这门以档案管理活动为研究对象的学科，在档案学半个多世纪的发展过程中占据了主导地位，其学科结构的设置与发展，基本遵循两条线索，即对当时的档案管理活动予以准确定位及对档案管理活动中的程序和方法进行系统化的理论分析与阐述。作者按照时间顺序，依次对早期档案管理学、中华人民共和国成立后的档案管理学的代表著作进行了分析阐述，总结出不同时期档案管理学在科学结构上的变化和发展，论证档案管理学结构演进的问题。作者认为档案管理学的基本部分是稳定的，主要包括揭示档案学管理对象的基本概念、涉及档案管理主体的组织与人员以及阐述档案管理程序与方法的管理过程。在分析档案管理学结构的基础上，作者又论述了档案管理学的功能问题，他认为档案管理学的功能就是解决"管什么""谁来管""如何管"的问题，其核心结构就是对档案管理过程进行系统分析和对管理资源进行重新组合。

第六章档案学的"衍生群"（上）——档案文献编纂学，作者认为档案文献编纂学以档案文献编纂工作的程序、方法为中心，以传播档案文献为目的，在结构方面主要体现"传播"的功能。档案文献编纂学源自中国古代文献编纂思想，同时吸收了现代信息学科的一些理论和方法，是中国档案学中与社会学术界最容易沟通、最具发展潜力的学科。同第五章类似，作者先是按照时间顺序依次分析了20世纪80至90年代档案文献编纂学有代表性的著作和教材，借此阐述档案文献编纂学形成、发展的历程，然后对档案文献编纂学的结构与功能进行阐述分析。我国现有档案文献编纂学的结构体系由档案文献编纂学的基本理论、档案文献编纂工作、档案文献编纂的成果等组成，但作者认为档案文献编纂学的功能就是要解决档案文献与社会之间的沟通与传播问题，有鉴于此，其结构应当根据功能加以调整，重点体现在编纂主体的活动形态、编纂成果的存在状况、编纂活动的历史、档案文献编纂工作的程序、方法等方面，体现"传播"的功能。

第七章档案学的"衍生群"（中）——档案保护技术学与中国档案史，作者逐一对关系档案学质量和技术含量的档案保护技术学和从历史角度给予档案学支持的中国档案史，从产生和发展过程、基本结构和功能方面进行分析阐述。首先，作者列举档案保护技术学的代表著作进行逐一分析，总结档案保护技术学的结构体系。经过近五十年的发展，档案保护技术学已经形成了相对稳定的基本结构：纸质档案职称材料的耐久性，声像档案制成材料的耐久性，档案库温湿度的调节与控制，光、空气污染对档案的危害与防治，档案有害生物及其防治，档案库房建筑与设备，档案修复技术。但是，档案保护技术学的特点就是与实践工作密切结合，坚持"以防为主，防治结合"。鉴于此，档案保护技术学应该在适应其功能的基础上，随着档案事业的发展和档案学理论研究的逐渐深入，遵循科学性、逻辑性和发展性的原则而逐步完善其结构体系。此外，对于中国档案史的分析，作者也基本延续上述方式，即从分析中国档案史的代表著作入手，阐述其结构和功能。作者认为，尽管与档案学其他科目采取唯一一种编写体例不同，中国档案史有按"历史时期"和"专题"两种编排体例，但是其结构和内容是基本稳定的。无论是档案保护技术学还是中国档案史，作者认为都应当着力解决和应对档案工作实践中存在的问题，正确处理与档案学基础学科之间的关系。对中国档案史的研究应该结合新的社会发展趋势，向纵深发展，深入探讨档案工作发展规律。

第八章档案学的"衍生群"（下）——电子文件管理与"濒危学科"，作者认为电子文件管理吸收了现代信息类学科的理论和方法，是中国档案学中与现代信息技术联系最密切的学科，也是档案学中最具发展潜力的学科。作者利用翔实的史料和数据，从电子文件管理的历史开始，在分析电子文件管理有代表性出版物的基础上，总结电子文件管理出版物的基本结构。随后从电子文件研究视角的角度，依次分析电子文件管理的主要问题、电子文件管理的基本定位、电子文件管理的理论优势等问题。作者还利用一节从档案学出现"濒危"学科的环境因素、内在因素以及如何克服档案学科"濒危"等方面分析了档案学的"濒危学科"问题。作者指出学科的自身状况和社会环境中都存在不利于档案学的良性发展甚至导致"濒危"因素，要解决这些问题，需要适当减少对"行政势力"的过分依赖；克服学科中存在的"结构性"问题；建立以"管理者"为研究主体的学科发展模式。

第九章档案学的"终极者"——档案学概论，作者依然从有代表性的几部档案学概论作品开始，用详尽的数据和事例介绍了档案学概论的结构演进，在此基础上分析档案学概论的基本结构与功能，探讨如何更好地完善其结构和功能。作者认为我国正式出版的《档案学概论》中，其基本结构具有一定的趋同性，都可分为档案、档案工作、档案事业和档案学四个部分，这与档案管理学、档案文献编纂学所阐述的理念和建构的模式非常相似。但是，作为对中国档案学进行总结和归纳的学科，档案学概论对"档案以及管理活动"的描述和分析与档案学各分支学科应当有所不同，档案学概论应该立足于发现其中的本质规律，在对这些规律性问题的分析和提炼的基础上，建构自己的学说。作者认为档案学概论应当以论述档案学本身的问题为主，不宜将大量的篇幅放在对于"对象性事物"的描述和阐述上，否则容易出现结构上的喧宾夺主。应当建立起研究问题的独特视角，找准对档案现象分析的立足点。此外，还应该注重对档案学生存环境、档案学发展史和档案学研究主体的研究，围绕学科的基本功能着力拓展研究空间，注意学科发展规律的探求。

第三编中国档案学的价值，包括三章，如作者所言，尽管中国档案学发展尚未成熟，但作为一种客观存在，它对科学本身和社会实践都产生了影响，作出了贡献。从某种程度上说，中国档案学正是通过其在科学和社会领域中的贡献来体现自身的价值的。因此，这一编作者主要探讨如何采用一种理智的态度进行科学评价和定位，以此判定中国档案学的真正价值。

第十章中国档案学的评价机制，通过分析中国档案学理论评价标准的选择和中国档案学在科学演化结构中的定位问题，作者指出讨论一门学科的学科定位，就是选择或制定一定的标准对该学科进行评价。对一门学科进行评价，主要采用"外部的证实"和"内在的完备"两种标准。以往对档案学的评价过程中，人们多采用"事实评价标准"，即要求理论与事实相符。但作者认为，如果完全用这种标准来评价档案学理论，必定会遇到其本身存在的逻辑困境和实施过程中的操作困难。逻辑困境表现在：经验事实很难充分证实和评价一种理论；作为不可观察物的理论，不能够采用可以观察的结果去证实和评价；观察渗透着理论，观察本身也要以理论为指导。而操作困难主要表现在：具体的事实难以包容全部的历史；经验事实可以根据"经验者"的意志去修正。因此，作者提出了"理性价值评价标准"，其优势在于它是一种通过学科本身特征去分析和说明学科状态，进而揭示这一学科对科学理论贡献的评估体系，而这一机制正是中国档案学者所需要认真研究的问题。随后，作者从分析托马斯·库恩的科学发展动态模式开始，阐述中国档案学的演化"范式"问题。作者认为一门学科能够认识并找到自我发展的正确模式，才是其真正走向成熟的标志。中国档案学在科学体系中所处的位置则取决于其学科结构及其演化规律、研究对象的层次和与其领属学科的关系，其中中国档案学研究对象的层次是关键因素，它决定了中国档案学的学科结构及其演化规律和中国档案学与其领属学科的关系。对于中国档案学来说，除了传统意义上的对信息资源的开发和利用，还有就是从文件的运动规律中总结出管理活动的基本规律，正是这些决定了中国档案学在科学学科结构中的位置。在探讨档案学学科结构及演化规律时，作者认为档案学从档案管理学到"衍生"出其他学科，再到"学中之学"的档案学概论的学科结构和演化规律是科学理论发展规律的具体体现，这些并不完全取决于研究者的主观愿望，而是社会需求与科学逻辑的有机结合。最后，关于中国档案学与其领属学科的关系问题，作者认为两者关系取决于研究对象的属性、学科的结构和学科的基本功能三个因素，并从三方面分别论证了两者的关系。

第十一章中国档案学的科学贡献，作者认为作用是相互的，中国档案学除了从科学理论中吸取"营养"，也会对科学本身产生影响，对科学的发展有所贡献，其贡献主要体现在丰富科学理论体系和促进其他学科发展等方面。首先，在对科学体系的贡献方面，中国档案学对社会问题的捕捉不仅成就了档案学本身，也为其他科学的发展提供了一种可以参考的模式。对于科学理论体系来说，发现新的问题和建构新的发展模式比解决已经存在的问题更为重要。不仅如此，中国档案学核心内容的形成与初步确立，还为信息管理学科在管理科学中的发展找到了恰当的位置，争取了合理的地位，并且创造了新的增长空间。此外，在中国档案学的学科形成过程中，产生的一些科学精神、科学理念和科学方法，也为客观世界的发展提供了科学的理念和模式。其次，在通过自身理论、功能推动社会实践的发展方面，中国档案学的基本理论是对管理活动的支持和完善，也是档案管理活动实践的依据，其一部分研究成果对档案管理活动实践具有指导和规范作用，主要体现在对档案管理基本原理的阐释和对基本业务的设计等方面。在科技、生产领域，中国档案学围绕管理活动及决策进行的管理资源重新配置与整合的理论及模式，也被众多的行业和部门接受并加以实施。作者认为以上都可以理解为由中国档案学产生的一种文化现象的发展与传播。所谓文化，就是对于风俗、习惯、精神、法律、道德、伦理、艺术与传统等规则的描述和体现。档案作为社会活动的产物，是在特定规则的影响下产生的，其管理过程也产生着特定的规则。作为新型的文化形态，档案馆不仅要兼具档案文化的传统优势，还要具有相当的文化兼容性。最后，作者认为中国档案学的理念与模式还可以成为目前引起科学界广泛关注的前沿学科——知识管理的有机组成部分。知识管理的基本思想与中国档案学的理论存在很多相通之处：两者都是以组织的生存和发展为目标而建构的行为模式，作用形式也基本相似，并且都以技术的进步为手段。但是，两者毕竟处于知识运行的不同阶段，因此在阐释的理论模式上和研究主体上存在差异。知识管理强调有关知识"创新"的理念，而中国档案学阐释的是知识资源"重新配置与整合"的模式。

第十二章中国档案学的学术尊严，在第四章第三节，作者探讨中国档案学者的心态与出路的问题时，就提及过该问题。本章作者从中国档案学的状态与学术尊严，中国档案学的学科建设与学术尊严两大方面对这个问题进行了更加深入的论述。作者认为，所谓学术尊严，即一门学科研究主体的一种心理状态和研究准则，是学术研究发展到一定阶段的产物。当学术研究的主体对自己研究的学科有了充分的认识，能够意识到学科理论体系的学术价值，并愿意为此献身的时候，一门学科的学术尊严才有可能形成。目前，中国档案学还存在一些在学科发展中的"先天不足"，这些不足主要表现在所阐释的学科形态和研究主体心态上的种种缺陷，如结构简陋、基础理论缺乏、过于追风和技术化、对优势认识不足。从中国档案学界出现的种种弊端来看，很

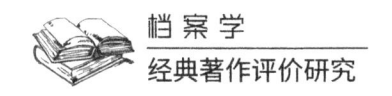

大程度是由于学术尊严的缺失而致。档案学作为一种边缘学科，其社会认知度一直不高，在这种情况下，中国档案学者的心态主要表现为"盲目自信"和"盲目自卑"。如何改变我国档案学者这种不正常的心态，作者提出了自己关于构建、维护档案学学术尊严的看法，即加强对中国档案学学术历史的研究、把握中国档案学理论研究的基调以及建设中国档案学的学术规范。作者认为树立中国档案学研究的学术尊严，关系到档案学学科的发展和档案事业的发展。对于档案学研究者来说，只有耐得住寂寞，以追求科学真理为动机，不为名利所驱使，才会真正享有属于自己的尊严。

## 二、形式评价

### （一）著作的版本

《化腐朽为神奇——中国档案学评析》初期版本《中国档案学的理念与模式》在中国人民大学出版社出版，为平装，售价22元。2010年由世界图书出版公司出版，定名为《化腐朽为神奇——中国档案学评析》，该版本装帧为平装，售价35元。2016年，为"检视档案学著作发展历史"[1]，重温档案学经典著作，经《档案学通讯》杂志社策划和编辑，世界图书出版公司将《化腐朽为神奇——中国档案学评析》与陈永生的《档案学论衡》及何嘉荪、傅荣校的《文件运动规律研究——从新角度审视档案学基础理论》收录到《档案学经典著作》第四卷中出版。

### （二）出版方的声誉

1. 中国人民大学及其出版社

中国人民大学是由教育部和北京市共同创办的人文社科综合性研究型大学，直属于教育部，也是中华人民共和国成立的第一所新的正规大学，位居全国前列，目前是"双一流"高校之一。中国人民大学出版社作为中华人民共和国成立后的第一家大学出版社，成立于1955年，1982年被教育部确定为全国高等学校文科教材出版中心，2007年获首届中国出版政府奖先进出版单

---

[1] 《档案学通讯》杂志社.档案学经典著作：第1卷[M].上海：世界图书出版公司，2013：1-4，175.

位奖，2009年获首届全国百佳图书出版单位荣誉称号，是中国最重要的高校教材和学术著作出版基地之一。

2. 世界图书出版公司

世界图书出版公司是中国出版集团成员单位中唯一的一所科技出版社，在北京、广州、上海、西安、长春都设有分公司，是中国出版业唯一一所实行跨地区、一体化、集约化经营的大型出版公司。公司坚持"把世界介绍给中国，把中国介绍给世界"的宗旨，秉承"科教兴国、书兴科教、服务科研、服务高校"的经营理念，自1986年公司成立以来，出版了大量科技学术、语言、工具类图书，引进了大量国外科技学术专著、科技期刊和高等教育教材，为我国科技教育的发展作出了重要贡献。

（三）学术著作的价格

《化腐朽为神奇——中国档案学评析》第一版装帧为平装，售价35元。《档案学通讯》杂志社编辑的版本，由于是经典著作的集合，《化腐朽为神奇——中国档案学评析》收入《档案学经典著作》第四卷第三部，第四卷的定价为120元。

## 三、内容评价

（一）选题的创新程度

《化腐朽为神奇——中国档案学评析》在导论中应用大篇幅阐述了"逻辑起点"这一概念，旨在引导读者从我国档案学的逻辑起点问题入手，从根本上彻底理解中国档案学的理念与模式问题，也为论著随后的一系列阐述做好铺垫。这部分内容是独到的，也是之前同类档案学书籍中从未涉猎过的，是作者的一个创新之处。

该书的另一个创新之处就是通篇体现着管理学的思想，这大约和作者本身的知识结构和研究方向有一定关系。作者认为从中国档案学学科结构的演化过程看，档案管理学最先应运而生，其结构功能状况将直接关系到中国档案学的学科水平和社会地位。尽管各个时期档案管理学的内容不尽相同，在基本结构上却有着相似之处，即管什么（中国档案学的逻辑起点是什么）、谁来管（中国档案学的职业基础、学者构成）、怎么管（中国档案学的结构功

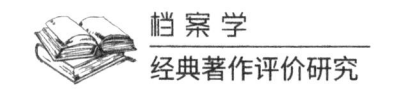

能——档案管理学、档案文献编纂学、档案保护技术学、电子文件管理等）、如何管（中国档案学的评价机制），这些都是管理的主要内容。

（二）理论的价值、学科的地位

2005年9月，作者以博士论文和"211"建设项目为基础的专著《中国档案学的理念与模式》由中国人民大学出版社出版，是该书的初期版本；曾在2006年获得中国档案学会第五次档案学优秀成果（2001—2005）档案学著作类一等奖，著作中关于"中国档案学的学术尊严"部分，作为论文在《档案学通讯》杂志上发表，也在当时引起"老前辈"们的强烈反响。

2010年定名为《化腐朽为神奇——中国档案学评析》，由世界图书出版公司出版，从著作层层紧扣、结构清晰的内容论述中，从其极具理性的评判中，作者向读者全面展示了中国档案学基础理论的研究成果和一种全新的中国档案学理念与模式。书中处处体现着管理学思想与档案学学科本身的融会贯通，这些都是作者长期从事档案实践与教育工作积累的心得，是作者对自己从事中国档案学理论研究的经验总结，其中，既有对原有档案学理论与实践工作的肯定，也有对其的理性批判，为读者提供了一种全新的研究指导与借鉴，是一本真正能够为读者带来惊喜与思考的专著。

除此之外，作者所采用的从逻辑起点、形成因素、基本结构和学科价值等方面评价学科的理论模型，不仅对于系统认识中国档案学的基本状况具有经典意义，而且对于分析社会科学中的其他学科同样具有方法论意义。

（三）同行评议的结果

《化腐朽为神奇——中国档案学评析》一书主要是对档案学理论方面基本问题进行探讨，书中的一些观点比如"档案学的学术尊严""档案职业发展趋势"等问题也曾引起广泛讨论，这些讨论使阴沉的档案界变得热闹起来，触动了更多档案学人的神经，引发了大家更深层次的思考。章华明、陈刚在《南北档案学人——以档案期刊总编姜龙飞、胡鸿杰为个案的研究》总结说，论者关心档案学的"濒危"，认为中国档案学是一门源于实践领域的学问，将其"放归"实践领域、还研究于"管理者"是一条出路。其分析档案期刊的状况与功能，论述中国档案学的尊严，认为中国档案学的发展与重塑，必须从清理自身的学术历史开始，并指出"档案学的先天不足集中地表现在我国的档案学过分地重视实际问题的解决,而忽略了学科理论体系的构建",中国档案学是按照技术应用的思路发展的,而一门学科的学术地位与尊严,则主要是凭借其理论体系的科学性、严密性和阐释力。因此可以说,《化腐朽为神奇——中国档案学评析》是在通过理论的探讨来构建档案学的理论体系,进而在理论层面上为档案学的发展规划道路。❶

### (四)语言风格

作者胡鸿杰是正宗的档案学专业出身,大学毕业后便供职于国家机关、高校学府,因此,在他的研究过程中,由于受到实证主义史学的影响,渐渐养成严谨朴实之风,不会轻易发表言论评议,即使偶尔所做的一些评论,也很少借题发挥,基本保持其"学院派"的一贯风格。

### (五)作者的影响力

胡鸿杰于1982—1986年就职于国家档案局教育处,1986—1996年在中国档案出版社工作,曾任中国档案出版社总编室主任、综合编辑室主任和《办公室业务》杂志社主编;1996年调入中国人民大学,曾任《档案学通讯》杂志社总编辑,现任中国人民大学信息资源管理学院教授、博士生导师,可以说既从事过档案实践工作,又从事过档案学基础理论研究,长期在档案系统工作,侧重档案学基础理论的教学与科研,学术论文多,引用率高。根据《档案学研究》《档案学通讯》2003—2012年数据统计,他与冯惠玲、丁华东、傅荣校均确定为既高产又高被引的核心作者,是我国档案学界的代表性人物之一,更是档案期刊领域的领军人物。

## 四、效用评价

2020年12月6日,在中国知网引文数据库,获取该著作的施引人数及施引次数。在中国知网文献总库中获取每位施引者的发文数量及被引次数,通过H变换计算出每位施引者的H指数。通过对施引者的H指数序列集合再次进行H变换,得到图书Z指数。胡鸿杰的《化腐朽为神奇——中国档案学评析》的施引人数为82人。被引情况见表10,通过计算得出其图书Z指数

---

❶ 章华明,陈刚.南北档案学人——以档案期刊总编姜龙飞、胡鸿杰为个案的研究[J].档案管理,2011(1):67–70.

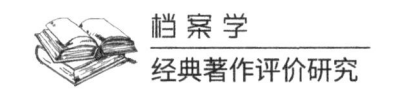

为 7。《化腐朽为神奇——中国档案学评析》的被引次数较多，图书 Z 指数相对较高。施引者学术地位较高，多为高影响力作者。这表明《化腐朽为神奇——中国档案学评析》的影响力较广，学术价值较高。

表 10 《化腐朽为神奇——中国档案学评析》被引用情况

| 施引者 | 施引次数／次 | 施引者 H 指数 |
| --- | --- | --- |
| 胡鸿杰 | 4 | 13 |
| 王新才 | 1 | 13 |
| 肖秋会 | 1 | 10 |
| 陈子丹 | 1 | 10 |
| 锅艳玲 | 1 | 8 |
| 闫静 | 2 | 7 |
| 孙大东 | 5 | 7 |
| 邢变变 | 4 | 6 |
| 张会超 | 2 | 6 |
| 陈建 | 2 | 5 |
| ⋮ | ⋮ | ⋮ |

# 第五章 《档案学经典著作》第五卷评价

## 第一节 《档案学理论与历史初探》

### 一、本书概况

（一）作者简介

吴宝康，原名吴庆荣，1917年出生于浙江湖州南浔镇，年幼随祖母至上海学习，初中毕业后先后进入江苏松江电灯公司和上海英商汇丰银行任练习生；1939年加入中国共产党，并受党组织委托于江苏展开革命工作，参加《江南》半月刊编辑工作，同年改名为"宝康"；后任《江南》社社长、镇（江）丹（阳）地区《前进报》社社长；再后任新四军六师政治部调查研究室主任、苏皖区党委调查研究室主任、茅山地委调查研究室主任、苏浙区党委调查研究室主任等职务；1947年先后任《大众日报》社研究部副主任、主任；1948年调至中共中央华东局秘书处政策研究室工作，任资料室主任兼政策研究室秘书，从事档案和资料整理工作，这也为后续与档案工作的不解之缘埋下了伏笔；同年8月，在中共中央华东局政策研究室资料室第一次全体会议上作《怎么做资料工作》报告。

1949年中华人民共和国成立后，吴宝康先后任中共中央华东局办公厅秘书处档案科科长、编辑研究科科长、秘书处副处长、档案室主任等职务，并于《材料工作通讯》1951年第4期上发表《区分档案与资料问题的我见》，指出区分档案与资料的必要性。1948年10月25日，吴宝康奉调北京，任中共中央办公厅秘书处副处长，并被派往中国人民大学创办档案高等教育。1952年11月，中国人民大学成立档案教研室，吴宝康任专修科档案班班主任兼档案教研室主任，历任中国人民大学档案专修科主任、档案馆馆长、档案系主

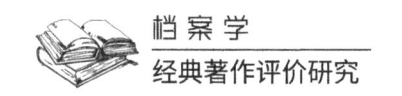

任兼党总支书记等职务，从此与中国档案学高等教育的建设息息相关。

1978年，党中央批准恢复中国人民大学，吴宝康重任历史档案系主任，继续从事档案学教育和研究工作，桃李芬芳，育人无数，直至1988年2月离休，于1992年荣获国务院发给的政府特殊津贴及证书。❶ 吴宝康是我国档案学理论研究和学术史研究都不可绕过的一座丰碑，他既是新中国档案学教育的奠基者，也是我国档案学基础理论研究的开拓者。

（二）内容概要

作者依次阐述了档案学的起源和发展历史、新中国成立以来我国档案学的成果及特点、档案学理论的若干基本问题。

第一章 档案学及其历史

本章相继分析和论证了档案学的学科地位、性质、特点、理论之于实践的关系、对档案学某些观点的批判、我国档案学的发展史以及新中国成立前后档案学研究的基本特点。

作者论述了作为一门独立的学科，档案学的诞生史、学科性质、研究对象和研究任务、与其他学科的关系。具有现代科学意义的档案学是在1949年新中国成立后，为适应档案工作实践的需要而产生和发展起来的。社会实践和档案工作实践发展的客观需要，对档案学提出和规定了特有的研究对象与任务，即研究档案和档案工作领域内有关档案的科学管理和提供利用的客观规律以及档案工作的历史发展规律，主要包括两方面，一是古今中外档案和档案馆事业史；二是各社会组织内部档案管理活动的环节与过程。而档案学的各门科目《档案学理论与历史》《档案管理学》《文书学》《档案文献编纂学》《中国档案事业发展史》《外国档案事业发展史》《科技档案管理学》《影片、照片、录音、录像档案管理》《档案保护技术学》等，也有其细化的研究对象和内容。作为一门独立学科，档案学从属于社会科学，但同时边缘学科的特征愈加明显。档案学首先以马克思主义哲学为指导思想和理论基础；其次与其他诸多学科均有不同程度联系，其中以历史学和图书馆学为甚。档案学在学科的诞生、研究内容和研究性质、研究任务上均与历史学存在交集。档案学与图书馆学的联系表现为，档案与图书同源共生，理论来源、业务活动、工作环节和工作性质也有相通之处。

---

❶ 吴宝康.我的回忆[J].档案学通讯，1997（1）：72-80.

作者认为档案学的研究对象和研究内容决定了其属于管理科学，因而其基本性质属于社会科学，但同时，如《科学技术档案管理学》《档案保护技术学》等自然科学特征明显的特定科目，决定了其也是社会科学和自然科学之间的边缘科学。我国社会主义国家的社会性质、政治体制、经济体制等政治因素决定了我国档案学的根本特点是社会主义档案学，并且作者认为我国档案学的特点有三个方面。一是阶级性和党性。档案学的阶级性和党性是由其学科归属的性质、指导思想、实践基础以及唯物主义和历史唯物主义为我们的指导思想决定的。二是实践性。档案学的研究对象和任务决定了档案学具有实践性。三是技术性。档案学研究中所包含的某些具体的技术方法决定了其具有技术性。档案学的实践性和技术性具有加深档案学理论与实践的关系、提高档案工作者的职业认识、指导档案业务工作、推动自然科学和技术科学的发展等积极意义。

档案学理论来源于档案工作实践，反映了档案工作实践发展水平的高低，同时反作用于档案工作实践，需要在实践中检验其真理性。档案学理论的"无理论"观点和理论神秘化倾向需要借助马列主义和毛泽东思想进行纠正。

关于档案学是否为科学的论断，作者批评了诸多相关的否定观点，认为其出发点均是因为档案学的理论水平过低以及缺乏系统的教科书，并持三个论点：一是档案学具备构成一门科学的三个基础条件，即社会实践的需要、特定的研究对象与任务和客观规律性的知识体系，在此基础上经过人为的主观努力，必然能创建一门档案学。二是档案学的发展有一个历史发展过程，当前的档案学水平高低只是适应和反映当前相应实践的发展水平。三是档案科学是档案工作实践经验的理论概括。

作者阐述了新中国成立前我国档案学从萌芽、产生到形成，并逐步成长发展的过程，以及各个阶段的特点及代表性人物的观点。封建社会的档案工作纯属经验性活动，集中体现在文书和档案工作相关法令之中，并为旧档案学的诞生提供了基础。20世纪30年代，资产阶级行政效率改革运动以及史学界的明清档案大发现及整理，催生了我国档案学的诞生。此时档案学的内容以机关档案室的效率为研究目标，理论程度尚未脱离直接经验材料的境地。萌芽阶段的代表性人物及作品包括周连宽的《县政府档案处理法》（1935）、程长源的《县政府档案管理法》（1936）、何鲁成的《档案管理与整理》（1938），以及指导当时全国行政效率运动的《行政效率》杂志。同时，

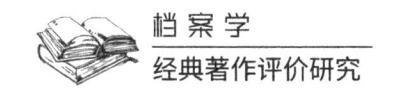

私立武昌文华图书馆学专科学校为档案教育工作提供了相应的教育支持。抗战期间，参与行政效率改革的政界人士对文书档案工作也取得了新进展，包括龙兆佛的《档案管理法》（1940）、梁上燕的《县政府公文处理与档案管理》（1942）、周连宽的《档案管理法》和《公文处理法》（1945）。抗战胜利后，旧档案学进入鼎盛时期，涌现了大量档案学著作，研究范围已经突破了原先行政界和史学界的范围。代表性人物及著作包括傅振伦的《公文档案管理法》（1946）、陈国琛的《文书之简化与管理》（1946）、黄彝仲的《档案管理之理论与实际》（1947）、秦翰才的《档案科学管理法》（1947）、殷钟麒的《中国档案管理新论》（1949）。

每个时期的档案学均与其当时的档案工作实际相适应。新中国成立前的档案学的基本特点即以机关档案室为研究范围，因而决定了其指导思想、理论观点、原则方法等一系列知识体系和方法技术均是从机关档案室的业务出发，并且此时的理论来源主要是西方相关领域。其中，最为典型的是旧档案学效仿西方图书分类法而对档案分类的研究。新中国成立后的档案学在批评性继承旧档案学的基础上，在档案业务工作、档案学理论、档案学教育、档案学课程、档案著作和期刊等方面均实现了历时性的突破。突出地表现为，确立了档案学独立学科的地位、以马克思主义作为指导思想、提出了高度集中统一的管理原则、提出了档案工作以党的方针政策为纲、贯彻群众路线、理清强化了文书和档案以及档案室和档案馆的关系、阐明了档案管理六大工作环节的关系、扩大了档案学的研究范围。

## 第二章　新中国成立以来我国档案学的研究及其今后发展

本章阐述和分析了中国特色社会主义档案学的创建和发展过程、历经的坎坷、今后的发展以及科研队伍的建设。

作为一门独立学科的现代意义上的档案学是在新中国成立后，为适应我国档案事业的建设需要而建立起来的。档案学的学科地位、研究对象、教育与科研队伍、理论研究等各方面均得到了深化和发展。

我国档案学经历了四个曲折发展的阶段。一是1949—1956年的诞生与顺利发展；二是1957—1966年在继续发展的过程中，同时受到"左"倾思想和路线的损害；三是1966—1976年十年"文革"期间遭到"四人帮"破坏，全面停止，甚至夭亡；四是1978年党的十一届三中全会后，进入复苏与发展的新时期。档案学曲折发展的主要症结在于"左"倾，具体表现为阶级斗争至上、历史虚无主义、思想批判运动不断、脱离群众路线、轻视知识分子，等等。

在档案学发展的曲折过程中，面临着如下几个问题。一是我国社会主义档案学发展的客观必然性，即为我国档案事业建设需求服务。二是档案学研究的必要性取决于档案和档案工作的重要性，即其自身在社会生产和阶级斗争中发挥着不可替代的作用。三是正确认识档案学的学科发展水平，即目前档案学的科学水平远不能满足当前相应时间工作的客观需求，但档案学的发展总体是一个螺旋上升的过程。四是档案学研究的重心应随着党和国家的工作任务的转移相应地转移至社会主义现代化建设上。

国务院《关于加强国家档案工作的决定》要求，为服务整个现代化建设的总目标，档案学研究应加强理论研究，其各学科科目的研究任务和重心也需相应调整。《档案学理论与历史》应继往开来，开拓我国档案学史的深度和广度。《档案管理学》的研究任务仍然是档案管理的六大环节，并应将重心置于历史档案的开放利用上。《档案文献编纂学》应继承和研究古今各类文献编纂的传统与经验。《文书学》不仅要立足文书与档案的关系，同时应将提高机关管理效率作为旨归。《科学技术档案管理学》应坚持以基建技术档案和机械技术档案为重心，并进一步扩展和深化专门性技术档案的研究范围和研究深度，同时建立相应的分支科目。《影片、照片、录音、录像档案管理》应根据音像档案材质的变化，丰富相关管理原则与方法。《档案保护技术学》应继承传统经验、借鉴国外先进经验、总结我国各级各类档案馆各自的特殊经验，积极建设配套实验室，并有计划地展开多方合作。《中国档案史》应广泛吸纳已发现的古今史料，并进一步发掘相关新史料。《世界档案史》应以研究国际档案组织的历史和现状为目标，广泛收集国外相关材料以做补充。同时，档案学相关的辅助科目，诸如《中国政治制度史》《中国共产党的机关发展史》《方志学》《年代学》《印章学》《目录学》《版本学》等也需要相应地调整研究重心，为四个现代化的目标而服务。

我国档案事业起步之初，即首先抓办干部教育和培养师资力量，即使在历经"文化大革命"之后，档案事业首先恢复的也是档案教育。但目前档案学科研队伍距离充分适应实践工作需求的要求相差甚远，既缺乏真正的专职研究人员，兼职研究人员数量也不充足。为适应"四个现代化"建设以及实现档案工作现代化的需要，建设一支具有一定规模的又红又专的适合现代化

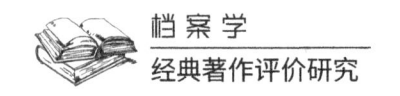

需要的档案科学研究队伍刻不容缓。作者提出了四种形式，一是建立档案学研究所；二是发展档案教育；三是科研中心和教育中心相结合；四是科研人才和业余队伍相结合。要正确对待档案科研人员，一是给予充分信任和尊重；二是有计划地安排其研究过程中理论联系实际的问题；三是发挥党领导下的社会主义制度的优越性；四是摒弃长期对待知识分子的"左"倾思想，但同时不能放弃对知识分子的继续教育和改造。

### 第三章　档案学的若干理论问题

本章依次分析和论证了档案学若干基本理论问题，包括档案和档案工作的滥觞，档案工作的规律、性质、特点、作用、纲领、原则，以及毛泽东同志相关论著对于档案学研究和档案工作的指导性作用。

作者认为档案的出现始于奴隶社会，故档案和档案工作均是阶级社会的产物。在罗列并归纳古今中外诸多关于档案的定义后，作者提出现阶段的档案，即指历史上各种政治、经济、社会组织和个人在公私事务或技术、科学工作活动中自然转化形成的真实历史凭证和原始记录，并收藏起来的一定原料制作的文字形声材料。

在我国社会主义档案工作的发展过程中，高度的集中统一科学管理和广泛的社会利用是它的基本矛盾，是推动其发展的根本原因和根本动力。但在档案工作发展的不同阶段，其主要矛盾呈现出变化更替的规律。第一阶段，1949—1956年的初建阶段，主要矛盾是档案管理的分散不一与档案的社会利用；第二阶段，1957—1966年的发展阶段，主要矛盾是集中统一的科学管理程度不高和广泛的社会利用；第三阶段，1966—1976年的大破坏阶段，主要矛盾是破坏档案集中统一的科学管理和反破坏；第四阶段，1976年至今的恢复和发展的阶段，主要矛盾是科学管理的大破坏和广泛迫切的社会利用。档案工作同一时期的主要矛盾因地域也会变化，要善于抓住其主要方面，即档案的社会利用。同时，应兼顾档案工作的次要矛盾以及矛盾的次要方面。

作者认为档案工作的本质性质是科学文化性和政治机要性相统一，本质作用是历史凭证作用和历史记录作用，特点是管理性、政治性、机要性、科学性和服务性。

1958年4月全国档案工作会议上提出"以利用为纲"的方针，尽管"以利用为纲"的方针是在1958年"大跃进"的客观形势和历史背景下产生的，体现了"多快好省"的思想,并在执行过程中刮起了"浮夸风"和"瞎指挥风",在"文化大革命"时期受"左"倾思想和行动影响,被"四人帮"恶性定性为修正主义,致使在党的十一届三中全会拨乱反正后仍为人们误解,但其根本是为社会主义服务的正确纲领。其本质即利用与服务。该方针的理论依据在于把握了档案工作的基本矛盾,即管理和利用的统一,以及基本矛盾的主要方面,即社会利用,而社会利用的主要方面规定了档案工作的服务性。在关于该方针的"利用"这一术语的诸多分歧中,作者认为"利用"一词包含了提供利用和利用要求两方面的内涵。

新中国成立后,我国在批判性借鉴和吸取古今中外集中统一管理思想的基础上,提出并实行了中国特色社会主义档案事业的集中统一原则。坚持集中统一管理原则是坚持党的四项基本原则在档案工作和档案学理论研究中的具体体现。

作者阐述了毛泽东同志的《〈农村调查〉的序言和跋》和《改造我们的学习》这两篇代表性著作对于档案工作和档案学理论在倡导实事求是、调查研究、反主观主义、立足国情等方面均有重要的指导意义。

(三)版本源流

《档案学理论与历史初探》一书最初的基础是吴宝康自1958年始为中国人民大学历史档案系本科生授课的讲义,后因"文化大革命"等政治运动的影响,佚失大量相关讲稿和原始素材,仅保留由中国人民大学1958年油印的一份《档案学理论与历史专题讲授提纲》、《档案学基础》第十编《我国档案学的产生和发展》以及其他一些文稿,继而以此为基础,成书付梓面世。时至今日,内部发行和公开发行共计三版。

1981年2月,时任中国人民大学档案系主任的吴宝康以"文化大革命"期间幸留的讲稿和文稿为基础,辅之其他相关学科成果和素材,执笔《档案学理论与历史初探》,历时半载有余,同年8月中旬成稿,丁永奎、严鑫根、王德俊、王道宏等人均对该书的内容和文字提供了不同程度的建议与意见。该书于1982年11月,时值中国人民大学档案系成立三十周年之际,由中国人民大学档案系首版印行以献礼。初期该书仅作为中国人民大学校内用书印行,后又加印内部发行以敷业界和学界急需,广受好评。

1986年9月,鉴于档案界对专业读物的迫切需求,在对原书作必要删改

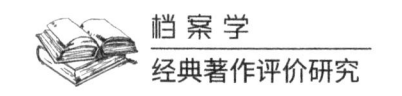

的前提下，吸取了丁永奎的文字建议后，由四川科学技术出版社首次正式出版，并扩大发行。

2017年1月，为回顾中国档案学发展始末及成就兴衰，吴宝康的《档案学理论与历史初探》作为中国档案学史的一部分，收录于经《档案学通讯》杂志社策划和编辑的《档案学经典著作》第五卷中。受篇幅所限，在不影响原书主旨的原则下删减了初版中具有鲜明时代烙印和政治色彩的第十六讲至第十九讲中的部分内容，以适应当前读者及学术研究的需求。❶

## 二、形式评价

由中国人民大学档案系于1982年印行的首版《档案学理论与历史初探》，最初是内部发行以供校内师生之用。书体装帧采用平装、横排、简体字、32开，第一次印刷7100册，定价1.3元/本。首次印刷的数量非常可观，并从后续加印的情况来看，侧面反映了当时档案界对于《档案学理论与历史初探》的广泛需求。但每本1.3元的单价在当时的物价水平中是相对较高的。所谓内部发行，是指"一种书刊发行形式。对于某些因内容或其他原因不宜公开发行的书刊，由发行部门在一定范围内宣传、征订和发行，不在门市部陈列出售。内部发行的书刊一般在版权页和封底标明'内部发行'字样"❷。中国人民大学档案系并非专业的出版机构，首版《档案学理论与历史初探》仅供部分特定读者，即中国人民大学档案系的师生阅读，因而它无法在广泛的范围内流通，继而扩大。尽管后续应档案界之急需，又曾加印部分内部发行流传至相关领域，但从出版发行的角度来看，出版方的性质以及发行渠道的内部化决定了其始终无法触及出版业界的专业门槛，只能在本领域且在特定时期作为一种参考读物。首版《档案学理论与历史初探》从发行之日至今已超过四十年，并广受好评。这也为其日后的再版以提高形态质量埋下了伏笔。当然，《档案学理论与历史初探》首版由非专业出版机构发行也和当时档案学刚刚从"文化大革命"十年的阴暗中走出来，包括档案出版发行领域等各方面均处于恢复阶段不无关系。换言之，由中国人民大学档案系内部印行的首版《档案学理论与历史初探》最大的价值在于其内容，而其外在的出版形态，诸如装帧印刷水平等各方面外在形式都难以晋升专业之列，价格也不够亲民。

---

❶ 胡鸿杰.《档案学经典著作》（丛书）佚文分析[J].档案管理，2021（1）：30-33.
❷ 王绍平，陈兆山，陈钟鸣，等.图书情报词典[M].上海：汉语大词典出版社，1990：76.

1986年9月，四川科学技术出版社首次正式出版《档案学理论与历史初探》，由四川省新华书店发行。书体装帧采用平装、横排、简体字、32开，首次印刷3000册，定价3.1元/本。四川科学技术出版社成立于1982年12月，是省新闻出版局直属科技图书专业出版社。[1] 1995年12月，该社被国家科委评为全国科普先进集体，是全国各省级出版社中唯一获此殊荣的出版社，是一家以各类科技读物为主的综合性地方出版社。

2017年1月，辽宁大学出版社出版《档案学经典著作》第五卷，并将《档案学理论与历史初探》作为开章收录其中。该版本采用横排、简体字、胶版纸、软精装，装帧印刷水平较高，定价120元/本。辽宁大学出版社成立于1985年，主要出版社会科学和自然科学学术专著和各类教材，有400多种图书分别获国家、省、市级的奖励，被教育部职成司定为国家职教教材出版基地之一。辽宁大学出版社是一所省属地方大学出版社，由于辽宁大学拥有历史悠久且实力强劲的档案专业，故其相比之前的四川科学技术出版社在出版档案学专著时更加具备档案学专业优势。

### 三、内容评价

#### （一）选题的创新程度

该书可谓我国档案学创立以来至20世纪80年代期间的首部集大成之作，统述了我国的档案学理论研究和档案学史研究，但所提出的开创性的研究对象和研究范围并不多，而是以综合述评的成分为主，聚焦分析档案学基本理论问题的传统争论，继而阐述作者本人的新观点，或是附议其他论者的观点。

#### （二）理论的价值、学科的地位

该书是首本较为全面系统地从宏观方面分析并阐述了我国档案学和档案工作的基础理论和历史发展过程的专著。其理论价值具有"基础性"和"时代性"两个特点。一是重在其对于档案学基础理论问题和客观历史的阐述与论证；二是在论证过程中对于马列主义认识论和方法论的运用，以及与时政的结合。具体而言，包括以下几点。

第一，重新定位档案学的学科性质和学科归属。一方面，承认并论证档

---

[1] 四川百科全书编纂委员会. 四川百科全书[M]. 成都：四川辞书出版社，1997：777.

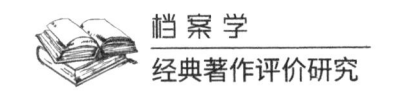

案学的学科独立性；另一方面，确定档案学介于社会科学与自然科学之间。

第二，分析了现代学科建制意义上的档案专业的诞生与发展历史，以及在此过程中档案工作及档案学研究对象、研究范围、研究任务、基本性质等各方面的转变过程。

第三，运用马克思主义哲学的基本原理及方法论分析和总结我国档案工作的一般规律和特点，尤其是以矛盾观，即矛盾的普遍性和特殊性辩证统一的关系、两点论和重点论的统一等原理分析了从封建社会至新中国成立三十余年我国档案工作和档案学的发展历程，既提供了科学认识档案学发展规律的前提，又指引了正确运用及解决档案学不同发展阶段矛盾的方针及办法。

第四，将档案学研究和档案学学科发展置于我国档案事业以及社会主义事业整体蓝图之中进行规划，对档案学下类科目进行细分与丰富，以及对档案学教育发展提出畅想。

第五，通过发掘和分析相关史料及著作，论证了无产阶级革命导师和革命前辈在革命实践活动中与档案工作的历史渊源，以及我国对于档案和档案工作重视的历史传统。

### （三）同行评议的结果

《档案学理论与历史初探》在我国档案学基础理论和学术史研究中具有奠基性地位，尽管该书的定论和立场未能令所有人接受，但其无疑对于新中国成立以来至20世纪80年代期间，我国档案学中所遭遇的主要理论问题以及相关经久未息的争论都提供了一个具有说服力的参考，后世档案学中诸多的结论也延续了该书中的相关论调，诸如档案学的学科性质、新旧档案学的阶段划分、成败得失等。尤其是对于档案学独立学科地位的定调为我国档案学研究和档案教育的后续发展提供了基础。

诚如作者在"前言"中所自评道，"与其说它是一本教材和讲稿，倒不如说它是一本研究性、探讨性的书稿更为确切"❶。尽管它可以被誉为档案学内首部高屋建瓴式的概论，但统而概述的论述角度使得许多基础问题的阐述不够细致，论述的方法论以马列哲学为主而不尽全面，使得其个人观点的立足略显单薄，且缺乏科学的研究方法。

---

❶《档案学通讯》杂志社. 档案学理论与历史初探[M]// 档案学经典著作：第5卷. 沈阳：辽宁大学出版社，2017：7.

同时，该书诞生的历史背景以及作者本人的生活经验也导致该书的理论无法摆脱"时代的政治特色"，学术理论价值遭到一定程度的贬损。成书时，正值我国档案学刚刚从"文化大革命"等一系列政治运动走出，处于恢复的起步阶段，历史惯性与时代精神的遗留导致这本定位为学术专著或授课讲稿的书本，从头至尾都不可避免地附带着浓郁的时代特色。正如李财富曾评价发展时期的档案学"过分强调档案、档案工作和档案学的阶级性"，"我国档案学者在论述档案、档案工作和档案学的有关问题时，大多将它们与政治斗争紧紧联系在一起，过分强调档案的'资政'作用，淡化档案的'存史'作用及在科学研究中的作用，认为档案和档案工作是阶级社会的产物和阶级斗争的工具，并批判了档案是社会的产物而不是阶级社会的产物，以及档案和档案工作是阶级斗争的工具却不是阶级社会的产物等所谓'错误'观点，甚至把档案学人为地划分为社会主义档案学和资本主义档案学"。这种"二元对立"式的划分突显了作者对于档案工作资政功能的过分强调，以至于埋没了科学研究和实践工作本身的立场和价值。同时，该书以综述为主，夹带着诸多对其他论者观点的评介，故在评价乃至批评他人时略带当时政治斗争的味道，而不似单纯的学术争鸣。

### （四）语言文字的规范程度

全书整体排篇布局符合逻辑，前后衔接合理，语言通达易解。其总体按照时序先后论证无产阶级革命导师对于档案工作的言论及早先探讨、档案学学科诞生史、新中国成立后我国档案学及其今后发展、档案学中的基本理论问题，是当时我国档案学师生及档案干部必读之经典。国家档案局原副局长刘国能评价该书"源于实践，指导实践。纵横叙论，知识横溢。高瞻远瞩，真知灼见。深入浅出，形象生动"[1]。吴体乾也评价道："作者为了证明其论点的正确性，提供了大量的论据和进行了科学的论证，从而使这本书更具有丰富的知识性和趣味性。"[2]

但其每章节内部结构的组织也存在交叉与重叠。如在"档案学及其历史"一部分已论述过我国档案学的产生，以及比较了新中国成立前后我国档案学的特点，但在"新中国成立以来我国档案学的研究及其今后发展"中又再次

---

[1] 刘国能. 读《档案学理论与历史初探》[J]. 档案学通讯，1986（5）：53，59-60.
[2] 吴体乾. 对述评《档案学理论与历史初探》的探讨[J]. 档案学通讯，1988（5）：64.

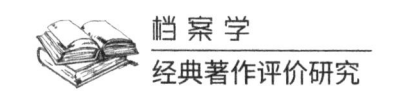

论述了新中国成立后我国档案学的创建。同时，全文的语言表达学术规范有待加强。正如有论者评道，"这部相对而言历史稍微久远一点的书，现在读起来有些地方已经显得与时代脱节，不大能适应时代的变化了，吴老先生的语言也不是那么的优美和流畅"❶。

### （五）作者的影响力

吴宝康无疑是我国档案学理论研究和学术史研究都不可绕过的一座丰碑，他既是新中国档案学教育的奠基者，也是我国档案学基础理论研究的开拓者。新中国档案学的每一步发展几乎都可以看到他的身影。他是中国人民大学档案专修班的首任班主任、档案教研室的首任主任、档案专修科的首任主任、历史档案系的首任主任兼党总支书记。在我国档案学历经十年"文革"后，也是他于1978年召开讨论档案学规划座谈会，并以他为首起草我国档案学发展规划草案，明确提出恢复国家档案局，恢复档案系，恢复档案刊物，建立档案学研究所，建立中国档案学会等建议和要求。❷尽管吴宝康本身非档案专业出身，在中国人民大学（历史）档案系（学院）中的主要角色是主持各项行政工作，但自档案专修班创建以来，他便参与到相关教学以及研究之中，并写作了一系列学术论文、著作以及讲稿，对于我国档案学早期的学科规划、理论建构以及学术史研究均奠定了坚实的基础。

《档案学理论与历史初探》作为吴宝康独著的成果，集中反映了他个人自参与档案工作和授课以来长期教学与研究的成果。

## 四、效用评价

笔者利用周春雷所提出的图书 Z 指数指标计算图书的学术影响力。Z 指数"用于表示某书获得了 Z 个学术地位不低于 Z 的学者以引用行为表示的学术授信，其中施引者的学术地位可以用 h 指数、g 指数等指标来标识"❸。首先收集该图书的被引信息，本书将每一篇相关书评视为一次有效被引，而

---

❶ 陈婕.《档案学理论与历史初探》书评[J].中山大学研究生学刊（人文社会科学版），2017（38）：81.

❷ 陈贤华.吴宝康与中国档案教育[J].档案学通讯，1987（6）：5.

❸ 周春雷，陈艳云，蔡程瑞.图书Z指数及其在影响力评价研究中的应用[J].图书情报工作，2018，62（14）：106–115.

每一篇书评作者的 H 指数视为该篇书评的学术地位。然后根据施引者的学术地位进行降序排列标记后可得到一个序列集合，而在此序列中 H 个学术地位不低于 H 的指数即表示所评价图书的 Z 指数。

首先，利用中国知网期刊全文数据库，以"中国档案学理论与历史初探"作为参考文献进行精确的篇名检索，输出《中国档案学理论与历史初探》的施引期刊论文 228 篇（检索时间为 2020 年 9 月 20 日）。❶ 借助中国知网的文献导出功能，选择 Excel 格式导出相关文献的题名、第一责任者、作者单位等格式。对输出的文献进行相关性分析，剔除重复论文和无署名论文。其次，基于中国知网引文数据库中的"数据分析器"功能，被引文献类型选择"全部期刊"，分别输入相关施引者的姓名（以相关施引文献的第一作者为准），并作为第一作者进行精确检索，从而计算相关施引者的 H 指数。鉴于本研究旨在定位相关专著在本学科内的地位，故对施引者学术影响力的考量也限定于本学科内，因此"学科类别"选择"信息科技"下类的"图书情报与数字档案馆"和"档案及博物馆"。针对图书情报与档案管理领域内"同名同姓"作者的情况，再输入对应的作者单位进行筛选，以及查阅其所发表论文的期刊发布进行甄别，以精确输出相关施引者的 H 指数。最后，对中国知网引文数据库中所输出的相关施引者的 H 指数进行统计、排序，筛选出 H 指数前十位的施引者，结合其施引次数，具体施引情况见表 11（数据采集时间为 2020 年 9 月 20 日）。

通过对施引者的 H 指数序列集合再次进行 H 变换，得到《档案学理论与历史初探》的 Z 指数为 13。按照周春雷的界定，高影响力图书标准为图书 Z 指数 ≥ 6，即相关图书至少有 6 个高影响力施引者，且这些施引者的学术地位为 H 指数 ≥ 6。❷ 显然，《档案学理论与历史初探》在图书情报与档案管理这个领域具有突出的学术影响力，列为"经典"名副其实。

---

❶ 之所以将文献类型选择为"期刊"，而排除会议论文、报纸文章、学位论文等其他文献，一方面原因在于学术期刊相对于会议、报纸等文献往往具有更高的学术价值；另一方面原因在于相对于学位论文，期刊论文的作者多数是长期耕耘于学术圈的研究者，具备使用 H 指数进行衡量的学术条件。而学位论文作者的身份是学生，虽然有一部分继续从事学术研究活动，但大部分在完成学位论文后即脱离了学术圈，缺乏长期的学术成果，故而无法使用 H 指数对其学术成就进行衡量。

❷ 周春雷，陈艳云，蔡程瑞. 图书 Z 指数及其在影响力评价研究中的应用 [J]. 图书情报工作，2018，62（14）：106-115.

表 11 《档案学理论与历史初探》被引用情况

| 施引者 | 施引次数/次 | 施引者 H 指数 |
| --- | --- | --- |
| 程焕文 | 1 | 25 |
| 丁华东 | 5 | 19 |
| 徐拥军 | 2 | 17 |
| 丁海斌 | 1 | 17 |
| 傅荣校 | 2 | 17 |
| 马仁杰 | 2 | 16 |
| 宗培岭 | 2 | 15 |
| 李财富 | 5 | 15 |
| 张斌 | 1 | 15 |
| 陈永生 | 4 | 14 |
| 薛匡勇 | 2 | 13 |
| 胡鸿杰 | 3 | 13 |
| 潘连根 | 2 | 12 |
| 潘玉民 | 1 | 12 |
| 金波 | 1 | 12 |
| ⋮ | ⋮ | ⋮ |

## 第二节 《中国档案学史论》

### 一、本书概况

（一）作者简介

李财富，1965 年生，教授，博士生导师，国务院政府特殊津贴专家；2002 年毕业于中国人民大学信息资源管理学院，师从王传宇教授，是中国档案学高等教育较早的一批博士研究生之一；历任安徽大学管理学院院长、安徽大学江淮学院院长，兼任国家社科基金学科评审组专家、教育部高校档案学学科教学指导委员会委员、中国档案学会理事、安徽省档案学会副理事长，《档案管理》《安徽大学学报》《大学图书情报学刊》《浙江档案》及合肥市档案局（馆）编委（顾问）。

他长期在档案学基础理论研究和档案信息开发利用等领域耕耘，累计发表学术论文百余篇，其中 20 余篇论文被中国人民大学书报资料《档案学》全文转载复印；曾主持国家社会科学基金项目、国家档案局重点项目等科研项目；国家社科基金项目结项成果曾入选《国家社科基金项目成果选介汇编》，代表作《中国档案学史论》入选《档案学经典著作》和南京大学中文学术图书引文索引；获得高等教育国家级教学成果奖二等奖 1 项，安徽省教学成果奖特等奖、二等奖各 1 项。[1]

**（二）内容概要**

**第一章　孕育时期的中国档案学（思想）**

从奴隶社会至封建社会，历代档案工作者在长期档案工作实践中总结、丰富了档案管理经验，为中国档案学思想的孕育提供了基础，而这集中体现在档案文献编纂方面。春秋战国孔子所编《尚书》开创了档案文献编纂的传统，并自此历代相承。从汉代刘向、刘歆父子到唐代刘知几，再至北宋司马光，再到清代章学诚均提出了一系列档案文献编纂的原则与方法。同时，历代官方颁布的法令、制度、文书中也蕴含着档案学思想的萌芽。

孕育时期中国档案学思想有如下特点。第一，研究主体的非专业性。档案教育的缺失导致封建社会的档案队伍主要由史家和史官这类史学工作者构成。第二，研究行为的无意识性。封建社会的档案学思想是在历史研究和文献整理过程中作为附属形式出现的。第三，思想资料的分散性。封建社会的档案学思想缺乏成形的知识体系和专门著述，而是零星地散落在各种文书、制度、法典等文献中。第四，思想内容的继承性。封建社会每个阶段的档案学思想前后承继。第五，思想范围的狭窄性。封建社会档案工作主体的知识结构导致此时的档案学思想主要服务于档案管理学、文书学、档案保护技术学、档案文献编纂学等与历史活动密切相关的少部分分支学科。第六，思维

---

[1] 李财富教授简介.安徽大学人文社会科学处［EB/OL］.（2020-04-15）（2020-07-07）. http://rwc.ahu.edu.cn/2020/0415/c16950a233800/page.htm.

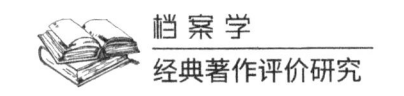

层次的经验性。封建社会的档案学思想基本属于经验总结而未及理论层面。造成这些特点的原因有五个方面。一是缺乏档案管理的迫切需求；二是研究主体多世袭相传，信奉传统；三是研究范围局限于政务文书档案；四是缺乏独立地位；五是聚焦于档案文献编纂。孕育时期中国档案学思想在档案文献编纂、档案管理、档案史料汇编、档案库房建筑及档案保护等方面均提供了后世可供继承的经验与基础。

### 第二章 创立时期的中国档案学

20世纪30年代，在"行政效率运动"和明清档案整理的合力作用下，以"档案十三经"的问世标志着近代档案学的诞生。近代档案学主要探讨了档案定义、范围、作用、学科概念、行政、分类、立卷、编目、鉴定与销毁、保管与保护、编辑与公布、行政参考资料、档案人员选拔和任用、文书档案连锁法等一系列问题。

近代中国档案学的诞生是行政界、史学界和教育界等多因素合力催生的结果。第一，自中华民国成立至国民党政府统治期间，国家机关颁布了一系列档案、公文制度，并相继地建立了一批兼职、专职档案室以及近代第一个历史档案馆建立，这类档案工作实践成为推动中国档案学诞生的内在动力。第二，以"文书档案连锁法"为主要内容的文书档案改革运动推动了国民政府机关文书档案工作机制的改革、文书档案理论的研究、外国档案学理论在华传播、近代档案教育的创办，直接催生了我国近代档案学的诞生。第三，以"八千麻袋事件"为导因，促使史学界兴起大规模的明清档案整理运动，其实践及研究成果是促进近代档案学诞生的重要助推器。第四，档案管理实践的迫切需求催生了以文华图书馆学专科学校档案管理专科为代表的档案教育机构的诞生，为近代中国档案学的产生提供了人才支撑。第五，以欧美图书馆学和档案学理论为代表的国外经验为近代中国档案学的创立提供了借鉴，其中以欧美图书分类理论影响最大。第六，我国古代的档案学经验为近代中国档案学诞生提供了可供继承和发展的思想遗产。

近代中国档案学研究的基本特点：一是档案工作者、行政官员、史学工作者、档案专业教师等人员的共同参与构成了中国档案学研究的多元主体。二是涌现了诸多探讨档案管理问题的专著及论文。三是档案学研究的范围与文书工作并未得到清晰界定。四是理论和方法以大量继承、借鉴古代档案学思想和欧美档案学与图书馆学为主，原创性不足。五是研究范围局限于机关文书档案工作。

近代我国档案学取得了如下成就。第一，建立了系统的档案学理论、倡议档案学独立的学科地位、建立档案学教育机构和研究机构等，努力建构了中国档案学的基本体系。第二，开拓了档案学研究的深度和广度。第三，对档案管理程序和环节的划分建构了档案管理学的基本框架。第四，开创性地探索并运用比较法、移植法等新研究方法。同时，近代档案学也存在一些缺陷乃至错误。第一，学科体系的建构存在偏倚，重档案管理学，而其他分支学科则未予开垦。第二，研究范围始终未超越机关档案工作。第三，停留于"经验科学"阶段，未能抽象为真正的科学。第四，未能批判性地吸收、借鉴国外档案学与图书馆学理论和方法。

**第三章　发展时期的中国档案学**

新中国成立后，党和政府先后在行政、教育、管理、政策等各方面采取了一系列措施建立和加强档案工作。第一，广泛收集保管明清档案、近代历史档案、国民党政府机关档案以及革命历史档案。第二，中共中央召开了一系列有关文书、档案管理工作的座谈会，并颁布了相关档案工作法规。第三，建立了以国家档案局、中共中央办公厅档案管理处、中央军委办公厅档案处为支干的档案行政领导机构，分别统一领导我国国家档案工作、党和军事机关档案工作。《中国共产党中央和省（市）级机关文书处理工作和档案工作暂行条例》《关于加强国家档案工作的决定》《关于统一管理党、政档案工作的通知》等文件陆续颁布，逐步确立和加强了我国档案工作"集中统一管理"的基本原则。第四，相继建立了以中央档案馆、第一历史档案馆、第二历史档案馆为代表的中央性档案馆，以及各级地方档案馆的遍及，形成了完整的档案管理机构体系。第五，国家档案局颁发《关于目前档案工作情况和今后工作安排的报告》《技术档案室工作暂行通则》《关于加强城市基本建设档案工作意见的报告》《关于进一步加强技术档案工作的报告》等一系列文件加强了科技档案工作的建设。第六，中国人民大学创办档案专修班，后发展成为历史档案系，填补了我国档案高等教育的空白。

新中国成立至"文化大革命"前我国档案学研究主要聚焦于档案学的性质、本质、价值，档案与资料间差异，其工作意义、基本矛盾和发展规律，中外档案工作历史，以及档案管理的原则和方法、档案馆建设、科技档案工作、档案保护技术、文书学等方面。

与近代档案学相比，新中国成立后，发展时期的中国档案学呈现出如下特点。第一，从指导思想上看，以马列主义和毛泽东思想作为理论指导，运用辩证唯物主义和历史唯物主义探讨档案学基本问题。第二，从研究内容上看，不再局限于近代中国档案学对文书档案管理原则和方法纯技术方法层面的探讨，而是扩展档案至档案工作和档案学的各个方面，并将其置于整个社会环境下思考。第三，从研究范围上看，突破了近代中国档案学对机关文书档案工作的研究，拓展了研究对象的范围，丰富了学科体系的构成。第四，脱离了近代中国档案学经验层面的分析和注解，将档案学提炼为抽象层面的思辨理论。第五，形成了以档案工作者、史学工作者、档案学研究者为主体的群众性研究团队。

发展时期的中国档案学取得了前所未有的成就。第一，不仅学者们论证了档案学独立的学科地位，并且《关于进一步加强技术档案工作的报告》明确将档案学列为独立学科。第二，至中国人民大学档案专修班的创立之始，研究并出版了一系列教材，初步建立了一个多分支学科组成的我国现代档案学学科体系。第三，以陆晋莲的《档案管理法》、王可风等人的《历史档案的整理方法》等为代表，出版了新中国第一批具有较大影响的现代档案学专著。第四，创造性地运用马列主义原理探讨了档案的概念、价值等各方面，以及档案工作的规律、性质等基本理论问题，提升了档案学研究的理论层次。第五，将近代档案学的研究范围，从机关文书档案工作，拓展至档案馆、技术档案与其他专门档案工作。第六，档案保护技术研究在虫害防治、字迹加固、库房保护等方面均取得了突破。第七，形成了一支以中国人民大学历史档案系师生为主体的专业档案科研队伍，并涌现出曾三、裴桐、吴宝康等现代中国著名的档案学家（者）。

同时，发展时期的档案学受时代所限也不可避免地存在诸多不足。第一，将档案工作与政治斗争紧密联系，过分强调档案、档案学、档案工作的阶级性。第二，在"大跃进"期间，服务于"多快好省"的"左"倾思想。第三，在借鉴苏联档案学过程中存在一定程度的教条主义现象。第四，学科体系不完整，学术研究的层次略显粗糙。第五，单一地运用定性研究方法。

### 第四章 停滞与倒退时期的中国档案学

1966年5月至1976年10月十年"文化大革命"期间，新中国成立以来的成就被全盘否定，我国档案事业不进则退。国家档案局被撤销，全国档案工作体制被打乱，大量档案遭到破坏甚至销毁，档案工作规章制度遭到废除，档案专业干部队伍被打成"反革命修正分子"，档案学研究队伍被污蔑、下放乃至迫害，档案学研究资料和讲稿被瓜分及销毁，等等。

### 第五章 恢复与繁荣时期的中国档案学

1976年10月，"文化大革命"结束，我国档案事业重新进入恢复与繁荣时期，历经二十余年的发展，具备了良好的实践基础和外部环境。第一，建立了中央、省、市、县四级档案行政管理系统，各级档案行政管理机构依据"统一领导，分级管理"的基本原则，管理所属地区的档案工作。第二，从中央到县级政府，形成了由综合性档案馆和专门性档案馆组成的，一个结构合理、门类齐全、馆藏丰富的档案馆网络。第三，一系列相关的规章制度、创新性的管理模式和方法、多元化的组织形式、办公自动化技术等因素推动了机关档案工作的发展。第四，一系列相关的规章制度完善了我国科技档案和其他专门档案工作的管理体制，推动了科技档案工作由原来单一门类档案的管理拓展为以科技档案为主体的多门类档案综合管理，首次提出"企业档案"的概念，并将其作为一种专门档案进行管理和研究。第五，建立了一个由档案学高等教育、中等教育、在职教育和短期培训组成的相对完备的档案学教育体系。第六，档案宣传出版工作灵活多样。第七，形成了以《中华人民共和国档案法》为核心，以档案行政法规、行政规章、地方性法规和管理办法为辅的相对完整的档案法规体系。第八，国际档案业务和学术交流不断扩大。第九，现代科学技术的推广与运用加快了档案工作现代化的进程。

恢复与繁荣时期档案学的研究内容主要涉及如档案学的学科属性及学科外部环境，档案属性、价值与工作规律、体制、法制建设，图书情报档案一体化、文档一体化，以及档案馆主体地位、档案工作现代化和标准化、档案保护技术等各方面的理论和方法。

恢复与繁荣时期，中国档案学研究呈现特征如下。第一，在研究范围上，几乎涵盖了档案学的所有领域。第二，在研究内容上，实现了相关理论方法与档案学及其内部各旁支科目之间，基础理论研究和应用理论、技术研究之间的融合。第三，在研究方法上，建立由抽象的方法论与具体的方法技术组成的相对完整的方法论体系。第四，在研究成果上，把握时代脉搏，围绕时事热点和难点。第五，在研究行为上，各级档案学会和档案科研机构的建立形成了有组织的行业体系。第六，理论和观点的抽象程度和思辨性越发凸显。

恢复与繁荣时期，在学科建设、理论研究、应用研究、研究团队等各方面，中国档案学均取得了前所未有的成就。第一，学科体系在横向上丰富，在纵向上深化，并不再拘泥于档案学教育课程的框架，而是按照一个科学体系的结构进行建设。第二，独立的学科地位逐渐被社会、官方和学界认可。第三，原有的基础理论问题不仅得以深化，同时也填补了诸多空白。第四，应用理论研究范围不断拓展、深入、明晰和细化。第五，中外档案事业史研究逐步深入。第六，应用技术研究在技术开发和理论总结方面均取得了不俗的成就。第七，学术讨论氛围活跃，学术评论发展健康。第八，构建了档案学科研课题的立项审批制度、优秀科研成果奖励制度。第九，档案学科研队伍规模壮大、质量提高、构成多元。

尽管成果显著，但也存在诸多不可忽视的问题。第一，整个档案学界的学术研究缺乏组织与规划，呈现出自发性与分散性，研究成果重复现象严重。第二，缺乏统一的术语体系导致学术概念不规范，理论建构不严谨。第三，与近代中国档案学类似，在借鉴吸收相关学科理论和方法时对于其适用性和改进空间都缺乏充足的考量。第四，对于国外档案学理论，部分学者呈现出"过夸"和"过贬"两种极端倾向。第五，部分学者脱离实际，故意复杂化、神秘化档案学理论。第六，在评价传统档案学价值时，部分研究者呈现出历史虚无主义的倾向。第七，倚重定性研究，对定量研究的关注与运用欠缺。

鉴于上述问题及不足，作者提出若干建议。第一，建立学术规范约束学术群体的精神、文风文德、术语体系。第二，健全档案科研管理体制，研究档案学发展战略。第三，加强档案学术评论，塑造开放自由的学术环境。第四，改善档案学的政策、经济、教育、实践等一系列外部环境。第五，健全文献检索体系，提高科研效率。

### 第六章 中国档案学的发展规律及其发展趋势

作者通过回顾档案学发展史，总结了中国档案学的发展规律。第一，档案工作实践催生了档案学，是推动其发展的根本动力，不仅规定了档案学的研究对象和范围，而且决定了档案学的发展程度，同时也是检验档案学理论真理性的唯一标准。第二，结构合理的学术团体是推动档案学发展的主体。第三，稳定的政治环境和政策环境是档案学健康发展的保证。第四，经济、科技、文化等因素是开展档案学研究的必要条件。第五，国内外档案学学术和业务的双向交流是档案学发展的外部动力。

根据中国档案学的发展规律，结合当代社会发展情况，作者认为档案学有如下发展趋势。第一，研究范围拓宽，开拓新的研究领域并催生相应的分支学科。第二，研究内容深入，进一步解释档案现象的本质规律。第三，研究的集约化程度提高，充分调配和利用科研资源。第四，研究的综合性提高，进一步科学整合相关理论与方法。第五，基础理论研究和应用理论与技术研究之间相互交错、相互转化的趋势将日渐突出。第六，与国际学术研究紧密接轨。

**（三）版本源流**

李财富的专著《中国档案学史论》源于其同名博士论文，问世至今，共计两版，包括单独出版和合辑出版两种形式。

李财富在2002年毕业于中国人民大学信息资源管理学院，在其导师王传宇教授的指导下以《中国档案学史论》作为博士毕业论文，取得档案学博士学位。后经其修改润色，于2005年10月由安徽大学出版社作为"管理学丛书"中的一本正式出版。

2017年1月，为回顾中国档案学发展始末及成就兴衰，李财富的《中国档案学史论》作为中国档案学史的一部分，收录于经《档案学通讯》杂志社策划和编辑的《档案学经典著作》第五卷中，由辽宁大学出版社出版。受篇幅所限，出版时在不影响原书主旨的原则下进行了适当删改。

## 二、形式评价

由安徽大学出版社出版的《中国档案学史论》，2005年10月第一次印刷，书体装帧采用平装、横排、简体字、16开，定价21元/本，具体印数并未标明。作为一本平装且总页数不足200页的图书而言，每本21元的单价在2005年的物价水平中是相对较高的。安徽大学出版社成立于1995年2月（后并入北京师范大学出版集团），是一家依托安徽大学作为平台，主要面向安徽省内，以出版文史类本科教材为基础的综合性地方图书单位，在徽学研究和地方教材建设方面享有较高的声誉；"先后有《刘文典全集》《唐刺史考全编》《明代徽州方氏亲友手札七百通考释》《李商隐传论》和《出土夷族史料辑考》分获安徽图书奖一等奖。《出土夷族史料辑考》于2008年获首届中国出版政

府奖提名。"❶

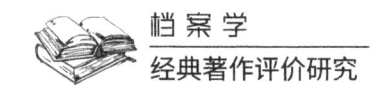

2017年1月，辽宁大学出版社出版《档案学经典著作》第五卷，并将《中国档案学史论》收录其中。该版本采用横排、简体字、胶版纸、软精装，装帧印刷水平较高，定价120元/本。这种装帧水平和内容厚度与每本120元的单价还是相对匹配的。其出版方辽宁大学出版社成立于1985年，主要出版社会科学和自然科学学术专著和各类教材，有400多种图书分别获国家、省、市级的奖励，被教育部职成司定为国家职教教材出版基地之一。总体而言，两版的出版社，从行政隶属关系来看，均依托省级大学，并均设有档案专业，而专业定位均是大学教材，以地方文化为显著特色。

## 三、内容评价

### （一）选题的创新程度

中国档案学史是档案学基础理论的一个分支学科，"早在1958年，新中国档案高等教育的奠基人、著名档案学家吴宝康教授就在其《档案学专题讲授大纲》中对中国档案学的发展历史进行了比较系统的阐述，从而开辟了一个新的档案学研究领域，为该门分支学科的建设作出了重要贡献"❷，以此为基础，后续改进优化，于1986年出版了《档案学理论与历史初探》，成为我国首部专门研究档案学理论与历史的著作。20世纪80年代以后，档案学史相关研究层出不穷，观点纷呈，成为我国档案学研究的一个实时热点。"同期出版的档案学教材《档案学概论》《中国档案事业史》及大型工具书《当代中国的档案事业》《中国大百科全书档案学分册》等也以不同的篇幅介绍了中国档案学史的有关情况。"❸李财富的《中国档案学史论》一书的主题基本是对吴宝康《档案学理论与历史初探》的延续和发展，是以这些相关资料作为基础的一个后续研究，其同样聚焦于中国档案学发展的历史进程、阶段划分、各阶段的特点及成败得失等，即研究主题和主体框架是一脉相承的，而并非什么

---

❶ 安徽大学简史编写组.安徽大学简史[M].合肥：安徽大学出版社，2008：180.
❷ 《档案学通讯》杂志社.中国档案学史论[M]//档案学经典著作：第5卷.沈阳：辽宁大学出版社，2017：237.
❸ 《档案学通讯》杂志社.中国档案学史论[M]//档案学经典著作：第5卷.沈阳：辽宁大学出版社，2017：237.

前所未有的主题。但这种在选题上"原创性"的缺乏也与当时中国档案学史的发展程度相关。因为尽管吴宝康及相关学者对这一领域已有初步探索，但缺乏对档案学史的基本问题进行全面系统论述的专著，《中国档案学史论》的出现可谓应时之需。

### （二）理论的价值、学科的地位

《中国档案学史论》是继吴宝康在《档案学理论与历史初探》中概述中国档案学学科史后，我国第一部全面、系统专述中国档案学历史、评价中国档案学成败得失以及探索中国档案学发展规律的专著。它在我国档案学的学科史研究中处于基础性地位，相对吴宝康等前辈的初代学术史研究更精进一步，和吴宝康的《档案学理论与历史初探》一样，都是中国档案学研究无法绕过的一本专著。在理论建构方面，作者的主要贡献在于以下几点。

第一，按时序之分，对于中国档案学历史分期重新进行了界定，将中国档案学划分为孕育、创立、发展、停滞与倒退、恢复和繁荣五个阶段，比吴宝康在《档案学理论与历史初探》中将档案学粗略地划分为传统档案学、旧档案学和新档案学更加精细合理。

第二，论述了每个阶段的概况、基本特点、主要成就和不足及其原因，并针对相关问题提出了相应的对策和建议。

第三，论述的主题更加广泛，基本涵盖了以往档案学史研究者涉及的主题。

第四，理论建构的抽象程度、思辨色彩都是过往相同主题研究无法比拟的。

第五，作者继承了吴宝康等老一辈档案学者利用马列主义哲学分析中国档案学发展规律的传统。

### （三）同行评议的结果

《中国档案学史论》在基于大量史料的基础上，填补了我国档案学史的空白，厘清了中国档案学发展的历史脉络，是我国档案学基础理论研究的扛鼎之作。

作为一本定位为"史论结合"，夹杂大量评价的学科史专著，在评介档案学各个阶段得失以及前人功过时，作者较于前人，基本抛开了学术派系的门

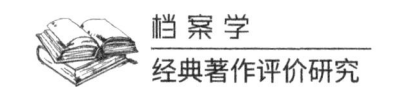

厅之别和政治立场的左右之分，给予了相对公允的评价。其对于开放自由的学术氛围的追求，以及其导师和出版单位所给予的充分支持，在当今学术界都显得难能可贵。

但作者对于第四部分"停滞与倒退时期"的论述稍显单薄，仅仅简要论述了"文化大革命"时期我国档案学所遭遇的政治倾轧和时代磨难，这部分的框架和体量也与全书不符。

### （四）语言文字的规范程度

第一，逻辑严谨，结构规整。全书以时间为主线，按照"概况—特点—成就—不足—原因—对策"的框架对中国档案学的历史进程进行宏观上的统述，厘清了其发展阶段。前五章分别论述了中国档案学孕育时期、创立时期、发展时期、停滞与倒退时期、恢复与繁荣时期的概况、基本特点、主要成就与不足及其原因，以及相关对策建议。第六章基于上述分析总结了档案学的发展规律，并预测了其今后的发展趋势。唯一不协调的部分是对于"停滞与倒退时期"的论述显得单薄，但这种详略策略应该也是出于对敏感的政治语境的考量而作出的审慎抉择。

第二，史论结合，论从史出。由于总体而言，中国档案学学术史研究缺乏体系，故作者的理论依据主要建立在大量史料之上，言之成理，持之有据。

第三，遣词造句的文字功底非常扎实，进一步提高了该作品的价值。该书在保证逻辑严谨的前提下具备晓畅通达的文字表达，相较同类型的著作《档案学理论与历史初探》，阅读的体验更加流畅。同时，仅笔者本人的观感而言，即使抛开其内容，仅单纯地斟酌考量其遣词造句与逻辑结构，也值得档案学学术殿堂的入门者作为范本进行揣摩、模仿和学习。

### （五）作者的影响力

《中国档案学史论》由李财富独著，是在其同名博士论文的基础上出版的。中国人民大学第一位档案学博士毕业于1997年，而《中国档案学史论》的作者李财富于2002年毕业于中国人民大学，属于我国最早的一批档案学博士，可谓改革开放后我国档案学高等教育所培养的新生代人才。作者凭借高产及高质量的学术成果，现为安徽大学教授，荣获国务院政府特殊津贴，历任安徽大学管理学院院长、安徽大学江淮学院院长，不仅是其所在单位安徽大学管理学院的带头人物之一，也是我国中年档案学者中的领军人物之一。

### 四、效用评价

首先，利用中国知网期刊全文数据库，以"中国档案学史论"作为参考文献进行精确的篇名检索，输出《中国档案学史论》的施引期刊论文73篇（检索时间为2020年9月20日）。借助中国知网的文献导出功能，选择Excel格式导出相关文献的题名、第一责任者、作者单位等格式。对输出的文献进行相关性分析，剔除重复论文和无署名论文。其次，基于中国知网引文数据库中的"数据分析器"功能，被引文献类型选择"全部期刊"，分别输入相关施引者的姓名（以相关施引文献的第一作者为准），并作为第一作者进行精确检索，从而计算相关施引者的H指数。鉴于本研究旨在定位相关专著在本学科内的地位，故对施引者学术影响力的考量也限定于本学科内，因此"学科类别"选择"信息科技"下类的"图书情报与数字档案馆"和"档案及博物馆"。针对图书情报与档案管理领域内"同名同姓"作者的情况，再输入对应的作者单位进行筛选，以及查阅其所发表论文的期刊发布进行甄别，以精确输出相关施引者的H指数。最后，对中国知网引文数据库中所输出的相关施引者的H指数进行统计、排序，筛选出H指数前十位的施引者，结合其施引次数，具体施引情况见表12（数据采集时间为2020年9月20日）。

表12 《中国档案学史论》被引用情况

| 施引者 | 施引次数/次 | 施引者H指数 |
| --- | --- | --- |
| 丁华东 | 1 | 19 |
| 徐拥军 | 1 | 17 |
| 马仁杰 | 1 | 16 |
| 李财富 | 4 | 15 |
| 张斌 | 1 | 15 |
| 胡鸿杰 | 1 | 13 |
| 刘东斌 | 2 | 12 |
| 潘连根 | 1 | 12 |

续表

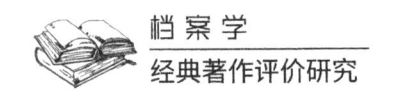

| 施引者 | 施引次数/次 | 施引者H指数 |
| --- | --- | --- |
| 赵淑梅 | 1 | 12 |
| 倪代川 | 3 | 10 |
| 王云庆 | 1 | 10 |
| 赵彦昌 | 1 | 10 |
| 陈祖芬 | 1 | 9 |
| 孙大东 | 1 | 8 |
| 张会超 | 2 | 8 |
| ⋮ | ⋮ | ⋮ |

通过对施引者的H指数序列集合再次进行H变换，得到《中国档案学史论》的Z指数为10。按照周春雷的界定，高影响力图书标准为图书Z指数≥6，即相关图书至少有6个高影响力施引者，且这些施引者的学术地位为H指数≥6。[1] 因此，《中国档案学史论》在图书情报与档案管理这个领域具有重要的学术地位，可谓"经典"。

## 第三节 《中国档案保护史论》

### 一、本书概况

#### （一）作者简介

仇壮丽，1975年生，为湘潭大学公共管理学院教授；2001年在职攻读中国人民大学博士学位，师从郭莉珠，2004年以《中国档案保护史论》获得档案学专业档案保护技术方向博士学位后返回湘潭大学继续任教；累计发表学术论文40余篇，长期钻研档案保护技术理论；2013年，曾通过"湖南省档

---

[1] 周春雷，陈艳云，蔡程瑞.图书Z指数及其在影响力评价研究中的应用[J].图书情报工作，2018，62（14）：106–115.

局公开选拔正处级领导干部"考核，调入湖南省档案局，担任科技信息处处长❶，从事档案行政和实践工作，现已调回湘潭大学公共管理学院。

### （二）内容概要

**第一章　档案载体、记录材料发展史**

第一节分别简述了古代档案载体的发现过程、分布、材质、特点和发展趋势，包括甲骨、青铜、金石、简牍、缣帛、纸张等，以及近现代档案载体发展历史、种类、结构、特点和发展趋势，包括胶片、磁记录载体和光学记录载体等；并且作者根据档案载体的历史演变，总结了其变迁的规律。第一，引发档案载体变革的原因包括内源性的需求以及外源性，诸如技术、文化的进步等影响。第二，档案载体的总体发展趋势是信息容量和存储密度增大。第三，新型档案载体的使用寿命往往短于古代档案载体。第四，档案载体的选择经历了从硬度大、密度高的耐久型载体到低密度、低硬度、易加工的载体，又转向硬度大、密度高的耐久型载体。第五，档案载体呈现多元化发展，一是多种载体共存，二是载体材料丰富。第六，档案载体的多元化发展趋势利于档案信息的保护。

第二节分别简述了古代档案记录材料"墨"的制作实践与理论，以及近代档案记录材料的种类和特性，包括纸质档案、胶片档案、磁性载体、光盘档案的记录材料；并且作者探析和总结了记录材料的进化规律。第一，档案记录材料的变革与档案载体和档案信息记录工具的发展同时密切联系。第二，档案信息的记录方式经历了从刻写式到附着式，再到刻写附着式的螺旋变换过程。

**第二章　档案库房建筑发展史**

第一节简述了古代档案库房的概况，包括三代、秦汉、魏晋、隋唐、宋元、明清时期档案库房建筑的地点位置、形制结构、规模、库藏、保管制度等；并探析总结了古代档案库房的特点。第一，始终为封闭性的内部库房。第二，按规格和选址，统而分之有宗庙、宫廷建筑和官府衙署以及专用库房三大类。第三，建筑技术不断提高，从单纯地追求坚固耐久发展为全面防治自然侵蚀与人为破坏。

第二节简述了我国现代档案库房体系的形成、设计原则与要求、特点。

---

❶ 湖南省档案局.湖南省档案局拟录用正处级领导干部公示[EB/OL].（2013–05–20）[2020–07–07].http://sdaj.hunan.gov.cn/xxgk_70959/rsjy/201512/t20151216_1976551.html.

我国现代档案库房体系按照种类分为三条主线，分别是档案室库房建筑、档案馆库房建筑和数字档案馆库房建筑。档案室库房建筑体系的发展历经了建立时期（新中国成立初至1959年）、建设和发展时期（1960年至1966年6月）、停滞和恢复时期（1966年7月至1980年），以及职能扩大和强化时期（1980年以来）四个阶段。档案馆库房建筑分为中央档案馆、县级以上地方档案馆和乡镇档案馆三个级别。而数字档案馆建筑包括在原有库房中增设符合数字档案保护要求的库房和另外单设独立的数字档案馆两种类型。现代档案库房建筑的设计遵从适用性、坚固性和美观性三个基本原则。《档案馆建筑设计规范》规定现代档案库房建筑的设计标准要符合外围护结构的保温、隔热、温湿度要求，防潮、防水、防光、防尘、防污染、防有害生物和防盗、防震等要求。现代档案库房建筑具有如下特点。第一，形式和规格各异，但保管水平良莠不齐。第二，以地上建筑为主。第三，广泛应用现代化设备。第四，在选址、防护、建筑设备等方面有设计规范可依。

### 第三章 档案保护技术与方法发展史

第一节分别简述了古代和近现代档案有害生物防治技术。古代档案防治技术大致分为三种：一是加工档案载体使其附有毒性，或减少其所含营养成分以降低蠹虫的生存概率；二是放置驱避剂于档案装具中以防治害虫侵蚀；三是通过晾晒防虫。近现代生物科学辅助人们进一步清理了有害微生物和害虫的种类及特性，采用切断其来源的方法，辅之物理和化学方法预防和灭杀有害微生物和害虫。

第二节分别简述了古代和近现代档案修复技术的历史。古代档案修复技术的核心是装潢和装裱，主要技法是托裱和修补。作者按照时序和发展水平，将我国古代的装裱历史分为诞生（秦汉、魏晋南北朝时期）、成熟（隋唐五代时期）、高峰（宋元时期）和持续发展（明清时期）四个阶段，并分别简述了各阶段装裱技术的实践、理论及相应的特点。作者认为近现代档案修复技术真正始于新中国成立以后。按照修复对象及方法，将其分为三种类型，一是用传统方法修复传统档案；二是用现代方法修复传统档案；三是用现代方法修复现代档案。作者还简述了现代档案修复技术的理论基础和具体实践，总结了其特点和发展趋势，即多元化、标准化和数字化。

### 第四章 档案保护制度发展史

第一节论述了副本制度的起源、发展、特点、形成原因与局限性。副本制度源于西周，经过历朝历代的发展，至清朝时已相当完善，并出现了相关的理论专著。古代档案副本制度的正面作用在于，"便于查询利用；防止舞弊，以保证信息内容安全；积累材料，便利修史与编纂；补阙备失，以利留存；是政务活动的重要依据"❶。其主要有四个特点，一是名称特别；二是形式特别；三是钤印专门的印信；四是附有特殊处理标记。古代档案副本制度的形成原因有三个，一是满足公文运转需要；二是供封建统治者赏赐之用；三是为了保护档案。至近代时，档案副本制度依旧被沿用，现在已更多以数字化形式存在，其正面意义在于提供利用与保护档案。同时，档案副本制度也提高了档案管理和保护的成本与难度。

第二节简述了我国古代和现代档案装帧制度的定义、发展、种类及装具等特点。古代档案装帧制度包括简册制度、卷轴制度、册页制度。主要分为三种装具，一是单份档案的保护装具；二是以金匮为代表的存放多份档案的封闭式装具；三是以架阁为代表的存放多份档案的开放式装具。而至现代，出现了与新型档案载体相适应的装帧方式，包括缩微档案采用的卷式和片式装帧，磁带档案采用的匣式、开盘式和盒式装帧，软盘档案采用的无纺布和PVC封罩以及高精度硬塑料盒封装，硬盘档案采用的密封模具装帧，等等。现代档案装帧装具也分为三种，一是保存单份档案的装具；二是保存多份档案的柜式装具；三是保存多份档案的架式装具。

第三节简述了我国古代修史制度的历史及其利弊端。修史制度的主要目的在于经世致用，保护了档案，促进了档案史料的收集、管理与开放利用。但同时修纂史书的过程存在阉割历史的现象，且史书的完成导致对原件的重视程度被降低。

第四节分别简述了我国古代和近代档案保护法规的发展历史、特点与意义。历朝历代为维护统治者的利益，在所制定的各种法律典章中均包含有关档案保护的规定，对于档案形成、归档、鉴定、保管、买卖、损害均有严密的定责与惩罚，为档案安全和完整提供了相应的法律保障。但受古代法治本身的局限，档案保护法规具有如下特点。第一，散见于各种律令典章中，缺乏独立的档案保护法规。第二，根本目的是为维护皇权服务。第三，历朝历代发展体现了延续性和继承性。进入近现代，出现了专门的档案保护法规和

---

❶ 张锡田.古代档案文书副本制度[J].中山大学学报（社会科学版），2001（4）：126–131.

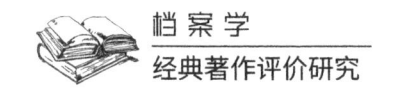

档案保护技术规范、标准,并形成了一个由档案法律、档案行政法规、中央档案行政规章、地方档案法规、地方档案行政规章组成的法律体系。近现代档案保护法规具有如下特点。第一,体系化。第二,更多以预防和抢救的方法代替惩罚。第三,彰显了人民的利益。近现代档案保护法规的积极意义在于:一是将档案活动中的行为准则上升为法规规范,使得我国档案保护工作有法可依;二是利于提高社会档案保护意识;三是利于保护和保存档案。

### 第五章 档案保护规律探析

本章从宏观上分别探讨了地理、政治、经济、文化等各种自然和社会因素与档案保护的关系。第一,地理是自然环境中对档案保护影响最大的因素,档案的产生、档案载体的取材、档案保存的条件都受地理环境制约和影响。第二,政治制度和政治局面对于档案保护既有利又有弊,积极一面在于能够有效地保护档案,消极一面在于对于与统治阶级利益相悖的档案会予以破坏和销毁。第三,经济基础决定了档案保护的水平,经济发展水平和经济体制为档案保护提供了物质基础。第四,档案是传播和保护文化的载体,文化又反作用于档案保护活动。第五,诸如档案材料的性能、耐久性、档案管理和利用环节等其他因素同样与档案保护活动密切相关。

### (三)版本源流

作者仇壮丽于 2001 年进入中国人民大学攻读档案学博士,于 2004 年获得档案学档案保护技术方向的博士学位,《中国档案保护史论》一书即源于其同名博士论文。该书自面世至今,共有两个版本。

2007 年 11 月,作者在对其博士论文进行删改、充实的基础上,在湘潭大学学术著作出版资助下,由湘潭大学出版社首次公开出版。

2017 年 1 月,为回顾中国档案学发展始末及成就兴衰,仇壮丽的《中国档案保护史论》作为中国档案学史的一部分,收录于经《档案学通讯》杂志社策划和编辑的《档案学经典著作》第五卷中,由辽宁大学出版社出版。

## 二、形式评价

由湘潭大学出版社出版的《中国档案保护史论》,于 2007 年 11 月首次印刷,书体装帧采用平装、横排、简体字、32 开,定价 20 元 / 本,具体印数并未标明。此版正文共计 259 页,每本 20 元的单价在 2007 年的图书物价行情中还是易于读者接受的。与《中国档案学史论》的作者李财富相较，仇壮丽及其这本专著也有着类似的发展路线，即两人均是以地方高校档案学教师的身份在职攻读中国人民大学档案学博士学位，在取得博士学位后均定向回到了原工作单位，均以其博士论文为基础出版同名专著，并均是依托所在高校作为平台的地方性高校图书出版社进行首次公开出版。这无疑为作者的专著出版提供了一定程度的便利，同时由于其所属单位均设有相应的档案学专业，故由对应的高校出版社出版其博士论文也占据了一定的学科专业优势。湘潭大学出版社成立于2007年，《中国档案保护史论》可谓该社诞生之时出版的第一批书籍。由该社出版的《共和国粮食报告》一书曾荣获中国出版政府奖题名❶，但该书出版于2009年。《中国档案保护史论》出版之际，该社正处于起步阶段。作为依托湘潭大学为平台的地方性出版社，其主要面向的对象是湘潭市及湖南省内。此外，湘潭大学出版社以教育出版为中心，出版物类型以教材为主。

2017年1月，辽宁大学出版社出版《档案学经典著作》第五卷，并将《中国档案保护史论》收录其中。装帧水平较之于湘潭大学出版社出版的首版有明显提高。该版本采用横排、简体字、胶版纸、软精装，装帧印刷水平较高，定价120元/本。这种装帧水平和内容厚度与每本120元的单价还是相对匹配的。其出版方辽宁大学出版社成立于1985年，主要出版社会科学和自然科学学术专著和各类教材，有400多种图书分别获国家、省、市级的奖励，被教育部职成司定为国家职教教材出版基地之一。总体而言，两版的出版社，从行政隶属关系来看，均依托地方性大学，前者是市级建设高校，后者是省级建设高校，并均设有档案专业，而专业定位均是大学教材，以地方文化为显著特色。

## 三、内容评价

### （一）选题的创新程度

中国档案保护历史是中国档案学术史的一个重要分支。尽管自新中国成立以来，档案保护技术研究的相关论文层出不穷，但探讨档案保护历史的论

---

❶ 中国出版年鉴（2011）：第三十一卷[M].北京：中国出版年鉴社，2011：403.

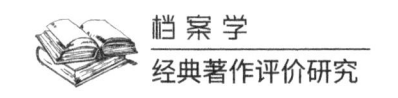

文尚为鲜见,且主要聚焦于古代档案保护技术史,对于近现代档案保护历史的分析和挖掘基本处于空白状态。《中国档案保护史论》是全面系统地梳理中国档案保护历史的首部专著,内容体系承上启下,衔接了我国古代档案保护历史与近现代档案保护历史之间的关联。

### (二)理论的价值、学科的地位

从研究内容的归类来看,《中国档案保护史论》是我国档案学史的重要组成部分。但由于档案保护工作在档案事业中的特殊性,它不是纯粹的理论推演,而是立足且必须落地于实践工作,相较于档案学的其他分支具有鲜明浓郁的实践色彩。因而,《中国档案保护史论》作为档案保护史研究的开山之作,无论在我国档案学术研究,尤其是学科史的勾勒和记录,还是在档案实践工作经验的传承与借鉴中,均占据着不可代替的基础性地位,可谓档案学研究者和档案实践工作者无法绕过的书目。

### (三)同行评议的结果

《中国档案保护史论》作为档案保护史研究的系统之作,无论在选题还是体系建构方面均具有一定的理论高度。

第一,原创性的论文选题,首次全面鸟瞰式地梳理我国古代至近现代档案保护历史的经验与教训,并分析其成因。

第二,原创性的体系结构,以时序为主线,按照档案载体、档案库房建筑、档案保护技术方法、档案保护制度为分主题,论述了各个时期档案保护工作的历史。

第三,分析了各个时期影响档案保护工作的因素,总结了档案保护历史发展的经验与规律。

同时,虽然该书在总体上把握了档案保护发展的全局历史,且各部分体量划分较为均衡,但细节深究略显简单、粗糙。主要体现为如下几点。一是全书的论述层次基本停留于概述,缺乏详略侧重。二是对于每个历史阶段的重要论题没有详尽的历史分期与阶段划分,或是直接引用他人的划分。三是相较于古代和现代档案保护史部分,对于近代档案保护史的探述略显单薄,也缺乏详尽的史料支撑。四是对于某些主题,直接引用或转述并以他人的观点作为核心论点,而缺乏独创性的开拓。

### （四）语言文字的规范程度

第一，结构规整，比例平衡。采用通史体裁，以时间为序，按照档案载体、档案库房建筑、档案保护技术方法、档案保护制度等主题展开论述，各个时期的论述体量分配平衡。

第二，定量与定性结合，图文并茂。兼具定量统计和定性分析，辅之有图表参考与解释。

第三，史论结合，论从史出。在古代档案保护研究部分，参考了大量史料与文献。

第四，语言规范，行文晓畅。遣词造句表达到位，无佶屈聱牙之处，读者阅读无障碍。

### （五）作者的影响力

《中国档案保护史论》由仇壮丽独著，以其同名博士论文为基础。仇壮丽为湘潭大学公共管理学院教师，2001年在职攻读中国人民大学博士，于2004年取得档案学专业档案保护技术方向的博士学位后返回原单位，后又转入湖南省档案局从事档案实践工作，曾任湖南省档案局科技信息处处长，现已调回湘潭大学公共管理学院。《中国档案保护史论》是作者最享负盛誉的作品。

## 四、效用评价

首先，利用中国知网期刊全文数据库，以"中国档案保护史论"作为参考文献进行精确的篇名检索，输出《中国档案保护史论》的施引期刊论文14篇（检索时间为2020年9月20日）。借助中国知网的文献导出功能，选择Excel格式导出相关文献的题名、第一责任者、作者单位等格式。对输出的文献进行相关性分析，剔除重复论文和无署名论文。其次，基于中国知网引文数据库中的"数据分析器"功能，被引文献类型选择"全部期刊"，分别输入相关施引者的姓名（以相关施引文献的第一作者为准），并作为第一作者进行精确检索，从而计算相关施引者的H指数。鉴于本研究旨在定位相关专著在本学科内的地位，故对施引者学术影响力的考量也限定于本学科内，因此"学科类别"选择"信息科技"下类的"图书情报与数字档案馆"和"档案及博物馆"。针对图书情报与档案管理领域内"同名同姓"作者的情况，再输入对应的作者单位进行筛选，以及查阅其所发表论文的期刊发布进行甄别，以精确输出相关施引者的 H 指数。最后，对中国知网引文数据库中所输出的相关施引者的 H 指数进行统计、排序，筛选出 H 指数前十位的施引者，结合其施引次数，具体施引情况见表 13（数据采集时间为 2020 年 9 月 20 日）。

表 13 《中国档案保护史论》被引用情况

| 施引者 | 施引次数 / 次 | 施引者 H 指数 |
| --- | --- | --- |
| 丁海斌 | 2 | 17 |
| 王云庆 | 2 | 10 |
| 霍艳芳 | 1 | 4 |
| 赵鹏 | 1 | 4 |
| 杜钊 | 2 | 3 |
| 聂曼影 | 1 | 3 |
| 窦继惠 | 1 | 1 |
| 段莉 | 1 | 1 |
| 李穗宁 | 1 | 1 |
| 刘艳 | 1 | 1 |
| ⋮ | ⋮ | ⋮ |

通过对施引者的 H 指数序列集合再次进行 H 变换，得到《中国档案保护史论》的 Z 指数为 4。如果按照周春雷的界定，Z 指数 ≥ 6 为高影响力图书[1]，那么《中国档案保护史论》显然不在我国"图书情报与档案管理"领域内的高影响图书之列。然而，这种相对较低的 Z 指数也与档案保护专业本身的学术境况密切相关。一是因为档案保护专业日益萎缩，从事相关研究的科研教学人员的数量与档案学其他方向相比"相形见绌"，故缺乏充足的施引数据作为评价。二是档案保护专业以实践操作为旨归，相对于档案学的其他专业，其对于发表相关文献成果的需求较低，故自然也无法生成充足的施引数据。

---

[1] 周春雷，陈艳云，蔡程瑞. 图书 Z 指数及其在影响力评价研究中的应用 [J]. 图书情报工作，2018，62（14）：106-115.

## 第四节 《中国科技档案史》

### 一、本书概况

#### （一）作者简介

丁海斌，1962年出生，哲学博士，广西民族大学管理学院二级教授，民族学博士生导师，法律史博士生导师（辽宁大学），档案学硕士生导师；在档案学基础理论、档案史、科技档案史、电子档案管理、古代陪都史等多个领域均建立了原创性的理论体系或进行了开拓性的理论探索，累计发表学术论文200余篇，出版学术专著30余部；为全国首届档案领军人才（国家档案局聘任），全国档案专家，中国档案学会全国专家库专家；曾任辽宁大学图书馆副馆长（主持工作）、辽宁大学历史系主任、辽宁大学历史文化学院院长、辽宁大学成人教育学院/继续教育学院院长等行政职务，首届中国科技史教学指导委员会委员、辽宁省档案学会第五届理事会副理事长、沈阳市历史学会副会长等学术职务。[1]

#### （二）内容概要

**第一章 科技档案的起源**

第一章论述了科技档案的起源，包括其诞生的基本条件以及逐渐发展的过程。科技档案的诞生早于文书档案，其源于人类科技活动的需求以及相应记录工具的产生。在文字记录诞生之前，科技档案的形式历经了从实物记录到原始符号记录，再至结绳计数、岩画记事、地图档案，等等。

**第二章 先秦时期的科技档案与科技档案工作**

第二章以史料为基础，论述了先秦时期各类科技档案的源流、管理、种类、作用、出土的相应实物以及相关汇编成果，其中包括地理档案、医药档

---

[1] 广西民族大学管理学院.师资队伍[EB/OL].（2019-01-18）[2020-07-07].http://glxy.gxun.edu.cn/info/2380/5022.htm.

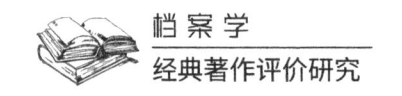

案、天文档案，等等，并单独论述了甲骨科技档案中的甲骨农、牧业科技档案、甲骨天文历法档案、甲骨气象档案、甲骨医药档案、甲骨手工业技术档案、甲骨数学档案、甲骨水文档案。

先秦时期的地理档案以地图档案为主，以供政治、农业生产、战争军事等社会活动之用，并有专人保管。其按题材划分有全国地图档案，以及诸如土地图、矿产图、物产图、军事图等专题性地图档案。具有代表性的相关出土实物，如铜版兆域图、放马滩出土秦国木板地图，等等。除地理档案外，水文档案、物候档案也是先秦科技档案的重要组成部分。我国的医药档案产生于先秦时期，是古人对医疗经验的汇集与总结。目前出土的最早的医药档案实物是甲骨医药档案。据《周礼》记载，西周时期的医药档案已有专人保管，即医师所属之史官。先秦时期的天文档案主要包括天文观测记录档案和历法档案。而天文档案中按生成者，又包含军事部分的天文档案、史家的天象记录。

先秦时期的档案编研成果多以图书形式出现，其中代表性的有以《考工记》为代表的手工业技术规范文件汇集、以《禹贡》与《山海经》为代表的地理科技档案汇编、以《夏小正》与《甘石星经》为代表的天文观测记录档案汇编等。

### 第三章 《周礼》中记载的科技档案与科技档案工作

鉴于《周礼》的内容未尽然反映先秦事实，又因其是记录先秦档案工作的重要古籍，作者单列一章专述其中对天文气象档案、地理档案、医药档案、农业科技档案、手工业档案等各类科技档案的记载，包括其种类、管理制度、作用等。

天文档案由相关负责天文历法的史官专司掌管，包括大史、冯相氏、保章氏、视祲、占梦、大卜等。古人常将天文气象与祸福因果相联系，保章氏、视祲、占梦形成的天文档案均服务于占卜凶吉。

地图档案是地理档案中数量最多、用途最为广泛的一类。按其生成部门和用途，主要分为三类，一是由天官掌管的服务于经济活动的地图档案；二是由地官掌管的服务于行政区域划分的地图档案；三是由夏官掌管的服务于军事活动的地图档案。每一类地图档案都有相应的管理制度。

农业科技档案按照其生成部门和用途，包含农业生产档案和地傅、地约档案，前者主要产生于地官部门，用于指导因地制宜、增强地力、缴纳赋税等农业生产活动；后者主要产生于秋官部门，用于解决田地所有权问题。

医药档案包括两类：一是"医之政令"，记录医务工作的管理与治疗方法；二是"以制其食"，记录稽核众医官成绩，由医师下属的"府"和"史"负责保管相关的档案和文书。

手工业科技档案种类包含建筑业科技档案、采矿业科技档案、制酒业科技档案，并有专人掌管。周代宫室图形档案由"内宰"掌管，建筑规划科技档案由"府"掌管，墓地平面图"兆域图"由所属墓地的专人掌管。"酒正"负责掌管两类制酒业档案，一是包含制酒配方的技术档案；二是反映生产管理的档案。"矿"人负责测绘和保管矿区地图。

**第四章　秦汉时期的科技档案与科技档案工作**

第四章论述了秦汉时期地图档案、天文历法档案、气象档案、医药档案、手工业技术档案的发展、种类、保管机构、管理制度。

秦代集中保存地图档案，并有基本的分类方法，在中央和地方均设有主管地图档案的机构或官员，由"御史中丞"和"丞"分别具体掌管中央和地方的地图档案。汉代的地图档案收集来源于地方政府呈送、臣属呈送、边疆地区献供，主要用于分封诸侯、行政管理、征敛赋税、军事战争、行政执法、水利工程建设、地学研究，等等。而且有相关的保管机构，其中具有代表性的是石渠阁、兰台和东观，汉初科技档案保管制度沿袭秦制，内禁部分仍有御史大夫属官御史中丞掌管，宫外部分则由丞相及其他机构掌管。作为重要的地理档案编纂物，方志亦于汉代兴起。

秦汉天文历法档案和气象档案分为两大类，即历书和天文观测记录，由太史令掌管。秦汉天象观测记录档案较之先秦，其种类更加丰富，内容日趋详尽、精确。

汉代的医药事业繁荣，其中，西汉淳于意所编诊籍档案是迄今为止发现的最早的医药档案，同时也为后世的医案记录提供了一种可供参考的基本格式。

秦汉的手工业技术档案主要包括技术标准和图样档案两大类。作者单独介绍了其中具有代表性的汉代手工业档案"骨签"的载体、制作、年代、内容、形成部门等特征。

**第五章　三国两晋南北朝时期的科技档案与科技档案工作**

第五章论述了三国两晋时期地图档案和天文档案的保管机构、管理制度、种类、编研产品等。

三国两晋南北朝时期，政权更迭频繁，地图档案工作相对衰退，保管方式零散，内容缺乏全面性和系统性。但这一时期出现了一些新型地图档案，一是以杜预绘制的《春秋盟会图》和裴秀主编的《禹贡地域图》为代表的历史地图；二是以谢庄制作的《木方丈图》为代表的木质地理模型；三是以赵夫人绘制的"全国山川地势图"为代表的刺绣地图；四是道教绘制的《五岳真形图》。同时，魏晋南北朝时期出现了《水经注》，是集大成式的陆地水文档案编研作品。

三国两晋南北朝的天文机构及天文档案形成与利用机制已日趋完善。通过天文观测档案资料发现"岁差"，是天文档案在天文学研究中发挥作用的典型案例。同时，这一时期天文档案编研成果也卓有成绩，最具代表性的是天文学家陈卓利用天官职位之便完成对甘、石、巫《三家星经》的整编定纪工作。天文档案编研成果也成为后世绘制恒星图像的依据，如钱乐依据陈卓汇总的三家星官铸造浑象。

### 第六章　隋唐五代时期的科技档案与科技档案工作

第六章论述了隋唐五代时期地理档案、气象档案、天文档案等科技档案的管理制度、种类、编研成果等。

隋唐五代时期地理档案事业繁荣完善，对地图档案的绘制、收集、保管均有严密的规定。这一时期的地图档案种类繁多，包括全国性的行政区划图、地方行政区划图、地势图、军事地图、藩属和邻国地、交通图、风俗图、漕运图、水利工程图、城市规划图、物产图、多色地图、"与道教及历法家有关"的地图、图经中的地图，等等。其他地理档案虽数量有限，但依旧种类丰富，包括地质档案、环保档案、人文地理档案、水文地理档案，等等。隋唐五代时期的地理档案编纂活动活跃，成果累累，形式多样。一是方志类编纂作品，包括以《诸郡物产土俗记》《区宇图志》和《诸州图经集》为代表的全国性的区域方志，以《西域图记》为代表的域外地理志，以《上谷郡图经》《江都图经》等为代表的地方性方志。二是历史地理编研作品，正史、《通典》、方志中以及专门的地理专著中都有大量有关古代地理内容的撰述和汇总，如《隋书》中的《五行志》《地理志》，《通典》中的《州郡典》《边防典》，孙星衍的《括地志》，等等，它们从一定程度上实现了对古代地理的编研。

隋唐五代时期的天文观测机构和天文档案形成与保管趋于专门化，唐代设司天台，专司观测记录天文星历，相关天文档案存于宫廷秘阁，部分报送史馆供修史之用。唐代的僧人一行曾授命组织观测天文星历，是中国古代首次全国性的大规模天文测量，为《大衍历》的编定提供了必要的数据。同时，农业生产需要催生了气象气候档案的大量诞生，散见于官修的各类史志中。

隋唐时期医疗卫生事业的制度化推动了医疗档案工作的规范化，相应的档案制度也势在必行。同时，隋唐两代致力于医方档案和草药档案的收集、保存和编纂，医方档案代表性编纂成果如《四海类聚方》《千金方》《外台秘要》等，草药档案代表性编纂成果如《新修本草》。

### 第七章 宋辽金元时期的科技档案与科技档案工作

第七章论述了地理档案、工程图档案、天文历法档案的形成过程、保管机构、管理制度、种类、编纂成果。

宋朝重视收集和保管地图档案，广泛应用于国家政治、经济和军事活动中，并制定了严密的地图绘制和收集制度，中央政府地图档案保管于三处，一是宫廷内的"秘府"；二是中书院和枢密院；三是职方。宋辽金元时期的地图档案种类繁多，按内容划分，包括全国总图、地区图、城市地图、边境地图、专业地图。按材质划分，包括屏风图、石刻地图、地图模型。此外，还有以陆地水文档案和海洋水文档案为代表的水文地理档案。这一时期的地理档案编纂成果形式包括全国总志、图经、地方志等。

宋代的大型工程建筑施工前，在调查研究后先绘制图样，后经审查修改，图样由图纸形成机关保存，重要图纸则随奏折上呈，归档于大内秘阁。宋代的工程档案原件目前已无处可寻，但诸如《武经总要》《考古图》等著作中均有流传。

宋辽金元时期先后进行了多次恒星位置观测活动，并根据观测数据编制了相关纪元历、星表、星图等天文档案。同时，不乏能人异士在天文档案编纂中有突出贡献，如沈括通过观测天文，编制成候簿呈上，归档后由史家保存；苏颂编撰的《新仪象法要》是世界现存最早且最完整的科学星图；郭守敬依据天文档案编成《授时历》；黄裳临摹天文档案镌刻《天文图》碑，等等。

### 第八章 明清时期的科技档案与科技档案工作

第八章论述了明清时期地理档案、天文历法档案与气象档案、医药档案、工程档案的形成过程、保管制度、种类。

明代重视地图档案的收集与整理，朱元璋称帝后特建大本堂收存从元代

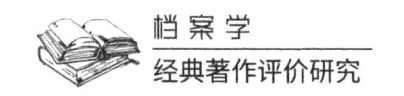

官府收集来的图籍档案，朝廷保管地图档案的部门包括兵部职方司、户部、詹事府等。明太祖又建立了三年造送一次地图的制度。明代具有代表性的地图档案编研作品，是由陈组绶编纂的《皇明职方地图》。清代初期沿袭明制，由兵部职方司管理地图档案。中央政府地图档案集中保存于舆图房，部分保存于盛京皇宫中。清代对科技档案整理有着明确的分类原则，代表性的编制目录即《萝图荟萃》。

明清时期均设有钦天监记录天文星象，其也是天文档案的主要形成者。明清时期的气象档案主要包括雨量观测记录、雨雪分寸记录、晴雨录档册。明清时期官方医药档案和民间私人医疗档案均有发展。明清政府均设有太医院掌管宫廷医疗，也是官方医药档案的直接生成者。而以医案为代表的私人医药档案也逐渐走向科学化，涌现了大量以医案为基础编纂的成果，如薛己的《薛氏医案》、江瓘的《名医类案》，等等。同时，较之前代，清代医药档案的内涵更全面、形式更多样。

明清时期的工程档案形成分散，清代的工程档案主要分布于工部，工部下设清档房，专管工部档案。清代严格的工官制度致使工程营造过程中生成了内容繁多、形式多样的工程档案，包括谕旨、奏折、行文、绘图说帖、做法清册、销算黄册清单、图样等。

### 第九章　近代科技档案与科技档案工作

第九章论述了近现代各类科技档案工作诞生与发展，并列举了相关典型代表作为例证。

近代科学技术的传入及中国新式工业的产生与发展催生并推动了中国近代科技档案产生与发展。鸦片战争后，逐步建立了近代科技档案工作。一方面，洋务运动推动了一批近代工矿交通企业的建立，继而促进了科技档案数量的激增。另一方面，清政府设立的有关部门，如光绪设立的农工商总局也生成了一部分近代科技档案。同时，清代组织了多次全国地图测绘，诞生了一系列相关近代科技档案编研成果，包括康熙时生成的首部以西法绘制的《皇舆全览图》、乾隆时的《乾隆内府舆图》、光绪时的《大清会典舆图》等。民国时期由于近现代政治制度、经济制度的发展推动了各类科技档案数量和形式的激增，以及相应保管制度的完善。

### 第十章　中华人民共和国时期科技档案事业发展的基本过程

第十章论述了中华人民共和国成立后，我国科技档案事业发展的轨迹以及在各个阶段呈现的特点。

新中国成立至1957年，是中国科技档案工作非独立发展时期。新中国成立后至1955年前，科技档案一直作为科技资料的一部分收藏于各单位技术资料管理机构中。直至国家档案局的建立以及由国务院发布的《关于改进档案、资料工作的方案》直接推动了我国科技档案管理制度的形成，后续由国务院规划委员会设立的资料组、国家档案局编印的《技术资料工作通讯》、中国人民大学创办的技术档案专修科为科技档案工作的进一步发展提供了各方面支持。1957—1966年，中国科技档案工作进入初步发展阶段。在这一阶段，中国科技档案工作取得如下成就。一是健全了科技档案工作机构；二是初步建立中国社会主义档案工作原则、体制、方针等；三是加强了科技档案工作的指导、监督和检查；四是初步奠定了技术档案管理理论体系的基础。1966—1976年"文革"期间，科技档案事业遭到严重破坏。十年"文革"结束后，科技档案事业逐步恢复，并全面发展。其主要成就包括：一是基层科技档案工作普遍得以加强；二是各专业科技档案工作迅速发展；三是科技档案工作在现代化建设中发挥的作用越来越大；四是科技档案学术研究水平提高，教育规模不断扩大。20世纪80年代以后，科技档案工作逐步走向数字化。

专论——科技档案管理知识与科技档案教育的产生与发展

"专论"分为两部分，一是以"科技档案管理学"为核心，从认识论意义上探讨了中国科技档案管理知识从感性层面上升到理性层面的发展过程；二是论述中国科技档案专业教育的发展历程。

（三）版本源流

《中国科技档案史》自出版之际，共计两版。

1990年，丁海斌在参与国家档案局和国家教委在山东威海市联合举办的全国档案学研讨班过程中，萌生了对中国科技档案史研究的兴趣；并与张克复合作，于1999年由甘肃文化出版社出版《中国科技档案史纲》，该书也成为我国科技档案史研究的开山之作；后在国家社会科学基金项目"现存中国古代科技档案遗产及其科技文化价值"的资助下，以此书为基础，结合作者后续多年的探讨与积累，经删改、扩充，并在丁海斌博士生导师陈凡教授合作和指导下，于2007年7月由东北大学出版社出版，更名为《中国科技档案史》。

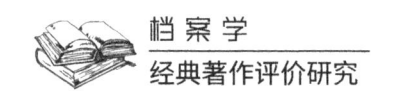

2017年1月，为回顾中国档案学发展始末及成就兴衰，丁海斌的《中国科技档案史》作为中国档案学史的一部分，收录于经《档案学通讯》杂志社策划和编辑的《档案学经典著作》第五卷中，由辽宁大学出版社出版。借助此次出版契机，丁海斌又重新对《中国科技档案史》进行了校对与删改。

## 二、形式评价

由东北大学出版社出版的《中国科技档案史》，于2007年7月首次印刷，书体装帧采用平装、横排、简体字，定价40元/本，具体印数并未标明。此版正文共计372页，每本40元的单价在2007年的图书物价行情中还是易于读者接受的。东北大学出版社成立于1985年，是隶属于中华人民共和国教育部的高校出版社。作为一家依托高校为平台的出版社，其出书的宗旨和目标主要由本校特色的学科专业决定，地方特色较为鲜明。其出书范围主要涉及信息科学与自动化、机械工程与自动化、资源共享与环境工程、材料冶金、经济管理、公共管理、基础科学等学校和专业，主要服务于本校以及辽宁省内的教学研究，出版类型以教材、教学参考书、工具书为主，获得的奖项也基本来源于辽宁省内，而全国范围内的图书荣誉相对缺乏。

2017年1月，辽宁大学出版社出版《档案学经典著作》第五卷，并将《中国科技档案史》收录其中。装帧水平较之于东北大学出版社出版的首版有明显提高。该版本采用横排、简体字、胶版纸、软精装，装帧印刷水平较高，定价120元/本。这种装帧水平和内容厚度与每本120元的单价还是相对匹配的。其出版方辽宁大学出版社成立于1985年，主要出版社会科学和自然科学学术专著和各类教材，有400多种图书分别获国家、省、市级的奖励，被教育部职成司定为国家职教教材出版基地之一。

## 三、内容评价

### （一）选题的创新程度

中国科技档案史作为中国档案学术史中不可或缺的重要组成部分，反映了我国科技档案工作在历史进程中积累的经验与教训，但相关研究长期未受重视。一方面，中国档案史研究偏重文书档案，而对于科技档案研究给予的关照相对欠缺。另一方面，科技档案这一研究领域内部，主要聚焦于某一类专业性科技档案的管理，而对于科技档案总体的历史梳理相对薄弱。

在《中国科技档案史》出版之前，丁海斌已陆续发表了若干篇论文进行探讨，并于1999年与张克复合作出版了《中国科技档案史纲》，该书也成为我国第一部以"科技档案史"为主题的专著，打破了我国科技档案史研究长期空白的局面。但《中国科技档案史纲》由于史料阙如以及当时的探索处于初步阶段，诸多问题未能深究且在某些重要专题研究上存在缺漏。后结合作者后续多年的持续研究与积累，在对《中国科技档案史纲》进行删改、扩充的基础上，重新出版，并更名为《中国科技档案史》。该书成为第一部全面系统梳理我国科技档案史发展过程的专著，奠定了我国科技档案史的宏观理论体系，在我国档案学史研究中具有里程碑地位，对于当前档案史研究被削弱的倾向也有反推作用。

（二）理论的价值、学科的地位

学术史梳理的目的是"前见古人，后为来者"：一方面，通过回顾某一专题的源流演变，厘清前人工作的成败得失，把握事物发展的起伏高低，以便对某个人物或某个时代的高度在时间的长河中进行准确的历史定位；另一方面，对历史经验和规律的总结不仅为后来者的相关研究提供创新的来源和以供借鉴的基础，也能夯实整个学科学术历史研究的根基。科技档案史既是一种特定的社会文化形态，同时又是档案学史不可或缺的一部分。将其置于一个专题范围内进行历时性的回眸与考察，是对前人功绩的尊重和对后者研究的铺垫，也是档案学学术走向成熟必然需要经过的一道"门槛"。《中国科技档案史》作为首部全面系统梳理科技档案史的专著，也自然在档案学理论研究中处于基础性地位。

（三）同行评议的结果

《中国科技档案史》无论在选题还是体系建构方面均具有一定的理论高度。

第一，在选题上，首次较为全面系统地梳理了我国科技档案史演变的过程，总结了我国科技档案和科技档案工作在不同时期的特征以及发展规律，在科技档案研究以及档案学史研究中无疑奠定了理论基础。

第二，在体系上，以时间为主线，按照通史的体裁，论述了不同时期各

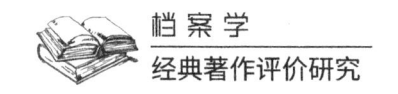

类科技档案工作的形成过程、保管机构、管理制度、种类、编纂成果等。宏观的结构布局明晰，论述内容广而全，基本涵盖了我国自先秦时期科技档案和科技档案工作的发展历程。同时，各部分论述的比例分配相对均衡，每个阶段基本涉及地理档案、天文气象档案、医药档案、工程档案等各类科技档案的论述。

第三，在研究方法上，史论结合，论从史出。全书参考了大量史料、文献，以及已有的史学研究成果，持之有据。

同时，《中国科技档案史》在原创性上稍显不足，以及微观的排篇布局存在明显缺陷。

第一，《中国科技档案史》是合作编写的作品，其在写作方式上呈现出两个特点。一是并非独著作品，而是由丁海斌和陈凡合作完成，两人均对该书的面世具有不同程度的贡献。当然按照署名顺序，前者在该书中所提供的贡献的比例更多。后者是前者的博士生导师，也是科学技术哲学教授，为科学技术、档案学和历史学三个领域的融会贯通提供了有益的指导和帮助。二是该书的写作方式是"编著"，是"编"与"著"的有机结合，但以"编"为主，即在对已有资料和研究成果进行筛选、整理、加工的基础上，补充部分个人观点与见解。因而，相对于基本依靠个人研究成果创作的作品，其在体裁和内容上原创性的比例相对较少。

第二，部分章节的设计缺乏一以贯之的逻辑结构。例如，多数章节是按照"形成过程、保管机构、管理制度、种类、编纂成果"这些主题对每个时期各类科技档案分别进行详细论述，但在某类科技档案中，又缺乏这一论述逻辑，而又忽以具体编研作品为主题进行论述。如在第七章中，"地理档案"和"天文历法档案"与"地图档案"和"工程档案"即按照两种截然不同的逻辑结构进行组织。此种现象在全书中不一而足。作者也未交代这种"逻辑穿插"的原因。

第三，部分章节与"科技档案"这一主题的直接相关性并未得以彰显。例如，在第八章第一节"明代的地图档案"这一部分中，主要是对明代后湖黄册库的建立过程及保管制度的介绍，未见任何"科技档案"字眼。尽管后湖黄册库也是一种档案保管机构，但其与明代的科技档案保管之间是否具有相关性，如是否保存科技档案，并未说明。同样，此类现象在全书中不一而足。

## （四）语言文字的规范程度

第一，整体宏观结构规整，逻辑明晰，在微观上的排篇布局略有缺憾。

第二，语言表达相对到位，但部分章节缺乏概括性的总结与归纳。

第三，参考引用了大量文献，且标注规范，注重原创与借鉴的结合。

## （五）作者的影响力

《中国科技档案史》的第一作者丁海斌是我国档案学领域中为数不多的二级教授，也是国家档案局聘任的首届全国档案领军人物和全国档案专家，在档案学、科技文献学、科技史、地方史等领域均建立了原创性的理论体系或进行了开拓性的理论探索。

《中国科技档案史》的合作者陈凡教授是丁海斌的博士生导师，他是东北大学哲学学科带头人，享有国务院学位委员会哲学学科评议组成员、教育部高等学校思想政治理论课教学指导委员会委员、中国自然辩证法研究会副理事长等各种头衔与名誉。

## 四、效用评价

首先，利用中国知网期刊全文数据库，以"中国科技档案史"作为参考文献进行精确的篇名检索，输出《中国科技档案史》的施引期刊论文26篇（检索时间为2020年9月20日）。借助中国知网的文献导出功能，选择Excel格式导出相关文献的题名、第一责任者、作者单位等格式。对输出的文献进行相关性分析，剔除重复论文和无署名论文。其次，基于中国知网引文数据库中的"数据分析器"功能，被引文献类型选择"全部期刊"，分别输入相关施引者的姓名（以相关施引文献的第一作者为准），并作为第一作者进行精确检索，从而计算相关施引者的H指数。鉴于本研究旨在定位相关专著在本学科内的地位，故对施引者学术影响力的考量也限定于本学科内，因此"学科类别"选择"信息科技"下类的"图书情报与数字档案馆"和"档案及博物馆"。针对图书情报与档案管理领域内"同名同姓"作者的情况，再输入对应的作者单位进行筛选，以及查阅其所发表论文的期刊发布进行甄别，以精确输出相关施引者的H指数。最后，对中国知网引文数据库中所输出的相关施引者的 H 指数进行统计、排序，筛选出 H 指数前十位的施引者，结合其施引次数，具体施引情况见表 14（数据采集时间为 2020 年 9 月 20 日）。

表 14 《中国科技档案史》被引用情况

| 施引者 | 施引次数/次 | 施引者 H 指数 |
| --- | --- | --- |
| 丁海斌 | 4 | 17 |
| 刘东斌 | 1 | 12 |
| 赵彦昌 | 1 | 10 |
| 邢变变 | 1 | 6 |
| 何庄 | 1 | 5 |
| 韩季红 | 1 | 2 |
| 齐海彬 | 1 | 2 |
| 赵彦龙 | 1 | 2 |
| 崔慧红 | 1 | 1 |
| 范雯然 | 1 | 1 |
| ⋮ | ⋮ | ⋮ |

通过对施引者的 H 指数序列集合再次进行 H 变换，得到《中国科技档案史》的 Z 指数为 5。如果按照周春雷的界定，Z 指数 ≥ 6 为高影响力图书[1]，那么《中国科技档案史》并不在我国"图书情报与档案管理"领域内的高影响图书之列。

---

[1] 周春雷，陈艳云，蔡程瑞. 图书 Z 指数及其在影响力评价研究中的应用[J]. 图书情报工作，2018，62（14）：106–115.

# 第六章 《档案学经典著作》第六卷评价

## 第一节 《档案的整理与编目手册》

### 一、本书概况

（一）作者简介

缪勒（1848—1922）：1874年起担任乌得勒支市档案馆馆长；1895年，被荷兰档案工作者协会选定，撰写《档案的整理与编目手册》，主要负责第2~4章，撰写30条（和斐斯合写另外一条）以及手册的序，并负责最后的编辑工作；1910年，在布鲁塞尔召开的国际图书馆员与档案馆员大会上，作为档案会议主席主持档案学术讨论，对大会成功作出了重要贡献；1913年，斐斯逝世后，缪勒重新回到档案工作者协会主席的岗位。

斐斯（1858—1913）：以兼任律师与文物工作者身份开始档案职业生涯；[1]1891年，与阿姆斯特丹市档案馆馆长、莱顿市档案馆馆长、德伦特市档案馆馆长、努德－布拉班特市档案馆馆长和哈勒姆市档案馆馆长共同创建荷兰档案工作者协会；1894年，决定恢复档案的原来形式和结构，但仍保留他父亲按照年代顺序和字母顺序编制的馆藏目录；1895年，参与《档案的整理与编目手册》的撰写，和缪勒共同负责第2、4章，撰写26条；1913年，在格罗宁根国家档案馆的工作台上去世。

福罗英（1857—1935）：1888年在乌得勒支市开始其档案职业生涯，受到新的档案整理与编目方法的训练；1895年，因努德－布拉班特市档案馆

---

[1] 冯立华．"纪念荷兰手册出版100周年学术报告会"在北京举行［J］．档案学通讯，1998（5）：3-5．

馆长以及其之后的多齐退出，加入缪勒、斐斯共同撰写《档案的整理与编目手册》，负责第6章和第1、5章的一半；1910年，接替缪勒担任荷兰档案工作者协会主席，任职3个月后辞职，成为阿姆斯特丹的法律史教授；1918年负责制定档案法及其实施，1931年任国际历史科学委员会档案委员会主席，1935年去世。❶

（二）内容概要

《档案的整理与编目手册》全书共六章，约13万字，详细阐述了有关档案的整理与编目的100个问题。

第一章"档案馆档案的来源与组成"，第1~14条，共14条。其内容要点是：档案全宗定义表述的问题（第1条）、档案全宗有机体的问题（第2条）、档案全宗不可分散性的问题（第10条）、档案馆档案来源与组成的问题（第4、7条）、有机形成的档案全宗必须分别保管的问题（第8条）、档案全宗的其他问题［私人团体和私人产生档案全宗（第3条）、档案文件归属全宗（第5、8~9条）、档案全宗归属档案馆（第4、6~7、13~14条）、处理拆散全宗（第11~12条）］。

第二章"档案文件的整理"，第15~36条，共22条。其内容要点是：档案全宗系统整理的问题（第15~16、19条）、整理档案全宗犹如拼凑动物骨架的问题（第20条）、尊重和利用原有整理基础的问题（第24条）、零散文件整理的问题（第25~28条）、整理档案全宗过程中涉及文件销毁的问题（第33~34条）、整理中注意恢复档案全宗完整的问题（第35~36条）。

第三章"档案文件标题的拟制"，第37~49条，共13条。其内容要点是：拟制标题要求的问题［拟制档案全宗标题的要求（第37、39条）、拟制文件本或历史案卷标题的要求（第38条）、拟制系列文件和文件本标题的要求（第41~42条）、拟制正式证件和联结文件标题的要求（第46~47条）］、拟制标题时记述日期的问题（第43条）、目录条款内容的问题（第48条）。❷

第四章"档案目录的编制"，第50~69条，共20条。其内容要点是：拟制档案全宗目录要求的问题（第50~53条）、拟制档案全宗目录中设置类项要

---

❶ 埃里克·凯特拉，王德俊，冯立华，黄坤坊.缪勒、斐斯和福罗英[J].档案学研究，2000（4）：41，55-59.

❷ 王德俊.荷兰手册——简介及评述（上）[J].北京档案，1998（7）：3-5.

求的问题（第 56~58、61 条）、编制目录应当编顺序号和索引的问题（第 62、64 条）。

第五章"案卷标题的拟制"，第 70~83 条，共 14 条。其内容要点是：拟制案卷标题要求的问题（第 70~71 条）、编制一览表要求的问题（第 72~74、79、82 条）。

第六章"某些术语和符号的习惯用法"，第 84~100 条，共 17 条。其内容要点是：术语统一必要性的问题（第 84 条）、文件本等若干区别的问题（第 85~87、89、91 条）、若干文件概念表述的问题（第 92~93、95 条）。❶

### （三）版本源流

《档案的整理与编目手册》（以下或称《荷兰手册》）于 1898 年在荷兰首都海牙出版，在欧美以及世界档案界形成了很大的影响力。❷ 该手册于 1905 年由汉斯·凯泽译为德文，在德文版本的基础上，于 1908 年译为意大利文出版（1974 年再版）。1910 年，比利时国家档案馆乔斯·卡维莱尼和法国档案馆享利·斯坦将手册译成法文出版。1912 年译成保加利亚文出版。该手册的俄文摘译稿曾在苏联 1925 年第 2~4 期《档案工作》杂志上刊载。1940 年，美国阿瑟·列维特将法文版本译为英文出版，随后于 1968 年再版。20 世纪五六十年代，该手册的影响范围不仅限于欧美各国，还扩大到了亚洲和拉丁美洲各国档案界。其有力证明为：根据 1940 年英译本的再版本，中国人民大学历史档案系档案史教研室将手册译为中文，并于 1959 年在北京出版；1960 年，该手册被译为葡萄牙版本在巴西出版（1973 年再版）。2017 年，由辽宁大学出版社出版的《档案学经典著作》第六卷选用了 1959 年的中译版本再次将《档案的整理与编目手册》介绍给世人。

该手册自出版以来，对欧洲、北美洲、亚洲和拉丁美洲各国档案界造成了广泛的影响❸，出版有荷兰文、德文、意大利文、法文、保加利亚文、俄文、英文、中文和葡萄牙文 9 种版本。

---

❶ 王德俊.荷兰手册——简介及评述（下）[J].北京档案，1998（8）：3-5.

❷ 刘旭光，王慧.百年变迁——纪念荷兰手册出版 110 周年 [J].档案学通讯，2008（6）：19-22.

❸ 王德俊.荷兰手册评述 [J].档案学研究，1998（1）：3-5.

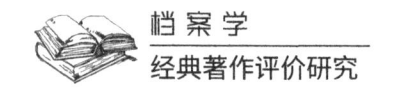

## 二、形式评价

《档案的整理与编目手册》于1898年在荷兰海牙首次出版，1920年再版；1905年起，先后被译为德文、意大利文、法文、保加利亚文、俄文、英文、中文和葡萄牙文版本。

《档案的整理与编目手册》中译本由中国人民大学历史档案系翻译，1959年由中国人民大学出版社出版。中国人民大学出版社于1955年成立，是中华人民共和国成立后第一家高校出版社。1982年教育部授予其"全国高等学校文科教材出版中心"称号，随后该社还获得了"中国出版政府奖先进出版单位奖""全国百佳图书出版单位"等多个荣誉称号，是我国高校教材和学术著作出版的重要基地。中译本使我国档案学研究开始关注《档案的整理与编目手册》对于档案工作所具有的理论与实践价值，但是由于研究并非基于原始文献，所以研究中存在一定的偏差。

2017年将《档案的整理与编目手册》收录其中出版的《档案学经典著作》第六卷是放眼于全球的新尝试，由《档案学通讯》杂志社编辑、辽宁大学出版社出版。辽宁大学出版社成立于1985年，是具有丰富出版经验的大学出版社，曾承担国家出版基金项目《满族文学史》（1~4卷）、《新编满族大辞典》。《档案学通讯》杂志创刊于1978年，由教育部主管，中国人民大学主办，中国人民大学信息资源管理学院（档案学院）承办，是由新闻出版广电总局认定的首批学术期刊，也是唯一由国家社科基金资助的档案学术期刊；在《中文核心期刊要目总览》确定的档案学、档案事业类核心期刊中位居首位。《档案学通讯》杂志社具有很好的学术资源和整合学术资源的能力，之前成功策划、编辑了《档案学经典著作》的前五卷，取得了很好的社会反响。《档案学经典著作》第六卷延续前五卷的外形设计，精装16开，定价为120元/本。

## 三、内容评价

### （一）选题的创新程度

《档案的整理与编目手册》创新之处在于：一是创造性地提出了档案全

宗是一个有机整体的思想；❶二是著作本身来源于实践，通过实践来指导理论，这些理论又反过来指导档案工作的实践。

## （二）理论的价值

《档案的整理与编目手册》理论的价值主要体现在：第一，为档案学学术研究提供了理论框架。陈兆祦、王德俊于《档案学基础》中指出：《档案的整理与编目手册》的出版使人们真正认识和承认了档案学的学科独立性。《荷兰手册》是进行档案学研究的必读文献，是档案学的开山之作，也是档案学研究的理论基石。❷第二，阐述和论证了来源原则的优越性，推动了来源原则的广泛传播。第三，加强了档案界对档案学学术术语的研究强度。《荷兰手册》最后一章具体阐明了档案学中某些术语和符号的习惯用法。受到《荷兰手册》的影响，在之后的国际档案界各种重要会议也在不断进行着对档案学学术术语的研究。❸

## （三）学科的地位

《档案的整理与编目手册》作为迄今为止译本最多的著名档案学著作，对世界档案学的发展作出了巨大贡献。同时，该书也被视作档案学成为独立学科的标志。

该手册收获了若干权威工具书的极高评价：被《不列颠百科全书》列为"世界档案学名著之一"；《中国大百科全书档案学分册》指出：该手册在总结欧洲档案工作经验、继承和发展前人研究成果的基础上，系统地阐述了档案整理与编目的理论、原则与方法，书中提出了档案全宗的有机联系和不可分散的原则，深刻诠释的全宗理论是全书最精彩的部分之一；《档案学词典》认为其是档案人员案头必备的档案学经典著作。

除了权威工具书，苏联档案专业教科书将《荷兰手册》视为"档案工作理论与历史原理的第一部总结性著作"及"当时档案学优秀成绩的范例"❹。

---

❶ 李玲玲.以创新精神实现中国档案学研究的飞跃——读《荷兰手册》有感[J].云南档案，2011（9）：35.

❷ 和梦吉.《荷兰手册》——档案学界的"牧者"[J].兰台世界，2012（5）：13-14.

❸ 杨宗鸣.论新时期荷兰手册的指导意义[J].兰台世界，2013（S2）：11.

❹ 张一帆.读《荷兰手册》有感[J].云南档案，2013（12）：29-30.

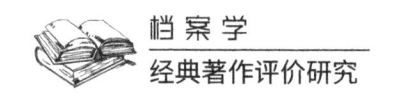

### （四）同行评议的结果

缪勒、斐斯和福罗英三人结合档案工作的实际，撰写《档案的整理与编目手册》。手册的内容全面、实用，呈现出极高的理论与实践价值，其推崇的来源原则作为档案职业的基本原则，至今仍未过时，仍然发挥着现实效用。

《档案的整理与编目手册》自布鲁塞尔大会后在世界各国档案界迅速广泛传播。美国档案学家谢伦伯格在《现代档案——原则与技术》一书中将手册称为"现代档案工作者的圣经"；加拿大档案学者库克在第13届国际档案大会上所作的《荷兰手册出版以来档案理论与实践的相互影响》报告中提到，"手册所阐述的思想是成为本世纪档案与理论实践的基础"；埃里克·凯特拉认为《荷兰手册》提供了一种规范的档案学方法论。❶荷兰格罗宁根市档案馆馆长在报告《从布鲁塞尔到北京》中强调：该书的作者注定享有世界盛名，档案人员正是在那时意识到他们的职业特性；加拿大档案学者库克指出：缪勒、斐斯和福罗英是现代档案理论发展史的起点；埃里克·凯特拉在1996年接受采访时提到，"他们的科学思想仍然充满活力，我们今天的档案工作者在今天以至明天的世界上重新认识和接受他们的思想"。

中国档案学者、专家对该书的评价主要有以下几点：该书为来源原则奠定理论基础；该书阐述和论证了来源原则的优越性；该书的作者是探讨档案理论和原则的先驱；该书的问世是档案学成为一门独立学科的标志；该书是档案学的经典著作，是档案人员的案头必备。❷除了对于该书的积极评价外，也有部分学者指出了其局限性。曾凡斌指出该书存在七大局限：普及性低，不适合初步接触档案的工作人员；针对已进馆的历史档案，未涉及现行档案；手册部分内容失去时代价值；档案系统整理观点狭隘；部分内容与我国国情冲突；私人、家庭档案被排除在全宗范围之外；未涉及档案鉴定和利用环节。❸

---

❶ 陈祖芬.档案学研究成果的范式论评析——基于综合调查的研究[J].档案学通讯，2010（1）：23-26.

❷ 王德俊.当前国际档案界学术新动态、新观点概述[J].兰台世界，1998（11）：3-5.

❸ 曾凡斌.浅析《荷兰手册》的得与失[J].湖北档案，2009（3）：17-18.

### （五）语言文字的规范程度

《档案的整理与编目手册》的作者缪勒、斐斯和福罗英曾担任过市级或市级以上档案馆馆长，具有丰富的档案工作实践经验及较高的理论造诣。作者本身深厚的学术素养，也使得手册语言呈现出较高的规范性。

这种规范性可以归结为以下几方面。

一是实用性、指导性。手册中所有原则与方法的提出均是针对当时荷兰工作所出现的实际问题提出的，并非作者的主观想法，有一定的实例支撑。

二是全面性、详细性。手册的 100 个问题对于当时的档案工作内容来说已非常全面，且作者已经将实际工作中遇到和能想到的已经出现和可能出现的问题都进行了详细的解答。

三是严谨性、严肃性。具体表现为作品内容论述的严谨性和作者对待每个档案工作环节的严肃性。其涉及问题全面、论述内容详细，这些都体现了作者严谨的学术态度。[1]

## 四、效用评价

### （一）社会效益

1. 对中国的影响

《荷兰手册》对于我国的影响过程可以划分为中华人民共和国成立前对中国近代档案学研究的影响、中华人民共和国成立后对中国现代档案学研究的影响两个阶段。

第一阶段，研究范围的局限性和图书馆学理论的渗透使得《荷兰手册》并未造成显著影响，但是部分档案学著作已经对手册进行了介绍，如殷钟麒的《中国档案管理新论》、傅振伦的《公文档案管理法》中都提到了"普鲁士之由来原则（此处应为'登记室原则'或'来源原则'，原文所述不准确——笔者注），不久即为荷兰手册所采引，1897 年 7 月 10 日，荷兰内政部即明定条例。其后荷兰档案学家缪勒、斐斯、福罗英合撰档案学指南（即指《荷兰

---

[1] 赵林林.重读荷兰手册有感 [J].兰台世界，2008（22）：12-13.

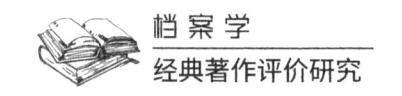

手册》——笔者注），又阐明来源之理论，而其说大行"。

第二阶段可分为三个时期：1949—1959年、1959—1978年、1978年至今。1949—1959年，中国现代档案学创立，将苏联档案学的全宗理论、原则加以运用，一定程度上受到《荷兰手册》的影响。1959—1978年，1959年手册中译本的面世标志着中国现代档案学研究开始受到手册的直接影响。这一时期的研究仅针对技术层面，研究广度和深度有待提升。1978年至今，手册的影响日益扩展与深入，表现在学术专著对内容的阐述和评价更为详细，如黄坤坊编著的《欧美档案学概要》（1986年版）、吴宝康主编的《档案学概论》（1988年版）以及韩玉梅、张恩庆和黄坤坊合著的《外国档案管理概论》（1987年版）；以全宗理论为主要内容的论著大量出现。受其影响，《档案学论著目录》的续编本与原本相比，不仅论文数量增多，且论文对于全宗理论的研究范围进一步扩充，不再局限于全宗的划分、编号。

中国档案学者将手册阐述的来源原则精神和我国档案工作实际相结合，发展成了具有中国特色的全宗理论。第一，确认了全宗的表述。邓绍兴、和宝荣主编的《档案管理学》（1989年版）对全宗定义所作的表述具有代表性："全宗是一个独立的机关、组织或人物在社会活动中的档案有机体。"第二，确认了构成全宗立档单位的条件，明确了划分全宗的原则和方法。陈兆祦、和宝荣主编的《档案管理学基础》指出："确定一个单位是否是立档单位，主要应该研究它们在行政上、财务上和组织人事上是否有一定的独立性。"第三，对手册中全宗概念及其范围进行延伸与拓展，具体表现为出现了全宗的补充形式以及主体全宗、客体全宗、类全宗等新的全宗概念。目前我国档案界更多地将"联合全宗""汇集全宗""档案汇集"等视为全宗的主要补充形式。第四，形成了独具特色的国家档案全宗的概念及其组成部分。《档案学概论》（1988年版）中指出："国家档案，指归国家所有、由国家统一管理的全部档案财富的总和，国家档案信息系统的最高层次。"❶

2. 对世界的影响

《档案的整理与编目手册》对于世界的影响与贡献可以概括为以下七点：一是将全宗定义为下列各种文件的整体，这些文件是由行政单位或其行政人

---

❶ 陈勇，韦敏.荷兰手册对中国档案学研究的影响[J].档案学通讯，2003（2）：29-32.

员所正式受理或产生的，并经指定由该单位或该行政人员保管的书写文件、图片和印刷品；二是提出一个完整档案全宗下的档案不得分散保存的观点；三是提出将档案全宗视为有机整体与活的有机体的观点；四是对档案全宗的系统整理作出了详细诠释；五是认为整理档案全宗犹如化石学家在整理动物骨架时，试图将骨架再拼凑成一个动物骨架的过程；六是对档案整理应当尊重和利用原有整理基础作出阐述；七是提出相关术语需要统一。❶

（二）学术著作的引用率

2020年10月3日，笔者以"档案的整理与编目手册"为检索词，以"被引文献"为检索项，在中国知网文献数据库中进行引文检索，检索结果为71篇。71篇文章中密切相关的文献主要包含以下两类。

第一，对该书的评价及分析。如《欧美档案学对中国近代档案学的影响研究》❷《〈荷兰手册〉——档案学界的"牧者"》❸等。关于对该书的评价，研究者态度不一，如刘蔚就对档案界关于该书局限性的普遍评价质疑，认为"手册既不是教科书，也不是档案专业的预言书"，评论要立足于当时的时代和实践现状。❹

第二，就该书阐述的相关内容进行理论分析及实践探讨。王艺美提到书中强调"一个档案全宗是一个有机整体"标志着科学的"全宗"概念的诞生；❺翟瑶认为"只要档案处于单一文件实体集合的物质结构，就只能优先选择'来源原则'来最大限度地保持文件之间的历史关系"；❻何嘉荪指出来源原则应用于办公自动化系统需要更新传统的来源观念。❼

---

❶ 薛鹤婵.荷兰手册的贡献与局限性——读荷兰手册所得[J].档案，2007（4）：6-8.
❷ 林明香.欧美档案学对中国近代档案学的影响研究[D].南宁：广西民族大学，2015.
❸ 和梦吉.《荷兰手册》——档案学界的"牧者"[J].兰台世界，2012（5）：13-14.
❹ 刘蔚.为《荷兰手册》"鸣冤"[J].档案与建设，2010（11）：7-9.
❺ 王艺美."全宗"一词源流考[D].沈阳：辽宁大学，2018.
❻ 翟瑶.档案历史联系的研究[D].天津：天津师范大学，2008.
❼ 何嘉荪.论来源原则在办公自动化系统中的应用[J].浙江大学学报（人文社会科学版），2002（5）：111-117.

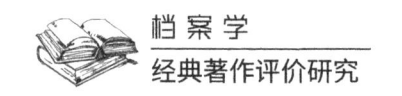

## 第二节 《档案管理手册》

### 一、本书概况

#### （一）作者简介

希拉里·詹金逊（Hilary Jenkinson），英国著名档案学家和国际档案活动家，1882年11月2日在英国伦敦出生，1961年3月15日在英国萨塞克斯郡去世。

詹金逊毕业于剑桥大学，1905年通过英国内政部考试，进入英国公共档案馆（即英国中央国家档案馆）工作，1938年起詹金逊任该馆的第一副馆长兼秘书，1947年起任代理馆长，直至1954年退休。

除了从事公共档案馆的工作，詹金逊还积极推进档案行业的凝聚和发展，推动多家档案组织的成立并担任主要职务。1932年，詹金逊参与创办了英国档案协会并任该组织的荣誉秘书15年之久。1947年，英国档案工作者协会成立，詹金逊曾担任过该协会的主席。此外，1931年，国际联盟所属的档案专家委员会成立，詹金逊出任该委员会的主席，直至因"二战"爆发，委员会活动停止。1943年，担任英国陆军部档案顾问的詹金逊，参与指导了意大利和敌国战区的档案抢救工作。65岁时，他获得了皇家历史手稿委员会的高级专员、希拉里爵士等称号。1950年，詹金逊成为国际档案理事会第一届执行委员会副主席。

在从事档案工作的同时，詹金逊也曾在大学里讲授课程。1911—1935年和1938—1949年，其在伦敦大学讲授古文字学与英国档案等课程，是伦敦大学的荣誉研究员。[1]

#### （二）内容概要

《档案管理手册》在1922年初版，1937年再版。由于时隔15年，所以在

---

[1] 郝伟斌.古典档案学家的杰出代表——詹金逊[J].档案管理，2006（6）：12.

再版中添加了一些内容。以再版书的架构为例，该书包含四章正文和五个附录，简明扼要地回答了当时档案工作中迫切需要回答的一系列问题。

第一章是绪论，内容主要涉及档案的定义、性质及档案工作者的职责等。第二章詹金逊在介绍档案的起源和发展的基础上，进一步明确档案保管的规则。第三章以现代档案为名，詹金逊阐述了他认为的档案鉴定和销毁的方法，指明了档案形成人员的角色和工作。第四章则详细说明了档案的"形成"，即从文件到档案要经历的程序，注意的事项，包含登记室的设置、人员、登记程序等。

五份附录分别是：附录一"该书中提及的档案分类法与文件分类法"；为档案工作者列出的附录二"档案学参考书目"；一些档案工作中需要确定的"规范（附录三）"（包含货架、装具等）；针对档案保护提出的附录四"手稿公敌"；针对1922年版本中未说清的情况，添加了财政核算署的案例作为正文中一些观点的说明——附录五"档案历史：一份说明"。

**（三）版本源流**

《档案管理手册》英文原版于1922年出版第一版，1937年修订，1966年再版。

20世纪50年代曾有人将英文译成中文，但译文质量不高，错误太多，所以该书始终没有出版。直至2016年，《档案学通讯》杂志社策划、编辑《档案学经典著作》第六卷时，组织了中国人民大学档案学专业的师生对其进行编译，并由辽宁大学出版社于2017年9月出版，这是《档案管理手册》在国内首次出版。这次中译本参照的是1937年的英文修订本，编者进行了翻译并添加了英汉对照词汇表以规范和便于索引。然而可惜的是，正式出版物中第二章第六节至第十节缺失（已经收入本书附录），成为该版本一大遗憾。

## 二、形式评价

《档案管理手册》中文版是《档案学经典著作》第六卷中的第二本，《档案学经典著作》第六卷延续前五卷的外形设计，精装16开，定价为120元/本，印张数为55.25。

2017年，《档案学经典著作》第六卷由《档案学通讯》杂志社编辑、辽宁大学出版社出版。辽宁大学出版社成立于1985年，是具有丰富出版经验的大

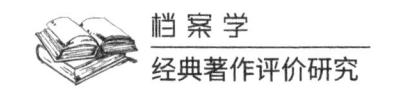

学出版社,曾承担国家出版基金项目《满族文学史》(1~4卷)、《新编满族大辞典》等。《档案学通讯》杂志创刊于1978年,由教育部主管,中国人民大学主办,中国人民大学信息资源管理学院(档案学院)承办,是由新闻出版广电总局认定的首批学术期刊,也是唯一由国家社科基金资助的档案学术期刊;在《中文核心期刊要目总览》确定的档案学、档案事业类核心期刊中位居首位。《档案学通讯》杂志社具有很好的学术资源和整合学术资源的能力,之前成功策划、编辑了《档案学经典著作》的前五卷,取得了很好的社会反响。

## 三、内容评价

### (一)选题的创新程度

20世纪20至30年代,该书是唯一用英语写成的一本系统化档案专业教材。作者切实联系实际,就当时档案工作者最关心却又没有答案的问题进行了探讨,并选择"手册"为体系,真正做到了指导性,且内容具有一定的开拓性。

### (二)理论的价值

《档案管理手册》是档案学研究中发挥重要作用的理论著作,其理论价值主要有以下几点。

第一,书中詹金逊详细阐述了其档案鉴定思想,对传统的档案鉴定观进行颠覆,提出了"行政官员决定论",这个观点不仅为当时的档案工作作出了理论指导,也为后期档案鉴定思想的演化与发展奠定了基础。所谓的"行政官员决定论",即詹金逊认为档案工作者不应卷入鉴定过程之中,鉴定工作只能由那些仅仅考虑其行政需要的行政人员来完成。不论是档案人员(仅负责保管)还是历史学家,由于个人判断具有局限性,介入档案鉴定会损害档案的原始记录性。

第二,在书中詹金逊灵活运用来源原则,结合英国档案工作实际提出了"档案组合"(Archive Group)的概念并阐述了系列思想,对全宗理论进行了继承和创新,有效确定了档案工作的基本原则,为档案学理论研究奠基。档案组合不仅是字面上的创新,更是实践上的创新,它是来源原则与英国档案工作实践结合的产物。此外,档案组合思想没有完全参照荷兰的全宗理论,而是在继承中创新。书中档案组合的概念为：一个自身结构完备的行政机构在活动中形成的文件整体，其与《荷兰手册》的全宗概念都强调了来源的同一性，但档案组合强调了形成机关的独立性。"自身结构完备"这一界定为判定全宗的形成机关提供了便利，使档案组合更加具有实践操作性。档案组合这一概念不仅符合英国国情，还吸收了来源原则的理论内涵，充分运用和发展了来源原则。❶

### （三）学科的地位

詹金逊著述丰富，但《档案管理手册》是其代表作。凭借这本著作，詹金逊成为蜚声世界的著名学者。20世纪20至30年代，该书是唯一用英语写成的一本系统化档案专业教材，且内容全面，指导性强。即使有《荷兰手册》这种后起之秀（该书英译本于1940年问世）的冲击，《档案管理手册》的地位也未受到影响。20世纪20年代，美国档案界曾将《档案管理手册》誉为档案工作的"圣经"。

### （四）作者的影响力

詹金逊是近代著名的档案学家，被称为"古典档案管理学派"的代表人物。詹金逊也因这本著作被美国学者誉为"当代英语国家最杰出的档案学家"。可以说，在英语世界的档案界，詹金逊独领风骚达三十年。英国档案界为纪念詹金逊，曾于1980年编辑出版了《詹金逊文选》，其中收录了詹金逊所发表的25篇文章。❷

在詹金逊去世后，《美国档案工作者》杂志于1968年发表其文章对其表示纪念，并赞扬"他是英语国家当代最杰出的档案学家，其影响不仅遍及英国及其殖民地，而且也在很大程度上遍及美国"❸。

在詹金逊档案鉴定思想的影响下，以美国档案学者玛格丽特·诺顿为代表的后续档案学家继承詹金逊的衣钵，形成"新詹金逊学派"。该学派在推动档案鉴定理论的发展中发挥了重要作用。

---

❶ 郝伟斌.古典档案学家的杰出代表——詹金逊[J].档案管理，2006（6）：12.
❷ 黄坤坊.古典档案管理学派的代表人物——希拉里·詹金逊[J].档案，1993（1）：22.
❸ 黄坤坊.詹金逊与谢伦伯格的比较[J].档案学通讯，1989（5）：78–81.

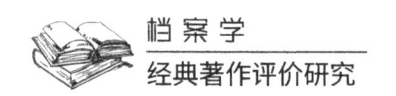

### （五）同行评议的结果

《档案管理手册》是历经时间淘洗的经典著作，多位学者曾对其作出高度评价。美国匹兹堡大学档案学者理查德·考克斯（Richard J. Cox）是北美档案学界公认的"最多产的作者"，研究兴趣非常广泛，在档案与文件管理的各个领域几乎均有涉猎。自1973年发表第一篇学术论文开始，考克斯在其后四十多年的时间里共出版了18本著作和多篇论文及评论，几乎每一本书的出版都会引起档案学界的关注与讨论。他还曾三次获得美国档案工作者协会颁发的利兰奖，是当代北美档案学界颇具影响力的学者。考克斯教授曾表示："《档案管理手册》则是档案专业实践领域的经典著作，在詹金逊的影响下，现在产生了'新詹金逊学派'。这是非常具有意义的。"

不列颠哥伦比亚大学图书档案和信息学院档案专业的Reto Tschan在其论文《詹金逊和谢伦伯格鉴定观之比较》中提出："虽然詹金逊与谢伦伯格的时代已逝，但是他们提出的问题仍然主导着今天关于鉴定的讨论。"该论文获得了2002年Theodre Calvin Pease奖，该奖是以《美国档案工作者》杂志首任主编命名，由该杂志时任编辑任主席的评奖委员会评选颁发给美国最优秀的学生论文。该奖于2002年8月22日召开的美国档案工作者协会第66届年度会议上颁发。

曾翻译了多部西方经典档案学著作的中国档案学家黄坤坊认为，《档案管理手册》对档案工作者确实有很大的帮助，对于未受过专业训练的档案工作人员而言，这是一本很好的"指南"。但是，詹金逊像传教士维护教义一般热情地维护他的档案原理，甚至认为档案一旦与正规保管脱节，就如同失贞的处女，这点是有些极端且难以让人信服的。❶

### （六）语言文字的规范程度

詹金逊是学习古典文学出身，语言文字优美，所以英文版《档案管理手册》的用词非常讲究，且有很多引经据典之处。但也正是这种写作风格，造成了翻译的困难——过多的长句和插入语导致理解困难，太多的引用对译者的西文（文中不仅有英文，还有部分法文原文引用）以及文化功底大有挑战。

---

❶ 黄坤坊. 古典档案管理学派的代表人物——希拉里·詹金逊 [J]. 档案，1993（1）：22.

因此，该书一直迟至 2017 年才出现了首个中译本。

由中国人民大学师生翻译的这个版本由于作者不一，在质量上参差不齐，且呈现出不同的语言习惯，如有的译者习惯将原文的长句拆成短句以便于理解，有的译者则偏向于忠于原文。总体来说，首个中译版本的语言文字还需精进。

此外，正式出版物中缺失了第二章第六节至第十节（已经收入本书附录），这使得《档案管理手册》首个中文版的质量大打折扣。

### 四、效用评价

#### （一）社会效益

《档案管理手册》的社会效益首先体现在其内容上。该书的阐述兼具理论深度和实践可行性，对档案管理的具体规定和说明为 20 世纪 20 至 30 年代正处于迷茫期的档案工作者提供了操作指南和行动方向；对档案定义与性质、起源与发展的探讨以及由此阐述的档案鉴定观与整理法则对档案基础理论研究产生了深远的影响。即使存在如以谢伦伯格为代表的档案学者对其观点表示反对，但至少该书引起了争鸣、反思和探索，有力推动了学界前行。

在地域上，《档案管理手册》不仅造福了英国、英联邦和英属殖民地的档案工作者，对于英语国家以及世界的其他地方也大有裨益。美国档案行业曾将《档案管理手册》作为其教科书，奉为"圣经"进行研读和学习。

在时间上，《档案管理手册》不仅解决了其所处时代的档案工作难题，而且经过淘洗、历久弥新，在百年之后仍被奉为经典，为后人继承和发展档案学基础理论作出了贡献。

#### （二）学术著作的引用率

2020 年 11 月 5 日，笔者以"档案学经典著作""档案学经典著作 + 第六卷""the Manual of Archive Administration"为检索词，以"参考文献"为检索项，在中国知网文献数据库中分别进行检索。前两项有返回数据但均与该书不相关，后一项返回数据为 0。前两项应该归因于该书中译版面世不久，后一项或与中国知网资源库有关。

笔者继续以"档案管理手册""詹金逊"为篇名在中国知网文献总库中检索。前者返回有关文献3篇，均为外文文献，且皆创作于1923年，即《档案管理手册》初版的第二年。三位同时代的作者对《档案管理手册》进行了简要书评和推介，各有侧重，有的重点阐述了其书中关于保护档案原始记录性的观点，有的则将重点放在战争中档案如何保护和管理，态度皆为正向。

以"詹金逊"为篇名的检索返回相关结果27项。时间跨度从1956年至2018年，包含中文研究14篇（其中2篇虽为中文，但是翻译之作，故中文研究应为12篇），英文研究13篇（其中1篇虽为英文，但是韩国主办的杂志）。这样的基本数据足以说明詹金逊的国际影响力和地位。

27篇文章中，除去对詹金逊的介绍和追忆，剩余的文章都是研究其在《档案管理手册》中阐述的档案管理思想，尤其是"行政官员决定论"，很多学者将其与谢伦伯格进行比较，阐述各自的思想和价值。如黄坤坊从两人的履历、各自的国情和业情出发，阐述了两位观点迥异的原因和各自的长短。[1] 谭必勇则认为詹金逊思想的形成，不仅与其成长环境、教育背景相关，更与他身处的英国悠久的公共档案保管传统密不可分；詹金逊古典档案思想既是他个人职业经历与思想的体现，也是对前现代档案管理时期注重证据、重视保护司法遗产的档案职业法则的提炼与总结。[2] 黄霄羽则从他们各自的档案观入手，系统地比较了二者鉴定观的异同和优劣，并以此为基础，深入阐述了他们对当前电子时代档案鉴定理论的影响。[3]

综上所述，在《档案管理手册》面世的近百年来，诸多地域的诸多学者向之投去关注和肯定，在世界档案史上，《档案管理手册》占据着不可否认和替代的重要地位。

---

[1] 黄坤坊.詹金逊与谢伦伯格的比较[J].档案学通讯，1989（5）：78–81.

[2] 谭必勇."证据的神圣性"：希拉里·詹金逊古典档案思想成因探析[J].档案学通讯，2017（2）：19–22.

[3] 黄霄羽.詹金逊与谢伦伯格鉴定观的比较及其对当前鉴定理论的影响[J].档案学通讯，2004（5）：23–27.

## 第三节 《现代档案——原则与技术》

### 一、本书概况

#### （一）作者简介

西奥多·罗斯福·谢伦伯格（Theodore Roosevelt Schellenberg），1903 年在美国堪萨斯州出生，1970 年在弗吉尼亚州去世。

1928 年，谢伦伯格在堪萨斯州立大学获得学士学位，两年后取得硕士学位。谢伦伯格于 1935 年进入美国国家档案馆工作，于 1938 年担任农业档案部主任并领导制定了美国第一份档案文件处置期限表。1945—1948 年，他在物价管理局负责文书工作，加深了他对文书工作与档案工作之间关系的认识。1950 年，已回到国家档案馆的谢伦伯格担任改组后国家档案与文件局档案管理处的处长，从 1956 年起任副馆长兼处长。1954 年，谢伦伯格前往澳大利亚和新西兰讲学，1960 年在巴西做档案考察工作，也曾在大学里讲授档案管理课程。谢伦伯格在国外的讲学活动，特别是在澳大利亚对研究班讲课和指导，不仅激发了档案工作者的兴趣，更是在很大程度上激发了整个澳大利亚对档案事业的兴趣。❶

因为美国联邦政府机关的文书工作和美国国家档案馆的实际情况与欧洲国家不同，谢伦伯格认为适用于荷兰与英国的档案工作手册，不完全适用于美国，不能完全解决美国档案工作中的问题。为此，他创作了《现代档案——原则与技术》《欧洲档案馆在整理文件方面的实践》《档案鉴定原则》《现代公共文件的鉴定》《档案整理原则》等符合美国国情的档案学著作。

纵观谢伦伯格的生平，他拥有丰富的档案实际工作经验，将档案理论研究与实践相结合。他的理论贡献在整个档案界熠熠生辉。当今时代，关于谢

---

❶ 黄坤坊.美国档案学家——谢伦伯格（T. R. Schellenberg）[J].档案工作，1985（1）：46–47.

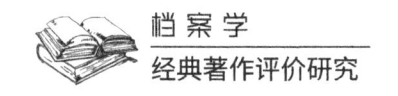

伦伯格及其理论的研究仍是档案学研究的热点之一，他的理论是现代档案学建立的根基，他是现代档案学派无可争议的灵魂人物。

（二）内容概要

《现代档案——原则与技术》原书共分三编，共计199 000字。该书虽然是谢伦伯格演讲稿的集合，但在前言中，谢伦伯格强调，该书并不是其在澳大利亚讲学的翻版，而是在此基础上增加了大量的篇幅之后整理而得。

第一编是导论，包括第一章至第四章，主要说明了档案机构以及对相近概念进行阐释与区分。第一章是档案机构的重要性（国家档案馆的设置；设置档案机构的原因），该章内容主要是谢伦伯格在堪培拉扶轮国际化分社、霍巴特、珀斯、阿德莱德及布里斯班的国际事务研究所发表的观点的集合；第二章是档案的性质（定义；定义的要素；现代档案的定义），谢伦伯格在该章提出了现代档案的定义，这一定义是建立在对当时世界档案界已有的定义的分析基础之上，根据美国档案管理实践提出的适用于美国的定义。此外，谢伦伯格首次提出档案的双重价值理论。第三章是同图书馆的关系（保管物不同；保管方法不同），这一章为档案事业独立于图书馆事业而单独发展提供了理论基础。第四章是档案工作与文件管理工作的关系（与文件保管工作的关系；与文件处置工作的关系），这一关系的分析为后来前端控制理论的提出奠定了基础。

第二编是文件的管理，包括第五章至第十章。其中，第五章是文件管理的基本原则（现代文件的特性；活动的特性；机构的特性），该章内容是谢伦伯格在阿德莱德、墨尔本和布里斯班皇家公共管理研究所的部分演讲稿。第六章是对文件产生的控制（简化职能；简化工作过程；简化工作程序），该章主要是针对联邦政府在行政过程中产生了数量庞大的公共文件，从而导致文件的雪崩的问题提出的，意在通过简化政府各机关的职能、工作过程和程序，减少公共文件的产生。第七章是分类原则（分类的要素；分类的具体做法；分类的原则），该章对文件分类提出了理论指导和具体操作方法。第八章是登记制（各国登记体系的发展；各国登记体系的特点），该章介绍了德国、英国、澳大利亚等级制度的发展和特点。第九章是美国的立卷制（立卷制的起源；现代立卷制的发展；现代立卷制的几种类型），该章以美国立卷制为例，详细介绍了美国立卷制的历史与具体做法，为其他国家的档案立卷工作实践提供了模板。第十章是文件的处置（编目的类型；几种处置文件；处置行动），该章主要包括文件的编目、处置计划、处置时间表、处置清单的制作以及文件的销毁应注意的问题。

第三编是档案的管理，包括第十一章至第十六章，主要介绍现代档案管理的基本情况以及档案的鉴定、检索、公开和利用。第十一章是档案管理的基本情况（现代档案的性质；活动的性质；权力的性质；组织的性质）。第十二章是鉴定标准（欧洲的鉴定标准；美国的鉴定标准），该章分为两部分，第一部分介绍欧洲国家法国、英国的档案鉴定标准，第二部分具体阐释了文件的双重价值，提出了适用于美国档案管理现状的鉴定标准，而谢伦伯格的档案鉴定理论影响至今，成为各国学习档案鉴定的必学理论。第十三章是保管工作（贮藏设备；修复设备；修复工作的替代办法），该章具有很强的实践操作性，具有很强的工作指导意义。第十四章是档案整理的原则（整理原则在欧洲的发展；整理原则在美国的发展；结论），该章依然按照从欧洲到美国的顺序，分别介绍了法国、普鲁士、荷兰、英国、美国的档案整理原则发展情况。第十五章是编目工作（欧洲的检索工具；美国的检索工具），该章详细介绍了法国、德国、英国档案机构内对公共文件的编目方法。第十六章是本部分最后一章，主要是咨询服务（公共文件公开政策；公共文件利用政策），本部分是谢伦伯格在堪培拉对联邦政府高级行政官员所做的关于学者利用公共文件的演讲。[1]

### （三）版本源流

谢伦伯格于 1954 年年末离开澳大利亚，回国后，他将其讲学过程中的报告和笔记整理校正，写成了《现代档案——原则与技术》，1956 年在澳大利亚、美国两国出版。该书出版于 1956 年是有现实原因的。谢伦伯格自 1935 年进入美国国家档案馆以来，作为一名普通员工，其主要工作是负责整理、鉴定数量庞大的文件，终日投身于档案实践工作；自 1938 年担任农业档案部主任之后，随着行政职位的逐渐提高，随之而来的日常行政压力也日渐增多，1954 年的澳大利亚访学的经历是成书的关键因素。正如其在该书前言中所说："当我处于华盛顿日常行政职务的压力之下时，我是无力来完成如此艰巨的题目的，所以，归根结底，这本书的产生应归功于那些使我有可能访问澳大利

---

[1] 薛蕾.谢伦伯格生平及贡献研究[D].南京：南京大学，2016.

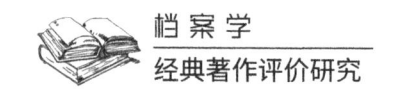

亚的人们。"1964年和1975年该书在美国再次出版，之后谢伦伯格家人将该书版权及个人手稿捐赠于堪萨斯州历史协会，并于1996年再版。之后，该书成为美国档案经典系列书籍之一，经堪萨斯州历史协会整理，于2003年由美国档案工作者协会再次出版。此外，该书还有多语言译本，分别为西班牙文、德文、希伯来文、葡萄牙文译本，1983年在北京出版了中文译本，译者为黄坤坊等。❶ 2017年，《档案学通讯》杂志社以1983年中译本为基础，将《现代档案——原则与技术》收录于《档案学经典著作》第六卷并由辽宁大学出版社出版。

## 二、形式评价

1956年，《现代档案——原则与技术》最先在美国与澳大利亚出版，随后经历多次再版。该书因具有较高的理论价值和使用价值，迅速在世界范围内掀起一股翻译热潮，被译为西班牙文（1958年）、德文（1960年）、希伯来文（1966年）、葡萄牙文（1973年）、中文（1983年，黄坤坊）。

中国当代档案学者黄坤坊翻译的中文版由中国档案出版社出版，在国内档案学界有着相当广泛的学术影响力。中国档案出版社1983年第一次出版的《现代档案——原则与技术》定价是1.2元/本，开本是787毫米×1092毫米，字数为199 000字。中国档案出版社是中华人民共和国国家档案局所属档案专业的出版社，1982年1月成立（2010年停办），主要任务是组织档案、史学、文秘等方面的学者、专家、教师和从业人员，编、著、译、出版档案学与档案工作、史学、秘书学与秘书工作、方志学与方志工作等方面的学术专著、教材、科普读物和档案文献史料汇编、选编等，传播和积累科学、文化知识，为档案事业发展服务。中国档案出版社出版了《秘书工作》和《办公室业务》两种杂志，1500余种图书。黄坤坊的《现代档案——原则与技术》译著是国内档案学研究的基石，国内谢伦伯格研究大多基于该版本的译著。

2017年的《档案学经典著作》第六卷由《档案学通讯》杂志社编辑、辽宁大学出版社出版。辽宁大学出版社成立于1985年，是具有丰富出版经验的大学出版社，曾承担国家出版基金项目《满族文学史》（1~4卷）、《新编满族大辞典》。《档案学通讯》杂志创刊于1978年，由教育部主管，中国人民大

---

❶ 牛创平，时元第，韩玉梅，等. 世界档案大事记[M]. 北京：档案出版社，1993：118-119.

学主办，中国人民大学信息资源管理学院（档案学院）承办，是由新闻出版广电总局认定的首批学术期刊，也是唯一由国家社科基金资助的档案学术期刊；在《中文核心期刊要目总览》确定的档案学、档案事业类核心期刊中位居首位。《档案学通讯》杂志社具有很好的学术资源和整合学术资源的能力，之前成功策划出版了《档案学经典著作》的前五卷，取得了很好的社会反响。《档案学经典著作》第六卷延续前五卷的外形设计，精装16开，定价为120元/本。

### 三、内容评价

#### （一）选题的创新程度

《现代档案——原则与技术》的创新之处在于：第一，创造性地探讨和论述了档案定义、档案的双重价值鉴定论及有关档案的整理等方面的理论及思想❶，深入研究文件与档案的关系，创新文件管理理论。第二，系统应用比较方法研究档案工作理论与实践的著作，通过对德、英、法、美等国广泛比较，得出自己的结论。第三，该著作依据档案理论，对档案工作者的实际工作提出切实建议，遵循了理论与实践相结合的原则。❷

#### （二）理论的价值

《现代档案——原则与技术》理论的价值主要体现在：第一，否定了传统的档案定义，提出了一个富有实际意义的档案定义。谢伦伯格根据档案和文件之间的文本中心组织的差别对文件和档案进行定义，他将档案定义为"经鉴定值得永久保存以供查考和研究之用，业已藏入或者已经选出准备藏入某一档案机构的任何公私机构的文件"，将档案视为文件总量中的极小部分。第二，创造性地提出"文件双重价值论"，双重价值鉴定理论是当今档案学研究中最有系统性的理论之一。作者认为文件不仅具有对原形成机关的原始价值，还具有对其他用户的从属价值，被鉴定为具有永久价值的文件才能作为档案保存。第三，系统论述了如何看待文件和档案、文件管理和档案管理三者的

---

❶ 连志英.论谢伦伯格《现代档案——原则与技术》的理论与思想[J].上海师范大学学报（哲学社会科学版），2003（1）：41-46.

❷ 邱家琴.触及档案学名著 感悟其精华[J].兰台世界，2011（3）：73-74.

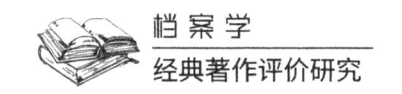

关系，为文件和档案一体化管理奠定了理论基础。具体来说，档案人员需要参与机关文件管理并加强与文件管理人员的协作，以提高文件工作效率、确保进馆档案的质量；该书中关于档案定义、文件双重价值论、文件与档案管理的理论及思想，不仅能够有效指导当时的档案工作，经过几十年依然能密切联系实践，并指导实践，对今天电子文件的管理也具有重要的理论指导意义。

### （三）学科的地位

谢伦伯格在《现代档案——原则与技术》一书中对档案学的贡献，受到各国档案界和史学界的重视。《英国大百科全书》将该书列为五种档案学名著之一，英国著名史学家巴勒克拉夫称其为"现代档案学派的开山之作""现代档案科学形成的标志之一"。"使档案工作有了尊严，为档案工作开创了新的基础"是美国档案学界对作者与其作品的高度赞誉。在我国，该书是档案学者的必读书目之一。

从档案学研究角度看，谢伦伯格在该书中作出的研究富有生命力，书中的观点与理论一直被广泛运用，这使他在同时代的档案学者中拥有重要地位。该书不仅及时回应了当时国际公共档案馆建设的现实诉求，还阐述了档案鉴定、开放，文件与档案管理，档案职业等现代档案职业的核心问题，推动了包括美国在内世界各国现代档案职业的深入发展，在当今的数字时代依旧具有迷人的魅力。此外，该书是最早运用比较方法的著作，系统研究了美国与欧洲文件、档案管理的原则及技术，并对档案工作理论与实践进行综合比较研究，几乎建立了一个比较档案学的粗体系。

### （四）作者的影响力

谢伦伯格不仅是美国著名的档案学家，而且在世界档案史上也占有一席之地。他建立了美国档案管理原则与技术，在档案整理、鉴定、保管、开放利用等方面都有卓越的成就。他是美国档案教育的先行者，将档案管理原则与方法带到高校、图书馆院校、文件中心等机构的课堂上，让档案工作者成为一种独立而有尊严的职业；他是档案国际交流与合作的使者，在拉丁美洲、澳大利亚、新西兰等国家传播着新的档案理论与思想，让美国档案管理实践与理论引领世界。凝聚着他一生智慧的理论贡献，受到了历史学界与图书馆学界的尊重，起到了维护档案学及档案职业尊严的作用。

## （五）同行评议的结果

《现代档案——原则与技术》帮助谢伦伯格成为举世闻名的档案学家，作为一个档案理论研究家和实践家，谢伦伯格曾经并将继续影响数十代档案工作者。许多国家的百科全书都在"档案"条目里提到了这本书，例如，1964年出版的《不列颠百科全书》（第2卷第328页），1983年出版的《美国大百科全书》（第2卷第241页），还有德文版的《梅尔斯大百科全书》（第2卷第539页）等。❶

英国当代档案学家库克在其著作《档案信息管理》中指出，"法国大革命使档案机构由封建主的武器库变为历史的实验室，而谢伦伯格等创造性提出的为现行行政当局和为公众服务的思想则标志着档案事业的历史又发展到一个新的转折点"，高度肯定了《现代档案——原则与技术》的重要历史意义。

H. L. 怀特（H. L. Whtte，曾任澳大利亚联邦国家图书馆馆长和档案馆负责人）指出："这本书出自美国，与美国国家档案馆的理论与实践发展密不可分，也是弗布莱特计划（Fulbright Programme）的重要内容。政府和公众对于保存现代档案的态度，是衡量档案工作者对于未来工作信心的标尺。《现代档案——原则与技术》指出档案理论与实践遇到的问题，是年轻国家管理现代档案所需要的。此外，它不仅记录了成就，还记载了成就的过程，这使得政府工作人员与公众企业管理人员重视现代档案管理，也增长了他们的知识。"

《美国档案工作者》杂志于谢伦伯格逝世十年后，发表文章以纪念这位档案工作的"美国化者和普及化者"，肯定了他为美国档案职业作出的巨大贡献，感谢他对维护档案工作尊严、创新档案管理所起到的促进作用。谢伦伯格是第一个被授予国际档案理事会名誉会员称号的美国人。

## （六）语言文字的规范程度

作者谢伦伯格获得了文学硕士学位与历史学博士学位，文学功底深厚。他曾作为富布赖特学者在澳大利亚等地举办讲座、召开研讨会时间长达半年，给澳大利亚档案人员带来了希望和热情，足见他的学术素养。该书被认为是美国第一本系统化、标准化、专业化的档案管理教科书，语言文字的规范程度可见一斑。

---

❶ 方瀛.《现代档案——原则与技术》值得一读 [J]. 档案学通讯，1985（S1）：72-73.

译著方面，《现代档案——原则与技术》的语种非常丰富，涉及英文、德文、希伯来文、西班牙文、葡萄牙文等多种语言版本。下文将重点讨论中文版本。黄坤坊等人为该书译者，翻译过《现代档案——原则与技术》等多部国外档案学著作，参与过《俄英汉档案学词典》《简明档案学词典》等多部著作的编著，在档案界翻译领域颇有建树。第一章至第十二章使用了黄坤坊过去的译稿，其余各章的译者是：陈原（前言、序言）、黄坤坊（第十三章至第十五章）、王德俊（第十六章、第十七章）。全书由黄坤坊对照原文校对，由陈兆祦做了业务和文字校订。在校订过程中对译稿做了较大的改动，但未征求原译者的意见，译校者表示译文的缺点和错误均由校者负责。为了便于查阅该书专业词汇的原文，译校者特编制了《汉英词汇对照表》和《英汉词汇对照表》附于书后。国内对于谢伦伯格的双重价值理论中"Informational Value"的翻译存在争议。黄坤坊在1983年的《现代档案——原则与技术》中将其翻译为"情报价值"，而中国人民大学出版社出版的21世纪档案学系列教材中所有涉及该名词的翻译均沿用了黄坤坊的翻译，即"情报价值"。有学者提出应将谢伦伯格的双重价值译为"证据价值"和"信息价值"。[1]

## 四、效用评价

### （一）社会效益

#### 1. 对美国的影响

20世纪中期美国档案工作非常不成熟，存在一个很严重的问题，即缺乏适合本国的档案原则与技术。各档案保管机构不是采用欧洲的方法，就是采用部门原有经验，如图书管理方法。该书帮助建立了美国的档案工作原则与技术，不仅提出了美国档案收集、整理、鉴定、保管、编目与检索、档案保护与公开利用的具体工作原则和方法，让美国档案工作者能够更顺利地完成档案管理工作，还提出了档案工作应朝着职业化发展，促进了档案理论与实践的融合。此外，该书是美国第一本综合性、系统性的档案管理教科书。综合来说，《现代档案——原则与技术》一书标志着美国档案事业的快速发展与成熟，对美国档案职业与档案教育作出了巨大贡献。

---

[1] 薛蕾. 谢伦伯格生平及贡献研究[D]. 南京：南京大学，2016.

### 2. 对中国的影响

《现代档案——原则与技术》对中国的影响可概括为两个方面：第一，为中国档案事业带来先进的档案管理原则与技术。20世纪60年代前期中苏关系破裂，苏联不再向中国输出最新的研究成果，中国与欧美国家开始建立外交关系。1966—1976年的十年"文化大革命"造成了党和国家档案事业的严重破坏。1983年，黄坤坊的译著《现代档案——原则与技术》经中国档案出版社出版，中国档案界引入了一股新的清泉，国内档案工作者逐渐开始关注除苏联之外的其他国家的档案原则与技术，为"文革"后衰退的档案事业的恢复与发展带来新的契机。第二，促进了中国档案教育的发展。谢伦伯格非常重视档案教育，该书传入中国之后，中国各种层次的档案教育课程中，都渗透着书中的理论和思想。特别是由中国人民大学出版社出版的21世纪档案学系列教材中几乎都会涉及对相关理论的论述。其中涉及最广泛的是文件双重价值论、档案鉴定理论、来源原则、文件管理与档案管理的关系。因此，谢伦伯格也成为档案学专业学生最不陌生的外国档案学家。

### 3. 对世界的影响

该书内容具有国际性，从理论上总结和指导了美国的档案工作实践，但又不局限于美国。作者面向世界进行写作，对档案工作历史悠久的英、法、德、美等国家的档案工作情况从理论到实践进行了充分的对比和评价，是对国际档案界的一大贡献。[1]

### （二）学术著作的引用率

2020年8月30日，笔者以"现代档案原则与技术"为检索词，以"被引文献"为检索项，在中国知网文献数据库中进行引文检索，检索结果为470篇，检索结果的数量在一定程度上说明该学术著作在档案界领域影响力较大。其中，国内学者引用的皆为1983年中国档案出版社出版的版本。

综合来看，引用该著作的文献可以分为以下几种类型。

一是通过引用该著作来证明其作者及著作自身的重要性、影响力。许晶晶提出该书展示出的档案思想及其科学精神，仍在影响着当代档案学，对其

---

[1] 吴爱明. 档案学与档案工作的比较研究——评介谢伦伯格的《现代档案——原则与技术》[J]. 图书情报知识，1987（2）：59-61.

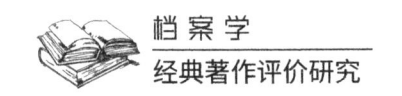

经典价值需要再认识；[1]孟若蓝引用该书论证实践出真知是档案经典著作中蕴藏的精神遗产；[2]吴晓威在《詹金逊与谢伦伯格档案思想之比较研究》中引用书中谢伦伯格的档案思想与詹金逊进行比较研究。[3]

二是探讨该书中经典的档案定义与价值、档案鉴定与双重价值理论、文件管理等方面的问题。如张贵华[4]、何嘉荪[5]等学者探讨了档案定义与价值相关问题；路思[6]、张东华[7]等学者探讨了档案鉴定与双重价值理论相关的问题；黄夏基[8]、陈祖芬[9]等学者重点探讨了文件管理相关问题。

三是国内学者在探讨档案问题时引用书中的思想或理论来进行佐证等。如刘东斌通过引用该书中档案本质特性的理论认为档案的本质特性决定档案没有休闲的"基因"；[10]马伏秋通过引用该书中关于档案价值与本质属性的理论，结合国内外档案鉴定工作实践，提出废除档案"销毁鉴定"的主张；[11]李萍通过引用该书所代表的国外档案鉴定理论来探讨当下我国档案鉴定的理论取向与现实选择[12]，等等。

---

[1] 许晶晶.谢伦伯格档案思想再认识——《现代档案——原则与技术》的专业贡献[J].广西教育学院学报，2015（2）：53-55，62.

[2] 孟若蓝，刘迪.文化遗产与集体记忆——档案学经典著作的当代价值[J].档案学通讯，2015（5）：25-28.

[3] 吴晓威，牛二丽.詹金逊与谢伦伯格档案思想之比较研究[J].北京档案，2018（1）：18-21.

[4] 张贵华.也谈档案的本质属性[J].档案学研究，2001（5）：7-9.

[5] 何嘉荪，谭建月.档案概念再认识——大数据引起的思考[J].档案与建设，2017（8）：4-6，10.

[6] 路思.论文件双重价值鉴定论对我国档案鉴定工作的影响[J].山东档案，2013（5）：15-17.

[7] 张东华，严晓兰.谢伦伯格与文件生命周期理论[J].江西社会科学，2003（8）：74-75.

[8] 黄夏基，杨桂凤.从《现代档案——原则与技术》看谢伦伯格的文件管理控制思想[J].北京档案，2017（11）：14-17.

[9] 陈祖芬.人的主体性原则与立卷归档工作——对《现代档案——原则与技术》中有关论断的思考[J].图书情报知识，2004（6）：32-34.

[10] 刘东斌，吴雁平.对"档案休闲"利用的质疑——以美国国家档案馆为例[J].档案管理，2020（2）：110-113.

[11] 马伏秋.论我国档案鉴定工作之"销毁鉴定"[J].档案学研究，2015（4）：85-89.

[12] 李萍.档案鉴定的理论取向与现实选择——由"档案鉴定是否应该弱化"观点争辩引发的思考[J].档案学研究，2017（5）：54-58.

/ 第六章 《档案学经典著作》第六卷评价 /

## 第四节 《档案管理》

### 一、本书概况

**（一）作者简介**

迈克尔·库克（Michael Cook），1931年在英国法勃罗出生，1951年于牛津大学玛德兰学院学习历史学，三年后于牛津波德雷恩图书馆攻读档案学并获历史学硕士学位。库克曾担任德文郡文件馆副馆长、泰恩河畔纽卡斯尔市档案馆馆长，桑给巴尔政府档案馆馆长，坦桑尼亚国家档案馆馆长，非洲档案工作者培训中心主任，利物浦大学档案馆馆长、高级讲师，联合国教科文组织的东南亚地区、加勒比海地区档案工作者培训顾问等职务。此外，他还是国际档案理事会专业教育委员会主席，英国档案工作者协会计算机应用委员会、培训委员会的主席。他著述甚丰，发表著作、论文、报告80余部（篇）。其中影响较大的有《档案管理——中小型机构和地方政府档案机构实用手册》（以下简称《档案管理》）、《档案与计算机》和《档案信息管理》等。《档案管理》系统论述了英国文件管理和文件中心的经验、原则和方法；《档案与计算机》展现了现代技术和设备应用于档案管理的必然趋势。库克的学术成就主要集中在文件管理和档案现代化管理领域。

**（二）内容概要**

《档案管理》一书共有十三章，约177 000字。档案馆的目标与组织，文件的管理与文件中心，档案的收集、整理与著录，档案的存贮与保护，档案的开发利用与服务，档案在教育中的应用等是书中的重点内容。内容之广泛，几乎涉及档案管理的各个领域。

第一章为档案馆——目标与组织，指出任何一个档案馆都必须有明确的目标。档案馆是为查考与研究的目的而存在的，从"获得""保护""利用"

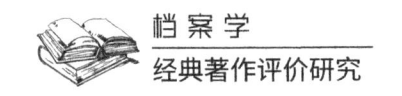

三个广泛的领域来论述。此外，还讨论了如何实施档案机构的职能和控制、人员配备及预算编制。

第二章为文件管理，指出文件管理应该是一个有组织的中心服务机构的行为，它可以接触到行政机构的所有主要文件；有一个收集文件的计划；负有提供和开发这些文件的责任；与其他情报和文献服务机构保持密切的联系；并论述如何对组织中现行文件进行调研及编写报告书。

第三章为文件中心管理，从物质上的要求和设置，费用、预算和人员，文件的接受，登记入册，文件中心里文件的管理和收回几个方面阐述如何进行文件中心管理。

第四章为文件鉴定，提出鉴定系统的规则要有一定的专业性，有必要让鉴定者有章可循；并提出鉴定系统取决于按步检查的方法。在理论上，行政价值和研究价值应区别对待。

第五章为文件处置，从处置表、提出检查、抽样方法、文件的移交、商业化的文件中心和某些发展、文件管理中的缩微复制几个方面阐述如何进行文件处置。

第六章为档案的获得与整理，作者提出应使档案管理与文件管理在形式上相互联系起来。

第七章为档案著录，分别论述了识别和检索，计算机与档案著录、机读档案著录的方法。

第八章为档案保护，作者提出档案馆的保护方案规定用于监护、存贮和利用档案的适当的保管环境和修复设备。

第九章、第十章为公共保管库查阅室服务，作者提出设计查阅室的目的是便于读者进馆查阅，为读者提供一个合适的、为使用和查阅的目的而进行档案识别和复制的场所，同时为与档案服务内容有关的研究活动提供一种环境。从政策和态度，接近存贮区，查阅室的控制，读者开始采取的步骤，文件的借阅、布局和设计，查阅室装备和设施等几个要素指出如何进行公共保管库查阅室服务。

第十一章为开发性服务，论述了教育要求、陈列、档案缩微复制这三种开发性服务的手段。

第十二章为档案在教育中的应用，作者指出应根据档案教育服务的总目标安排档案的服务资源，以便允许和鼓励在教与学的活动中利用档案。从馆内服务、馆外服务、联合教育服务指出如何进行档案服务，具体论述人事安排、教育服务的安排。

第十三章为地方档案机构，作者在此章中创造性地提出档案机构的设计应有合作的观点。

### （三）版本源流

《档案管理》中译本由朱国斌、李宪翻译，于1988年9月在国内第一次出版，由中国档案出版社出版，新华书店北京发行所发行，北京景山学校印刷厂印刷。

2017年9月，《档案学通讯》杂志社以1988年中译本为基础，将《档案管理》收录于《档案学经典著作》第六卷并由辽宁大学出版社出版。

## 二、形式评价

《档案管理》一书于1988年9月由中国档案出版社出版。其定价是3.8元/本，开本是787毫米×1092毫米，字数为177 000字。中国档案出版社是中华人民共和国国家档案局所属档案专业的出版社，1982年1月成立（2010年停办），主要任务是组织档案、史学、文秘等方面的学者、专家、教师和从业人员，编、著、译、出版档案学与档案工作、史学、秘书学与秘书工作、方志学与方志工作等方面的学术专著、教材、科普读物和档案文献史料汇编、选编等，传播和积累科学、文化知识，为档案事业发展服务。中国档案出版社出版了《秘书工作》和《办公室业务》两种杂志，1500余种图书。

2017年的《档案学经典著作》第六卷由《档案学通讯》杂志社编辑、辽宁大学出版社出版。辽宁大学出版社成立于1985年，是具有丰富出版经验的大学出版社，曾承担国家出版基金项目《满族文学史》（1~4卷）、《新编满族大辞典》。《档案学通讯》杂志创刊于1978年，由教育部主管，中国人民大学主办，中国人民大学信息资源管理学院（档案学院）承办，是由新闻出版广电总局认定的首批学术期刊，也是唯一由国家社科基金资助的档案学术期刊；在《中文核心期刊要目总览》确定的档案学、档案事业类核心期刊中位居首位。《档案学通讯》杂志社具有很好的学术资源和整合学术资源的能力，之前成功策划出版了《档案学经典著作》的前五卷，取得了很好的社会反响。《档案学经典著作》第六卷延续前五卷的外形设计，精装16开，定价为120元/本。

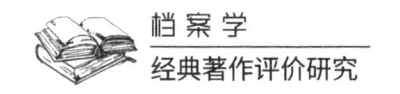

## 三、内容评价

### （一）选题的创新程度

《档案管理》的创新之处在于：第一，具备实践性。作为一本基础性著作，该书能够结合档案管理工作的实际，提出一些切实可行的原则和理论。第二，将档案看作一种信息，将档案馆（室）看作一种特殊的数据库，将档案工作归入信息专业，这是当时对档案、档案管理机构、档案工作认识的一种新思维。第三，根据小型和地方档案馆的经验写成，对中小型档案管理机构具有直接的参考价值，同时对各类档案管理机构都具有一定的借鉴意义。

### （二）理论的价值

《档案管理》理论的价值主要体现在：第一，能够为那些开始或已经在小型或中型档案馆和文件服务机构工作的人员提供他们所必需的基本信息。第二，除了广泛讨论了档案管理的多个领域，作者用相当多的篇幅阐述文件中心方面与文件管理的理论，如作者提出：可以将文件视作组织或个人为了处理事务或其他活动而制作的信息记录材料，文件是人类社会记录、固定和传递信息的一种工具；档案与文件可以视作一种转换性关系，档案是作为历史记录保存起来以便查考的文件，能够起到助推社会贮存和开发信息资源的作用。做好档案工作，首先要关心和研究文件管理。第三，创造性地探讨档案开发利用服务方面的问题，提出了档案管理中的"合作"思想，对各国、各类型的档案机构都具有理论参考价值。

### （三）学科的地位

《档案管理》是第二次世界大战以来取得的不断进展的所谓"档案革命"的产物之一。这场"革命"从根本上改变了社会上关于"什么是档案"的看法，同时也改变了档案工作者在管理档案和设计研究方面的职能。当时档案界的主要特征是几乎难以置信的大量的文件不断产生，这些文件的特色是前所未有的，并且正不断地发生变化；而管理和研究工作对文件与档案内信息的需求正在迅速地增长和改变。所有这些特征促进档案工作者改变了他们的看法和做法，其中的某些看法和做法即《档案管理》一书的研究课题，而这种变化也是发展的大势所趋。

《档案管理》一书为实际工作服务，同时也能够促进学科的研究工作获得新的进展。出版该书能够表示对档案工作领导人和前辈的敬意，并激发和鼓励那些刚刚起步的人。该书能够为那些开始或已经在小型或中型档案馆和文件服务机构工作的人员提供指导。它不像当时已出版的大多数档案工作手册那样，是以较大的国家档案机构的工作经验为依据，而是根据小型和地方档案馆的经验写成，非常具有针对性。

### （四）作者的影响力

从作者库克的生平来看，他擅长解决档案管理的实际问题，也是一位闻名的档案专业教育专家，是英国继詹金逊之后最有成就的档案学者。他在档案基层工作积累的丰富经验是他取得档案学研究成就的关键因素。他在书中提出的理论，体现出他将档案学理论与档案管理实际结合，从而对档案事业的发展提出具有启发性与创新性的观点，能够为除英国外的世界各国的档案工作起到借鉴作用。

### （五）同行评议的结果

该书译者朱国斌、李宪指出，库克的《档案管理》著作不仅对英国档案工作实践有一定的促进作用，而且对其他国家的档案工作和档案学建设同样具有一定的指导和借鉴意义。

我国当代档案学家陈兆祦曾评价：詹金逊是近现代在欧美各国扬名的英国档案学者，库克是当代英国在档案学研究上取得卓越成就的伟大学者。[1]而《档案管理》便是库克影响力最大的著作之一。

覃兆刿在论述"对档案传统的认识有益于现代化构思"时，指出"档案界人士的知识背景"是辅证之一。库克曾接受过近代史教育，其丰富的知识背景帮助他在档案管理领域更加深入。这在一定程度上说明，传统的思维背景并不是现代化构思的思想障碍，反而可以使他们拥有过人的判断和选择力。[2]

---

[1] 《档案学通讯》杂志社. 档案学经典著作：第6卷 [M]. 沈阳：辽宁大学出版社，2017：534.

[2] 覃兆刿. 双元价值观：档案传统的评估与现代化构思 [C]// 中国档案学会. 2003年海峡两岸档案暨缩微学术交流会论文集（大陆地区代表部分）. 2003：6.

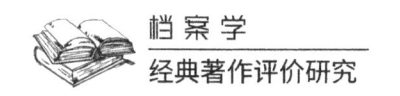

### （六）语言文字的规范程度

《档案管理》一书从翻译到正式出版用了近四年的时间，翻译过程严谨有序。该书由朱国斌（序言、第一、六、七、八、九、十、十一章和附录一、二、三、四、五）和李宪（第二、三、四、五、十二、十三章）合作翻译，该书的初稿曾得到吴彭鹏、程福臣的校订。最后由中国人民大学陈兆祦对全部译稿做了业务审校和文字校订。在翻译第十二、十三章和附录的过程中，译者曾参考过高京娟提供的初稿。中国人民大学档案学院黄坤坊对该书的翻译业务进行过指导，中国人民大学新闻学院王泰玄和档案学院李凤英审阅了该书的校样。

## 四、效用评价

### （一）社会效益

1. 对英国的影响

库克具备在英国档案界基层工作的丰富经验，《档案管理》从英国档案管理各领域的实际内容出发，实现了作者实际工作经验与档案管理基本理论的结合，并在此基础上提出具有使用价值的方法与原则，对英国的中小型机构和地方政府档案机构具有最直接的参考价值。其中，库克高瞻远瞩，预见到了档案用户教育的重要性，提出了要提高档案工作人员的技术水平，加强与用户之间沟通的观点。库克的这一思想，仍能对当代拓展档案馆职能以充分发挥其作用起到积极影响。❶

2. 对中国的影响

库克提出的合作思想对我国的档案工作有启示作用。从某种程度上来说，库克提倡的是一种区域性合作管理的模式，这个模式并不要求合作者的所有职能完全磨合，允许局部合作的同时其他"各自为政"。这种思想在我国有较大的可行性。章丹针对我国的现状提出了三种模式，即联合管理、行业协作、

---

❶ 郭欣仪，姜玉平. 档案工作的发展方向——迈克尔·库克《档案管理》给我们的启示 [J]. 档案，2011，000（005）：10-12.

文档一体化模式。❶ 书中用四章的篇幅阐述档案开发利用服务方面的问题、书中介绍的英国一些档案馆关于处理寄存档案方面的规章和做法，对我国各档案管理机构开展工作同样有许多可资借鉴之处。

### （二）学术著作的引用率

2020年10月7日，笔者以"档案管理"并含"迈克尔·库克"为检索词，以"被引文献"为检索项，在中国知网文献数据库中进行引文检索，排除错误项与干扰项，最终检索得到22篇被引文献。

综合来看，引用该著作的文献主要类型可以分为以下两种。

一是国内学者通过分析书中的思想或理论，为发展我国的档案事业提供借鉴。如解颖❷、李芳芳❸讨论了书中所述档案的文化教育功能，指出其对中国的档案事业发展具有一定的启示作用。黄项飞❹、卫奕❺引用该书中档案服务相关内容，说明档案中介组织存在的价值和意义。傅荣校❻❼通过引用该书中"鉴定时要进一步考虑费用——价值率"的观点，黄存勋❽引用"进馆前应做好文件鉴定"的观点，诠释了欧美国家具有代表性的档案价值鉴定理论，为我国档案价值鉴定提供参考。

二是引用书中介绍英国档案工作的内容来讨论英国的档案工作与思想。如谭必勇、郭辉通过引用书中的内容来展现英国档案馆发展的模式。❾❿ 马艳

---

❶ 章丹，张关雄. 档案管理中的"合作"思想：从迈克尔·库克的《档案管理》谈起 [J]. 海南档案，2000（4）：5-7.

❷ 解颖. 论档案文化控制 [D]. 武汉：湖北大学，2017.

❸ 李芳芳. 发达国家档案管理对中国档案行政职能转变的启示 [J]. 山西档案，2014（1）：90-92.

❹ 黄项飞. 探析档案中介组织的发展之道 [J]. 兰台世界，2006（16）：2-4.

❺ 卫奕. 企业档案管理的社会化协作 [J]. 中国档案，2000（2）：19-20.

❻ 傅荣校. 欧美国家档案价值鉴定理论发展趋势探论 [J]. 档案与建设，1999（12）：3-5.

❼ 傅荣校. 从世界档案鉴定的发展趋势看我国档案鉴定现状 [J]. 档案学通讯，2000（2）：13-16.

❽ 黄存勋. 论档案价值鉴定的三组关系 [J]. 档案与建设，2002（12）：23-25.

❾ 谭必勇，郭辉. 多元分散：英国地方公共档案馆发展模式的历史演变 [J]. 档案与建设，2018（7）：21-25，30.

❿ 郭辉. 英国地方档案馆的发展与启示 [D]. 济南：山东大学，2018.

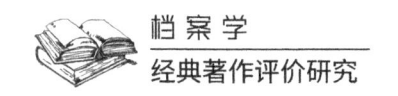

引用了库克通过合作开展利用服务的思想来说明英国的档案服务模式。❶ 谷文波引用书中档案员分工相关内容，讲述英国的档案工作与档案学思想。❷ 韩玉梅、黄霄羽引用书中内容探讨英国的文件管理工作。❸

## 第五节 《档案材料的整理与编目》

### 一、本书概况

#### （一）作者简介

休·泰勒（Huge A. Taylor），是加拿大 20 世纪著名的档案学者。他 1920 年出生于英国埃塞克斯郡，毕业于牛津大学历史学专业，后在利物浦大学学习档案学，毕业后曾在英国利兹公共图书馆（1951—1954）、利物浦公共图书馆（1954—1958）、诺森伯兰郡档案馆（1958—1965）和泰恩河畔纽卡斯尔大学图书馆（1963—1965）从事档案工作。1965 年，泰勒一家人移民到加拿大生活。他先后在阿尔伯塔省档案馆（1965—1967）、新不伦瑞克省档案馆（1967—1971）、加拿大公共档案馆（1971—1977）、新斯科舍省档案馆（1978—1982）担任档案管理员。在加拿大档案教育和档案事业发展中，泰勒作出了重要的贡献，如 1976 年他和英国档案学家埃德温·韦尔奇起草了北美第一个档案硕士学位课程大纲，为现代加拿大档案学研究生教育发展指明了方向；1978 年在泰勒等人的倡导下加拿大档案工作者协会（The Association of Canadian Archivists，ACA）从加拿大历史协会档案处正式独立出来。1982 年他退休后来到不列颠哥伦比亚省担任档案顾问。1990 年他被任命为加拿大骑士团军官。他撰写的《档案材料的整理与编目》一书得到了广泛的传播。❹

---

❶ 马艳. 基于公共服务的图书馆和档案馆用户比较研究[D]. 济南：山东大学，2018.
❷ 谷文波. 萌芽时期的外国档案学思想探析[J]. 兰台世界，2009（16）：31-32.
❸ 韩玉梅，黄霄羽. 国外文件管理若干问题初探[J]. 上海档案工作，1994（2）：36-39.
❹ 郭旭. 休·泰勒的档案思想研究[D]. 济南：山东大学，2019.

## （二）内容概要

休·泰勒在其同事的帮助下，根据加拿大特别是加拿大公共档案馆的经验，并参考了美国、英国等国家档案馆的经验，写成《档案材料的整理与编目》一书，该书介绍了档案整理与编目工作的原则和技术，分别说明了文字档案、图纸档案、音像档案和机读档案等的整理与编目方法。

第一编为手稿文字材料（包括公共文件），包含三章。第一章从获得、接收、接收登记册的复制、捐献者卷（来源卷）几个方面阐述如何做好接收工作。第二章具体讨论对于已接收的文件材料进行选分和准备最后整理的问题。首先，提出对于整理工作一般的考虑和整理工作中不得把错误立卷与行政员改变政策混淆起来。其次，具体列举整理中需要注意的材料与环节，提出不应按主题字顺或时间顺序进行全面整理。最后，论述了汇集、手稿组合、公共文件（法人文件）、文件组合等的整理工作。第三章作者提出了编目的基本要素，具体列举了检索工具的例子，包括档案目录、汇集的目录选录、主要条目卡片、加拿大各档案馆手稿联合目录的引言、初步目录（公共文件）。

第二编为其他记录媒介，包含六章。因我国档案馆尚未大量收藏这类材料，译者在翻译时删去了原著中《油画，图画和版画》一章。内容主要涉及印刷品、录音档案、机读档案、图纸档案、照片、影片和录像带等记录媒介。其分别从概述（如讲述定义、分类等）入手，具体阐述各类不同记录媒介档案的整理与编目，最后举例说明。总的来说，内容较为简略，不够深入。

第三编为计划的制订，包含两章。第一章为计划的制订——第一阶段，前文已经讨论了整理和编目技术，此章考虑可供选择的较为实用的方法，作者重点考虑出发点"为什么"，指出获得、整理和编目的策略都应从档案馆的使命出发，还指出了选择适当检索工具的重要性，要有指明每个汇集或文件组合专门检索工具的一部总索引。第二章又从出版物、缩微印刷品、电子数据和录像光盘四个角度分别具体论述如何进行计划制订。

书后附有《手稿的接受控制文件》《公共文件的接受控制文件》《地图的移交文件》《录音档案的接收》《部门机读档案目录》《照片接受登记表》《照片汇集的索引》《影片移动控制记录》《手稿联合目录（选录）》九个附表，对相关内容进行了进一步的说明。

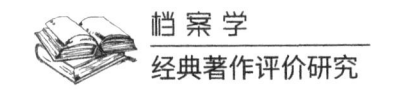

### （三）版本源流

《档案材料的整理与编目》于1980年由国际档案理事会在慕尼黑、纽约、伦敦和巴黎出版；1986年12月由黄坤坊翻译，由中国档案出版社在国内第一次出版与印刷，新华书店发行，北京景山学校印刷厂印装。2017年，《档案学通讯》杂志社以1986年中译本为基础，将《档案材料的整理与编目》收录于《档案学经典著作》第六卷中并由辽宁大学出版社出版。

## 二、形式评价

《档案材料的整理与编目》一书于1986年12月由中国档案出版社出版。其定价是1.2元/本，开本是787毫米×1092毫米，字数为120 000字。中国档案出版社是中华人民共和国国家档案局所属档案专业的出版社，1982年1月成立（2010年停办），主要任务是组织档案、史学、文秘等方面的学者、专家、教师和从业人员，编、著、译、出版档案学与档案工作、史学、秘书学与秘书工作、方志学与方志工作等方面的学术专著、教材、科普读物和档案文献史料汇编、选编等，传播和积累科学、文化知识，为档案事业发展服务。中国档案出版社出版了《秘书工作》和《办公室业务》两种杂志，1500余种图书。

2017年的《档案学经典著作》第六卷由《档案学通讯》杂志社编辑、辽宁大学出版社出版。辽宁大学出版社成立于1985年，是具有丰富出版经验的大学出版社，曾承担国家出版基金项目《满族文学史》(1~4卷)、《新编满族大辞典》。《档案学通讯》杂志创刊于1978年，由教育部主管，中国人民大学主办，中国人民大学信息资源管理学院（档案学院）承办，是由新闻出版广电总局认定的首批学术期刊，也是唯一由国家社科基金资助的档案学术期刊；在《中文核心期刊要目总览》确定的档案学、档案事业类核心期刊中位居首位。《档案学通讯》杂志社具有很好的学术资源和整合学术资源的能力，之前成功策划出版了《档案学经典著作》的前五卷，取得了很好的社会反响。《档案学经典著作》第六卷延续前五卷的外形设计，精装16开，定价为120元/本。

## 三、内容评价

### （一）选题的创新程度

该书最大的创新之处在于：与以往的同类手册相比，它是试图适应现代文件载体带来的档案管理上的新变化的一部新著。该书着重论述了档案编目以及新型档案的整理和编目，如地图、图片、照片、影片、录音带、机读档案的整理与编目，适应了当代档案载体日趋多元化的新形势。如书中提及"绝大多数档案馆迟早会发现，它们将面对着使档案的原则和技术应用和适用于机读记录媒介的问题"。当时较小的档案机构还很少直接涉及这个问题。但是作者考虑到未来会不断增加的机读材料，在书中举出了几个现有例子，来说明"整理和编目"如何应用于机读档案并提出指导意见。

### （二）理论的价值

《档案材料的整理与编目》理论的价值主要体现在以下方面。

一是主要围绕档案材料的整理与编目展开，提出了许多具有实际参考价值的观点。如作者提出编目工作的目的在于：一方面是由档案工作者控制档案材料。另一方面是通过下述办法为研究者提供关于档案材料的情报：提出一个概括性的看法；从一般走向特殊（以及相反的）；通过索引等提供查阅途径；使编目可以理解；如果十分重要，就加以散发；设计一种十分完整的系统。

二是书中蕴含着"总体档案"思想。休·泰勒是总体档案概念的主要创造者，书中所论及的"公共档案馆既要接收官方文件，也要接收私人文件""所有载体形式的'总体文件'，都可以被征集，包括照片、胶片、影片、录音带等"观点都是"总体档案"思想的主要内容。

三是该书虽然没有对档案材料整理与编目的每个步骤都作出机械性的指示，但书中所述能够帮助档案工作者起步并避开一些陷阱，帮助他们去思考一些改进办法或处理办法。

### （三）学科的地位

迈克尔·库克指出该书的贡献和价值都来源于优秀的专家和和谐的学术

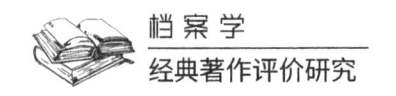

环境。他们给了非常好的建议，而且也将被用于档案学研究者的学术研究中，这些档案学研究者很可能将研究方向放在这本书涉及的任何一个领域中。该书为档案学研究者提供了研究的领域和方向，促进了学科的发展。❶

书中，作者提出"不能成为技术至上的拥护者"。作者认为对于档案工作者来说，每一件或者每一类文件的独特性突出表明档案工作对技艺而不是对科学的依赖性。档案工作者常常负责整个处理过程，而不是只负责其中的一部分。档案工作者应亲自参与接收、整理、编目和参考服务工作，而不是根据职能分担这些任务。这一观点对于整个档案学科都有一定的影响，突出了对档案工作者的整体要求。

此外，该书不仅供那些希望成为档案工作者的人使用，也供那些希望了解档案工作独特的管理与编目问题的图书馆员使用。作者认为整理与编目的问题既是档案工作者工作的核心，也是图书馆员工作的核心，两者有许多共同的基础，但也有相当大的区别。这能够在一定程度上促进两个学科间的交流与融合。

### （四）作者的影响力

休·泰勒是20世纪加拿大乃至北美地区最有影响力的档案研究者之一，对于档案学理论、档案工作实践和档案专业教育都有着深入的思考和探讨，在档案学理论和实践领域都具有相当的影响力，被特里·库克（Terry Cook）称为英语国家"最富有想象力的档案学者"❷。1992年，加拿大深受休·泰勒档案思想影响的档案学家为表达对休·泰勒的敬仰之情出版文集《档案想象力》❸，可见其影响力之大。

### （五）同行评议的结果

艾蒂安·塔依米特指出，休·泰勒的贡献在于对"文书与档案的研究"，肯定了休·泰勒书中的理论对档案界的贡献价值。

---

❶ COOK M. The arrangement and description of archival materials[J]. Journal of the Society of Archivists, 1982, 7（2）：126.

❷ COOK T. Hugh Taylor：Imaging archives[M]//COOK T, DODDS G. Imaging archives：Essays and reflections by Hugh A. Taylor. Lanham：Scarecrow Press, Inc., 2003：16-27.

❸ 王亚男. 浅谈休·泰勒及其档案思想[J]. 现代交际, 2017（5）：74.

《档案材料的整理与编目》一书是国际理事会档案手册系列卷二,《档案管理》的作者迈克尔·库克指出该书体现出了作者对现代概念和科技语言卓越的运用能力,肯定了该书为推动档案管理理论和实践的发展作出的卓越贡献。但迈克尔·库克认为作为国际理事会档案手册系列卷二未做到以下两点:第一,这个系列之二的创作主旨应当首先是建立先进的、专业的标准,去构建一个可被接受的理论框架和基于这个理论框架所形成的一套完整的、具有可操作性的实践流程和模式;第二,系列之二应当给研究者和刚接触档案管理工作的人,尤其是那些专业性不强的人一个清晰的、可实践的、具有现代意义的实施准则。书中经常叙述混乱且语焉不详,例子的选用缺乏规律性,对于事务的理解常流于表面;内容的叙述顺序不甚合理;论证的逻辑也是混乱的。

### (六)语言文字的规范程度

书中存在一些术语表达不规范、不统一的情况。许多术语和概念在二次表达的时候进行了变动,但事先没有进行说明。例如,"控制"这一概念作为档案整理工作的目的在该书中出现得比较早,但是,"内容控制"这一概念一直没有出现,直到中间部分才突然出现,并且作为那一部分的核心概念被频繁提及,之后却没有对其进行概念阐释(而且也没有列入该书术语表中)。同样地,"初步目录"这个概念在书中出现,但也没有任何概念解释(同样没有列入该书术语表中),它出现在档案编目一章中末尾部分的例子里。还有的例子是关于编目,书中还用"类型""形式""合成"等术语与之混用,意义很不明确。这种术语上的不统一增加了让除加拿大之外的手稿管理者(因为这本书是北美的书籍)吸收接受此书的难度。

从国内翻译情况来看,该书的译者是长期从事翻译工作的黄坤坊。他一方面研究外国档案学,另一方面翻译俄文、英文档案专业论著,他曾翻译过《现代档案——原则与技术》《档案材料的保护与修复》等在我国影响力较大的书籍,翻译功底可见一斑。黄坤坊还为该书编制了汉英词汇对照表。此外,陈兆祦对全部译稿做了业务审校和文字校订,周解和沈永年对影片照片录音档案和图纸档案等章的译稿提出校订意见,中文译本相对规范。

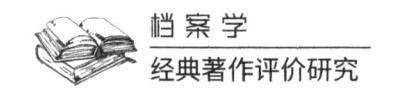

## 四、效用评价

### （一）社会效益

该书所处的时代背景是，当时全国性的档案馆数量增加，其中有许多类似于西方世界州档案馆和地方档案馆的那些问题和材料。作者基于其在加拿大特别是加拿大公共档案馆的经验，同时还参考了美国、英国等国家档案馆的经验写成该书，书中对各类档案整理与编目工作的原则与技术的说明能为档案工作者提供一些参考，引导他们进一步去思考，同时对于图书馆员也有一定的使用意义。休·泰勒一直以来也非常关心档案职业，《档案材料的整理与编目》带动了加拿大档案职业的发展，促进了加拿大档案工作的职业化、专业化。

此外，虽然全书对于新型载体档案整理与编目的阐述较为简单，还不够充分，但该书对于我国当时存有正在日益增长的新型载体档案的档案馆来说，有许多值得借鉴之处。

### （二）学术著作的引用率

2020年10月29日，笔者以"档案材料的整理与编目"为检索词，以"被引文献"为检索项，在中国知网文献数据库中进行引文检索，排除错误项与干扰项，最终检索得到6篇被引文献。

其中，曲春梅的《休·泰勒的档案思想：一个记忆的视角》引用作者对私人文件及档案的看法，强调公共档案馆对于收集公私档案的责任；引用书中"在档案馆发展的过程中，设置专门保管各种媒介记录的部门十分必要"的观点来强调记录媒介对于丰富馆藏结构的必要性。❶ 郭旭的《休·泰勒的档案思想研究》引用书中关于"公共文件"的论述来阐述休·泰勒"总体档案"思想的形成与主要内容。薛鹤婵的《浅论口述档案的价值及其工作》通过引用作者对录音档案的看法来佐证"口述档案与音像档案是形态相同，角度、作用不同的档案"这一观点。❷ 刘金芳在《新型载体档案的分类方法的探讨》

---

❶ 曲春梅，郭旭.休·泰勒的档案思想：一个记忆的视角[J].档案学通讯，2018（3）：43-47.

❷ 薛鹤婵.浅论口述档案的价值及其工作[D].济南：山东大学，2008.

中引用书中编目章节的内容来说明加拿大档案管理部门解决特殊载体档案保管问题的办法,并提出国外档案实际工作的这些做法,对提出我国新型载体档案的分类与整理方法具有很大的借鉴作用。❶ 张海珍在《论图书馆建立技术档案的必要性》中通过引用书中内容来论述图书馆建立技术档案的必要性。❷ 李劲东在《美国档案工作自动化》中通过引用书中对于档案自动化的论述以及对美国"文件组合"概念的引用来为美国档案工作自动化提供参考。❸

综上所述,对《档案材料的整理与编目》进行引用的文献主要可以分为以下两种类型。一是引用书中作者的观点来体现休·泰勒的思想,证明作者及其理论的重要性、影响力;二是引用书中内容,将其中蕴含的思想或所体现的加拿大档案实际工作为学者的研究提供理论基础。但无论是以上何种类型,都足以证明这本著作具有超越国别和时代的重要价值与意义,值得更多的研究者付诸关注与探索。

---

❶ 刘金芳.新型载体档案的分类方法的探讨[J].档案学通讯,2007(2):56-58.
❷ 张海珍.论图书馆建立技术档案的必要性[J].图书馆建设,2004(6):101-102.
❸ 李劲东.美国档案工作自动化[J].郑州航空工业管理学院学报,1990(2):44-48.

# 附 录

# 附录一　部分阶段性成果

## 我国档案学基础理论研究的现状与发展（节选）❶

2019年是中华人民共和国（以下简称"新中国"）成立70周年，也是新中国哲学社会科学研究腾飞的70年。为展示70年来新中国哲学社会科学发展所取得的辉煌成就、烘托学术界百家争鸣的良好氛围、勾勒各学科研究的前景与发展趋势，《党建》杂志网络微平台推出《思想中国》栏目，集中刊发《70年哲学社会科学学科发展回顾与展望》系列文章，按照哲学社会科学不同类别约请各领域专家撰写文章，笔者忝列其中。由于网络文章的篇幅限制和组稿要求，许多问题没有展开，有些意犹未尽。故借用《北京档案》杂志一席之地对新中国档案学基础理论研究状况表达一些个人看法，以求教于方家。

### 一、档案学基础理论的研究状况

一般认为，所谓档案学的基础理论是区别于档案管理应用技术、对档案学领域中的基本理论问题进行高度的概括和抽象，是普遍性、规律性的总结和归纳。❷ 这种理论在档案学的研究中起着支撑作用：它可以是一座大厦的基础，决定着大厦的高度和负荷；它更像生物的基因，左右着一种生物最终是成为大树还是小草。因此，档案学基础理论研究，关乎档案学研究的前途与命运，应该引起学术界的高度关注。

---

❶ 此文节选自：胡鸿杰.我国档案学基础理论研究的现状与发展[J].北京档案，2019（9）.

❷ 周耀林，朱玉媛，张晓娟，等.我国档案学基础理论研究的价值、存在的问题及发展趋势[J].图书情报知识，2009（4）：31—35.

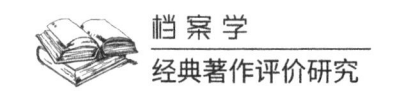

## （一）文献的档案学基础理论线索

笔者以"主题=档案学基础理论"或者"题名=档案学基础理论"或者"v_subject=中英文扩展（档案学基础理论，中英文对照）"或者"title=中英文扩展（档案学基础理论，中英文对照）"为检索条件，在中国知网查到涉及此类的文献共922篇。从这些文献中可以发现，我国的档案学基础理论研究大体呈逐年增长趋势，但在2016年之后出现拐点；进入21世纪后，文献维持在年均40篇左右，约占档案学研究年均文献量的十分之一。[1]这大体反映出档案学基础理论研究在总体档案学研究中所占的分量及档案学的研究态势。如果剔除文献中的一些名文不符的文章，真正研究档案学基础理论的份额还会降低。在这些为数不多的文章中，择其要者包括了以下观点。

王英玮、周艳在《中国档案》2003年第5期发表了《档案学基础理论的建设与发展》一文，对如何认识档案学基础理论建设和发展中研究成果的多样性、统一性问题，档案学基础理论研究成果中有无至善理论的问题，档案学基础理论建设与发展的基本走向等问题提出了看法。[2]周耀林、朱玉媛、张晓娟、颜海、周路在《图书情报知识》2009年第4期发表了题为《我国档案学基础理论研究的价值、存在的问题及发展趋势》的文章，提出了我国档案学基础理论研究"对档案学科发展的活化作用、对提升档案学科地位的促进作用、对档案学应用理论的指导作用、对档案工作实践的推动作用"四种价值表现，并指出了档案学基础理论原创性研究成果不多、对档案学基础理论深层次研究较少等六个方面的问题，从指导性、拓展性、创新性、交叉性等十大方面预测了档案学基础理论研究的发展趋势。[3]吴晨菁在自己的硕士论文《2006—2016年我国档案学基础理论研究的状况与趋势》中，指出了在档案学基础理论蓬勃发展的同时，也存在研究方法运用不均衡、跨学科研究协同能力较差、无效研究过多、缺乏学术思想创新、中外对比研究成果较少、研

---

[1] 档案学总体趋势分析[DB/OL].[2019-08-23]. http://kns.cnki.net/kns/Visualization/Visual Center.aspx.

[2] 王英玮，周艳.档案学基础理论的建设与发展[J].中国档案，2003（5）：44-46.

[3] 周耀林，朱玉媛，张晓娟，等.我国档案学基础理论研究的价值、存在的问题及发展趋势[J].图书情报知识，2009（4）：31-35.

究人员发展后劲不足等问题。❶此外，朱玉媛❷、张煜明❸、宗培岭❹、傅荣校❺、何嘉荪❻等也发表了自己的真知灼见。

从这些文章的内容和发表时间可以看出，我国档案学界对档案学基础理论的研究相当重视且起步较早，体现出一种学术共同体的自觉。

笔者于20世纪90年代末跟随王传宇教授研读档案学基础理论的博士学位，导师是从"学人""学史""学论"三个方面指导我们学习的。这些内容，奠定了档案学基础理论研究的基本方向。进入21世纪之后，我国以档案基础理论研究为内容的学术图书出版物逐年增加。其中，包括了由笔者主持编修的《档案学经典著作》第一卷至第六卷。这部丛书收录了19世纪90年代至21世纪第二个十年31位作者的30部作品，内容涵盖1949年之前的"十三本旧著"、中国台湾地区的代表作、中国大陆的"学史"和"学论"部分，以及欧美档案学的早期著作。目前档案学基础理论的学术图书除"学人"部分尚无系统专著以外，《档案学经典著作》第五卷❼，即档案学基础理论的"学史"部分，收录了吴宝康的《档案学理论与历史初探》、李财富的《中国档案学史论》、仇壮丽的《中国档案保护史论》和丁海斌的《中国科技档案史》；《档案学经典著作》第四卷❽，即档案学基础理论的"学论"部分，收录了陈永生的《档案学论衡》、何嘉荪和傅荣校的《文件运动规律研究——从新角度审视档案学基础理论》、胡鸿杰的《化腐朽为神奇——中国档案学评析》。在此基础上，由笔者主持的"档案学经典著作评价研究"

---

❶ 吴晨菁.2006—2016年我国档案学基础理论研究的状况与趋势[D].郑州：郑州大学，2017.

❷ 朱玉媛，曹晖，彭潇敏，等.改革开放30年来我国档案学基础理论研究的主要成就[J].图书情报知识，2009（4）：22-26.

❸ 张煜明.2004年档案学刊档案学基础理论研究佳作回眸[J].档案学研究，2005（2）：28-30.

❹ 宗培岭.对我国档案学基础理论研究的反思[J].上海档案，2001（6）：5-8.

❺ 傅荣校.论档案学基础理论研究[J].档案学研究，2001（3）：3-8.

❻ 何嘉荪，潘连根.档案学基础理论研究发展的正确道路[J].档案学通讯，1999（5）：23-26.

❼ 《档案学通讯》杂志社.档案学经典著作：第5卷[M].沈阳：辽宁大学出版社，2017.

❽ 《档案学通讯》杂志社.档案学经典著作：第4卷[M].上海：世界图书出版公司，2016.

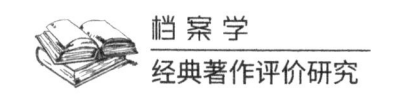

(17ATQ011)获国家社会科学基金重点项目,并在郑州大学信息管理学院成立了"档案职业与学术评价中心",开启了我国档案学基础理论研究的"组织行为"。截至2019年10月,该中心成员已经发表"档案学经典著作评价研究"(17ATQ011)阶段性成果十余篇❶,不断丰富着我国档案学基础理论研究。

**(二)档案学基础理论研究中的问题**

中国有句老话叫作"起了个大早,赶了个晚集",说的是许多起步早的人并不见得领先于他者,马拉松选手不在乎"输在"起跑线上。我国档案学研究的许多领域都存在这种上手比较快、结果不理想的情况,究其原因主要是没有持续跟进的毅力和深入研究的能力。大家满足于将口号当作结果,把激情视为能力,于是就出现了上述论者指出的问题。

1. 内容表面化和问题混淆

早期的许多研究档案学基础理论的文章,大体遵循着基本情况、主要问题、未来设想的套路,你方说罢我登场,虽然没有什么新奇,但也算"水过地皮湿"——没有什么大的问题。至于这些问题背后存在的原因以及解决问题的路径,那就留给后人去评说吧!如此一来,实际上是把档案学基础理论研究做成了夹生饭,将来谁也无法在这个"肤浅"的地基上建筑高楼大厦。笔者曾经比喻,有些研究者就像散养的柴鸡四处刨食,乍一看范围不小,却没有一处深入过。这种类似娱乐新闻的选题方式,在一定程度上伤害档案学基础理论研究。

许多论者将所有档案学研究的问题都当作基础理论去研究。比如,有一篇题为《近五年我国档案学基础理论研究进展》的文章,内容涉及"公共档案馆的内涵、公共服务功能、价值取向;数字图书馆知识管理含义、内容及其实现策略;高校档案学师资团队的打造策略、研究生基础课程设置改革及创新型专业人才的培养;档案管理体制的特点、存在的问题以及改革的建议;档案工作者素质核心价值观的培养、需具备的素质及提升途径"等内容,其中一些问题不属于档案学基础理论的研究范围。这种"广种"的方式,

---

❶ 胡鸿杰.档案学术评论——以档案学经典著作评价研究为例[EB/OL].(2019-08-23)[2019-08-23]. http://blog.sing.cn/dpool/blog/s/blog-54b75c030102y9qc.html?typ e=-1.

势必带来"薄收"的效果。就像有些人"满大街地认亲戚",结果等于没有"亲戚"。

2. 选题脱离实际与论者功力不足

近年来,有些论者提出了一些十分有趣的想法。比如,有文章称,"档案情感价值是指档案(客体)对人们(主体)所具有的情感方面的有用性","在档案服务中,应该培养档案工作者情感意识,建立档案与社会之间的情感联系;认识档案情感价值,重塑档案工作业务环节",这种源于西方的后现代概念有其产生背景和思维脉络,但是如果说用其"重塑档案工作业务环节"可能言之武断。我国的档案学基础理论研究应该植根于我国的实际情况,而非国外的只言片语。正可谓,"后有学于殊域者,近不知中国之情,远复不察欧美之实,以所拾尘芥,罗列人前"[1],长此以往,这种脱离国情的所谓档案基础理论研究势必成为学界和业界的笑谈。

笔者始终认为,任何理论的状态都是其论者学历、经历的真实表现。档案学基础理论研究中的许多问题之所以不能深入、无法展开,与其论者的学术功力不无关系。档案学基础理论代表着对档案学的哲学思考,是理论体系中的"上层建筑",仅仅凭借常规判断和经验总结是不易成就的。前述问题,无论是"表面化""内容混淆"还是"脱离实际"都是论者学术功力的一种表现,即不能思考、不会思考、不敢思考。汤一介先生曾经自谦天资不够,遗憾于没有形成自己的理论(学说)体系。其实,许多像汤一介先生这样的智者,都在用自己的行动激励后人。作为一种相对"小众"的档案学基础理论研究者,同运动员一样并非大众职业,其先天条件、规训水平、技战术素养和意志品质决定着其最终的成就。对于档案学基础理论的研究者来说,除了"人贵有自知之明"以外,没有"提高素养""勤能补拙"以及自己后天的努力,只能出现与自身学术功力相当的研究成果。

此外,一些知名学者的文章水平多取决于其合作者水平,也是一种比较危险的倾向。

3. 文献来源单一及研究方法匮乏

包括笔者在内,大家已经习惯了以中国知网的论文为研究问题的文献来

---

[1] 鲁迅. 坟[M]. 北京:人民文学出版社,1973:30.

源，将影响因子作为衡量文章的标准。因此，档案学基础理论研究就成为单一"原料"的结果。然而，档案学理论，特别是基础理论更多的是体现在学术专著当中。无论从研究领域、理论体系还是学术成就、文字容量，档案学基础理论专著都是学术论文无法比拟的。从目前档案学基础理论研究成果的参考文献中就可以发现，很少有档案学基础理论专著被引用。有时即便出现图书的注释，也多为教材类普及性读物。这在一定程度上限制了档案学基础理论研究的发展水平。

档案学基础理论成果的文献来源单一，实际上就是一个研究方法匮乏的表现。档案学基础理论的研究方法匮乏，至少可以说明档案学基础理论的研究者尚不具备提升学术水平的渠道与手段。按照丁海斌教授的观点，包括档案学基础理论研究在内的档案学研究方法匮乏，"究其原因，主要有两点：一是我们并没有这方面的自觉认识，没有一个倡导科学认识方法的'运动'；二是研究队伍的素质有欠缺，很多研究者没有受过严格的学术训练，研究方法不规范，甚至很多人不懂得什么是科学认识方法，缺乏学术规范意识和科学态度的现象较为普遍"❶。虽然任何科学的研究方法都必须依附于特定的具体研究内容，但没有科学方法也不可能成就科学的内容。如果说情报学界的研究成果比档案学界有什么优势的话，至少情报学界关注了被档案学界长期忽视的研究方法。这就是许多情报学的研究成果更像学术论文的原因之一，也是档案学界不太讲究的失落之处。因此，缺乏科学方法的档案学基础理论研究，很难出现神形兼备的档案学基础理论研究成果。

需要说明的是，档案学基础理论中存在的问题，并不是单一因素作用的结果。包括上述问题在内的列举，应该被视为一个多维的空间。就像应该从内容、形式、效果等维度评价一部学术作品一样，其中任何一个因素都是其他因素（维度）作用的结果。❷此外，学术环境等因素也会对档案学基础理论研究产生一定的影响。

【有关我国档案学基础理论的发展问题，可参见下一篇文章】

---

❶ 丁海斌.谈我国档案学研究方法的特点与不足［J］.北京档案，2019（4）：4-9.
❷ 胡鸿杰.档案学经典著作研究发凡［J］.档案学通讯，2017（5）：14-19.

/ 附录一 部分阶段性成果 /

# 新中国档案学研究七十年回顾与展望 ❶

1949年中华人民共和国（以下简称"新中国"）成立，开始了中华民族的新纪元，也开启了新中国档案学研究的新纪元。这个新纪元的主要标志为：开办了新中国的档案学专业、组织和壮大了档案学的研究队伍、发展和逐步健全了档案学科体系。

1952年新中国在自己创立的第一所大学——中国人民大学设立了档案学专业（其前身为专修科档案班和档案教研室），1956年6月国务院科学规划委员会制定的《一九五六——一九六七年哲学社会科学规划纲要（草案）》将档案学列为独立学科；至20世纪60年代初，一个由多门分支学科组成的现代中国档案学学科体系已经初步形成，在拓展档案学研究范围的同时，一支档案学研究队伍也逐步形成。1966年5月至1976年10月，受"文革"及中国人民大学停办的影响，档案学研究出现了停滞甚至倒退。1978年，随着党的十一届三中全会提出改革开放政策的实施，我国的各项事业都焕发出新的活力，档案学的研究也随之走向正轨。

新中国七十年的历史，就是新中国档案学研究逐步健全发展的历史。在这七十年中，档案学经历了此前数千年未有之大变局：告别了启蒙阶段、完成了开拓和建构、进入了新时代。具体表现在以下方面。

首先，在清理过往档案学理论和学习国外经验的基础上，建构了具有新中国特色的档案学理论。新中国档案学研究之初，老一代档案学研究者对民国时期档案学理论进行了探讨和辨析，在苏联专家的帮助下，初步建立起一套基本符合中国特色的档案学理论体系❷，为其后的档案学研究奠定了坚实的基础。

---

❶ 胡鸿杰.新中国档案学研究70年回顾与展望[J].档案管理，2019（6）.此文为《党建》杂志《思想中国》栏目首发，其后新华社网站、人民网等均予转载。其中，新华社网站的阅读量已经超过60万人次（截至2019年年底）。https://xhpfmapi.zhongguowangshi.com/vh512/share/6398801?isview=1&homeshow=0&from=singlemessage.

❷ 李财富.中国档案学史论[J].档案学通讯，2003（6）：45-48.

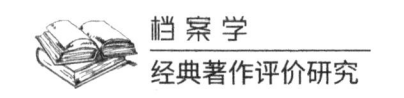

其次，围绕档案学的理论研究，逐步形成了新中国的档案学研究队伍。从以档案学研究为党的事业的老一代档案学研究者到新时代熟悉多学科理论的档案学研究人员，从新中国建立之初的数十人到新时代的数以百计，新中国的档案学研究者在实践经验、理论积累、学风建设、国际视野、成果发布等方面有了巨大提升。

最后，以新中国的档案学高等教育为基础，发展充满活力的新中国档案学研究。新中国的档案学高等教育，从新中国成立之初的中国人民大学一所学校一个专业，发展到现在的三十余所高校三十多个专业，新中国档案学高等教育涵盖了所有高等教育层次，新中国档案学的高等教育无论是规模还是体系都是当之无愧的世界一流，为新中国的档案学研究提供了可持续发展的源泉。

当然，新中国的档案学研究也会与其他理论研究、学科建设一样，存在着一些发展中的问题。比如，档案学理论的原创性有待加强、与新中国档案工作实际的联系尚需紧密、档案学科体系需要不断完善等。而克服这些问题的过程，就是新中国档案学研究发展的过程。

温故而知新。新中国的档案学所走过的历程，不但成就了一门学科，还为包括档案学在内的人文社会科学带来一些思考。

第一，加强新中国档案学研究，就必须重视档案学高等教育。实际上，新中国档案学的研究是与新中国档案学的高等教育如影随形、难分彼此的。如上所述，截至2018年年底，全国已有38所高等院校招收不同层次的档案专业学生，其中34所高校招收本科生，31所高校招收硕士研究生，9所高校招收博士研究生，遍布全国24个省、自治区、直辖市，全国范围的档案高等教育格局基本形成。中国人民大学、武汉大学、南京大学档案学专业所在一级学科进入国家创建世界一流学科计划，湘潭大学和黑龙江大学档案专业所在一级学科进入省级创建一流学科计划❶，新中国档案学高等教育的发展与完善，为档案学的研究培育和储备了人才，为档案学研究的可持续发展积蓄了力量。档案学的高等教育不仅为档案学研究提供了支持，更为全中国的档案事业培养了一批又一批训练有素的职业人员，成为各项工作取得成绩的可靠保证。

---

❶ 冯惠玲.改革开放40年中国档案高等教育的历史性跨越［J］.档案学通讯，2018（6）：4-9.

第二，加强新中国档案学研究，就必须重视档案学术共同体。一门学科的建构与发展，与学术共同体的出现密不可分，新中国档案学的研究当然不能例外。一部新中国档案学研究的历史，就是新中国档案学研究者的成长史。档案学术共同体是以学术认同为标志的档案学研究人员，他们并不一定是依附于一定的学术组织，但其共同的信仰和价值观会引领他们为档案学研究而不懈努力。当然，作为一门管理学科，档案学在建构之初就确立了其研究对象和分支内容，并且在研究过程中有所发展。然而，如果将档案学置于科学或者社会科学的版图中加以观察，就不难发现档案学与其他学科特别是一些相近学科之间的差距。这些差距，除了先天因素之外，更多地取决于档案学研究者后天的认识水平和努力程度，也就是笔者经常提及的档案学的尊严。❶学术尊严是档案学研究者的心理状态和研究准则，是档案学研究发展到一定阶段的产物，是档案学科体系不断完善的动力。其研究主体持有何种观念和方法，档案学的理论就会呈现出何种状态。只有"有尊严"的学者，才可能存在"有尊严"的学科。

第三，加强新中国档案学研究，就必须重视档案学研究成果。据不完全统计，1960—2019年国内共出版档案学图书2万余种❷，收入北京大学《中文核心期刊要目总览（2017）》的档案学期刊包括《档案学通讯》《档案学研究》《中国档案》《档案管理》《浙江档案》《北京档案》和《档案与建设》七种，其中《档案学通讯》《档案学研究》为中文社会科学引文索引（CSSCI）来源期刊，这些期刊共发表档案学术论文1万余篇。1996—2018年，国家社科基金中档案类项目共计293项，其中重大项目25项，重点项目27项，一般项目166项，青年项目61项，西部项目11项，后期资助项目3项。❸当然，重视档案学研究成果的培育，不仅是一个数量的发展，还必须有质量上的提升。为此，必须加强对中国档案学术历史的研究、把握中国档案学理论研究的基调、建设中国档案学研究的学术规范。其中，中国档案学的学术规范的基本功能在于，以完整的体系整合中国档案学理论研究成果，科学合理地衡量中国档案学的价值，最大限度地规范中国档案学理论研究者的学术行为。笔者

---

❶ 胡鸿杰.再论中国档案学的学术尊严[J].档案学通讯，2009（5）：24-27.

❷ 全国图书馆参考咨询联盟.档案学[EB/OL].http://www.ucdrs.superlib.net/.

❸ 宋晶晶.1996年~2016年档案学国家社科基金项目的文献计量分析[J].档案管理，2017（2）：75-77.

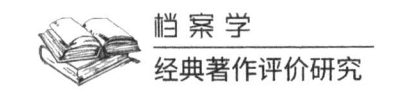

认为，只有在这样三个层次上对学术规范进行建设，才能真正提高中国档案学研究成果的质量，才有可能实现中国档案学研究的真正繁荣和发展。

第四，加强中国档案学研究，就必须重视档案学理论的原创性。新中国的档案学研究是在学习苏联档案学理论和苏联专家的帮助下发展起来的，加之近年来欧美思潮的影响，档案学中的一些基本概念、内容体系都保留着其初始阶段的状态，这在很大程度上限制了学科的发展。应该承认，目前我国档案学研究者所关心的选题大多来自西方档案学者的观点。虽然这些想法在其产生的特定环境中有着一定的普遍意义，但时过境迁，中国档案学研究更应该关注中国本土的实践，反映中国档案事业的发展成就。无论从历史还是现状来看，中国档案学都有着巨大的原创空间。笔者认为，中国有着世界上最大规模的档案事业体系、数量庞大的从业人员、历史悠久的档案资源，这些应该成为档案学研究者取之不尽、用之不竭的理论研究源泉。唯有如此，新中国的档案学才是"中国的"，只有"中国的档案学"才具有世界意义。

第五，加强中国档案学研究，就必须重视档案学的学科体系。档案学科体系是档案学研究所遵循的结构与骨架，也预示着档案学研究的发展趋势。新中国的档案学研究不同于以往的主要区别在于其始终将档案学作为一门学科去研究，而非当作一些具体解决问题的方法来处理。从中国档案学学科结构的演化过程看，首先产生以档案管理活动为直接对象的《档案管理学》，其结构主要为"管理主体""管理对象"和"管理过程"三大内容。随着管理活动的运动形式、层次和程度的发展，对其进行研究的学科也会出现一些"衍生"形式。中国档案学演化的"第二步"，就是在对"管理过程（程序）的系统分析"的基础上"衍生"出"其他学科"。《档案文献编纂学》就是典型的"衍生学科"——以档案的开发、利用形式为依托，发展成为一门横跨历史文献学、编辑学和档案学的传播科学。当中国档案学的学术群落充分发达时，在其基本学科结构中就会演化出一种以"揭示档案现象的本质与规律"的形式。这就是带有"学中之学"味道的《档案学概论》。[1] 新中国的档案学研究正是通过自身的理论、结构、功能及其形成和发展的历史，去验证和揭示科学规律的。

第六，加强新中国档案学研究，就必须重视档案学术评论。新中国的档案学研究之所以能够健康发展，是因为档案学术评论的存在。作为一种档案

---

[1] 胡鸿杰.理念与模式——中国档案学论[J].档案学通讯，2003（6）：49-53.

学研究者根据一定的原则及标准，按照一定的方法与步骤，对档案学术研究领域中已经产生的档案学现象、档案学术研究成果、档案学术人物和思想以及档案法律法规等进行分析研究，发表客观评论，推荐或批评的学术研究活动，档案学术评论的"终极功能"在于对档案学研究成果的阐释与重构。所谓阐释，就是表达和叙述档案学研究成果中未被理解之意和未清楚表达之意，在档案学研究的主体与客体之间建立沟通的渠道，让广大受众接受档案学及其成果。所谓重构，就是在充分阐释的基础上按照学科的发展脉络重新组织学科体系的过程。因此，在包括档案学研究在内的学科发展过程中，如果没有学术评论，该学科的发展只能处于相对不完备的阶段。笔者认为，包括档案学在内的社会科学走过的这条道路既符合科学发展的内在逻辑，又具有一定的统计规律性，是科学发展的必由之路。

第七，加强新中国档案学研究，就必须重视档案学研究方法。科学发展史表明，学科的独立性是以科学方法的独立性为基础的。有无专门的科学方法和比较完整的方法体系是衡量一门学科是否成熟的基本标志之一，每门成熟的学科都会有自己独特的、专门的科学方法。❶新中国的档案学研究自创立开始，就在探寻并践行着符合新中国档案学研究特色的方法论体系。其中，既包括马克思主义理论的领引又涵盖社会科学的通用方法，既有定性的研究又尝试定量的分析，既遵循"实践本体皈依"的原则又探讨形而上学的思辨路线。正可谓"上穷碧落下黄泉，动手动脚找东西"。新中国档案学的研究已经并将继续证明，任何科学的研究方法都不可能独立于特定学科而孤立存在，离开了档案学的具体研究，任何所谓的研究方法都不过是"纸上谈兵"。为此，只有在档案学研究的实践中，在档案学研究的理论探讨里，才有可能产生符合新中国档案学研究理论特征和科学方法论体系的研究方法。而探讨档案学研究方法的路径本身具有更重要的方法论意义。

第八，加强新中国档案学研究，就必须重视档案学研究的外部环境。所谓外部环境，就是相对中心事物的条件与背景，是影响中心事物的重要因素。新中国的档案学是一门研究档案现象发展规律的科学，而科学的发展总是与其发展的环境如影随形。人类进入21世纪以来，无论是社会文明还是科技进步都取得了长足的发展，这就为包括新中国档案学在内的人文社会科学提供

---

❶ 丁海斌. 谈档案学研究方法的层次、体系与基本原则 [J]. 北京档案，2019（3）：4-9.

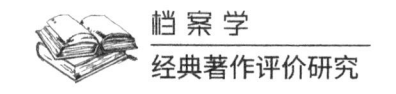

了广阔的发展空间。一方面，新中国的档案学研究要接受来自技术革命的挑战，适应新载体、新技术、新流程对档案管理活动的全面升级与改造，使新中国档案学成为信息时代的同路人与引领者；另一方面，新中国档案学要从其他先进学科的发展中借鉴成功的因素，甚至从不同国度、族群、意见相左者那里吸取有建设性的营养，在交流中不断发展自己。重视外部环境，在适应环境的过程中不断吸取有益的成分并保持自身的独立性，是新中国档案学研究不能回避和持续面对的挑战。只有适应外部环境，不断克服发展中的困难的学科，才是科学的希望。

新中国档案学研究七十年的历史，是科学发展史中短暂的一个瞬间，而档案学研究的价值及其效益却需要一个相当长的时间去评估。档案学研究的贡献，也许不在于让大家明辨档案的概念，而是人们遵循档案学研究所倡导的理念及其模式去面对科学发展的未来。马克思主义理论的诞生和社会主义制度的建立，为新中国档案学的研究开辟了一条理想境界的道路；我们有理由相信，在习近平新时代中国特色社会主义思想的指引下，经过新中国档案学研究者的不懈努力，新中国档案学研究一定会与其他社会科学一样，拥有一个健康发展的光明未来！

# 一个想法与三条路径——论档案学术之源流 [1]

自从社会上有了许多以档案学研究为生、"专司其职"的所谓档案学人，档案的学问或者说档案学科就成为至少在一定区域和圈子内的显学。因此，不论这些人在自己心里对于这个用于谋生的家当多么厌恶和不屑，都要在世人面前理直气壮地把自己的学科讲得惊天动地、老少咸宜。于是，档案学不断地出现在国家科学规划、重大基金项目、SCI 及各种榜单当中。大有"天上一轮才捧出，人间万姓仰头看"之势，客观上为档案学的发展和提升起到了积极的作用。然而，有时也会树大招风，招致社会特别是学界的一些非议或者不理解。在这个时候任何的解释都会使问题变得更加复杂，最好的解决办法只能是用自己的实际能力证明自己的才干。

笔者以为，档案学作为一门具有数十年历史的学科，现在已经到了证明自己"才干"的时候了。当然，不同的论者会有自己证明学科"才干"和实力的表达方式。比如，有喊口号的、有夸洋人的、有傍大款的等。这些都是论者的生活经历的真实写照，八仙过海、各显神通而已。但归根结底，展示一门学科的实力应该正本清源，说明自己学科产生的合理性；继往开来，证明自己学科的发展空间。因此，本文论及的"一个想法与三条路径"就是试图从档案学科产生的缘由和路径等方面，证明档案学的实力和价值。

## 1 学术之源：一个想法引起的线索

大凡谈及档案及其学问，人们总会追溯到人类"结绳""刻契"的源头，似乎已经约定俗成、不证自明地阐释了档案这个事物或者现象的天然合理性。于是，就像人们一代一代传诵的"自从盘古开天地，三皇五帝到如今"一样，大家很少去思考，更无心去论证这种说法的科学依据。但是，作为一种学问

---

[1] 胡鸿杰.一个想法与三条路径——论档案学术之滥觞及流向［J］.档案管理，2020（1）.

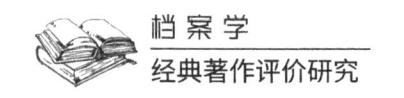

或者一门学科的建构，停留在这个层面是远远不够的。

首先，这种源头主要体现人类的一种本能。根据 A. C. 莫豪斯的说法，"我们和朋友会面时，会摘下帽子表示寒暄，与此相反，在面对敌人时会扬起拳头对之示威；我们有时把手帕打成结作为记号，或者在船的桅杆上挂上旗子，表示信息……"是一种"依靠视觉作为传达的手段"[1]。当然，这种基于交流的本能与需要"交流"的表征有关，而这种"表征"在后人看来就有了所谓的"记录"功能。如果从本体论的角度看，这种基于人类本能的表征是人类"需要交流"的产物；如果从认识论的角度看，这种"记录"功能是后人赋予此类表征的一种说法。也就是说，对于一种客观存在，人们从不同的角度会得出不同的说法。在一定的语境中，这种说法存在一定的道理，但这种道理并不是唯一的。关于人类本能的探究，也会由于地域、民族、宗教、国别的不同，对同样的"表征"得出差异很大的答案。

其次，这种源头需要不断地演绎。根据管先海、何思源的论证，"关于档案起源的个人认识，即档案孕育于远古时期文字产生以前的结绳记事、刻契记事、贝壳珠串记事等原始记事方法，起源于原始社会后期原始文字的产生和使用，产生于原始社会末期到奴隶社会早期阶级和国家出现以后"[2]。应该指出的是，这是一种基于后人对档案的所谓定义而逆向推定且十分讨巧的说法。其中的三个关键部分是"记事""文字"和"社会（国家）"，这些都可以作为档案产生的必要条件，但不一定都是充分条件。也就是说，档案学界所笃定的这个源头还是可以演绎出其他结论的。比如，可以作为汉字的起源[3]，作为"异质异构的版媒介文化载体"[4]，甚至是"财务管理"[5]等。正像鲁迅先生所说："《红楼梦》是中国许多人所知道，至少，是知道这名目的书。谁是作者和续者姑且勿论，单是命意，就因读者的眼光而有种种：经学家看见《易》，道学家看见淫，才子看见缠绵，革命家看见排满，流言家看见

---

[1] A. C. 莫豪斯. 文字的起源——从结绳、刻契、图画文字到表意文字 [J]. 武占坤, 译. 河北大学学报（哲学社会科学版），1985（1）：16，58-63.

[2] 管先海，何思源. 关于档案起源问题的若干思考 [J]. 档案，2017（11）：6-11.

[3] 王淼. 浅谈汉字起源问题 [J]. 科技信息（科学教研），2007（35）：675.

[4] 王振铎，孟玉静. 编辑出版史论中事实与逻辑的统一——从甲骨卜辞版的复制问题谈起 [J]. 陕西师范大学学报（哲学社会科学版），2008（3）：74-79.

[5] 于国山. 原始社会会计产生及其记帐方法 [J]. 会计之友，1997（3）：14.

宫闱秘事……"❶随着社会的发展，人们一定还会发现关于"这个源头"的新结论。

最后，这种源头限定了学科的发展路径。如上所述，档案的学问似乎只能按照记录及其载体的方向去思考，即档案是一种特定情境下产生的记录，因此，档案只能是一种记录各种主客观事物的载体，是一种"附着物"。对于这种"固化的信息"❷的研究，无非是环境改变、世事沧桑等周边条件的改变，而这种"记录"则以不变应万变。比如，丁健在自己的《档案与档案工作：固化的记忆与记忆的固化》中指出："档案是一种记忆工具，是人类大脑记忆功能的延伸，是人们有意保存的固化记忆。档案工作是记忆的固化：因为保持记忆需要固化，固化记忆需要选择，选择的对象必须是原始的记录（原生的记忆信息），并且必须具有保存价值。"❸如此这般，档案管理活动及其相应的理论和学科就沿着这条始于"固化"又终于"固化"道路艰难前行。说一句玩笑话，如果按照我们学科先辈的智商和能力，去研究其他学科可能已经获得诺贝尔什么奖了。之所以出现目前这种情况，除了选择之外，也许与学科的研究方法和思维定式有关，即"成也'固化'，败也'固化'"！

那么行文至此，笔者更为关心的是研究档案的学问或者学科还有什么思路？我们是否忽略了什么问题？

说来也巧，就在写作这篇文字的时候，国务院总理李克强于2019年10月8日主持召开国务院常务会议，审议通过《优化营商环境条例（草案）》，以政府立法为各类市场主体投资兴业提供制度保障；讨论通过《中华人民共和国档案法（修订草案）》。有好事者随即找出了前期讨论或征求意见的某一个《中华人民共和国档案法（修订草案）》的版本，其中的第三条豁然写着："本法所称的档案，是指机关、团体、企业、事业单位、其他组织和个人在各项工作和活动中形成的，对国家、社会和单位、个人具有利用价值、应当归档保存的各种形式和载体的文件、记录和数据。"❹将"文件、记录和数据"代

---

❶ 鲁迅.集外集拾遗[M].北京：人民文学出版社，1973：109.

❷ 冯惠玲，张辑哲.档案学概论[M].4版.北京：中国人民大学出版社，2001：5.

❸ 丁健.档案与档案工作：固化的记忆与记忆的固化[J].档案学研究，2002（5）：17-20.

❹ 《档案法》修订草案与现法对照版[EB/OL].（2019-10-09）[2019-10-10].https://mp.weixin.qq.com/s/obWNLxB-q6valIWW0HQV8w.

替了以往版本中的"历史记录"。在笔者看来，如果不将这种法律表述的"讨论版"作为定义研究，其进步意义至少在于没有再把"档案的学问和学科"的源头限定在一个狭小的范围。也就是说，可以将档案理解为一种"过往之物"而非绝对意义上的单一记录。在通常意义上，记录是指把所见、所闻、所思、所想等通过一定的手段保留下来，是一种有参照的后发行为。而现实的档案中有许多成分是先于"实践活动"的，档案只能说是实践的伴生物。笔者认为，通常在档案学界使用的所谓"记录"或者"历史记录"不过是一种比喻，是一种基于主体情结的感性认识，即大家都希望自己所研究的对象区别于其他事物，具有先天的真实性和排他性，借此增强档案学人的荣誉感和自豪感。客观地讲，这种"荣誉感和自豪感"无可厚非，但科学研究需要更多的理性成分。

大家不妨换一个角度看问题。如果说人类祖先的"结绳""刻契"是其活动和想法的"记录"的话，那么更多的"活动和想法"也被另外的"固化信息"记录着。近到与档案相似的一些图书文献资料以及诸多写本，远到一些建筑物、构筑物甚至山崖石刻等，都无一例外地记录了人类的"活动和想法"。如果人类祖先的"结绳""刻契"因其的记录属性可以被"追认"为档案的话，那么其他具有记录属性的物体是否也可以归入"档案"的范畴？如果这种逻辑可以成立的话，那么档案的学问或者学科将是一种何等的体量和结构？答案当然是否定的。一方面，虽然可以将档案理解为一种"记录"，但是逆定理不存在——不是所有的"记录"都是档案；另一方面，作为比喻的"记录"并不能替代事物的基本用途和属性。比如，人们在建造房屋时总是为了满足具体的目的和使用要求，各类建筑由于用途不尽相同，便产生了不同的建筑：教学楼是满足教学活动的需要，而工业厂房则是为了满足生产的要求。当然，如果日后这所建筑被赋予每种其他含义，它也会成为一种不同于档案的记录。也是在这些事物不同"用途和属性"的基础上，产生了如建筑学等没有被档案学包括的学科。

因此，是否可以这样理解，"记录"不可能成为一个事物的单一属性；同样的"记录"有着不同的结局。其实，"记录"本身就是一种社会活动的伴生物，记录并不是一种可以排他的认识成果，记录不过是一种描述客观存在的修辞手法。就像一个幽默的人经常会用比喻形容外部事物，但他一定不会认为这些"外部事物"就是自己的比喻一样。一门学科的建构，应该是历史与逻辑、理论与常识的统一。不然的话，很可能就会因此限制了自己、娱乐了他人。以往人们对档案的认识存在着一定的误区，使其研究者迷失在语辞（概念）的桎梏里，现在是向大家说明"档案不是也不可能是一切"的时候了。跳出桎梏，才能风物长宜——问渠那得清如许？为有源头活水来。只有弄清楚档案学科的源头"清如几许"，才能形成可持续发展的一渠"活水"滚滚而来！

## 2 理论之流：三条相互纠结的路径

关于档案及其档案的学问和学科，据说已经在世界上流传了数百年、在中国发展了数十年。如果有人认为在如此漫长的时空中没有任何可以为人类进步提供营养的想法，那一定不是事实。当然，如何将这些对"人类进步提供营养的想法"准确地阐释出来，也并非易事。而这种阐释的结果，可能形成一部思想史，可能建构一种未来学。

在笔者看来，档案的学问或者学科是沿着以下三条路径推进的。

### 2.1 研究档案的内容

人们保留或者利用档案，从其最初的想法来看，很可能不是为了给"国家积累财富"，而是便于自己日后查考。毫无疑问，人们希望能够对"日后查考"有所帮助的东西，主要还是档案的内容。因此，对于档案从业人员来说，围绕着档案的一切工作都服从于档案的内容。档案的研究者当然也不能例外。

#### 2.1.1 在档案的管理业务中，就有直接针对档案内容的部分

传统的档案管理活动，一般会将档案的提供利用作为一项重要工作，进而派生出了所谓档案编研业务。通常所指的"档案编研"，是档案部门根据馆（室）藏档案和社会需求，在研究档案内容的基础上，编写参考资料、汇编档案文件、参与编史修志、撰写论文专著。在档案学科的著作中，《档案文献编纂学》无疑是一种学术含量比较高的理论成果。笔者始终认为，作为针对档案内容的档案文献编纂或者编研，必须对其发展的历史进行认真的总结，这样才能从中找出规律性的认识，在继承中保持其时代的先进性；必须对档案文献工作的活动程序和方法进行科学的筛选和组合，这样才能保证其成果的

质量及其传播前景。❶ 在这种认识的基础上,"针对档案内容的档案文献编纂或者编研",应该从思想史、方法论和出版物三个方面论述档案文献编纂的领域,并且遵从项目管理的方式设计和规划此类图书的实施过程,力争在科学性和可读性上有所建树。❷

在实际档案管理活动中,针对档案内容的档案文献编纂或者编研也由于众所周知的原因存在一些问题和误区。比如,档案编研人才匮乏、编研的深度与广度有待提升。❸ 前者是档案管理部门的人员配置问题,即此类部门是以研究为主还是以一般的管理为主。如果是以"一般的管理为主",则档案管理部门还是应该以提供档案为他人服务为基本宗旨。"档案编研人才"水平过高,可能会在一定程度上影响读者对档案的直接利用。一些档案管理部门在这个方面出现的严重问题,就是与管理者和读者"争夺档案内容资源"有关。至于"编研的深度与广度有待提升"则是由该档案管理部门的资源状况决定的,说到底还是"档案内容"问题。当然,各级各类档案管理部门是存在社会分工和层级划分的,哪家也不可能占有全部档案资源。因此,一个档案管理部门对档案编研选题的策划,还是应当以自己的档案内容为主;并利用当前数字化的优势,吸纳社会上与该选题相关的资源。

由此可见,无论是档案的学术研究还是业务管理,档案的内容都是第一位和不可或缺的要素。用一句话说,离开了"档案的内容",档案的学问或者学科就会真的成为"无源之水、无本之木"。同时也必须看到,无论从学科的划分还是管理岗位的配置来看,档案的研究者和从业人员与其他人士相比都没有什么优势,这也许就是一种社会分工使然。

### 2.1.2 在学界公认的学者中,主要是研究档案内容有所成就的人

其实,档案学界也没有必要过分悲观。虽然我们从广义上没有其他学科那么多被社会公认的学者,但是总会出现一些像歌词里唱的"白涯涯的黄沙岗挺起棵钻天杨"的"凤毛麟角"。比如,韦庆远先生在《中国政治制度史》方面的贡献,就使他成为《中国大百科全书(政治学卷)》的主编之一。作为中国人民大学档案学专业的教授,他从开始时讲授《中国档案史》到写作

---

❶ 胡鸿杰.档案文献编纂学评析[J].档案学通讯,2003(2):38–41.
❷ 胡鸿杰.档案文献编纂学新说[J].档案学通讯,2010(2):74–77.
❸ 黄雅雯.档案编研的问题与建议[J].城建档案,2019(7):54–55.

和出版《明代黄册制度》《清代奴婢制度》《档房论史文编》《明清史辨析》，再到《中国官制史》《明清史续析》，乃至《正德风云：荡子皇帝朱厚照别传（上下）》；历任美国哈佛大学费正清东亚研究中心客座研究员、哈佛—燕京学社访问学者、英国牛津大学东亚研究系客座教授、圣安东尼学院兼职院士、中国香港科技大学人文学部客座教授、中国台湾政治大学历史系所客座教授、中国香港城市大学中国文化中心客座教授、中国香港珠海书院史学研究所客座教授、中国台北"中央研究院"历史语言研究所和近代史研究所及中国香港大学中文系和历史系访问学者等职务。这一切即如韦庆远先生曾经对笔者所言，就是利用某个特殊时期的机会在中国第一历史档案馆的库房里查阅档案的结果。当然，韦庆远先生肯定是自谦了，机遇永远青睐有准备的大脑，"在科学上没有平坦的大道，只有在那崎岖的小路上不畏艰险奋勇攀登的人，才有希望达到光辉的顶点"❶。

不容否认的是，以韦庆远先生为代表的、以研究"档案内容"为己任的研究者，实际上在社会认同方面已经发生了身份的变化，即从档案学界以为的档案学人转变为社会公认的历史学家了。因此，以研究"档案内容"为发展路径，最终可能只是档案学界少数人能够行得通的学术道路，不可能也不应该成为广大档案学人的必由之路。

2.1.3 在逻辑的阐释方面，档案的内容多为具体而非抽象

档案的内容研究，说到底是像韦庆远先生那样以一种具体的档案内容为研究对象的研究，而不是将"档案"或者"档案的内容"作为一种概念化的对象进行的研究，即"档案的内容"是一种针对具体内容的研究，不是针对抽象概念的研究。有关"针对具体内容的研究"上文中已经说明，此处不再赘述，而"针对抽象概念的研究"则是目前档案学界的常规武器。通常的表述一般是依据这样的套路：档案是一种文字的载体，文字具有传播功能，档案势必需要传播；凡是可以传播的，必然是信息，那么信息资源配置与开发的种种方式都会适用于档案，如此等等。这些话题及其推理方式，是建立在档案抽象概念基础上的，其分析问题的思路貌似没有什么问题。然而，为什么这种教科书式的推理方式没有带来档案管理活动的根本变化呢？依笔者之见，问题就出在档案在实际工作当中发挥作用的方式和途径是以具

---

❶ 马克思.资本论[M].上海：上海三联书店，2009：65.

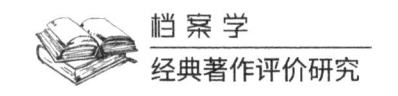

体"档案的内容"为基础的。"档案的内容"即档案是什么的问题,在研究领域不应该仅仅是档案的定义问题,而是基于利用诉求的档案资源本身的问题。因此,"档案的内容"的研究也必须遵循"具体问题具体分析"的思路,不能一概而论。不然的话,档案学术研究就会成为"思想的巨人,行动的矮子"。

目前档案学界有关社会记忆的研究,从严格意义上讲也应当归结为"档案内容"的研究,即"档案的内容"是一种"社会记忆"的体现。其核心观点无非是将档案(内容)作为一种社会记忆的存在形式,融入更广泛的需求空间之中。档案学界与档案业界一起,参与了各级政府或者国内外组织的有关"社会记忆"的活动和项目,并出现了一大批有关社会记忆的研究成果。在中国知网上,以"社会记忆"作为主题或者中英文扩展(社会记忆,中英文对照)为检索条件,可以查到的文献总数为3184篇;文章分布于社会记忆(664)、集体记忆(299)、历史记忆(149)、文化记忆(135)、档案记忆(98)、城市记忆(67)、档案记忆观(64)、族群认同(60)、城市记忆工程(57)、个体记忆(39)、身份认同(34)、媒介记忆(34)、记忆研究(33)等30余个方面。正如李财富、靳文君在《我国档案社会记忆研究的文献计量及可视化分析》一文中所说的那样:虽然"我国档案社会记忆研究目前已趋于成熟发展阶段,研究主体呈现出多元化趋势",但是"建议在档案社会记忆范式构建期继续深化理论研究深度,将档案社会记忆的学理性与应用性相结合,发挥理论研究的现实指导和发展预测功能"[1]。说白了,就是文章很多,研究得还不深、不透,不够"具体"。

如今学术界关于社会记忆的一个共同研究取向是,一个社会群体,无论是家庭、某种社会阶层、职业类别还是现代民族和国家,是如何选择、组织、重述"过去"以创造一个群体的共同传统,来阐释该群体的本质及维系群体的凝聚力。社会记忆作为一个由自然科学领域演绎和引进的概念,其根本的研究指向在于如何实现一个群体的认同。因此,社会记忆的形成,除了包括档案在内的"刻写"之外,更多的获取方式在于"演练",其最终的指

---

[1] 李财富,靳文君. 我国档案社会记忆研究的文献计量及可视化分析 [J/OL]. (2019-09-30)[2019-10-13]. http://kns.cnki.net/kcms/detail/14.1162.G2.20190930.1158.002.html.

向是"权力决定规则"❶。正如张颖在《历史学家，档案馆，尘埃——解构之后的历史研究与写作》中所引述的英国历史学家卡罗琳·斯底德曼（Carolyn Steedman）所说的那样，"我们知道，从十九世纪开始人们提到记忆的时候就喜欢用档案馆这个比喻，仿佛它们无所不包。其实，档案馆无法和记忆相比拟：它那里面的东西，都是被精挑细选出来的，排好了顺序，分好了类别。那些安静地坐在档案馆里的文件夹，整理得明明白白再告诉我们，国家权力是如何地通过控制记载文件的簿子、单子等来运行的……如果说，十九世纪的关于档案和史料的两种幻想与热情——接近历史的浪漫理想和穷尽史料的科学理念，与权力、历史的权威密切相关"❷。因此，档案在社会记忆中所扮演的角色，往往与档案学者所期望的结论相去甚远，最后可能实现的也许就是"档案的工具价值"而已。❸

## 2.2 研究档案的载体

档案本身就是内容与载体的统一，档案的学问或者学科中诸如《档案保护技术》等就带有很大"载体学"的色彩。在通常意义上，载体是指某些能传递能量或承载其他物质的物质，也泛指一切能够承载其他事物的事物。档案载体就是档案内容的物质承担者，从甲骨、泥版、金石、竹简、木简、缣帛、羊皮、贝叶、纸张到胶片、磁带（盘）、光盘以至其他虚拟空间，都已经并将可能成为档案的载体。因此，随着新技术的发展与引进，在档案学术领域中，有关档案载体的研究也取得了长足的进步。包括冠以"电子××"的研究、"基于数字时代"的讨论以及以数字人文为状语的演绎几乎充斥着档案学研究的所有媒体。

档案载体研究的必要性显而易见——皮之不存，毛将焉附？于是，为了延长或者有效地"迁移"档案的内容，档案的载体必须更加耐久和适用。其中包括了档案制成材料耐久性、档案存储环境与措施、档案有害生物防治、档案修复和复制技术等，涉及的学科领域包括了植物纤维化学、染料化学、胶片化学、高分子化学、光学、电学、热学、昆虫学、微生物学、气象学、

---

❶ 胡鸿杰. 维度与境界：管理随想录 [M]. 沈阳：辽宁大学出版社，2015：2.
❷ 张颖. 历史学家，档案馆，尘埃——解构之后的历史研究与写作 [J]. 书城，2009（9）：21-28.
❸ 胡杰，马继萍. 档案双元价值问题研究述评 [J]. 湖北档案，2015（10）：27-30.

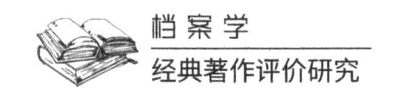

建筑学、空调技术以及数据的恢复、存储、保全等。在引发研究者的学术灵感和兴趣的同时，也为研究的深入埋下了隐患。择其要者，就是作为一名具体档案学研究者的活动时间和活动空间是有限的，虽然有志者希望将"有限的生命，投入到无限的为人民服务"之中，但在客观上往往事与愿违。结果要么就是像韦庆远先生一样进入另一个专门的学科领域，要么就是像更多的研究者一样只能涉及一些其他学科的皮毛。前者如上文上述，其实已经不是一位单纯意义上的档案学人，后者似乎更接近一类其他技术在档案领域的应用或者转化人员。

数字化的引入又为档案载体研究带来了曙光，其基本预期实际上在上述传统档案载体研究阶段已经存在。比如，"档案存储环境与措施"顾名思义就是通过环境的改变与调整，有效地保存与传递档案的一些方式、方法。随着计算机技术的普及，任何连续变化的输入如图画的线条或声音信号均可以转化为一串分离的单元，并用设备进行读取。所谓数字化，就是将许多复杂多变的图形、符号、文字转变为可以度量的数字、数据，再以这些数字、数据建立起适当的数字化模型，把它们转变为一系列二进制代码，引入计算机内部，进行统一处理的过程。数字化技术在图书馆领域的成功也为档案（载体）的研究者们带来了巨大的想象空间：既然档案与图书"五百年前是一家"，那么如果档案（内容）也可以像图书那样被数字化，档案就可能在更广阔的时空中进行传递、保存并有效地利用。如此一来既可以打破一些部门对"公共资源"的垄断，又可以实现"信息资源"的共享，以至于对全人类作出更大的贡献。如此美好的理想，激励着众多档案学人为之前赴后继。在档案学界和业界，大有如果开口不谈数字化，"读尽诗书亦枉然"的趋势。

然而，有时现实往往是残酷的。档案的载体研究，除了在档案保护技术方面不断探讨的"保护理论科学化、保护技术先进化、保护手段差异化、保护管理制度化、保护环境整体化和保护评价常态化"[1]之外，档案数字化等新技术在档案管理领域大多处于应用和技术转化的初级阶段，并没有真正涉及"信息化"的内容。虽然各级党委、政府对档案数字化这种"档案载体"的保护工作投入了巨大的人力和财力，但是这种"人力和财力"的投入并没有带

---

[1] 周耀林.我国档案保护发展的历程回顾与创新趋向[J].浙江档案，2019（4）：13–15.

来像人们预期那样的变化：大量"数字化"后的传统载体档案和近期网络环境中产生的新型载体档案，与以往相比只是一种载体形态的改变，或者针对"异地异质备份""单轨还是双轨"的工作探讨，而在"打破一些部门对'公共资源'的垄断，又可以实现'信息资源'的共享"方面没有产生根本性变化。根据《全国档案事业统计综合年报》统计，2004年，全国各级各类档案馆利用档案者为394.803万人次，利用资料者为91.9557万人次，两项合计为486.7587万人次，平均每馆1213.3人次，每馆每天3.3人次。❶ 时隔14年后，2018年全国各级各类档案馆利用档案者为724.9万人次；如果以当年4136个馆、按每年250个有效工作日计算，每馆每天利用7.01人次。2018年虽然比2004年的3.3增长一倍多，但仍然偏低。❷ 可以参照的是，有关调研报告指出，大数据产业产品附加值偏低，"想要大数据'落地生根'，关键在于大数据和产业的结合"❸。

因此，笔者认为档案部门不是计算产品附加值的企业，档案也不是单纯以利用率判断价值的资源，并非仅仅以载体形态为传播手段的所谓信息，最终是内容决定了其存在形态及其地位。包括档案数字化的档案载体研究应该设计更加清晰的发展路线。

### 2.3 研究档案的管理

研究档案的学问或者学科不再是历史学的辅助学科，而是一门以自身研究对象和学科结构所决定的管理学科。因此，研究档案的管理不仅仅是一种档案管理过程的描述，更不是"实用经验系统"❹，而是基于逻辑起点的学科建构。

所谓逻辑起点，是指人们在思维过程中从抽象上升到具体的逻辑行程中所经历的一个环节。任何一个反映客观对象的完整过程总是由感性的具体到

---

❶ 杜恒琪.遵循客观规律，促进事业发展——访全国政协委员刘国能[N].中国档案报，2006-03-08（001）.

❷ 2018年度全国档案行政管理部门和档案馆基本情况摘要（一）[EB/OL].（2019-09-26）[2019-10-25]. http://www.saac.gov.cn/daj/zhdt/201909/2a5d923fbf064858bb93f3bd95982523.shtml.

❸ 杜林扬."大数据之都"贵阳：谋创贸易之城、制造之城[N].南方周末，2019-09-19（A4）.

❹ 施宣岑.论"实用经验系统"[J].档案学通讯，1991（6）：11-16.

思维的抽象，然后又由抽象上升为思维中的具体。在《资本论》中，作为逻辑起点的"商品"就是包含着资本主义生产方式一切矛盾的经济"胚芽"；马克思就是从商品入手来建构了政治经济学。从这个意义上讲，建立科学的理论体系必须正确地运用从抽象上升到具体的方法，合理地确定学科的逻辑起点，才能使其理论内容顺利地展开，并得到充分的阐述，进而形成完整的学科体系。❶

笔者曾经多次提出，档案在管理活动中实际上只是一种"中介"，它的价值在于通过一系列的扬弃过程，使管理资源在新的基础上得以重组，使管理活动得以延续。中国档案学所涉及的内容——"文件/档案"不仅仅是一种历史记录，也不仅仅是一种面向未来的信息资源，它更是一种非常确切的管理因素。它所"记录"的不仅仅是"信息点"，而是一种"管理区间"，即管理程序的科学连接方式和管理资源的整合模式。中国档案学是一门以管理的基本方式为逻辑起点的学科：档案学除了传统意义上的对信息资源的开发和利用之外，其更大的优势可能在于通过研究管理资源的组织与整合、从文件的运动规律中总结出管理活动的基本规律。尽管当代管理学的理论已经比较发达，但是，其中真正以管理方式、管理程序和管理资源为对象的学科仍然相对滞后，而中国档案学正是一门真正研究管理方式、管理程序和管理资源的学科。

## 3 结论

综上所述，档案的学问或者学科应该是一种不局限于"记录"色彩的非"固化"理论，其涵盖的成分是包括记录在内的"实践的伴生物"，并在三条研究路径中展开。其中，研究档案的内容是一种"小众"而最终产生历史学家的方式；从目前的情况看，包括一些新技术的应用在内的档案载体研究，都可以归结为科学技术的应用与转化，不仅没有实现预期的实践效果，也不可能从根本上影响档案学科。而研究档案的管理，符合档案学科的基本属性和实际建构过程，即从"基本学科"到"衍生学科"再到"终极学科"的发展规律❷，对于提升档案学科的理论水平有着重要的方法论意义。其实，档案

---

❶ 胡鸿杰. 再论中国档案学的逻辑起点 [J]. 档案学通讯，2013（4）：9-12.
❷ 胡鸿杰. 理念与模式——中国档案学论 [J]. 档案学通讯，2003（6）：49-53.

学术研究的"内容""载体""管理"三条路径是彼此相关的"三个维度",彼此之间不能够截然分开。因此,单纯研究某一条路径的想法可能也是不现实的。但是,这并不能否认在实际研究领域中三者的顺序与取向。虽然第三条路径可能没有第一条路径显赫,更没有第二条路径风光,但它却是关乎学科命运的必由之路,值得真正有志于档案学术研究的同人去努力尝试。

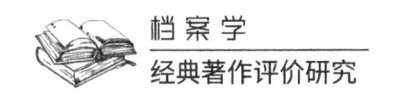

# 解释与建构：十字街头的学科 [1]

笔者出于习惯，浏览了近期一些出版物的目录公号，偶然发现某业务类期刊"理论栏目"仅有的 6 篇文章中 2 篇是介绍美国工作情况的。回溯一段时间甚至近些年以来的"学术成果"，其实这种状况在国内学界、业界已司空见惯，即"言必称希腊"、学自源美国。从某种意义上说，在借鉴他国经验的基础上求发展，是一种正常的心理现象，但操之过度或唯马首是瞻就有失偏颇。笔者始终认为，学习他人是为了做好自己，否则无异于东施效颦，自寻其辱。[2] 因此，分析这种现象在我国档案界特别是学界出现的原因，降低其存在的风险，就势必成为一个不容忽视的话题。

## 1 解释：学科启蒙的阵痛

综观我国档案管理及其理论的发展历史，就不难发现舶来以及对舶来的解释占据了相当大的比例，以至于这种研究行为变成了论者的习惯，这种习惯又逐渐演化为一种学术文化。而改变这种行为及其文化，必然给论者带来阵痛。

### 1.1 档案学术的启蒙

无论是中国还是西土，研究档案管理及其理论一般都是从解释档案的概念开始。时至今日，这种研究习惯或者文化依然在国内学界和业界根深蒂固。笔者于 2021 年 1 月 20 日以"档案概念"为主题，在中国知网中仍然可以查到 2628 篇文献，主题几乎涉及档案研究的所有领域，研究热度数十年经久不衰。其中，文献篇数位于前五名的机构为中国人民大学（97）、云南大学（88）、苏州大学（66）、安徽大学（62）和黑龙江大学（50），位于前三名的

---

[1] 胡鸿杰. 解释与建构：十字街头的学科 [J]. 档案管理，2021（3）：35-38.
[2] 胡鸿杰. 轻舟万重山 [M]. 济南：山东画报出版社，2018：278-279.

学者为刘东斌（21）、王茂跃（17）和王英玮（14）。

在位于前三名的论者中，吴雁平和刘东斌在梳理了从20世纪30年代到21世纪第二个十年我国学者对档案概念的研究后认为，概念是人们认识事物本质属性的思维形式，随着认识的深入，需要从档案的管理中辨析档案。❶ 王茂跃从"档案形成"的角度分析了有关档案形成的若干理论，认为档案是自然形成的、档案是客观形成的、档案是直接形成的等认识较为合理。❷ 吴志杰和王英玮则通过对"档案情感价值""档案情感作用"及"档案情感属性"相关研究现状的梳理，从"价值""情感""属性"概念的本质、西方档案情感研究适用性及学术翻译严谨性等角度，对档案情感研究进行了若干质疑与反思；提出应立足我国档案工作理论与实践来分析国外档案情感研究成果。❸ 虽然这些文章并不一定是这些"高产"的论者的代表作，也不一定是他们的核心观点，但有一点是共同的，即他们都是通过对档案及其相关概念的解释与推演来进行表述和研究的。也就是说，在严格意义上他们的研究都处于教材式的"说明"阶段，是在进行一种有关档案的启蒙。

鉴于探讨档案及其概念的文章已经汗牛充栋，本文限于篇幅不再纠结于此，而是着力于这种写作的方式与产生的结果，即这种长期的"启蒙"会给学科带来怎样的影响。从直观方面看，这种方式的学术研究产生的后果也非常直白。

首先，研究处于一种长时间的非明晰状态。在长达数十年的时间里，这个学科及其研究群体的关注点是，如何解释研究对象是何种物品或者行为。这只能说明两种情况：一是研究对象过于复杂且不断变化更新，人们无法在短时间内把握研究对象的基本状态。二是研究主体水平有限或者不断变化，导致过一段时间就需要对其进行一次科普。当然，也不能排除两种情况同时存在的可能，即研究的主体和客体都处于不稳定状态。

其次，研究处于一种复杂的环境之中。自这个学科产生以来，所处的各种环境因素以不同的方式和剂量影响着研究主体和客体，使其无法在未满足

---

❶ 吴雁平, 刘东斌. 档案、档案文献、文献档案的定义与辨析[J]. 档案, 2020（9）：4–11.

❷ 王茂跃. 档案形成若干观点辨析[J]. 档案管理, 2019（3）：17–21.

❸ 吴志杰, 王英玮. 质疑与反思——档案情感研究辨析[J]. 档案学通讯, 2018（6）：34–39.

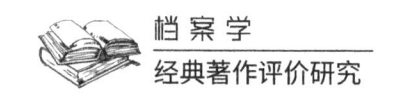

已知条件的情况下解决问题。这可能存在两种情况：一是研究主体和客体关系到较为复杂的社会人文因素，无论是政府的更迭还是社会的变迁，都会对研究本身产生不可规避的风险。二是这种研究的客观条件即环境因素始终没有形成，致使研究群体不得已而为之。于是，西西弗斯一次次地把一块巨石推上山顶，而由于那巨石太重了，每每未上山顶就又滚下山去，于是他就不断重复、永无止境地做这件事。

如果的确存在上述情况，我国档案学研究势必存在于不断"启蒙"阶段，以此为业的人们也不断忍受着这种启蒙的阵痛。

## 1.2 档案学术之非（反）常

研究档案学术发展的反复"启蒙"现象，必须从这个学科的研究历史入手。也就是说，只有了解档案学史，才可能较为透彻地分析一些学术的状况。

吴宝康在《档案学理论与历史初探》中，较为详尽地介绍了档案学的起源和发展历史、档案学理论的若干基本问题、新中国成立以来我国档案学的成果及特点；强调了中国档案学在档案业务工作、档案学理论、档案学教育、档案学课程、档案著作和期刊等方面均实现了历时性的突破。[1] 李财富在《中国档案学史论》中明确提出，中国档案学在其发展过程中除了体现出从无到有、从分散到系统、从低级到高级、从肤浅到深入、从简单到复杂等科学发展的一般规律以外，已经出现范围进一步拓宽、内容逐步深入、集约化程度不断提高、基础理论与应用理论互相交错（转化）的趋势日渐突出等趋势。[2] 两位论者对于我国档案学术的概括，基本上可以体现我国档案学术历史研究领域的主流观点，即我国的档案学研究已经完成了启蒙阶段，正在向着更高的层次发展。而档案学术史研究的高屋建瓴与具体档案学术研究的步履蹒跚却形成鲜明的对照。

如果采取一种讨巧的说法，可以将上述现象解释为复杂情况的结果。但是，就像阿司匹林不能够医治人类的所有疾病一样，一些所谓的"普世价值"不过是放之四海而皆准的废话，既没有学术营养，也没有现实意义，仅仅是一种自我开脱的心理解脱术。有鉴于此，笔者还是希望将问题集中在论者及

---

[1] 《档案学通讯》杂志社. 档案学经典著作：第5卷[M]. 沈阳：辽宁大学出版社，2017：1-230.

[2] 李财富. 中国档案学史论[J]. 档案学通讯，2003（6）：45-49.

其文化方面。简言之，档案学研究的历史，就是档案论者的状态史和生活史；是论者的状态决定了研究的结果。汤一介曾经将没有形成广为接受"思想理论体系"的遗憾表述为"天分不够"和"学术氛围不够自由"❶，其中当然包含了老先生的自谦，作为一位著作等身的学者和《儒藏》的编修主持人，他已经为后世所敬仰。然而，他所提出的问题，也需要为后世所敬重。其实"天分不够"和"学术氛围不够自由"是两个彼此相关的问题，作为一种相对"小众"的档案学术论者，同运动员一样并非大众职业，其先天条件、规训水平、技战术素养和意志品质决定着其最终的成就。❷所谓"天分不够"，也只能通过后天的行为去检验，学术氛围自由与否更需要通过学术实践及其成果去评定。如果档案学术论者处于反复"启蒙"的研究状况，逐渐形成"不能思考、不会思考、不敢思考"的研究文化，则需要从具体研究行为中去寻找原因。

我国档案学术研究反复启蒙的重要表现，就是本文开始时提及的对国外观点的依赖。比如，有文章称2017年至2020年年初发表于6本英文档案学期刊上显示国际档案学界近三年的十大热点领域，并"有助于我们更全面地认识和理解技术变革时期档案学研究范式和研究领域的转型与变化，为我国档案学理论研究和档案管理实践发展提供有益借鉴"❸。如果真是如此，我国档案学界便可以顺势而上、乘风破浪。但是，笔者仔细阅读全文，这些观点不过是一些处于"启蒙"阶段的探索，未达到可以成熟借鉴的水平，也没有发现所谓"十大热点领域"在6本英文档案学期刊上出现的频率。经与作者联系，得到了文章的"未删节"版，发现这些"热点"分别占6本刊物发文总量302篇的43、24、24、20、16、14、12、10、9、7，均值为18篇，占发文总量的5.96%；根据笔者多年从事编辑工作的经验，文章中用"曾经提及"比"十大热点领域"更为妥帖。当然，文章并非单纯的作者因素，刊发之中包括了名家指点、编辑修改等操作，代表的是一种群体思维意识。这种思维意识是比较典型的从众（外）心理，也是档案学术研究处于反复启蒙阶段的"环球"状况。

---

❶ 京华时报.84岁国学大家汤一介[EB/OL].（2011-11-25）.http://www.wenming.cn/renwu/mj/201111/t20111125_400461.shtml.

❷ 胡鸿杰.我国档案学基础理论研究的现状与发展[J].北京档案，2019（9）：7-11.

❸ 潘未梅，曲春梅，连志英.国际档案学界十大热点研究领域——基于六种国际档案学期刊论文的分析（2017—2020）[J].档案学研究，2020（6）：128-138.

再如，闫静及其研究生导师有一篇题为《论档案学史上的"轴心时代"》的文章，试图通过"轴心时代"所取得的成果与成就，论证这些理论正是档案学后半个世纪乃至未来发展的重要基石，指引着档案学未来发展历程中后续目标的实现。❶ 遗憾的是，文章中只是借用了雅斯贝斯提出的"轴心时代"的说法，将20世纪五六十年代设定为档案学的"轴心时代"，将处于这一区间中的一些欧美论者及其作品定义为"档案学发展的历史基因"。比如，将詹金逊在英国伦敦学院就职演讲中对"档案"与"文件"的界定、谢伦伯格在《现代档案——原则与技术》中双重价值论的提出、布鲁克斯在《公共文件管理》中对档案管理活动的向前延伸、新中国成立后第一批档案学人对"档案"与"资料"的讨论等表述为当今"大档案观"等思想的内核。如果读者熟悉赫拉利的《人类简史》❷，就会明白"大历史观"的一些研究和叙事方法；且不说"大档案观"的表述准确与否，至少可以认为与"档案"和"资料"讨论关系不大。笔者认为，如果真的存在"大档案观"的话，它并不应该是"万物皆档案"的代名词，而是哲学意义上的档案观，是研究档案管理基本规律的方法论体系。客观地讲，这些西方的"经典"只能是早期档案工作者的经验总结，还没有真正进入学术研究的领域。因此，尊重经典作者及其作品的最好方法，就是实事求是地将其放置于它本应存在的位置，而不是过度解读和放大。

退一步讲，如果上文所称6本英文档案学期刊上"曾经提及"的类似"档案行动主义"和"轴心时代"的作品，真的是国外档案学术研究的"热点领域"和"历史基因"的话，只能说明那里的论者基本上与他们在国内拥趸处于相近的研究层次，即通过借用、解释其他学科的概念来填充自己，除了一些常规档案管理的问题之外，鲜见属于档案学术的内容。因此，无论是国外的左顾右盼，还是国内原创匮乏，从学术史角度看不能称其为正常现象，体现出档案学科在"十字街头"的位置；借用包括上文论者在内的、乐于使用托马斯·库恩在论述"范式"时的说法❸，这是一种"前科学"或者"科学的反常"，而其论者不过是在分享同病相怜的阵痛。

---

❶ 闫静，徐拥军. 论档案学史上的"轴心时代"[J]. 档案学研究，2018（6）：12-18.
❷ 尤瓦尔·赫拉利. 人类简史[M]. 北京：中信出版社，2014.
❸ 托马斯·库恩. 科学革命的结构[M]. 北京：北京大学出版社，2003.

## 2 建构：科学发展的必然

如果将反复启蒙界定为学术研究中的非正常或反常现象，那么探究其解决问题的途径应该比发现这种结果更为重要。笔者认为，出现这些现象都与学科的建构及其方式有关。

### 2.1 档案学科的结构

在中国人民大学科技档案专业的课程中，曾经有一门"建筑施工与制图"。作为这个专业的学生，笔者有幸在一年的时间里跟随外系的教师研读这门课程。其中，讲到的结构是指建筑物上承担重力或外力部分的构造，比如砖木结构、钢筋混凝土结构等。通俗地说，结构是组成物体内部的构造，物体的功能是由这些被称为"内部构造"的结构决定的。同理，一门学科的功能以及人们津津乐道的价值也是由其结构决定的。

具体到本文论及的档案学科，无论其是何种科学属性，也不管是中国还是西土，只要将档案学作为一门学科去研究、分析，就不可能回避这门学科的结构问题。只是论者在描述自己的档案学的时候，对于学科结构的话题，可能存在有意识和无意识的区别，即从启蒙阶段无意识的自然状态到相对成熟阶段有意识的自觉状态。就像一只工蜂开始时只是在寻找一些筑巢的原材料，而当巢穴建构到一定阶段时工蜂会"有意识"地寻找筑巢缺乏的原材料。尽管目前人类尚无法彻底解读这种现象，但根据仿生学的原理，档案学论者们可以像工蜂一样提升自己的研究层次：可以尝试着从反复解读不同的档案到将这些"档案"放置于一种学科体系当中。比如，如果假定档案学是一门管理学科，那其结构中必然包括"谁来管、管什么、如何管和为什么管"的问题，即通常所说的管理主体、管理客体、管理方式和管理目的四个方面。学科中的具体问题，都可以归拢到这些"结构"中去。其中，研究档案机构和人员应该属于"管理主体"，一些方式方法则属于"管理方式"，如此等等。如果没有这些结构框架，这门学科就可能处于"前科学"状态，如同散落于沙滩的贝壳，尽管它们五彩斑斓，但仍然与艺术品存在差距；只有它们以某种方式（结构）联系起来，才能达到结构决定功能的效果。

进而言之，任何论者的论题都可以为其找到所属的学科结构归属。比如，上文中提及的所谓"国际档案学界近三年的十大热点领域"，其中除"档案职业""档案教育"基本属于"谁来管"、"档案学理论及数字保存"指代不明（不是一个问题）之外，绝大部分属于"如何管"的问题。这种结构分布也非常符合档案学的应用学科属性。同理，与我国的档案学术研究相似，这些国外的所谓热点，如果将其称为学术研究的话，也存在着严重的结构缺陷——一些属于基础理论的问题没有进入论者的视野。当然，在没有系统研究当下国外档案学理论及其进展的前提下，笔者尚不能评估那里的学术水平，但仅就这些"热点"而言，至少可以说明那里的论者或者没有认识到这门学科存在基础理论，或者已经超越了研究常规学科的时期，直接进入托马斯·库恩所称的"学科的反常"。不论是哪种情况存在，偶像都对粉丝产生了误导，使国内的论者认为这些所谓的热点就是世界的潮流和学术的大趋势，从而将学术研究的重心转移到附庸风雅方面。

事实上，不论是什么国家，也不管是何种学科，只要存在基础理论方面的结构缺失，势必造成可持续发展的动力不足。因此，处于"轴心时代"的后人们过不了多久，就必须求教于"后现代主义""行为科学"等基础牢靠的学科，通过借鉴、解释的方式为自己的学科找到续命"稻草"加以充电。一方面，这种情况印证了中外档案学术研究领域不断"启蒙"的原因；另一方面，也体现了这门学科在结构失调、基础单薄状态下的必然结果。如此看来，在人类命运共同体的世界上，没有人或者学科可以置之度外。

## 2.2 档案学科的建构

上述情况足以说明，档案学在经过了长期阵痛或反常之后仍然徘徊于十字街头：抑或走上健康可持续发展的道路，抑或只能通过"涅槃"浴火重生，何去何从取决于学科自我建构的能力。当然，一门学科的"自我建构能力"不过是这门学科的论者"自我建构能力"的拟人化表述。事在人为，人才是学科和研究的主体。因此，才有"成也萧何，败也萧何"的古语。

按照管理学科的理论，参照档案学的研究习惯，笔者不妨也为学科建构的"顶层"设计一种"流程"，借以弘扬这个学科有关管理程序系统分析的优良传统。❶

首先，档案学需要选择基础。档案学按照何种逻辑发展，在相当程度上

---

❶ 胡鸿杰.化腐朽为神奇——中国档案学评析[M].上海：世界图书出版公司，2010：161.

取决于这个学科的基础。基础就如同一棵大树的根基,只有根深才能蒂固;而基础不牢,势必地动山摇。具体地讲,有关学科基础的表述分为两个层次:第一个层次,是需要研究档案学究竟属于哪个基础学科。比如,如果属于管理学科,那么管理学中的基本原理对档案学的影响包括哪些内容。第二个层次,是需要研究档案学本身是否存在基础理论的部分。如果档案学存在基础理论,那么这些所谓的基础理论对学科的发展究竟发挥什么作用。因此,选择学科基础的问题,就相当于为建筑物设计和建构最基本的结构。如果出现误差,其风险是可想而知的。从目前档案学论者的研究成果看,"选择基础"与其说是有意识的群体活动,倒不如更像早期的农民起义军在寻找各自的靠山,解释、借鉴多于有目的的建构。

其次,档案学需要构筑结构。如同任何一种流程设计一样,档案学及其论者只有在完成了第一步骤"选择基础"之后,才能在基础之上构筑自己的结构。比如,一座大楼只有在基础完成之后(或者设计的同时)才能决定是石木、砖混还是框架结构,是用中国的图纸或者引进美国标准,抑或兼而有之。同理,档案学及其论者只有在认定了自己的基础学科及其理论之后,才能决定其生长的形式,即按照基础的"承重"能力选择学科的梯度、层次、分级等。不然的话,就会出现许多不协调的状况,从而压缩学科的发展空间。上文中所列举的一些问题,不同程度地反映出这种状况。此外,目前国内《档案学概论》中的"档案""档案工作""档案事业""档案学"等内容,除了存在"二级标题"与书名重复的低级错误之外,与这门科目所期望解决的问题,也存在一定的结构误差。[1]

最后,档案学需要补充短板。在完成了学科的基础和结构设计之后,档案学及其论者才能发现自己的学科究竟缺少什么成分。比如,只有编就了《档案学经典著作》[2],才能发现我国的档案学研究在"学论""学史"特别是"学人"方面的不足,才能发现这些所谓的"经典"与其他学科之间的差距,进而发现档案学科的提升空间。笔者认为,如果档案学需要长足发展就必须

---

[1] 胡鸿杰.化腐朽为神奇——中国档案学评析[M].上海:世界图书出版公司,2010:141-145.

[2] 胡鸿杰,李军.基于学术评价的档案学经典著作指标分析[J].档案学研究,2020(6):30-36.

在完成了上述流程之后，为自己学科找到缺陷和优势所在。❶ 我国档案学研究的经验告诉论者，学科建设必须在重视档案学高等教育、档案学术共同体、档案学研究成果、档案学理论的原创性、档案学的学科体系、档案学术评论、档案学研究方法和档案学外部环境的基础上才有可能取得进展。

对学术研究的管理也是一门科学，其中的管理程序体现了科学的发展规律，没有"弯道超车"等捷径可走。就像法律的判例，其程序的瑕疵必然影响到法律执行的效力一样，违背学术研究的程序，也会影响学术研究的发展潜力。如果档案学是一门科学，档案学的论者就应该了解并遵从科学的发展规律，按照科学研究的程序从事档案学术研究。

## 3　结语

无论是解释还是建构，对于一门学科及其论者而言都是一种选择。选择就要决定先做什么、后做什么乃至怎么做的问题，是包括档案学在内的学术研究中相当关键的问题，是一个地地道道的管理学问题。如果说什么是中国学术界的热点问题，那么"当前中国社会科学应向何处去"则当之无愧。❷ 择其要点，是要说明中国的学术是要融入以美国为代表的世界体系还是创造出自己独特道路的问题。其实就像本文所有论及的现象一样，"体系与道路"本身并不一定是一个真问题，即包括档案学在内的世界学术体系与各国自身的学术道路不应该存在本质的矛盾，只是选择方式的不同而已。但是，有时完成研究的时间和顺序，决定了学术研究的成败。

位于十字街头就意味着多种选择：中国档案学是在不断启蒙中前赴后继还是建构自己的思想理论体系，是心甘情愿地成为欧美的"学伴"还是真心实意地打造自己的"学派"，选择的权力就在档案学论者手中。据说马克思的墓碑上镌刻着这样一句话，"哲学家们只是用不同的方式解释世界，而问题在于改变世界"❸。"改造世界"对学术研究而言，就是选择建构不同于以往的学说，是走自己的发展道路。这可能是马克思最希望留给世人的一句话。

---

❶　胡鸿杰. 新中国档案学研究 70 年回顾与展望 [J]. 档案管理，2019（6）：6-8.

❷　贺雪峰. 中国学术的未来就是给美国学术大厦修修窗户？[EB/OL].（2020-12-02）. https://mp.weixin.qq.com/s/RX41-I_QOfLpnwvAz-T8jA.

❸　中共中央马克思恩格斯列宁斯大林著作编译局. 马克思恩格斯选集：第 1 卷 [M]. 北京：人民出版社，1972：19.

# 附录二 《档案学经典著作》第六卷漏排部分 ❶

## 第六节 档案工作者的主要职责（下）：档案的伦理保护

### 1 引言

我们已经用相当的篇幅讨论了保管工作的重要性，甚至建议档案工作者可以从他安全保管档案的路径中走出来，不把主要关注点放在那里。在这里，我们唯一的明确结论是：一旦档案工作者负责保存档案，除非在他或其副手监督下（监督包括档案工作者或其副手亲临现场的无间歇监督），不允许任何人在任何情况下接触档案，甚至不允许有这种可能性。同样清楚的是，除了一位档案官员，任何人在任何情况下都不允许在一份文件上做记号或改变（改变包括一份文件与另一份文件的关系的改变）。

这就导致了我们必须反对的档案的伦理风险，可是很明显，这种风险主要应从档案工作者自身来寻找；由于我们可以设想档案工作者不会故意把他的档案搞乱，所以错误的做法会是无意的。我们在别处❷已经提供了一个广泛的案例系列。在这里，我们将为档案工作者提供某些正面的行为准则。

最常见的错误是，为了迅速实现档案利用，过于匆忙地处理档案。由于缺乏理解所导致的这样或那样的疏忽，可能导致档案工作者将无关的档案也包括进来，例如 "Pells and Auditors" 被强加在财政核算署；又或者可能导致

---

❶ 在 2017 年出版的《档案学经典著作》第六卷中，詹金逊的《档案管理手册》第二章第六节至第十节内容漏排。

❷ 附录五（一）中有一个档案工作者的职责的说明，从 Exchequer of Receipt 的历史谈起，读这一段可以先看看那一段。

一些关键信息被删除，例如收据案卷的残片只是被分离开来，丢失了或许是最后的关联证据。出于各种原因将保存在一起的文件分离开来是一个非常常见且致命的错误，我们可以举出一两个更多的案例。意识到这种方式有问题是需要运气的，这种幸运使得过失可以被弥补，错误可以被揭示；但大部分被错误处理的文件已经无法知晓当时错误操作的具体情况了。

我们的第一个例子是贝恩的《苏格兰相关文件簿》中的一封信。为了出版，贝恩从一些现在已经不详的资料里取材，有一封他标为［乔治］采利❶的信，但这封信既没有签名也没有地址。他非常清楚地标来源于采利，我们可以从中推测这是《采利书信》❷，但是没有切实的证据是很难断定一封寄给当时在那不勒斯的并非这一家族成员（可能是约翰·沃森）的信是属于这个家族的，再加上他的那些单据很自然地对此应表示保留。我们目前只能通过在其他地方偶然发现的乔治的兄弟理查德的信件❸来证实这是来自乔治·采利。但关于它的出处的真相，用各种相近的推论都是不能肯定的，也可能始终是不确定的。

与采利形成对比的案例来自斯托纳文件❹，这是藏于公共档案馆中的一组同样类型的私人文件。虽然这些文件形成了一个完美的整体，然而由于其内容多样，它们被分散开来，现在可以在古代书信、法庭的混合卷、古代契约和财政账目等广泛分离的类别中找到。因此在一些案例中，识别身份和判断归属会变得非常困难。这些损害在很大程度上不是因为过分急于历史学上的应用，而是由于在文件未接收前就预先拟制了表来分类。从另外两份信件中还能看到非常类似的情况（可能是由于国家档案馆的分类），一封是来自瑞典公使的证书（见对外文书，外交部长－IXV卷），另一封是来自1775年一位莱亚德博士（见对内文书，乔治三世，XI卷，第28号）；但铅笔笔记揭示了事实，第一封文件是第二封文件的附件，虽然从外部看上去他们的分类很正确。在私人档案和公共档案中这种例子还是很多的。

---

❶ 第四卷第415页，这封信原先在法庭的混合卷（Chancery Miscellanea）中，现在在古代书信（Ancient Correspondence）第60卷，第89号。

❷ 这是一组私人文件的集合，大部分是15世纪时期的文件，由于某些原因，当成了法院档案的附件，现在公共档案馆中。

❸ 古代书信，第53卷，第102号：H. E. Malden在皇家历史协会的采利文件第87页发表。莫尔登先生没有故意漏掉这封来自贝恩的信件。因为这份引用，我（即詹金逊，以下"我"均如此——笔者注）向我以前的同事查尔斯·约翰逊先生表示感谢。

❹ 在历史协会的斯托纳文件中由C. L. Kinsford发表。

## 2 接收：旧编号与清单：收进次序

我们假设现在档案工作者接收了已经形成的档案，并且有存放的空间。如果不能再延后到下一个环节，问题随之产生了。档案工作者在接收之前没有任何责任；在接收后，如果没有丢失或伪造的真凭实据，无论是 suppressio veri 还是 suggestio falsi，都是档案工作者的责任。

有四种主要可能。要么档案工作者被通知这些文件已经整理好，并且提供了清单；要么他因为种种原因相信已经整理好，但没有清单。在这两种情形下，档案工作者的第一职责很显然是检查。又或者，在文件外表之外，档案工作者没有任何信息，那么其第一职责是研究这些文件有没有整理；如果编号显示出已经整理过，同时也要进行检查。

可能提出一个问题：如果档案工作者并不是从现行的行政机构接收，而是从另一位档案工作者那里接收已经处理过的文件，该怎么办？如果档案工作者认定了（就像在财政核算署案例中必须做的那样）他前任的整个整理需要修正，那么这和文件来源于现行行政机构办公处没有什么两样：如他的职责就从他接收的那一刻开始，他的行为准则和下文相同。在后来的整理中，由于文件已经被整理过，可能会造成一些差异，但这是稍后处理时的问题了。

最清晰的规定是，由于档案工作者在任何情况下都没有第一手文件知识，所以任何旧清单都不能销毁，他的初步检查、研究绝对不能影响文件接收的顺序或者旧编号。这不是说如果五个标注清晰的案卷按照 3、5、1、4、2 的顺序移交，档案工作者不可以依次排序。但除了这种很清楚的情况，从移交顺序所提供的任何可能的证据线索都不可以被销毁。

## 3 接收编号

下一件事是要保证到馆的次序，以防未来使用中其可能提供的任何线索。有两种可能性。

（1）如果在初步检查中发现前任所有者已经为文件编号，并且编号完整，到馆顺序很清晰，那么这些文件就可以直接按照旧编号的顺序存储。

（2）如果没有旧编号，或者有一部分有，但相当多的文件没有编号，那就只有一种安全方法：按照接收编号给文件重新连续编号。

在我们讨论一些编号和标记的规则之前，要了解一两个相关的要点。首

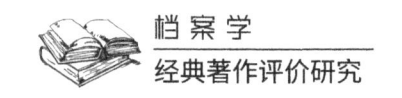

先，在上述的（1）（2）两种情况之间，很显然还有一些可能发生的情况。例如，如果档案工作者接触到一个完整的案卷或文件汇集，从 1 编号到 1000，有一份文件没有编号，那么就为了这一份重新给 1000 份文件编号是可笑且令人心烦的。如果这份文件是单独的，那么就编为 1001 号，并加注说明发现时的情况；如果这份文件是附件，那么就用下面讨论的附件或类似规则来处理。档案工作者实际上必须要根据案例来判断，究竟发生多少此类偏差才必须按照"未整理文件"那样按接收顺序给文件整体重新编号。

档案会定期增加。例如，英国高等法院要定期向公共档案馆移交法庭档案。在某些档案类别上，可能大部分国家档案工作者都会发现自己处在一个类似的情况中。在这种情况下，档案工作者和形成档案的行政机构之间，需要进行沟通。若行政机构可以采取档案工作者在打包和编号方面的建议，将大大减轻档案工作者的负担。

### 4 原来或早期的案卷 ❶

我们在这里要强调在另一种联系中已经处理的事情。我们现在讨论的编号的目的，是在移交时确保文件位置和相互关系所提供的线索。但有一点不能覆盖到。档案工作者，在处理松散的纸张时，可能会（如我们在上文所述）把纸张系在一起，或者就让其保持松散。但无论怎么做，下一代都需要区别这些纸张和那些被发现时就系在一起的纸张，因为由原本的行政管理而不是档案工作者把文件放在一起的方式是极为重要的。不以任何方式干涉❷原本的立卷或装订是一条绝对应当遵守的规则。当然，所有的规则都有例外。在例外情况，即导致拆散文件或案卷的紧急情况时（例如必要的修复），需要对破坏性整理工作的所有细节进行详细完整的描述，标明日期，并经过认证，在

---

❶ 原文此处有一个类似于 C. 的标识（译者注）。

❷ 这种干涉有一个典型的例子。一些 17 世纪晚期的殖民地档案（Colonial State Papers）在 19 世纪以毋庸置疑的当代方法进行整理，并用牛皮纸做封皮。这些文件可能是伪造的。牛皮纸封面是当时典型的装订方法，牛皮纸上的缝纫线是两股，末端穿过了封面。这是现代空背装订的始祖。仅仅穿过板子上的纸页就可以把整卷从封面中拿出，"整理人"就可以开始剪辑并重新排列内容。当重新缝纫、粘好后，就可以自然而然地放回原来的封面中，而封皮是完好的。因此，我们就得到了看上去是按照原本的顺序和方法装订的纸张，然而一秒就可以发现这是现代的整理方法。

重新装订之前在文件里附上这个描述,这个过程要尽快完成。❶

## 5 盖印与编号:方法与规则

对于编号而言,使用自动计数的印章是机智的做法。当需要重复盖很多次同样的数字而不是像1、2、3那样连续计数时,要从很多种方式中挑出一种合适易用的方法。这些金属印章要使用合适的墨水。一种颜色的墨水可以区分接收之前或之后增加的编号。如果可能的话,同时保证原有的印章上有办公室名字是好办法。我们已经指出❷,只能使用金属印章和永久性墨水。接收一组卷宗时,如果每一份文件都已经编好号,就没有必要重新编号了。尽管这样已经很好,但如果能制定第一次编号的固定规则,使所有的文件都能够以同样的方式区分接收编号(如上文提到的颜色区分),就更好了。

## 6 盖印与编号:接收登记表

需要声明的是,接收编号与文件的主体和类型无关,它仅仅记录了文件被接收的状态,并在简要的接收登记表里使用。它的编排与具体情况有关,例如案卷的大小。档案工作者可以对某一年接收的档案在年份前再排一个顺序号;或者对接收的卷宗或容器优先编号;又或是采取档案工作者计划使用的方法,使每一份文件都有一个接收号码,以便于其与在其他时候接收的文件相区分,并使接收登记表能表示出在某个特定日期,某号码的卷宗是从哪一处单位而来。档案工作者可能会发现将年份与办公室印章结合起来会很方便。

## 7 盖印与编号:单份文件,案卷或卷册(file or volume),附件、保管期限表或插页 ❸

我们已经讨论了,每一份文件都会有接收编号。然而在一般情况下,会

---

❶ 参看我们在整理、修复和装订(第五节,6、11和12)的评论。需要补充的是,不仅对原件(当时的)整理形式做描述和样本很重要,同时还需要对过渡形式做描述和样本,这是早期档案工作者的工作结果。虽然这些过渡形式不具有当时原本的行政重要性,但也是具有重大意义的。

❷ 在上文第五节,8。

❸ 实际的编号方法参见下文。

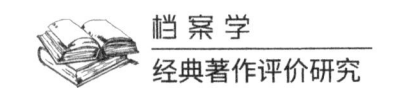

对上述提及的类别进行区分：例如卷册，会被作为单份文件；然而案卷一般不会。检查这些类别是很好的事。

有时候需要这样的区分，文件是在做好的卷轴或册子上写的还是单独写好最后做出封面装订的，这种区分不会耽误我们太长时间。许多中世纪的英文登记册是在写好很长时间后组装在一起的：有时是用不同材料做成的（例如法院的过时证物卷❶）；后一种情况的案卷（例如枢密院登记簿）存有怀疑空间。对许多档案保管处而言，情况也是这样的。

另一个需要区分的，一方面是包含有连续账目的簿册或卷轴，另一方面是在分散的羊皮纸或纸张中的单独文件系列。还需要将这二者与分散但相关的文件（原件由办公室进行了汇编）进行区分。此外，无论编号是否要扩展到这里，都尚未触及我们的第三个类别附件、保管期限表和插页。唯一的问题是，这些区分会对我们的接收编号造成多大的影响？

现在，这种编号只有一个目的：把文件到档案工作者手上时的情况记录永久保存下来。很明显，案卷里的独立文件，书里插入的零散的纸页❷，一封信的附件，甚至是合订本的页数，都在不同程度像单独文件一样容易错位或遗失。这样看起来这些都需要纳入编号的范围内，但需要明确它们与案卷、

---

❶ 这些卷轴的起源是思考和辩论。它们有时用不同时期的羊皮纸组成，但同时又都确切地（登记簿）指向一个很早的时间。18世纪，约瑟夫·阿伊洛夫将这些纸张编排起来。在辩护卷轴（Plea Rolls）中，羊皮纸也是在写好很久后才组合在一起的。的确，很可能所有的登记簿至少在特定时期都是这样处理的。在档案管理处、主教登记簿等案例中，处理过程都是相似的。要是一次有很多位抄写员誊抄会方便很多。在一定时期内，现成的书更常见，就不需要太多的检查，但同样需要质疑（例如17世纪）一些写完后才装订的例子。波拉德教授在上议院（House of Lords）相关的期刊中（皇家组织学，社会学，合约，第三系列，八，17页起）提出了这点。他提出了在这种情况下细枝末节可能具有很高的证据价值：例如干燥的"砂"（17世纪的抄写员在被缝纫装订的书页背后大量使用）是否存在，可能会对我们的观点造成重要的影响，来判断这本书是在书写之前还是之后装订的。这意味着是否需要在修复原来的案卷或子卷时非常小心。与早期装订相关的另一点在上文提及（第四节）。

❷ 将松散的纸页插入书里有一个好例子，约翰·劳顿先生提供了一个线索，在海事日志（Admiralty Logs）中插入了纸张（皇家委员会，第一报告，3，180）。英格兰的部门记录（Departmental Records in England）的特定类别（尤其是战争办公室等地的个人名册）很可能有这类的插页，除非按照这里所建议的方式进行处理，不可能知道缺漏的内容线索，是由于以前的管理行为，还是在后续的事故中，又还是被偷窃。

/ 附录二 《档案学经典著作》第六卷漏排部分 /

卷册或单独文件的从属关系，是附加的、插入的还是装在一起的。最好的方法是用附号。我们的规则就是：

每一份单独的文件都有一个独立的编号；

每一个案卷或卷册都有一个号码，其纸页或羊皮纸则有附号；

每一份在案卷立卷后附加或插入的文件，如果其特点没有争议的话，其编号是该案卷号加上该文件的附号或字母。

在一些情况下，二级的附号也是必要的。例如有一个案卷的接收号码是Ⅱ，其40页附有一张保管期限表，被分别编号为Ⅱ：40A 和Ⅱ：40B。档案工作者当然可以把字母换做阿拉伯数字或罗马数字或者他喜欢的任何类型，但必须有符号。

本来并不需要（但实际情况指出需要）指出，有同一个上级号码的两份文件，只给其中一份标附号是不够的。就像例子表明的，这两份文件可能并不能通过Ⅱ：40 和Ⅱ：40：A（或者Ⅱ：40：ⅰ）（或Ⅱ：40*）进行区分，因为40本身不能指出有其他四十几的存在。

需要指出的是，这种纸页上或羊皮之上的附号可能会被原样保存下来，作为一种页码，对于学者而言是一种非常便捷的引用形式。因此只能把附号写在纸页或羊皮纸的前部。同样的盖印也可以用于由单独文件组合起来的案卷。通过标记（如上文所说）来区别原件与后期的创造，同样也需要标明后期创造是重新编页的。

虽然上文已经谈到了这些编号的工作，但我们必须重申❶，在进一步处理这些文件时，这些方法无论对于档案工作者还是公众而言都并不保险。其缺点在于其过程过于复杂：由于盖印一般都没有方法可言❷，也没有规则。这是很需要保障的两个方面，也值得耗费一定的时间。此外，第一道编码还不是

---

❶ 甚至需要引起专业档案工作者注意其重要性的例子来自官方说明 on... Arranging...（已经引用），由美国国会图书馆出版，其作者评论道（p.5）："在接收到一堆混乱的文件时，如果翻来覆去都没有找到顺序，在此之前可能由不太专业的人经手了大部分的初级耗时工作，那么就需要档案工作者非常关注。"在这个例子中，很显然没有任何防范。这一段仅是要说明，不是如此明显的无序文件，但这不意味着有重要的前期整理。对这种混乱文件的基本检查（远不止排序）工作是非常困难的，最富有经验的档案工作者才能够承担这项工作。

❷ 例如，一般很难分辨是三个人有组织地一起工作盖印盖得更多，还是三个单独工作的人或是一个人工作三倍时长盖印盖得多。

339

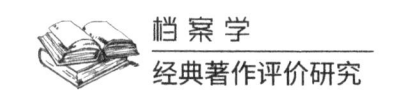

很细致，比如还不能在任何情况下都表示清楚。当检查到案卷有散页时或者其他情况时，就可能会引入附号，作为第二个阶段，导致编号的修改。但这种情况仅出现在第一次研究某些个别档案的时候。这是一种妥协的方法，在可能的情况下会尽可能避免。

在任何情况下，无论到了哪个阶段，接收编号都只有一个目的，且永远不变。

## 8 第一次打包

文件已经经过了第一次的检查、编号和盖印，可能还需要暂时打包起来。出于经济节约考虑，有时候会要求文件顺序与第一次编号不同，或是给予其他任何不同的编号。不讲保持原卷完好无损的规则❶，这里没有什么不去遵守这个要求的理由。但文件产生的号码在必须遵守打包顺序的要求时，就必须增加第二种编号。这种多少暂时的"打包编号"与其他方法相比是相对简单的，因为新编的附号对于原有的案卷而言并不需要。

打包的方法当然必须依赖于环境，不可能制定细密的规划。我们已经对契约、卷轴和散页 &c.❷ 的包装方法给出了一些建议，但最终要由档案工作者自己来选择。很自然地，如果档案工作者决定在（例如）把散页归为案卷阶段上花费大量工作，就会影响到文件后续整理过程中尚未开始的工作。但在任何情况下都需要注意，文件虽然是单独接收的，但现在已经并入一个较大的单位，就不再拥有单独的编号了，而使用二级编号。

通过使用颜色、位置或者材料❸等特殊策略来将打包号码与接收号码（我们已经阐明）仔细区分开来。需要列出一个关键词表可以双向查找，确保两个系统的对等。当打包顺序与接收顺序相同的时候，在两个系统中会出现同样的号码；但我们在先前已经建议过，即使号码相同，也最好加入一个新的编号，才能区分两个系统。

一个具体的例子可以更清楚地阐明给打包文件编号的原则。在下文我们处理整理和分类的时候可能会提到这种例子。目前我们只提及了组号、单独

---

❶ 参见此节的 4。

❷ 参见第二章，第五节，6。

❸ 参见上文第六节，5。如果接收时完全使用了计数印章的方法，我们就可以使用铅笔书写来完美地区分所有后来的内部号码（编页，&c.），对于外部使用的，就可以粘上或系上标签（参见上文第五节，10）。

编号或附号。但我们从上已经清楚得知，在处理大量档案时，至少要划分成两部分，这只是为了创造出便于操作的号码体系。但在此之前，我们在整理时还需要考虑一两个其他的问题，虽然是补充的问题，但也很重要。

## 9　参照的修改

最后，可以几乎肯定，打包必须在某种程度上与整理和分类并行：只要能够既安全又方便地进行，把有关文件放在彼此相同或相近的容器内打包，是一件好事。但是，在我们已经进行的初步检查和编号以及能够说明这种关系的最终整理之间，往往会间隔一段时间，在这段时间内可能必须"取出"文件供研究之用。其结果是：第一，需要修改参照（即打包号码）；第二，做过文件注释的学者会发现他不再需要这些注释。

参照的修改问题引起了英格兰❶皇家委员会后来对公共文件的密切关注，并列举了很多证明来反对这种改变。然而在报告中并没有指明两种完全不同的改变：一种改变对于档案而言是真实而严重的危险；另一种改变则会为历史学家和其他学者带来麻烦。第一种后果是对档案工作者造成的危险，只是在旧的编号是文件历史唯一的证据而这些编号遭到破坏或模糊不清的情况下才会发生。但在现在阐明的规则之下，这种危险是可以避免的，因为历史文件还通过接收号码这一另外的编码保护下来，接收号码永不会被销毁，不像打包号码仅仅是与文件在架子上的存放地点有关。在这种环境下，参照的改变在一定程度上可被视为完全正当的，这是说直到对文件进行最终整理之前，这会在下文中讨论。但在最终整理之后，参照不能再改变。而在最终整理完成之前，一个学者只能有条件地查看文件，这是有充分根据的。在任何情况下，学者的这种困难都可以通过关键词表将新旧参照打通，这种表需要一直制作。另一种保护措施是将旧的手写号码或者印上的号码删掉（并不是涂抹或擦掉），保存旧的标签。

## 10　档案工作者的注释

我们已经不止一次提到了档案工作者给文件做注释是很有用的，且在许多情况下是必要的。这些注释在所有时期都存在，经常提供了最有价值的信

---

❶　见其第一次报告（1912）。

息，Agarde 已经引用过典型的例子。这些注释可能多是出于档案兴趣，例如对大火❶后的水灾民事诉讼记录影响的描述。但那些引起我们主要关注的，是比如保护某一份文件关于某一次事件的记录。档案工作者有义务做这些注释，如果他做了注释，没有关注任何特定要求，有一两点需要提一下。首先，应该经常进行注释，也就是说无论何时发生了可能改变文件性质的任何事情，例如，文件被拆开，文件在写作的时候被撕裂而没有完全修复，文件被学者抄写并完整发布❷，文件在同时期的其他案卷中出现了副本，文件突然被发现不完整等。下一步，只有在标明日期并签名时（不用说只有档案工作者自己来标明）才变得可信，这些注释才有价值，并且这些注释应该是永久的特征。最后，这些注释不能直接写在文件上，而应该是写在纸片上附在上面。在任何情况下，都需要极度小心，防止这些注释与原件弄混。因此，当代文件上的任何类型的铅笔笔记都是最不安全的，应该被禁止。如果做不到的话，用铅笔做的改动或补充其真实价值会大打折扣。最近发现的一个例子可以很好地阐述这点，一份 1763 年印制的北美地图档案，用墨水和铅笔标注了印第安的边界。很显然，对铅笔笔记可能是后来写上的这一点怀疑，就会导致其价值减半。英国各部的现代档案（例如来自战争办公室的档案）提别可能用铅笔进行标记，给了更多的例证说明必须在这件事上❸多加关注。

## 11　档案整理：对象

我们已经尽了最大的努力来克服任何错误给档案带来的影响，且即使在处理过程中发生错误，也不是无法挽回的问题，这种可以保证顺畅处理的感受是令人满意的。无论档案是已经有了好的排序，或是不好的排序，又或是没有排序，我们都需要对档案进行整理。需要指出，这并不是按照档案内容的主题作出索引，而是为了最大程度将每一份档案文件的重要特征清晰化，这种重要特征就是档案文件本身的属性和其关联文件。这样我们就给了档案

---

❶　在文件办公室的当代罚款记录索引（第二十五卷，在米迦勒 18 查尔斯二世之后紧接着注释）。

❷　见第二章第九节。

❸　例如，在殖民办公室文件中的美国一次战役的机密报告（C.O.5/96），其中一部分的签名是把文中的某些段落（关于印第安人收集的带皮头发数量等内容）用铅笔圈起来，并写上"删除"。

以很好的机会把它的内容表示出来，给学者们以很好的机会和方便来了解它。

## 12 整理：主要原则

如果说在档案的演变和转移中完成了什么的话，那就是使这一点清楚了：整理工作唯一正确的基础是显示出档案曾为之服务的行政机关内的问题。因此，这一基础不能存在于当代学者❶的主体兴趣、年表或其投放形式上。

"来源"这个词是指档案从哪个地方来，可能需要我们用稍多的时间来探讨其内容。但是财政收支的文件（公共档案馆的财政收支类）已经足够展现其并没有形成真正的整理基础。Agarde 的纲要❷揭示了财政收支类四个国库（其内容在牧师会礼堂进行最终处置，再移交到档案馆）的档案内容。其内容涵盖了公文的几乎所有种类，包括大量的法律文件，以及（会被记住的）大量的收据和支出卷宗。一些很难确定来源于某一场所的档案也会被分在财政收支文件中，但大部分都会与其他属于不同类别的档案重组。如果未按照档案的来源地进行分类，就会像几个世纪之前把现在公共档案馆按内容分的大法官的诰书卷、普通诉讼法庭的辩护卷、财政部的国库卷以及其他档案全部混杂地放在一起标为"主要案卷部门"一样荒谬而无意义。

档案从哪个地方接收，这应在接收号码和接收登记册中进行记录。对于尚未识别的档案，这可以作为一种暂时的分类，但不能作为常规的基础分类。这是取用这些档案的管理部门提供的方法。

## 13 整理：流程

很清楚地分为两大部分：其一，研究行政机构的关注点，其历史和组织

---

❶ 缪勒、斐斯和福罗英在这个问题上进行了仔细思考（10、15、16 和 19 节），对主题整理的缺点进行了举证，法国和比利时国家档案馆曾主张主题整理，而在英国我们有类似的"整理者"。在这里采取的原则，在法语中为"尊重全宗"（le respect pour les fonds），在德语中为"来源原则"（provenienzprinzip），1841 年法国部长令（Ministerial Circular）首次确立，瓦伊对此负责。而现在就如我们已经引用的那样，几乎任何地方都接受这个原则。

❷ 已在前文引用的帕尔格雷夫著《古代库存》第二卷。在早期（13 世纪）档案定期移交到档案馆，见同上引用第一卷，第 38 页、第 42 页、第 58 页。其清楚陈述了斯泰普尔顿在将其固定为文件办公室中（同上引用第 17 页）起到了重要作用，并直到乔治二世（同上引用第 40 页）的最后一年都在使用。

方式；其二，将档案分类，类下细分，并再次细分。但说到第一个部分，我们需要指出，虽然可以从外部资源中了解管理机构，但永远不可以与对档案的研究完全分离开来：一个人可以在这件事上陷入一个神奇的循环方式；如果不了解产生档案的管理机构，就无法理解档案，而管理机构的历史和发展往往都写在了档案中；因此，这个流程简单来说就是仔细寻找。❶

而第二个部分，档案的细分，我们希望能够站在最初编排档案的人的位置上来理解这些档案，我们的目标十分明确，就是建立或重建原本的整理。虽然在我们看来，我们自己可以做得更好。

## 14　整理：作签条

整理的第一步是为每一份文件都制作一张签条。每一份原来的卷册和案卷都需要制作一张标签，但如果要修订前任档案工作者制作❷的标签，就需要在修订前非常小心地进行审查。这种小心可能会让我们花费一些时间，最好在一开始就给每一份文件都制作好标签纸条。

在制作完成后，每一张标签都会显示出一种整理顺序：

　　文件现在的索引（打包号码）；

　　文件日期或封面日期；❸

　　文件修复说明；

　　其内容、材料组装和羊皮纸或纸页的编号的详细说明。

上述全部来自对文件本身的检查，还需要加上：

　　文件所属管理机构分类。

根据文件现在的情况，这一内容可以从外部资料或再一次检查文件中获得。这可以简单以区分号码、字母或标记的形式在签条上的索引中添加。我

---

❶ 例如中世纪的财政署历史［见附录五（九）］，如果需要重写，可以很好地被理解，目前涉及的文件，中部的流程相当清晰，可从其开始，再推及前后。这个案例也作为典例，本期待从外界获得信息，但却从之前混杂的信息、销毁目录、旧清单等档案中获得大量信息。

❷ 参见上文，第二节，9，（9）。

❸ 缪勒、斐斯和福罗英（84节起）对这种问题和其他情况设置了标准使用原则。我们并没有让英国去遵守欧洲大陆的方法，其原因已经在上文给出（第一章，第七节）；但也不太需要让档案工作者一定要与其办公室工作人员有统一的操作。见下文（原文第129~130页）会在其他关系中进一步讨论这个问题。

们在这里要指出，虽然并不必须，但在签条上标明接收号码和索引会更方便。

最后，签条可能含有与其他文件的关联信息。由不同情形和档案工作者使用的方法所决定，可能以数字、标记、注释或者相互参照的形式出现。

## 15　整理：档案的垂直分类

整理的第一步是档案分类的签条的区分，找到每一份文件的所属类别，也是我们介绍中最难的一个部分。这些分类可以说是库房中所有档案区分开来的垂直分割线。在公共档案馆的案例中，这些分类体现为中世纪档案按不同的法庭（大法官、财政部法庭等）分类，或是按照部门（海军部、内政部等）代替或添加分类。因此生成的档案组合在法语中称为全宗。❶ 在这里我们遇到了第一个困难。法语中所谓真正的"独立性"往往是严格地决定于档案的内容。另一方面我们发现，例如财政部，分为了许多特殊部门——财政署上部，财政核算署，财政申请处，增收处，年初收益和第十办公室，土地收益部与后期存在时间并不长的总监部。以及财政署上部在早期又分为了初审与终审两个部门，由王室典藏官和财政大臣管理。财政署上部是一个全宗、两个全宗还是三个呢？在财政核算署❷的案例中也有类似的单个、三个和两个系统轮流出现的情况：我们是为财政大臣（或其副手）、两位宫廷大臣和后来的审计员每人创造一个全宗，还是四个人都只是按职能划为一个全宗？很显然，我们需要为我们的档案组合提供定义。

## 16　"全宗"与档案组合：定义

全宗是欧洲体系中最重要的档案单位，是所有整理原则的基础。最重要的档案管理原则是尊重全宗。因此，花任何一点时间来讨论手册采用的这个词的定义和定义影响我们的方法都是浪费时间。

作者告诉我们❸全宗是一个有机整体。任何行政管理机构，或者其公务员，都可以创建一个包含了决议或纪要的全宗。这种内容使得档案具有自主性。粗略地讲，我们可以认为，档案全宗的质量有赖于其包含的内容，即当

---

❶　此定义由缪勒、斐斯和福罗英（下文再次引用）给出，包含了我们对档案和文件定义的一些重要内容（上文，第一章第二节），以及在档案的演变（第二章第九节）。

❷　附录五（九）。

❸　缪勒、斐斯和福罗英第1节起，以及第55节。

行政管理机构发挥效力时，构成最终权力的行政活动。从我们的目的出发，我们可能在文件方面能呈现出更好的质量，而不是行政管理部分。而呈现的形式也并不需要一成不变，这会在稍后讨论。我们提到的全宗，由于没有一种更好的翻译，我们可称为档案组合，即在管理❶工作中所形成的有机整体，本身就是完备的，它无须附加或借助外部的当局就有处理它所承担的事务的权力。这说起来，会让档案组合成为比全宗范围更加广泛、定义较不严格的内容。但这实在过于表面。举一个当代的实例，很明显要是不把英国陆军部❷许多部门的档案单独整理是荒谬的，它们是在战争时期生成的，这些部门毫无疑问的独立执行使得这些档案独立整理。就如同（我们已经看到的案例中）我们要求财政署诸如王室财政大臣作为单独的档案集合进行处理；这些档案组合，就如同其曾经的状态，是全宗中的全宗。手册的作者遇到这类情况时，会在特定情况下考虑档案委员会的全宗地位，然而在这里我们谈到的是档案组合，有非常细微的差异。事实上，我们可以寻找一个适当的另一个名字，例如分区，来命名那些从更大的集合中划分出的集合。但即使不这样做，我们的体系对个案的自由度比我们与外国机构的差异更大。这是差异，事实看来，而不是原则。而整理的基本原则，尊重全宗，当然还是不可撼动的——无论我们做什么，我们都不能打破档案集合。

## 17　将一个系列的档案分入两个档案组合

到目前为止，当一个行政管理机构拆散并将其职能委托给"委员会"，我们已经解决了其所带来的结果，档案组合的数量就会成比例增加。但有时我们也会遇到相反的情况，即有一种职能、一个系列的档案却明显属于一个以上的档案组合。❸因此，如我们已经看到的❹，年初收益和第十办公室的档案

---

❶　注意一下管理机构的规模并不需要讨论太多——无论是一个人还是二十人——也不需要讨论太多来源——无论是例如源于法条，或是仅在环境中生成，这些情况并不会影响我们的呈现目的。这让我们回到了第一章的呈现工作中对档案定义原本非常广泛的定义。

❷　更多的独立或类似独立的部门案例，请参见皇家协会（1910）第二报告，i，第11~13页，50~53页，87页。

❸　缪勒、斐斯和福罗英并没有单独考虑这种情况，但是这是一种有时候会非常重要的情况。

❹　参见上文，第二章，第二节，2。

/ 附录二 《档案学经典著作》第六卷漏排部分 /

承担了一些安妮女王津贴委员的原有职能，而该委员延续了主教证书的档案系列。与这很相似的另外一个例子是英国最高法院❶接管了民事诉讼法庭和其他法庭的文件和职能，并且一些文件系列也再一次延续了下来。财政总监署 1834 年接管财政核算署❷时也是同样的情况。当档案工作者按时接收了这种情况的文件，应该如何处理这些开始于一个机构而结束于另一个机构的档案呢？特别是当这两个机构各自形成系统很分明的档案组合时，应该如何处理？很明显，档案工作者如果希望避免混乱，其唯一的办法是将档案按照产生机构单独分类，即使这意味着会拆散两个档案组合间的一个系列。一个良好的相互参照系统会明确记录情况；但如果没有这个系统，就可能产生一种更糟糕的情况，一个机构的档案会一部分归在其名字下，另一部分则归在另一个机构名下。

在这种关联中需要提醒一句。一个部门的档案被另一个部门接管，在这里所推荐使用的流程，仅仅是从保管的角度出发，也只适用于这种情况。当档案原本在一次管理联系中汇编，后来又涉及了新的管理活动，这些档案就自然变成了第二个机构的档案。因此我们目睹了彻特西修道院的房产契据册最终成为财政法院诉讼中的呈堂证供。正如我们在上文中提到的❸，许多私人

---

❶ 参见上文，原文 33 页。

❷ 参见附录五（九），13。

❸ 参见上文，第二章，第二节，5。强调这点很重要，是因为上文中写到，雷德利克博士在致皇家历史协会（1920 年 10 月）书中提出了维也纳档案馆的证明。其中陈述了战争后领土会重新划分，档案的修复和重新整理压力巨大，有学说主张档案属于其产生的地点或办公处。只需要几分钟就能知道这种方法是多么荒谬。如果使用这种方法，在一个办公处生成的文件最后被移交（例如凭证收据）到另一个机构，就需要把这些文件返还到最开始的机构：不仅如此，收到的信件必须送还到寄信机构。当地的档案如果被转移，就可以合法要求将纯粹的当地行政机构的档案返还。但他们也不是太愚蠢，还将中央档案馆排除在外，不用被分割，否则中央档案馆就只会保存一些档案，因为地方档案馆对本地（地形上）档案的兴趣或是和本地有部分联系。

移交不是为了真正的行政管理原因时，唯一不能确定的情况才会产生。如果改换政府（无论是暴力或和平方式），出于善意的管理使用，导致了文件从一个政府中心向另一个移交，那可以视为"复原"的合理类型吗？答案当然是"不"。但如果是拿破仑那样的人把档案作为占领领土的战利品而带走，不应该在归还时更加稳定平和吗？答案当然是"是"。不仅要稳定平和，还应该减少类似的极端情况。在写作本文时（1937 年），一个很辉煌的说明已经发生了，那就是建议爱德华一世将所带走的一些文件重新存回苏格兰！

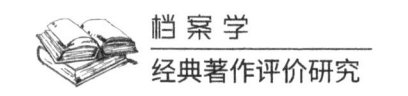

契据都通过这类方式成为公共档案，自然而然就会被划分为不同类别。举一个例子，留给我们的衣物保管处的文件大多数不是作为该部门的档案，而是作为财政账户中的凭证。档案应属于它起着积极作用的最后一个机关。

## 18  档案组合内的整理：公认理论与一些困难

到目前为止，我们对档案整理问题的叙述到了这样的程度，即首先必须将我们的全部馆藏（法语中将全部馆藏称为归档存储库）整理为档案组合或全宗，也可能是二级组合。我们现在需要处理其内部的整理问题。出于这个目的，我们现在有一个建议：我们必须回到最初由汇编人员设计的档案顺序，即原始顺序，而这个顺序一般来说肯定是基于当时的行政管理部门的。这样，第一步自然是把那些看来不成系统的文件——法文叫"单个文件"——按所属系统分开。到这儿，我们同手册的作者还是完全一致的；还可以进一步说，假若当时的行政机构和档案所反映出的完全不同，那么，我们首先考虑的是档案整理问题。的确，档案可能并没有跟上行政管理的划分或细分，在这种情况下，强迫档案完全与行政管理体制一致是不现实的。我们仅仅希望把档案恢复到按当时需要而形成的状态；可能一直都会有不被记录在文件中的行政管理活动。

但是，在此之后，我们发现了许多差异，导致在接受欧洲整理理论时遇到了一些困难。手册的作者们非常坚持[1]整理计划的必要性，在这个计划中所有的原始档案系列要形成现代分类的框架，这是主线。作者进一步设想了一种分类，在这种分类下有一条重要线（通常由决议组成的一个系列，但也可能包含其他档案种类）构成了结构主干。就如同古生物学家重塑史前动物骨架的方法一样，档案工作者要建立起这个结构。当然，所有其他的档案都会附属于这些主要的系列。

这种整理，用英语可以表述为将档案组合一部分划为主要文件，另一部分划为附属类。当整理发挥效用时，会成为最大程度发挥档案优势的绝佳方法。英国高等法院的档案是一个极好的例子。

例如[2]，假设在14世纪一所修道院需要一些特许章程，要向国王或大臣递交契据和申请；再由国王或大臣向法官转发申请与盖有御玺印的信件，下达

---

[1] 缪勒、斐斯和福罗英，自20节起。
[2] 我非常感谢我以前的同事，C. G. 克伦普先生建议的这个例子。

/ 附录二　《档案学经典著作》第六卷漏排部分 /

视察许可和发布证书的指令；法官在查看原件后，起草一份证明交给检察官；检察官给出许可后将草稿交给注册官，并向文件官递交一份抄件。注册官抄录一份放入宪章卷，文件官负责为宪章盖印以及收取费用，那么，款项就会进入文件官的账户。因此宪章会进入修道院的契据房。高等法院留有宪章卷的抄件（宪章卷的主要文件）以及（1）一封放在御玺说明文件中的御玺信件；（2）放在同样地方的修道院申请；（3）应被寻找到的宪章草稿，如果存有，应存放在多方案卷中：所有的这些都附属于这一案卷。收发文登记簿就变成了别处（在财政署）的附属文件。

现在我们的确将这个例子中的原始系列分类视为"主线"，且将其中的一个系列视为"主要文件"，而其他松散的文件则属于附属范畴。这是令人称赞的分类。然而，我们不可满足于一种档案整理模型永远让人满意。如果在一个重要的档案组合中，找不到原始系列，或起码没有主要文件，该怎么办？就如同手册作者采用的古生物学的暗喻一样，手册并没有提供无脊椎动物的情况。

我们来检查一下英国❶许多现代公共办公室采取的制作档案的方法。现在的惯例是将与一个特定案件、一部分特定事务或一系列同类小案子有关的所有文件全部放在一个封面中，有时也被称为"护封"。护封中就包含了收到的原始信件、发信的复制件、处理连续阶段的官员备忘录，甚至还有上级机构的会议记录或来自其他部门同样办公室的信息。将这些文件拆散为信件系列❷、会议记录系列、备忘录系列、&C. 是不可能的，某人的参考一般只引用其"护封"中的数字顺序号。同样，也不可能区分上级与下级官员的工作，因为他们都使用同样的会议记录纸张。

这个案例让我们了解了最具体的操作，但没有告知我们任何困难。即使是档案可以（事实上一般是更古老的档案集合情况）分为系列与零散文件，我们频繁遇到的困难却是陶特教授所称的中世纪机构的易变性。我们在思维中将档案系列划分为"主要"和"附属"，或是"草稿"和"终稿"，这些档案系列会混杂频繁地改变划分，也会很随意。一个系列，在早期包含了某管理机构分部的所有内容，而在后期检查时发现仅仅只剩一个空壳，因为没有人想停止这种连续性。次要的系列就被（但没人能说明为什么这样做）移到

---

❶ 在写作时（1920年），最高法院（皇家法庭）的一个部门已经采用了这种方法。
❷ 参照缪勒、斐斯和福罗英第 29 节。

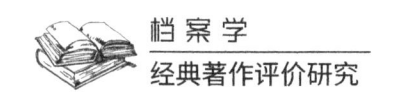

另一个❶地方去了，这在适当的时候会成为最明显的"主要"特征。随意散开的文件和间歇保护的文件，没有考虑到仔细保存系列❷的比例。而且任何整理文件的方式都是依靠已形成固有的系统的和只是一批档案未经加工的，这两种之间的区别，而不是依靠文件发展的程度。在这个国家中，无论如何，一些情况的改革横跨了几个世纪。为了使系统适用于档案的变化阶段，就要从档案的构成的新发展这种角度来研究经常变动着的先前的保管情况；在分类上每一时期都要重新开始。

根据对现存档案系列的检查重建13世纪财政署的架构，无疑是项很精细的工作：提出16世纪或甚至是15世纪的财政署，你就只是会被误导；然而国库卷系列，13世纪财政署的主干，在后期仍然是繁盛的档案系列。

在这里的麻烦，不是基于将文件区分为原始系列和零散文件这种做法走得太远，而是走得还不够。我们认为（因为我们尝试批判），其作者认为整理系统应该着力重构展现原始机构是非常正确的，我们所考虑的是这些原始机构的遗迹；但是他们的系统是否有足够的能力呢？事实上，不是所有情况都能够得到这个结论，而如果不能得到的话，就会让学者一直很困惑。

## 19  整理：另外的建议

因为我们的问题主要在于所处理档案的组织体制仍然处于演变状态中，我们可以建议，最好还是放弃将档案按照机构一成不变的方案进行整理。然后再回到档案演变的研究中去寻找我们可以详细制定怎样的整理规章和原则。我们首先要问：新式的档案结构是否有什么地方不能适用档案整理的一般规律？无论如何，现代档案仍然像旧档案那样包含着三种不同的文件。

答案是这种档案不应该存在困难。应该记得，一个庞大的"混合卷"分类中不同类别的区别产生于不同的原因。最开始（我们认为）是因为许多文件都是同样的尺寸形状，但同样也因为这些文件都处理同样的事务，又或是因为这些文件处理的事务是同一类的，因此放在了同一类中。中世纪的行政管理人员特别热衷于形式，三项原因中的后者成为分化的主要原因，并且留给了我们大量同样类型的文件系列——诰书卷，宪章卷，账户卷，诉讼辩护

---

❶ 例如，财政署上部的辩护卷，与财政署的备忘录卷是完全分离的。

❷ 关于档案分类逐渐改革的更多案例，请参见之前的演变部分（上文，第二章，第九节）。

卷，契据登记，审讯文件，授权文件，以及其他。后中世纪时期，延续传统，虽然已经不再有这么多形式，但保留了其程序，并保留了备忘登记书目中的发文登记的副本，却将收文登记（国家文件）的一大部分留在了"混合卷"状态下。在"混合卷"状态下，大部分都不会被使用，直到"整理者"按照后来历史学家的兴趣进行整理。现代行政管理人员，在打字机和传纸机的帮助下更加容易地制作复制件，在现代设备帮助下传输会议文件，在卡片索引发明的帮助下连续更新工作索引，这些行政管理人员又回到了混合卷的老系统中，将大量的文件按照主题基础进行区分——这些主题即是其办公处理的主题：行政管理人员可能也可能不会通过卷皮或护封上的参照来简单区分，将其按照办公职能的划分来进行大致的分类。但在管理方法上很明显发生的演变，就是现代行政管理人员或商人又回到了档案构造的原始类别。当我们考虑到档案的未来时，我们将继续讨论这一点。我们现在的目的只是要再一次强调，我们设计出的任何整理体系，如果不能将这些非常原始的档案归类，就不符合要求。

## 20　整理：类目设置

在附录五（二）中，我们已经以表格形式展现了财政核算署的文件发布流程，不难看出，由于文件的流动性与易变性，"主要档案"准则必不可行。事实上，在财政核算署这个部门的情况下（整个部门仅仅是同样问题的扩大化），我们必须放弃尝试把其中的一个系列作为主线而把剩下的系列视为附属。另一方面，我们毫无疑问地在此持有非常大量的初始系列，而这些系列必须成为档案整理的基础。困难在于寻找是否有能将其合在一起形成序列，形成一个有机整体。无论以任何顺序的纸质文件，其类目称为"财政核算署－授权卷，发行卷和原始法令"，将会让人感到困惑。整理档案最佳的计划是什么？又存不存在可以用于管理所有档案目录编制工作的一般原则呢？

我们可以大胆地讲，我们选择说明的档案系列，那样的复杂，在我们的表格中的确表现出其相互关联，像是在清楚的整体中很清楚的部分。如同我们之前说的，这个表格并不能大规模使用，在我们可以设计出的其他任何替代图形的方法中，可能会在说明系列如何出现、分解、再现、平行、取代其他系列等方面更加困难。但在一个整体中找到其位置的情况也确实存在。很难将它们作为一个活跃有机体的部件组合在一起（在一种情况下有可能，即

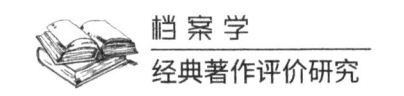

它们都只碎片呈现了原始整体），但在这里它们都简单而连贯地放在了单个类目之下。"发行"类目是从行政管理机构的一个职能中得出的，即在由系列组成的部分行政管理❶的体系之后，我们只是将档案整理的办法向前推进了一步。

现在已经很明确，我们不能按照行政管理机构的职能划分档案；❷从这个角度上说，我们不能画出行政划分图，也不能将档案强加于此。但如果我们承认行政管理职能并不总是（虽然当然不会）参照档案系列，但并不代表反过来也是正确的。事实上，档案系列总是参照到一些行政管理职能，因为没有这些职能，这些档案系列根本不会存在。一个档案系列可能会参照到一个职能，两个甚至更多，或者有时参照一个职能，有时参照另一个职能；但至少会参照一个职能。如果检查了我们的档案资源，我们明确了原本的哪个行政管理职能在档案中有所体现，我们就可以将这些职能作为我们整理系列的类目（在必要的情况下，在多个类目下重复同一个系列）；我们也会确信，这种整理是符合档案历史史实的。

我们现在所讲的整理方法可简述如下：一个库房中所有的档案都会分为全宗或档案组合，在一个档案组合中我们会有类，组合或类是由产生档案的行政管理职能决定的（这些职能用作各个属类的文件的总标题），属类本身又包括原来整理状况的各系统的档案。

## 21  旧系列，新系列，与混合卷

到目前为止，我们只处理了档案的原始系列，即卷轴、登记簿或案卷的同类连续藏品，而在我们看来，档案工作者的第一职责就是从任何藏品中挑出应当整理的文件。然而这件工作的完成，通常会让档案工作者面对非常大量尚未整理的文件。由于历史事件或人为忽视打碎了原本的系列，档案工作者自然就会开始对这些碎片进行挑选，但档案工作者要根据碎片的特性、其他系列或外界事实（如存留的旧编号或一本专著中的叙述）才能修复这些碎

---

❶ 比较 M. 库维利尔对这个问题的意见，其在比利时图书馆和档案馆审查（1903）中的"档案"一文中写道："它需要……给出组织或机构的库存准确情况，这是我们想知道的档案（qu'il faut... donner dans l'inventaire une image exacte de l'organisme ou de l'institution dont on veut faire connaître les archives）。"

❷ 参见上文，这一节的 18。

/ 附录二　《档案学经典著作》第六卷漏排部分 /

片：但如果这样形成的系列要被赋予原始系列价值就要特别小心，很难说这是一定要做的事。做完这件事，档案工作者会发现他仍然还有大量文件"未归类"。如果有明显是相同❶特性的大量文件，且如果没有办法表明（例如存在更具有"混合卷"特征的原始案卷❷）档案原始汇编特意没有过于复杂地整理，在这种情况下，档案工作者可能会有责任像原来的汇编者一样来制作这些案卷或卷册，也就是说，档案工作者按照已有的整理体系，将这些文件归类在原本文件之外。

但当所有的都做完后，我们的档案工作者肯定会发现，即便如此，还是会剩下大量无法归类的古代混合卷部分，我们已经在这一部分讨论过。要处理这些完全孤立的文件，需要制定许多规则。❸首先，这些文件需要一份一份单独著录；对于整个合集，除了称为"混合卷"或"多份文件"，没有什么更好的方法。我们因此很容易发现一种异常情况，在案卷目录中，（更加重要的）原始和规则的案卷或系列比"混合卷"占据了更少的空间和关注度。重申一次，档案工作者需要时刻牢记，档案文件的日期和位置，是反映其最终到达时的最终位置。例如，在财政账户中，作为凭证的私人账户，是归类在审计年份，即作为档案受到关注之后，虽然其时间可能远早于此。类似地，原始的信件属于收信❹的个人档案或部门档案，或是如果信件辗转经手，信件属于最后经手的人❺。奉行这些基本原则是非常有必要的；但在外部，最好不要用任何的仅仅是杂乱的零散卷的整理系统蒙蔽了档案工作者的双眼。只要档案工作者没有破坏任何的档案证据，即使他错了，但按照在他看来似乎最适合情况需要的系统（字母、年代、形式等）来整理档案，也不会对档案造成损害。我们冒昧总结一下，档案工作者看到了两条简单原则——一条是已经提到的接收编号，另一条是原始案卷，无论是系在一起或装订在一起，都不能破坏——任何重新整理，本质都只是一种试验，档案工作者不可能造成危险。

---

❶　一般地，不同文件形式（例如复制件和原件）不会放在同一个文件夹中，虽然特殊案例可能放在原件文件夹中，档案工作者仿制的文件夹不应该这样做：比较缪勒、斐斯和福罗英，第 29 节。

❷　打破原始文件夹的话题，参见上文（原文 87 页）这一部分的分区（d）。

❸　缪勒、斐斯和福罗英，第 26~28 节。

❹　比较采利家族成员的一封信的例子，在上文已经引用，原文 84 页。也请参见我们对档案的定义和档案保管处的定义，以及其他上文引用的档案，第二节，5。

❺　比较上文修道院的申请案例。

353

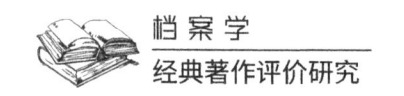

## 22 错误放置或从未整理的档案情况

在最细致地考量之下，档案工作者可以发现：在外表上同某一些档案组合有联系的一个文件或一系列的文件是属于另一个档案组合的。例如，"宪政信息协会"（18世纪晚期的一个改革协会，出于叛国罪审判的目的，国库没收了其文件）❶的会议记录簿第一次以非洲公司第1357号呈现在公众面前，很明显，由于意外事件，这个公司的会议记录也被收入了国库。❷档案工作者还可以确定：档案组合的一整个部分，或者可能是其全部档案，其最初的汇编者完全没有进行任何整理，或者仅是粗糙地按照时间先后顺序排列。这两种情况都导致了一个同样的问题——档案工作者，即使是已经知晓最初的汇编者是由于意外事件或是缺乏规划导致了这种情况，是否能够证实打破原始案卷或是打破完善的初始顺序❸是合理的？以及档案工作者可否将档案从一个档案组合移交给另一个档案组合？如果我们回答"能"，很显然是折中。虽然手册的作者们看上去只能到底为止，但不能否认这一过程违背了他们和我们提出的保护甚至重构原初情境的计划。笔者个人看来，仅对文件进行纸上的重新整理，不进行任何实体整理，就按照我们找到的样子保持实体整理的原样，这里肯定是存在整理的，例如当时穿线的文件。但同时，能够想得到会存在一些极为不便的情况。例如，非常大量的混合卷文件，除了由最初的汇编者草草装订而没有任何顺序和其他任何整理。最认真谨慎的档案工作者也只能总结出折中是最好的方法，这种情况不难想象。我们可能最好不要对折中过程制定特定规则，而只需申明，对于采取这种做法的档案工作者，他们承担着非常重大的责任。许多例外的事情都证明了原则的重要性，但一个勇敢的人会在各种情况下设法证明他的最重要的原则。

当然，我们在这里并不是在阻止档案工作者在深思熟虑后并在有预防措施的情况下（前文已叙述）做出改变❹，毫无疑问，整理是由档案工作者的前

---

❶ 该协会的剩余档案被收录在国库募捐者文件中。其可能用于1974年的霍恩·图克审判。

❷ 发生在1820年该公司依照法规被废除。

❸ 比较缪勒、斐斯和福罗英，第19节。打破原始文件的建议（即使是特殊情况）肯定违背了我们此前表述的原则。参见本节的4和21。

❹ 预防措施是指对旧的参考书目、旧的清单和档案工作者添加的注释的接触进行保护。

任工作者进行的。需要防止的是对最初的管理人员或是任何汇编档案的个人或组织进行任何改变，因为他们的所作所为就是档案本身的一部分。

## 23 制作目录

这次我们假设，我们整理工作的手写与打印成果就是一份案卷目录。经过我们整理的档案用它作为一个具有总结性和全面性的书面说明。处理很少量文件的档案工作者可能会发现一次就能详细列出清单或分类索引表，并不需要案卷目录。但对于任何规模的档案库房而言，尤其是那些会频繁增容的库房，至少是部分的此类细致工作不得不推迟很多年，在这种情况下，案卷目录就是必需的。❶

## 24 最终打包和编号

档案所引发的兴趣内容和因此其所需要的顺序变化多种多样。但是由于档案只能以一种顺序打包和查阅，我们当然可以使其与案卷目录的顺序保持一致，这就是档案顺序。系列一般会呈现统一的形态大小，总的来说，这会极大方便从架子上打包。当文件到达库房后，其架与架之间的相互对照或是其他方便的方法，就必须进行调整。

案卷目录内的类别并不是按照便于随意取出一份文件的方式进行整理的，这种不便可能会打击到档案工作者。在这种情况下，制作案卷目录时应提供类别的字母索引。

到目前为止，我们将需要处理的大量档案分为：

（1）档案组合。标签上要标上生成该档案组合的行政管理部门。举例来说，"财政署"，至于进一步，可分为：

（2）单位。它表示从（1）中分离出来的独立行政组织单位，其命名也是同样的方式。例如"财政核算署"。接着我们在每个组合或单位中挑选出原始系列和未归类的文件，从未归类的文件中会生成我们称为人造系列，与原始系列相区分。最后，我们可以按照我们设计出最好的方式来整理那些未被归类的文件。此时我们检查人造系列的文件而不是案卷或卷册；必要时重新打包小的或松散的文件，把他们合并成编上附号的较大的单位。

---

❶ "在目录中要把抄本全部包括进去"的信条最先由莫罗在 1774 年提出。

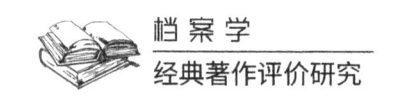

我们打算归类在类目下的所有系列，都反映了生产这些文件的行政管理职能。例如（再次用财政核算署来说明）"支出"。在这中间又可分为：

（3）类。每类都由原始系列或新造的系列组成，例如"支出卷"，也可能（当很小的时候）是由连续的几个系列组成。至少一类会被标为"未分类"或"混合卷"。在此之后，我们还需要进行一次编号：

（4）类中的每份文件。这些文件如果组成了一个大单位的部分，就会有附号，或是羊皮卷页码，也可能这两个号码都需要。

我们现在需要考虑能设计出呈现这些文件最佳简洁参考关系的方法（可能是数字或其他主要方法）用以表明文件所在位置。档案工作者需要在二者间寻求平衡：连续数字不断累积所带来的不便，以及由于仔细地再次细分所带来的困扰。但后者的一大优点在于，后来发现的内容得以插入进去。

作为建议，我们提出了下列方案。

对于第一点，组合，使用一个名字，一个缩写的名字或是一个字母：这样在档案保管处，财政署（the Exchequer）即为 E。

对于第二点，单位，（必要的时候）使用三位数或四位数的第一位数：财政署的皇室典藏官从 101 标起；收据从 401 标起，等等。

对于第三点，类，使用之前提到的三位或四位数字的剩余数字：这样王室典藏部账户的类就用 101 指代，王室典藏部津贴的类就用 179 指代。

对于第四点，单份文件，使用另外的数字或者数字加附号。

来自财政署 – 王室典藏部 – 账户类的一份文件的指示就由组合/单位、类/号码/附号组成，因此就可以简洁地写为 E./101/22/11。22 是盒号，11 是文件的子号。羊皮卷码或页码写在这串号码之后，在前面标上 m. 或 f. 字母。

在一个标签上，"组合""类""文件"的指示部分，最好纵向排列成三排，即

E.

101.

22/11

无论档案工作者是否采用上述的方案，我们都非常诚挚地建议选择一种体系，并且遵守。

到目前为止，我们一直在处理纸条上的内容。一旦有新的参考内容加入，档案工作者可能就要马上按照新顺序重新整理文件，也给文件增加新的（和

最后的）参考内容，重新封装。

## 25 制作目录：续

回到制作目录。我们已经处理了分类的编码，也已经处理了使用的编号方式，但是我们忽略了类的顺序问题——如果按照我们的设想，整理能够展示整个档案组合的特性和意义，这就是一件很重要的事情。引入注释可以解决这个问题，建议❶将引入注释放在目录之前，在注释中标明档案生成组合的过程，并标明产生档案的行政管理机构的历史。目录正文的类目顺序会自然遵照❷这种叙述中的不同档案类目的顺序。自然地，混合卷或者未分类的档案也将在所有的"系列"都已经处理完毕后才会出现。

从目录的目的出发，由于每一个系列的条目只会手写或打印几行，不会有人反对登记一个系列两次（在每一个案例中都进行相互参照）。当一个系列涉及两个或两个以上的职能时，在每个标题下都加入这个系列的位置是很值得的。目录和索引的制作者一般都会十分担心这种双入口，处理这种问题的最佳方案是通过相互参照和保留特殊情况（当相互参照已经足够的时候并不使用）来适当区分。

在档案组合中当案卷目录内出现缝隙时需要一些词语来填充。举个例子：由于之前保管的一些意外情况，公共档案馆的国库档案❸的一个系列的很大一部分卷册之前都在利兹公爵藏品中。在这种情况下，在目录缝隙中标明填充的来源，显然是非常有道理的。类似地，档案如果在之前放入了错误的组合中，在目录中标明其正确所属的组合是一件很好的事，通过相互参照来标明其现在的位置。❹

至于组合中对不同类或系列的著录，我们可以采用手册中的裁决：应由目录中的客体给出系列的大致内容，而不是系列中的片段。同时，也应该为例外情况留出空间。例如，一个常规系列中有一卷内容是异常的（也就是说，

---

❶ 比较缪勒、斐斯和福罗英，第 61 节。在附录五（九）中给出的财政核算署的历史是一个相当精细的例子。

❷ 这与手册中推荐的顺序是基于档案的公文形式有所不同，这种方法并不方便，除非当职能不变时记录形式改变了。

❸ 例如 T.52，Nos.3 to 6。现在已归还至公共库房保管。

❹ 假设档案工作者不打算冒险转移档案。参见上文，原文 113 页。

目录注释中并不包含其内容），这一事实应被记录在目录中，而目录中系列的大致著录因此会被打破。至于著录❶，很显然信息中的一部分内容必须原封不动地保存下来。例如系列中的纸张页数需要概略著录，系列中的缝隙以及其覆盖日期❷，系列或系列条款的所有古称和参考，以及参考的编号。关于这些（尤其是日期）我们可以认为，手册的作者们在手册的后面章节花了大工夫来保证著录的标准措施。在现在的工作中，我们不再认为这很重要，我们在上文❸也已经指出，在一些方面，这对于我们而言来保证标准措辞实在是非常困难——无论如何这是国际情况。但我们也在下文❹中建议，编制清单和分类索引表所用方法的共性，在英语档案中并不是无懈可击的，并会说明为保障这一内容已经或正在做的努力。在接下来的几年中，在这个方向会有长足进步，这并不是不可能。英国档案工作者或英语档案工作者都使用同样的方法和术语来描述档案中的共同特征——形式，组成风格，修复状态，编号以及组成部分（叶片、薄片、羊皮纸等），印鉴，甚至笔迹。

我们所描述的工作是档案工作者最重要的任务之一。在这一工作中，档案工作者提出了他的一项管理工作。我们补充认为，如果在案卷目录中，需要印刻任何细节信息例如档案类别，那么这个目录一定要首先并最好地完成需求。

## 26 藏品和副本的存放

目前为止，我们已经对我们的档案进行了编号和整理，并对组成整个藏品的一个或所有的档案组合都提供了介绍和案卷目录。然而，我们没有提到两种档案。

考虑到我们为档案工作者（出于其自身安全和库房安全）接收档案（可

---

❶ 比较缪勒、斐斯和福罗英，第33~55节。

❷ 对于日期，有一点需要说明——参见上文，17——这不是一种意见，而是一个原则。由于极其重要，我们冒昧地在此再次重复。档案组合目录中任何文件的日期，都是该文件进入此组时的日期，而不是其写作的时间（写作时间可能会早数十年或数百年）。当制作目录时，这个（早一些的）日期应是脚注或特别描述。因此，一捆收据可能被描述为其时间范围是爱德华三世统治时期的前十年，也就是在这一时期生成了这些收据；但他们却在目录中被标记为第十一年，这一年这些收据被审计所用，因此成为公共文件。

❸ 第一章第七节。

❹ 参见下文第八节，6；参见上文原文第18页。

能仅仅是有特征）竭尽全力所做❶的开端，虽然正式来说，档案工作者并不需要做什么，我们大概很难来将第一种档案与我们的普通藏品区分开来。档案工作者对这种档案的职责与其日常工作内容中的接收的"组合"的职责有很多相似之处。也就是说，从他接收的一刻起他就要负起责任，在处理馆藏、存储时都像在处理普通的档案组合一样。对于这种例外情况，档案工作者应使用一些方法对档案进行标记，来与具有相当正式特征的馆藏进行毫无疑问的区分。

借这个机会，我们要提一个问题。当文件从一个外部来源被重新存放在正确的位置时，这个问题会偶尔❷出现。这些文件应该用一个注释标明，或是用一个特殊而便于识别的印章，来指明这些文件曾经不属于正式库存。

从历史学家和其他学者的观点看来，其他地方的档案副本馆藏❸可能有时是档案库存的理想补充。如果这些副本存在，最佳的处理方式是将其视为馆藏档案本身，其到馆日期即为其日期，并相应保管。随着时间的推移，会带给它们有限的档案价值。这些档案肯定不能与原始的组合进行任何程度（即使最低程度）的合并，虽然在合并过程中这些副本可能可以填补空白；甚至这些副本能不能在案卷目录中进行指示都有待怀疑，虽然事实上，原件和副本都能同样容易地在案卷目录中被参照。如果后者能够实现，脚注可以便于学者找到办公室中的副本。

## 27  库存清单

我们现在的问题就是档案本身在参照方面的需求，这与下个部分我们要处理的学者的需求相反。第一个需求是，无论库存大小和组成，都要有一个档案目录概要。这样，不同档案组合的顺序可能是档案工作者认为方便的任何形式——例如字母顺序。组合内的类别顺序会自然与许多案卷目录中的顺

---

❶ 上文，第二章第三节。注意珀肖尔契据登记簿现位于增收办公室档案［上文第二章第二节（5）］，这一从属关系是正确的；如果这一类别在被添加到保管处时存在的话，就应该已经符合从属关系了。

❷ 比较上文提到的国库文件的重新存放案例。

❸ 例如，伦敦档案馆所有的大量的文件，是源自外国档案和属于早在19世纪档案委员会以前的各个时期的；类似地，伦敦档案馆的大量副本丰富了加拿大档案，无疑，这对于历史目的意义重大。

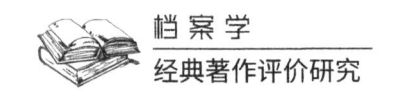

序相同；因为一般希望通过参照号码来查询一份文件。档案目录概要的信息应该包括——

各个档案组合中的类（当然不会进一步阐述细节）；

每一类内文件的号码（即基本号码，不是附号）；

每一类的起止日期；

类的编号；

每一类在库房中的位置。

如果这本档案目录概要的备份要提供给库房工作人员以外的人员使用，最后一项不用提供。

第二个需求是，库房划分的每一个房间或其他部门都需要一份架子清单，来指示架子上的类别和每类别所占用的架子。这对于负责拿取文件的工作人员而言非常方便，如果把所有架子清单的副件汇成一册，那对于档案工作者自身也便于参照。

第三，需要制作一份类别清单，提供案卷目录中省去每一类别的具体信息，也就是说，每一份文件或是一个系列中的文件集，以及混合卷类别中的单份文件的详尽的编号和日期。这份类别清单对于查找而言非常重要，学者和档案工作者都会需要。

## 28 索引目录等

副件、分类索引表、描述清单和索引将在下个部分讨论，但从某种程度上说，在这里提到这些内容是恰当的。在许多大型库房中，尤其是包括了后中世纪文件的库房，会包括大量的这种汇编文件（尤其是索引），这些汇编就是档案本身❶，同一个人经手的工作会汇集成为查阅的系列。根据库房中的所有档案组合，持有一份这样的独立清单❷会很方便。并且，如果所有的现代清单的注释（也就是说不具有档案性质的内容）也添加在其中，无论是手写还是打印，其成果都将成为库存中所有正式的指示档案方法的目录，其顺序与档案目录概要中的顺序相一致，这将非常有价值。

---

❶ 在伦敦档案馆中的一些现代部门档案中存有大量此类文件（例如海军部和战争办公室的文件）；可能此类文件多来自法律部门诸如诉讼登记册等工作。

❷ 在伦敦档案馆中，类别的"档案特征"索引都被收回，并赋予其一个额外的编号，将所有索引汇集在一起，并放在容易获取的地方。到目前为止其数量已经有约 20 000 条。

## 29　结论

我们要强调一个事实，到目前为止，我们都在设法表达库房效率和安全运营的重要性。档案工作确保这些内容的精确方法，在某种程度上说随环境而变化。例如在一个小库房中，档案工作者可能会发现，我们在这里描述成两个或更多步骤的工作，他仅通过一个操作就可以实现，或是可以制作一份清单就可以实现两个目的。我们没有必要枚举这些变化，因此不再讨论。

# 第七节　档案工作者，行政管理人员，历史学家

我们将在下一个部分指出档案工作者和汇编档案的行政管理人员在档案事务方面的巨大差异，但更大的差异表现在档案工作者和历史学家之间。我们已经在开篇就给出了一些线索，但现在必须加以强调：档案工作者不是也不应该是历史学家。档案工作者当然需要一些历史知识，也可能个人对历史很感兴趣，就像对冶金学或其他学科感兴趣一样；但档案工作者的职责在于档案本身，与从自身出发利用档案的其他学科研究（历史学是目前最突出的）相独立。因此，对其他学科感兴趣，可能会带来该学科中的兴趣偏好，甚至该学科中的一派观点，与其说是不方便或不恰当，更不如说是一种确切的危险。大多数坏处，有时候造成损坏，在过去已经作用在了档案上——从系统化一直到与某一代学者的要求非常密切的、昂贵的目录的出版，这对其他都是无用的工作。过去造成的大多数错误和危险工作都源于外部热情，导致档案工作者未能将档案作为一个单独学科对待。档案工作者的职责应该是现代的，仅仅是现代的，关于建筑、保存和其他类似问题，然后才是档案中的其他一切事情，如对不同档案的兴趣，对不同时期档案的研究和观点等。这对于个人而言可能是一种缺憾，但这是档案工作者的职责所在，必须正视。

档案工作者首先是档案的公仆，然后才是公共学者的公仆。在档案工作者完成了其职责要求的所有处理档案的内容后，才接着全力关注研究工作者的兴趣所在。在许多情况下，由于一些原因，在完全完成了第一职责后，档案工作者可能没有闲暇时间来完成第二职责。但在任何情况下（假设档案工作者有空闲时间来关注学者的特殊要求，尤其是历史学家），在其两个职责和

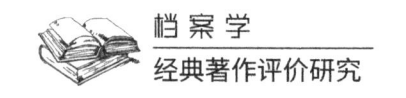

职位间有很明确的差别。在第一职责中，档案工作者完全由自身来判断需要的内容是什么，而不允许受到任何外界对整理工作的影响，例如，我们讨论的清单。在这一点上，档案工作者是在履行自身职能，不应该有任何需要与外部权威人士商讨的特殊情况。但在第二职责和能力上（如果他能够具有），档案工作者不再是其领域内的专家，而只是服务于公众。而来访的公众，有权利指出档案工作者应该做的事情。但对于档案工作者的必要能力而言，如果能给出有力的要求，也只是偶然的。在几个世纪中，与档案公开相关的事情是掌握在并非正统的历史协会和其他专家手中的，晚期皇家协会对此感到有些诧异。❶ 但这很符合逻辑，也相当正确。

虽然如我们所说，知识可能会偶然帮助档案工作者为如委员会提供有价值的帮助，但不是由档案工作者决定公众需要的公开内容，或是历史学发展或其他研究类型所需。

## 第八节　档案工作者的第二职责

我们设想，所有必要的档案工作都已完成或暂时完成，档案工作者有时间来满足学者的特殊要求。

### 1　指南

第一个会提的要求可能是库藏内容的综合指南。如果遵从了上文所提倡的整理体系，这只是一件小事。大致来说，所有的案卷目录的介绍和注释构成了这个指南（尽可能精练），还要加上案卷目录主体的少量信息，例如日期和（一些事件的）数量。

### 2　档案的不同参照方法

自此书第一版发行后，英美委员会发布了两份关于编辑问题的报告❷，所

---

❶　第一次报告，ii，第 139 页："在荷兰，档案工作者被视为档案保管和整理的主要负责人……"比较，在同一章节，第 129 页。

❷　历史研究学会的 1 号和 7 号公告。

有的档案工作者以及对此感兴趣的人都应该参考这份详尽的指南。委员会为系统处理各种编辑问题提出了建议，还有制作副本的规则。显然，全文副本的公布，是为不能亲自借阅档案的学者提供的理想方法。委员会为此制定的规则是他们每一件事情的出发点。他们的规则是紧跟一套旧规则公布的。本书第一版曾在附录中复印过旧规则。因此，我在这一版中删除了那个附录，并在特别参考档案工作者的观点和写作时所做的一些调查研究之后，对报告所提出的较大的问题做了一些评论。

一开始，我们可以观察到报告对四件事赋予了特别的重要性。

（1）抄制和编辑的差异。这由第一份报告提出。抄本是规则的主题——可以视为完全同质。编辑者的个性会影响编辑，而编辑者必须对其决定删除或包括的所有情况负责。在这里我们仅希望，在一定程度上，来保障原则的同质性。

（2）术语的重要性。对制作形式（"卷轴""案卷""羊皮卷""簿册"❶或"卷册"）以及各类文件各种部分（"件""羊皮纸页""张"或"对开页""片""册""刀"）的描述，以及对印鉴❷和盖印方式的描述，建议使用标准术语。

（3）清单，描述性目录，分类索引表和完整副本，以及介绍和索引。

报告给出了这些术语的具体含义和功能。在这里我必须冒昧地建议一处修正：在现在的工作中，"清单"用于表示每一份文件最贫瘠的最少量信息——仅限于识别。委员会并没有意识到这种编辑是如此枯燥，用这个词表示了更多的含义。在使用我们意识中的"清单"和将委员会的"清单"和"描述性目录"合为一体的"描述性清单"这一个名目时，我们可能会遇到困难。

（4）比较使用上述方法。委员会的第二份报告讨论了采取更简洁的方法来替代副本，这很遗憾，但是必要的，尤其是考虑到非常大量的现代档案。报告也建议了编辑者可能会经常使用所有的合并方法来处理文件的单个主体；

---

❶ 不同类型的书籍尚未有对装订历史的精确描述，这不只是外部装饰的历史，更是对"装订"（先将板子和缝线连在一起，再将封面放在上面）和"封套"（将板子和封面放在一起，再一起加在缝好的册子上）进行区分。可参见上文第五节，12。

❷ 在这一问题上，请参见我在《不列颠考古学期刊》中的文章；委员会的建议需要向外扩展一些，以便包括（尤其是）后来的一些盖印技巧，例如用纸包装时要用附件章。

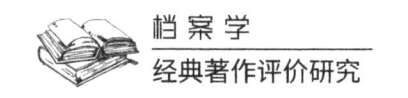

并建议对不重要的文件进行登记，对其他文件给出说明，列出其中非常重要的文件的主体，并完整抄录最有价值的文件。

这个建议是基于档案曾被印刷处理，而不太可能找到第二编辑者。因此，这对于承担编辑工作的任何人而言都承担着责任，不仅要对其自身利益和任何领域的后来工作者的利益负责，还要对各类学者负责，这些学者可能求助于档案工作者来寻找一些文件。

### 3  档案工作者和编辑者

在对上述的各种处理文件方法进行评论之前，我们要提出两个一般评论。第一，虽然委员会的规则和建议都是计划出版发行的指南，但对于不打算出版发行的机构而言也同样适用。事实上，清单等，即使不打印，也不能成为精确性或完整性过低的借口，也没有任何一个使用方法例外，甚至是索引，无论是其打印簿册的张数，还是未打印文件的张数或参照号码，都适用于同样的原则。

第二，委员会毫无疑问密切关注那些正常情况下不打算或不能个人到访档案馆的学者的需求。档案工作者现在从其职位本质出发，与其他类别的学者联系密切。这些学者是喜欢并且也能够在原始文件上进行自己的工作，需要原始文件而不是替代品。档案工作者在关注学者阅览室的需求时，他就会发现自己在许多情况下是取用档案的描述性清单和索引，而不是其完整抄件或目录。当打印和正式出版不再是问题时，档案工作者应该考虑有一份打印本，以便在档案馆外分发。

### 4  清单

清单（按我们自己的意思用这个词）不会耽搁我们，我们事实上已经处理了清单，同案卷目录、档案目录概要和架子清单一起，成为库房工作人员的部分必要装备。虽然它在学者阅览室内有着同样的重要性，但清单的使用很少涉及更多；而其自身也不值得印刷。

### 5  著录性清单

处理单份文件的方式与我们之前处理案卷目录中的"混合卷"类的方式

很相似。在这里,我们把它扩展到各种类别中。虽然很明显,比起大的文件,著录性清单更适用于小文件,但令人惊喜的是,对于大的卷宗或登记簿系列,著录性清单也非常适用,且只占用很少的空间就可传达大量信息。

关于信息的呈现方式,需要设立一个一般原则。只要有可能,要消除现代编辑者的个性,只保留文件本身为自己发声。例如,日期和名称应使用其原始状态下的形式;而其现代形式(如果需要的话)可放在它后面,并用括号括起来。

那么我们的著录性清单需要提供什么信息呢?我们的目标是让读者获得一些有关于每份文件存在、日期、性质和内容的概念。这样读者至少能够判断这些文件在多大程度上可能对其特定查询有用。但很显然,我们的一些类目,以及其范围,必须随我们处理的文件类别性质而变化。我们需要规定,契据的著录性清单需要指明所有出现的人名,但这对于辩护卷的著录性清单而言很显然不可能。我们最多只能说,一些特定类目可能会恒久出现,即每份文件的编号、性质、日期和尺寸;而其他的类目,即题目、人名和地质名称,不是恒久出现也会是频繁出现,虽然信息特征会经常变化;而还有一些类目,如材料、组成、文件形式、语言、印鉴以及书写情况,将会偶尔出现;最后还有一些完全特殊的类目,仅适用于某类特定类别的著录。

## 6  著录性清单:续

各种类别之间的著录变化巨大,但从另一个角度,我们不是要强调变化的可能性,而是要强调相似的可能性。在全英国,有许多的档案类别在大大小小的库房中频繁出现。例如,庄园文件的现存系列数量不少于 10 000 个❶,而管理这些系列的个人和机构至少有数百个。假设所有文件的著录性清单都能够获得,且都使用了同样的制作方法,我们实际上获得了一个巨大的著录性清单,其所提供的比较研究的机会比其组成部分更具有巨大价值,这难道不够明显吗(当然前提是已经周密提出了著录方法,且方法是适当的)?需要强调这件事,是因为在这个国家中(毫无疑问在许多其他国家中也是如此),人们并没有意识到在这类情况中更紧密的协调方法的可能性,当然也没有意识到其价值。英国档案协会最近进行了❷一次观点和做法的普查,是关于著录

---

❶ 已经公布的一个州的清单中(调查问卷协会,第二十八)超过 200 个系列。

❷ 是为了其 1935 年的年会。参见其议程第一点。

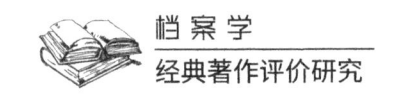

最常出现且最具价值的英国档案类别——土地不动产权证。对 70 所不同机构的回复的分析结果非常值得注意：问卷中列举的 15 项可能使用的类目或著录方法，在任何情况下都没有被使用过；仅有 8 项在超过 50% 的情况中使用。该协会现在在竭力找出❶可以广泛采用的文件著录的类目形式。这种广泛的一致性，不仅应该在这里适用，更需要在其他许多情况中使用。同时，档案工作者和学者也应当明确，测量团体行为并不一定需要个性的牺牲。

我没有说，共同的方法在某一点上能够成为普遍的，某一类文件的著录性清单可从不同库房中聚集在一起，并存放在一个参照中心。这种可能性太过遥远，任何类别的计划的操作细节都需要非常周密的考虑。但其对于学术的价值，至少一些情况中，是非常大的。例如，有谁会怀疑全英国的现存房地产契据册的著录性清单对于学者的价值吗？并且除了房地产契据册，为什么不能是在（例如）1700 年前的所有私人账户（不只是庄园账户）和其他种类的文件呢？很容易想象出这种迫切需要的长清单，而一些小型的清单可能将会实现。问题在于，我们是否在实践中无法制作更大的清单，以及是否能够不耗费任何人力仅在思考层面实现。

## 7　副本，分类索引表等

在外界学者的兴趣占绝对主导地位的情况下，我们转移到档案工作的一侧；这也是与档案工作者基本职责最为密切联系的一侧。而在这一侧，档案工作者由于受到其他职责的压力，会在很多情况下都委托给外界学者。因此我们从这里穿过，建议委员会作出经过思考的结论。他们对副本规则的管理原则是，只要印刷资源允许，转录者可以复制原件的所有特性。转录者不要去考虑任何有关副本的价值和利害关系的问题，并在任何方法中也不必要去应用他自己的判断力。事实上，例外情况只存在于，转录者可以将文件中的缩略词展开，而在早期这些原件作者书写的缩略词就是当时的完整拼写；以及（更加让人怀疑的）转录者可以在一定情况下，用一个首字母符号表示一个经常出现的特征（例如一个无意义的缩略词）。第一委员会的报告设想一位编辑者、一位受过培训的学者（有许多认真专门化的预防措施），在出版发行前可以对转录者严格的正统观念稍加放松。但转录者本身，"无论多么富有技

---

❶ 将会在近期发布报告。

巧"（引自这份报告）"都会发现最大限度的安全就是照原样打印其副本"。

分类索引表是一份纲要，其编辑者在节约空间的情况下，努力实现与完整文本编辑者相同的目标，即除特殊情况外不需要查询原件。编辑者的"目标是最大程度保存原件的语言，保存原件内所有的事件，而与编辑者的个人兴趣无关"，"使用一些印刷惯例来区别编辑者的语言和原件语言"，且只要在可能的情况下，都使用完整抄录的方法，再删除不必要的文字或短语，并通过一些惯用标记来表示这些删除。至于拼写和标点等内容，编辑者仍然受到制作精确文本的规则约束。

## 8 结论

在第一次报告中其他值得特别注意的部分是关于文本、介绍和索引的部分，这些部分都分别进行了详细规定。对制作打印文本索引的建议，也适用于（如我们之前建议的一样）档案工作者对其档案的直接参照索引。委员会没有足够强调的可能是传真复制件作为介绍和文本补充的价值。

在将来，受到摄影技术❶设备价格降低的影响，在多大程度上学术界不再需要打印副本或分类索引表，这个问题我们只能推测。

## 第九节　学者们使用过或出版过的档案参考工具

到目前为止，我们处理了档案的打印和列表，我们设想，这项工作是按系列进行的。这个设想从档案的观点上说，是最巧妙最方便的计划了。但是不能忘记，特殊主题的兴趣内容和对文件特殊形式（在过去作为整理的一项原则，但是非常不明智，就像我们在上文中看到的一样，对档案类别造成了很多麻烦）的兴趣呈现出历史学家在特定情况中的真实需要。例如，皇家信件❷汇集，可能对历史学家非常重要，可能会需要来自六个档案组合中的部分

---

❶ 在这个问题上的评论，请参见上文第 63 页（原文——译者注）脚注。

❷ 有很多例子——德莱尔的《亨利二世的行为合辑》，《亨利八世的信件和文件》系列，由公共文件中心出版的《皇家兴建（编年体和回忆录系列）》，都是从不同的类别甚至不同的档案库房中得到的。

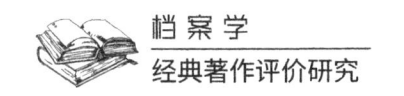

单个文件的印刷本。这不会造成任何损坏，只要不允许实体整理来干扰档案。这种和私有企业在不同地点出版文件摘要或完整副本，会在短时间内造成极不相同的档案版本出现。这让我们回到了单纯的档案问题。最重要的是要在清单中，甚至是在文件的标签上，注明打印复制件是可用的，顺带也需注明一些文件并不代表最新发现，一些热情的学者会以为这些文件是最新文件。如果档案工作者无法获得他需要的所有这类打印件❶的复制件，他至少需要注明这种情况，并且为了方便，所有这类情况的索引都需要按照档案目录概要中的顺序（再一次）整理。

## 第十节　档案工作者自用的登记簿

在一个组织完整的库房中，档案工作者应该能够在任何时候给出任何文件的档案历史：应该能够回答文件来自哪里，包括在哪个清单中，是否有任何遗失部分，是否曾经为了特殊保管而移动文件或文件任何部分，其组成的性质和状态，是否做过修复或需要做的修复，曾在何时由何人取用，在什么出版物中有它，以及存放在档案馆中的什么部位。所有的这些信息，如果已经可用，必须按照档案目录概要的顺序进行整理。在小型库房中，对每一份文件都制作一张卡片来总结❷完整的档案历史并非不可能。当然在一个大型的库房中就不行了，并且将所有登记簿汇总看起来也是一件很沉重的工作。然而实际上并不应该很困难❸，因为我们已经提供了一些。

按次序讲。

**接收登记簿**从一开始就被意识到很重要，但是是按照时间顺序整理的；因此必须有一份索引。但事实上，在非常有限的人力情况下，当新类别或部分类别进入库房时，这种索引可以通过在档案目录概要中添加注释的方法呈现。

---

❶　一些档案的复制件允许打印。

❷　哈德逊湾公司的重要档案使用了这种计划，在每份文件生成的时候，就只做一张这样的卡片。

❸　所有上文列举的不同种类的登记信息实际上都是公共档案馆最近几年的成果。

/ 附录二 《档案学经典著作》第六卷漏排部分 /

**登记清单等**。在别的章节 ❶ 中提到了。

**"遗失"登记簿和移动登记簿**。我们已经在其他地方谈论到，一个系列中遗失的号码，或是一份文件遗失的部分，都应该在其第一次发现时注明时间 ❷，这是最重要的。类似的我们也发现，有意地移动也必须注明：为了更佳的保护将地图从原来的地方移出，为了便于参照将类别的索引抽出放在一个专门的地方，专门将脆弱或非常珍贵的文件单独放在保险室或博物馆中以确保安全。所有的这些情况，我们规定，都是必要的举措，也都需要在物品移出的地方放置注解或"代替物"。为了确保登记簿的安全，制作一份参照非常重要，在所有这类事件都已经完成后，要在一张专门设计的卡片上标记参照，并且按照档案目录概要的顺序在陈列室中插入这些卡片。

**组成登记簿**。使用卡片索引是最好的方法，通常情况下一张卡片可以代表一系列连贯的文件。卡片的制作意味着初始的一般调查，但一旦做好，保存会很简单。

对于**修复和取用登记簿**我们已经指出，可以作为修复部门和学者部门的装备之一；❸ 我们也建议，当库房中的文件送到学者阅览室使用时，取代文件位置的卡片如果保存了并按照文件顺序排列（也就是档案目录概要的顺序），这些卡片会形成非常有价值的取用情况记录。我们还可以补充，这些卡片也可以作为取用登记簿的索引。类似的整理也会为修复登记册提供一个索引。

发行登记簿已经按照我们的要求在学者阅览室中提供了，其在库房中的位置也在档案目录概要和架子清单中呈现了。

结语：我们将这些称为档案工作者的登记簿，并将其作为在其办公室不同部门中内部工作的必需品。但许多登记簿都有附加的价值，可以成为学者迫切需要的助手：不需要任何额外的人力，提供了地图、印鉴、装订等主题索引的框架。

---

❶ 参见上文第六节，2。

❷ 或是系列遗失的号码，要做替代卷等情况。

❸ 参见上文第五节，8 和 11。

369

# 参考文献

[1] 陈贤华.吴宝康与中国档案教育[J].档案学通讯,1987(6).

[2] 陈永生.档案学论衡[M].北京:中国档案出版社,1994.

[3] 陈祖芬.档案学研究成果的范式论评析——基于综合调查的研究[J].档案学通讯,2010(1).

[4]《档案学通讯》杂志社.档案学经典著作:第1卷[M].上海:世界图书出版公司,2013.

[5]《档案学通讯》杂志社.档案学经典著作:第2卷[M].上海:世界图书出版公司,2013.

[6]《档案学通讯》杂志社.档案学经典著作:第3卷[M].上海:世界图书出版公司,2016.

[7]《档案学通讯》杂志社.档案学经典著作:第4卷[M].上海:世界图书出版公司,2016.

[8]《档案学通讯》杂志社.档案学经典著作:第5卷[M].沈阳:辽宁大学出版社,2017.

[9]《档案学通讯》杂志社.档案学经典著作:第6卷[M].沈阳:辽宁大学出版社,2017.

[10] 邓绍兴,邹步英,王光越.中国档案分类的演变与发展[M].北京:档案出版社,1992.

[11] 傅荣校.从世界档案鉴定的发展趋势看我国档案鉴定现状[J].档案学通讯,2000(2).

[12] 歌德.浮士德[M].上海:上海译文出版社,2011.

[13] 黄坤坊.詹金逊与谢伦伯格的比较[J].档案学通讯,1989(5).

[14] 黄霄羽.詹金逊与谢伦伯格鉴定观的比较及其对当前鉴定理论的影响[J].档案学通讯,2004(5).

[15]靳云峰.台湾地区档案学研究特点及其发展阶段[J].档案学通讯,2002(3).

[16]列宁.列宁选集:第4卷[M].北京:人民出版社,1972.

[17]刘国能.读《档案学理论与历史初探》[J].档案学通讯,1986(5).

[18]马伏秋.论周连宽档案学思想的特色和影响[J].档案学通讯,2015(5).

[19]COOK M. The arrangement and description of archival materials[J].Journal of the Society of Archivists,1982,7(2).

[20]曲春梅,郭旭.休·泰勒的档案思想:一个记忆的视角[J].档案学通讯,2018(3).

[21]谭必勇."证据的神圣性":希拉里·詹金逊古典档案思想成因探析[J].档案学通讯,2017(2).

[22]COOK T. Hugh Taylor:Imaging archives[M]//COOK T,DODDS G. Imaging archives:Essays and reflections by Hugh A. Taylor. Lanham:Scarecrow Press,Inc.,2003:16-27.

[23]托马斯·库恩.科学革命的结构[M].北京:北京大学出版社,2012.

[24]王传宇.中国档案学的理念与模式(序言)[M].北京:中国人民大学出版社,2005.

[25]王协舟.档案管理学发展的基本动因与趋势——中国档案学术评价系列之一[J].档案学通讯,2007(2).

[26]吴宝康.档案学理论与历史初探[M].成都:四川科学技术出版社,1986.

[27]吴宇凡.陈国琛与战后初期台湾文书改革[J].档案学通讯,2015(3).

[28]许振哲.档案学术评论研究[D].合肥:安徽大学,2016.

[29]叶继元.图书馆学期刊质量"全评价"探讨及启示[J].中国图书馆学报,2013,39(4).

[30]张树三.中文档案管理概要[M].台北:晓园出版社,1987.

[31]中国出版年鉴(2011):第三十一卷[M].北京:中国出版年鉴社,2011.

[32]中国大百科全书总编辑委员会.中国大百科全书——图书馆学·情报学·档案学[M].北京:中国大百科全书出版社,2002.

[33]周春雷.学术授信评价及其应用[M].北京:科学出版社,2016.

# 后　记

截至 2017 年 9 月,《档案学经典著作》已经出版六卷。这部丛书收录了 19 世纪 90 年代至 21 世纪第二个十年 31 位作者的 30 部作品,内容涵盖 1949 年之前的"十三本旧著"、中国台湾地区的代表作、中国大陆的"学史"和"学论"部分,以及欧美档案学的早期著作。[1] 2017 年,国家社会科学基金将"档案学经典著作评价研究"(编号:17ATQ011)列为重点项目。自此,基于学术评价的档案学经典著作(以下简称"经典评价")的研究从文献的收集、整理、出版过渡到分析阶段。三年来,课题(项目)组初步完成了对档案学经典著作各项评价指标的细化及六卷本的评价,并根据这些指标对已经出版的丛书进行研究和分析,已经陆续有阶段性成果发布。[2][3]

## 一、有关"经典评价"工作的基本情况

鉴于以往社科基金项目的工作经历,即"重申报、轻完成"等问题,项目组自获得国家社科基金资助起就将工作的重心转移到如何更好地完成"档案学经典著作评价研究"。

### (一)组建"档案职业与学术评价中心"

在郑州大学信息管理学院的支持下,2018 年 9 月经该院教授委员会专题会议研究通过,项目组依托档案学专业组建了"档案职业与学术评价中心"(以下简称"中心")。这不仅为"经典评价"工作实现了组织保障,也为切实

---

[1] 胡鸿杰. 档案学经典著作研究发凡 [J]. 档案学通讯,2017(5):14–19.
[2] 胡鸿杰. 档案学术评论及其价值 [J]. 档案管理,2020(6):17–21.
[3] 胡鸿杰,李军. 基于学术评价的档案学经典著作指标分析 [J]. 档案学研究,2020(6):30–36.

贯彻执行"双一流"建设规划及郑州大学由教学研究型大学向研究型大学的转变战略，进一步提升档案学专业的科研实力、加快档案学专业转型发展与内涵建设步伐，在全国争取更好的专业发展优势，争取使档案学专业进入国内先进行列，构建了集理论研究、咨询服务于一体的国内外档案界有较大影响的专题性研究平台。

三年来，中心成员围绕"经典评价"已累计发表论文22篇（见刊），极大地促进了"档案学经典著作评价研究"。

### （二）开展专题调查研究

中心成员先后前往南京大学、武汉大学、超星数字图书馆和中国知网进行了学习、调研，认真考察了这些学术机构有关图书、期刊等学术文献的评价工作及其主要成果，并与上述学术机构的人员就"经典评价"问题进行了广泛交流，取得了支持和认可。中心与超星数字图书馆合作，对已经出版的六卷本丛书进行了数字化处理，为顺利开展大规模的"经典评估"奠定了基础。

### （三）保护《档案学经典著作》知识产权

鉴于以往的工作经验，为保证"经典评价"的严肃性，最大限度地排除干扰因素，中心分别于2018年年底和2019年3月申请并获得了国家版权局版权认证（国作登字-2018-F-00588184）、国家知识产权局的商标注册证（第3144930号）。

### （四）完成"经典评价"任务

截至2020年12月，"档案学经典著作评价研究"按照各自规划完成了项目的全部内容。其中，各部分的编写者分别为：胡鸿杰（导论和后记）、孙大东（第一卷）、马伏秋（第二卷）、王向女（第三卷）、李丽环（第四卷）、杨光（第五卷）、谢诗艺（第六卷）。在此，对各位参与者和《档案学经典著作》的原作者一并表示感谢。2021年7月，"档案学经典著作评价研究"以优秀鉴定等级结项。

我们有理由相信，作为一部以"经典"的眼光审视档案学的发展历史、回顾档案学的学术成就、领略其中的学识智慧的理论丛书及其评价，不仅仅

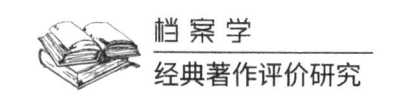

是一种基于档案学经典著作的学术研究，还对于建立学术规范、引导学术活动、促进学术发展有着不可替代的重要作用。

## 二、《档案学经典著作》佚文分析

课题（项目）组在研究中发现，无论是《档案学经典著作》本身还是在《档案学经典著作》之外，存在一些可以用"档案学经典"来称谓的档案学术文献出现缺失。为了表述方便，本书姑且将这些学术文献称为《档案学经典著作》佚文。

### （一）编辑过程中删除的部分

《档案学经典著作》编辑过程中删除的部分，主要是其第五卷中《档案学理论与历史初探》[1]（以下简称《初探》川科版）原第一讲，即无产阶级革命导师和领袖有关档案工作的言论和实践活动的初步探索。其具体内容包括马克思、恩格斯与档案，列宁与档案和毛泽东、周恩来、刘少奇以及其他老一辈无产阶级革命家与档案。作为新中国档案学奠基作品和档案学史的重要著作，这部分内容大体遵循了以下思路。

1. 内容择要

在《初探》川科版中，有比较大的篇幅是介绍这些无产阶级革命家利用档案的事例。比如，从 1848 年起，马克思才"从社会舞台退回书房"，以主要精力研究政治经济学，直到 1883 年病逝。"他研究经济文献（即档案文件材料和档案文件汇编等——引者注）的目的，是要写一部批判现存制度和资产阶级政治经济学的巨著。"（《资本论》——引者注）[2] 在欧洲各国，当时和现在的著名图书馆或博物馆中常常也保存有档案文件以及档案文件的汇编材料。因此马克思在图书馆收集和研究文献材料，其中大多就是档案文件或档案汇编。[3]

再如，列宁在信中还写道："另外一个困难得多的问题是找书的……最后一个最大的困难是送书问题。……书单分为两部分……其中最难得到的是：

---

[1] 吴宝康. 档案学理论与历史初探 [M]. 成都：四川科学技术出版社，1986：1-100.
[2] 吴宝康. 档案学理论与历史初探 [M]. 成都：四川科学技术出版社，1986：2.
[3] 吴宝康. 档案学理论与历史初探 [M]. 成都：四川科学技术出版社，1986：3.

/ 后 记 /

（1）地方自治局的出版物；（2）政府出版物——各委员会的报告书，代表大会的报告和记录等等。……"从这一段叙述中，可以很明显看到，列宁所借所看的图书，其中确有相当一部分实际上是档案文件材料或档案文献汇编。❶

还有，正如毛泽东同志在《"农村调查"的序言和跋》中说，"如同欧美日本的资产阶级那样，所以我们自己非做搜集材料的工作不可。特殊地说，实际工作者须随时去了解变化着的情况，这是任何国家的共产党也不能依靠别人预备的。所以，一切实际工作者必须向下作调查"。这也就是说我们自己非做搜集档案文件材料的工作不可。❷

此外，《初探》川科版中还收录了我国老一辈革命家的一些诗歌，以证明他们对档案及其工作的重视。

2. 行文逻辑

《初探》川科版第一部分与该书的其他部分比较，其最大的差别是没有按照问题、分析和形成系统理论的思路，而是采用事例、感想加上部分推断的叙事风格。在上述内容中这种行文方式已经表达得比较明显，在这一部分的其他段落也沿袭了这种风格。

比如，1954年12月下旬，国家档案局刚成立不久，周恩来总理来到档案局办公的地方看望大家，询问了筹备工作的进行情况。周恩来总理平易近人的作风，使同志们感到十分亲切。1958年7月的一天中午，周恩来总理到中南海大食堂吃饭。他买了一份七分钱的西红柿炒豆腐和一小盘凉菜、两个馒头，来到一张桌旁坐了下来，边吃边与同桌的几个同志谈话。❸

再如，为了正确地理解和执行周恩来总理的指示，曾三同志曾给郭沫若同志和吴玉章同志各写了一封信，向他们请教，提出：司马迁不仅是一位史学家、文学家、天文学家，而且也是一个档案工作者。郭沫若同志在回信中说，"我倾向于认为司马迁曾经是一位档案工作者"，并举了一些史料来证实其说。吴玉章同志也同意了我们认为司马迁是一位档案工作者的看法。❹

可能是由于现代部分的事例充裕，《初探》川科版第一部分在介绍周恩来

---

❶ 吴宝康. 档案学理论与历史初探[M]. 成都：四川科学技术出版社，1986：32.
❷ 吴宝康. 档案学理论与历史初探[M]. 成都：四川科学技术出版社，1986：74.
❸ 吴宝康. 档案学理论与历史初探[M]. 成都：四川科学技术出版社，1986：93.
❹ 吴宝康. 档案学理论与历史初探[M]. 成都：四川科学技术出版社，1986：96.

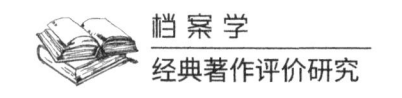

总理时采用了分条款的方式，明显不同于其他老一辈革命家。

3. 编者说明

在认真阅读、学习《初探》川科版第一部分的基础上，《档案学经典著作》的编者认为，作为一部学术著作的收录与取舍，应该考虑以下因素。

首先，应当保持作品内容的学术内涵。虽然老一辈革命家对档案的利用和重视已经是一个不争的事实，但是如何将这些内容体系化、理论化乃至学术化，不能够靠一些只言片语、推断感想去实现。比如，列宁曾经说过这样一段话，谁对这一工作"感觉乏味"，"没有兴趣"，"不能理解"，嗤之以鼻，或惊慌失措，或沉溺于大谈什么缺乏"过去的兴奋"和"过去的热情"，等等，那最好是"解除他的工作"，送他到档案馆去，使他不致妨碍工作，因为他不愿或者不善于考虑当前斗争阶段的特点。[1] 因此，不能仅仅根据这段话的表面意思就否认或者肯定一些东西，要将其放入文章的整体、写作的背景等因素中去综合分析，更不能断章取义。具体到学术经典的编辑，则必须在有理、有据的基础上，按照《档案学理论与历史初探》一书的叙事风格和理论体系，建构在学术史意义上的、以档案为研究对象的"理论与历史"，做到史实与学理的统一。

其次，应当顾及不同版本的结构。《档案学理论与历史初探》不仅有四川科学技术出版社1986年版一个品种，在此之前中国人民大学出版社曾经出版过该书另外一个版本（以下简称"人大版"）。在人大版的《档案学理论与历史初探》中，并没有《初探》川科版第一部分的内容。作者在前言中这样写道："在编写过程中，我曾吸取和引用了有关学科的某些成果和材料，在个别地方还引用了某些同志发表的文章和其他有关材料。初稿写成后，丁永奎、严鑫根同志看阅了部分书稿，提了有益的意见。王德俊同志为本书全稿作了文字上的加工整理，并对某些地方作了修改补充。王道宏同志也看阅了本书全稿，提出了有益的意见。对上述诸位同志所给予的帮助，在此我一并表示由衷的感谢。"[2] 可以看出，作者对人大版的《档案学理论与历史初探》是持肯定态度的。

---

[1] 列宁. 列宁选集：第4卷[M]. 北京：人民出版社，1972：560.

[2] 吴宝康. 档案学理论与历史初探[M]. 北京：中国人民大学出版，1982：5.（文中除王道宏为出版社编辑外，其余人员均为档案专业教师）

/ 后 记 /

综合以上分析和作者的意思表示,《档案学经典著作》第五卷中《档案学理论与历史初探》的内容,编者采用了人大版的内容,也可以理解为删除了《初探》川科版第一部分的内容。

**(二)出版过程中遗漏的部分**

《档案学经典著作》出版过程中遗漏的部分,是指第六卷中詹金逊的《档案管理手册》(以下简称《手册》)第二章中缺失了第六节至第十节。该书的第二章为"档案的起源与发展和档案的保管规则",包括档案的演变、档案的转移/保管问题、档案工作者、档案和博物馆、档案工作者的主要职责(上)/档案的实体保护、档案工作者的主要职责(下)/档案的伦理保护、档案工作者/行政管理人员/历史学家、档案工作者的第二职责、学者们使用过或出版过的档案参考工具、档案工作者自用的登记簿十节。

1. 缺失的基本内容

《手册》原书除绪论外,有档案的起源和发展与档案保管规则、现代档案、档案形成以及附录等部分。由此可见,其第二章是该书的重要内容。《手册》出版于1922年,曾经被国际档案界誉为档案工作的"圣经",但该书在我国没有正式的出版物。❶《档案学经典著作》第六卷是我国首次将詹金逊的《档案管理手册》完整翻译后的出版物,结束了我国档案学界学术研究中"以讹传讹"的缺憾。同时,却带来了弥补"缺憾"的缺憾。在《手册》缺失的部分中,大体包括以下内容。

第一,档案工作者的主要职责。《手册》第二章的第六节和第八节是第五节的延伸,主要讨论了档案工作的基本内容,即如何接收、编号、盖章、案卷的整理、编目、注释和全宗的认定、旧案卷的整理及编目、注释等。在笔者看来,作者在介绍这些档案工作的基本职责时,更加关注了所谓"档案的伦理保护",即一旦档案工作者负责保存档案,除非在他或其副手监督下(包括档案工作者或其副手亲临现场的无间歇监督),不允许任何人在任何情况下接触档案,甚至不允许有这种可能性。这种自以为是的做法会带来"伦理风险",因此,档案工作者必须通过正确的做法(主要职责)纠正这些风险。比

---

❶《档案学通讯》杂志社.档案学经典著作:第6卷[M].沈阳:辽宁大学出版社,2017:308.

377

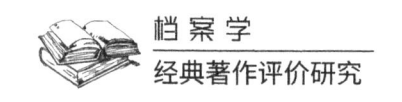

如，最清晰的规定是，由于档案工作者在任何情况下都没有第一手文件知识，所以任何旧清单都不能销毁，他的初步检查、研究绝对不能影响文件接收的顺序或者旧编号，如此等等。

第二，档案工作者与历史学家。与（一）删除中的一些内容相反，作者主张档案工作者不是也不应该是历史学家。作者指出，档案工作者当然需要一些历史知识，也可能个人对历史很感兴趣，就像对冶金学或其他学科感兴趣一样；但档案工作者的职责在于档案本身，与从自身出发利用档案的其他学科研究（历史学是目前最突出的）相独立。因此，对其他学科感兴趣，可能会带来该学科中的兴趣偏好，甚至该学科中的一派观点，与其说是不方便或不恰当，更不如说是一种确切的危险。大多属于坏处，有时候造成损坏，在过去已经作用在了档案上——从系统化一直到与某一代学者的要求非常密切的、昂贵的目录的出版，这对其他都是无用的工作。过去造成的大多数错误和危险工作都源于外部热情，导致档案工作者未能将档案作为一个单独学科对待。档案工作者首先是档案的公仆，然后才是公共学者的公仆。在档案工作者完成了其职责要求的所有处理档案的内容后，才接着全力关注研究工作者的兴趣所在。笔者理解，这就是作者所要阐释的档案工作者第一职责与第二职责的关系。

第三，档案的参考工具。档案参考工具主要包括学者（利用者）和档案工作者两部分，既包括以出版物为基本形态的档案文件汇编，也包括档案工作者自用的登记簿。对于前者，可以采用"复印件"的方式提供出版，以免"破坏"案卷。对于后者，档案工作者应该能够在任何时候给出任何文件的档案历史：应该能够回答文件来自哪里，包括在哪个清单中，是否有任何遗失部分，是否曾经为了特殊保管而移动文件或文件任何部分，其组成的性质和状态，是否做过修复或需要做的修复，曾在何时由何人取用，在什么出版物中有它，以及存放在档案馆中的什么部位。因此，需要设计一些不同的类别。比如，接收登记簿、登记清单、"遗失"/移动登记簿、组成登记簿、修复和取用登记簿等，以便将其作为用于不同部门工作的必需品，并且可以成为学者迫切需要的助手：不需要任何额外的人力，提供了地图、印鉴、装订等主题索引的框架。

2. 缺失的主要原因

如上所述，詹金逊的《档案管理手册》作为国际档案学界的珍贵文献和

/ 后 记 /

《档案学经典著作》的重要内容,在中国首次正式出版实属不易,图书的译者、编辑和出版方都付出了艰辛的努力。其中,图书的翻译是中国人民大学档案学专业的十余位师生历时数载、《档案学通讯》杂志社投入大量资金,才得到的结果。档案界有句俗语,称档案工作是一项技术性很强的工作。殊不知,档案工作的基本内容,无论是过往的实体管理还是正在进行或处于未来的虚拟管理,其工作的核心都不过是一种"准编辑"的过程。而编辑出版工作则当之无愧是一种"技术性"更强的工作。当然,无论这些工作的"技术性"有多强,编辑出版工作与档案工作的相通之处在于,两者都是一种责任心很强的工作。

詹金逊的《档案管理手册》的部分内容在《档案学经典著作》中缺失(或者称为漏排)的原因,只能出现在"技术性"和"责任心"两个方面。

事已至此,追究是谁的责任没有实际意义。笔者主张,应该以此为鉴,在今后的编辑出版工作中,加强有关人员的岗位培训和责任意识,尽量避免此类事故的发生。本书已将《手册》漏排部分收入附录中,以弥补缺憾。

### 三、有些作者因故质疑的部分

《档案学经典著作》作为一部六卷本的学术著作,不可能也没有必要收尽档案学的所有图书。像任何一部丛书一样,《档案学经典著作》设置了包括内容、形式和效果三个方面的13项指标,并且分别做了细化和论证。❶❷ 如前所述,目前《档案学经典著作》所收录的学术著作除了"十三本旧著"、欧美档案学的部分著作和中国台湾地区的部分档案学著作外,只有"学史""学论"两卷。也就是说,在这些范围之外的许多优秀学术著作暂时没有收录。这也许就是一些作者质疑自己或者自己偶像的作品没有被收录到《档案学经典著作》的基本原因。

#### (一)经典著作的评价指标

档案学经典著作在编辑之初及评价过程中兼顾了学术著作在内容、形态和效果三个方面的状态。其中,在内容方面,经典评价涉及档案学术著作的

---

❶ 胡鸿杰.档案学经典著作研究发凡[J].档案学通讯,2017(5):14-19.
❷ 胡鸿杰,李军.基于学术评价的档案学经典著作指标分析[J].档案学研究,2020(6):30-36.

选题的创新程度、理论的价值、学科的地位和作者的影响力等。比如,"选题的创新程度"体现在学术著作原创与"借鉴"的比例,即不能是在他人(国)成果基础上的解释性作品;"理论的价值、学科的地位"主要是指该学术著作在档案学科中所处的领域和地位,即究竟是基础、根茎还是枝叶;"作者的影响力"是指学术著作的作者在档案学科中的知名程度,可以根据 H 指数或者 Z 指数进行判断;参照国家社会科学成果库的收录要求,丛书对作品作者(合作者)的数量进行了限制,即一般为单作者,暂时不收录主编和项目作品等。需要特别说明的是,收入《档案学经典著作》的作者,无论是民国时期的"元老"、欧美地区的档案学人,还是中国台湾地区的档案专家、中国大陆的部分档案学者,都与丛书的编者素不相识、非亲非故,其作品收录的唯一标准即为上述。

此外,对于中国大陆无法归入"学史""学论"内容的学术著作暂时也没有设置适当的卷次。

### (二)学术著作的著作权

著作权是著作权人(主要指作者)对其作品的支配权,主要包括发表权、署名权、修改权、保护作品完整权、使用权和获得报酬权等,一般在学术著作出版时已经让渡给了出版方。❶根据《中华人民共和国著作权法》,自然人的作品,其发表等权利的保护期为作者终生及其死亡后五十年,截止于作者死亡后第五十年的 12 月 31 日;如果是合作作品,截止于最后死亡的作者死亡后第五十年的 12 月 31 日。❷出版方也会根据《中华人民共和国著作权法》的有关规定与作者确定出版合同,一般著作权让渡的有效期为 10 年。因此,《档案学经典著作》的编辑出版除了考虑丛书的"评价指标"之外,还必须慎重考虑拟收入丛书作品的版权状况和单部作品的作者数量,以免引起不必要的法律纠纷。

可以负责任地说,目前收录到《档案学经典著作》中的学术著作都不存在《中华人民共和国著作权法》意义上的法律问题。也就是说,有些学术著作,由于在丛书编辑出版的时间内没有达到上述法律要求而只能放弃。

---

❶ 胡鸿杰. 谈谈档案编辑出版中的著作权问题 [J]. 档案学通讯,1993(2):10-11.
❷ 中华人民共和国著作权法 [EB/OL].(2020-11-11)[2020-12-10]. https://www.gov.cn/guoqing/2021-10/29/content_5647633.htm

/ 后　记 /

　　不容否认，编辑出版《档案学经典著作》就是要在认真评估学术著作内容、形态和效果三个方面状态的基础上，以"评价指标"为依据，以法律为准绳，旨在提高档案学术成果认知度、推动档案学术发展的一项举措。然而，也不得不承认，《档案学经典著作》仅仅是档案学术成果的一种表现形式，丛书不可能也完全没有必要收录所有优秀的档案学术著作。这就必然会出现《档案学经典著作》的佚文。无论这些"佚文"是由于丛书的编辑体例，还是出版过程中的失误，抑或其他法律规定，都会使丛书的编辑出版存在一定的遗憾。

　　分析、研究这些存在遗憾的《档案学经典著作》佚文，从中发现一些启示，也是档案学成熟和发展的重要过程。

　　在本书付梓之际，感谢任越、王协舟、周林兴对于项目文本作出的重大贡献，感谢项目组成员三年来的艰辛努力，感谢知识产权出版社的大力支持，感谢读者对作品的充分信任。让我们百尺竿头更进一步，为我国档案学术研究的发展继续努力。